MSE
MATHEMATICS
SCIENCE
ENGINEERING

문제해결력을 키우는

이공계 글쓰기

발표와 토론까지

WRITING FOR SCIENCE AND ENGINEERING STUDENTS

한성우 지음

한빛아카데미
Hanbit Academy, Inc.

지은이 **한성우** drysoul@naver.com

지은이는 고등학교를 졸업할 때까지 공대 진학을 꿈꾸던 자연계열 학생이었으나 진로를 바꾸어 1988년에 서울대학교 국어국문학과에 입학하였다. 이 학교에서 학사, 석사를 거쳐 2003년에 박사학위를 받았다. 이후 가톨릭대학교 교양교육원, 서울대학교 기초교육원에 재직하다 2007년에 인하대학교 한국어문학전공 교수로 부임하여 현재까지 연구와 강의를 하고 있다.

전공 분야는 한국어음운론과 방언학이지만 일찍부터 글쓰기 분야에도 관심을 가져 많은 경력을 쌓았다. 박사학위를 받기 전 (주)이텍스트코리아의 문장상담팀장을 맡아 문장컨설팅이라는 새로운 서비스 분야를 개척하였다. 이 때 수도권의 문화재 안내문, 삼성전자를 비롯한 여러 회사의 매뉴얼 등 기관과 기업의 모든 문서에 대한 컨설팅을 하였다. 또한 문화방송의 우리말위원회의 전문위원으로서 아나운서, 기자를 비롯한 방송인의 언어에 대한 연구와 교육도 하였다.

글쓰기와 관련된 연구도 열심히 하여 많은 업적을 내었다. 글쓰기 및 커뮤니케이션과 관련된 저서로는 『경계를 넘는 글쓰기』(2006), 『보도가치를 높이는 TV뉴스 문장쓰기』(2006, 공저), 『방송발음』(2008, 공저)이 있고 , 논문으로는 『텔레비전 자막의 작성과 활용에 대한 연구』(2004), 『자막의 효율적 이용 방안에 대한 연구』(2004), 『텔레비전 자막에 대한 시청자의 반응 연구』(2005), 『대중매체 언어와 국어음운론 연구』(2008) 등이 있다. 전공 분야에서는 4권의 단독저서와 여러 편의 연구 논문이 있다.

글쓰기 관련 교육도 꾸준히 관심을 가져 현재 재직하고 있는 인하대학교에서 『미래를 준비하는 글쓰기』(2009), 『새내기를 위한 글쓰기 첫걸음』(2012)이라는 온라인 강좌를 개발하여 지금도 서비스를 하고 있다. 또한 한국어문학전공 내에 실용글쓰기 과목을 개설하여 문제해결을 위한 창의적인 글쓰기에 대한 연구결과를 학생들과 함께 나누고 있다.

문제해결력을 키우는 이공계 글쓰기 : 발표와 토론까지

초판발행 2013년 2월 28일
5쇄발행 2024년 3월 18일

지은이 한성우 / **펴낸이** 전태호
펴낸곳 한빛아카데미(주) / **주소** 서울시 서대문구 연희로2길 62 한빛아카데미(주) 2층
전화 02-336-7112 / **팩스** 02-336-7199
등록 2013년 1월 14일 제2017-000063호 / **ISBN** 978-89-98756-02-4 93800

총괄 박현진 / **책임편집** 김평화 / **기획** 이원휘 / **편집** 이원휘, 고지연 / **진행** 임여울
디자인 여동일 / **전산편집** 윤병철, 임희남 / **제작** 박성우, 김정우
영업 김태진, 김성삼, 이정훈, 임현기, 이성훈, 김주성 / **마케팅** 길진철, 김호철, 심지연

이 책에 대한 의견이나 오탈자 및 잘못된 내용에 대한 수정 정보는 아래 이메일로 알려주십시오.
잘못된 책은 구입하신 서점에서 교환해 드립니다. 책값은 뒤표지에 표시되어 있습니다.
홈페이지 www.hanbit.co.kr / 이메일 question@hanbit.co.kr

Published by HANBIT Academy, Inc. Printed in Korea

MSE

MATHEMATICS SCIENCE ENGINEERING

기본을 튼튼히 다질 수 있는
한빛미디어의 이공계 기본 교재 시리즈

MSE 시리즈로 전공의 초석을 다지자!

기본을 튼튼히 다질 수 있는 학습 구성

명쾌한 해답이 있는 콘텐츠

무엇을 왜 배우는지, 어떻게 풀고, 어디에 쓰는지를 알려줍니다.

핵심이 보이는 원리와 개념

명확한 정의와 논리적 전개로 핵심을 짚어줍니다.

개념을 다지는 예제

친절하고 상세한 풀이 과정을 보여줍니다.

응용력을 길러주는 연습문제

수준별/유형별 연습문제를 담았습니다.

지은이 머리말

가지 않은, 혹은 가지 못한 길에 대해 오랜 기간 동안 여전한 관심과 무거운 부채의식 속에서 살아왔다. 일찍이 공대 진학의 뜻을 세우고 고등학교도 자연계열로 마쳤지만 마음 한 구석에 몰래 키워오던 국어학자의 꿈을 버리지 못해 대학에서의 전공은 국어국문학을 택했다. 이후 한국어의 말소리와 방언에 대해 연구하는 연구자로서의 삶에 큰 만족을 하면서도 이공계열에 대한 관심은 여전했고 이 분야를 위해 무엇인가 해야 하는 것은 아닌가 하는 생각도 늘 있었다.

드디어 부족하나마 그동안 가졌던 관심의 결과를 이 책으로 엮어 부채를 갚을 기회를 얻게 되었다. 이공계열에서도 글쓰기를 비롯한 커뮤니케이션 능력은 필수적인데도 이공계열에 딱 맞는 책이나 교재를 찾기 어려웠다. 글쓰기가 인문사회계열의 전유물은 아니지만 주로 인문사회계열에서 연구되고 교육되다 보니 이러한 결과가 초래된 것이다. 이에 기획 단계부터 작정하고 이공계열을 위한 글쓰기, 발표, 토론을 위한 책을 엮어내게 되었다.

대학 입학 후 계속 관심을 가져 글쓰기 관련 책 및 연구 논문을 써 왔고, 대학에서의 강의와 기관 및 기업을 위한 컨설팅도 계속 해 왔다. 그러나 누구나 쉽게 읽을 수 있고, 수업에도 바로 활용할 수 있는 책을 쓰는 것은 늘 숙제로 남겨왔었다. 비록 이공계열의, 이공계열에 의한 책은 아닐지라도 이에 준하는 필자로서 이공계열을 위한 맞춤형 책을 만들게 되었다는 점에서 큰 보람이 아닐 수 없다. 모쪼록 수업에서 이 책을 활용하든 개인적으로 읽든 이 책을 접하는 모든 이들이 뛰어난 커뮤니케이션 능력을 갖추어나가기를 간절히 소망해 본다.

이 책이 완성되기까지 많은 분들의 도움이 있었다. 글쓰기에 대한 관심은 지도교수이신 최명옥 선생님으로부터 비롯되었다. 이후 수업을 하면서 만난 모든 학생들은 글쓰기를 비롯한 커뮤니케이션의 내용과 방법에 대해 더 연구할 수 있도록 해 주었고, 수많은 예문을 제공해 주었다. 인문학적 소양이 풍부한 전자 및 기계공학자 김효민 소장님은 이 책의 방향과 구성을 정하는 데 많은 영감을 주셨다.

편집자 이원휘씨를 비롯한 한빛아카데미 관계자들은 게으름 탓에 원고를 뒤로 미뤄두던 필자를 발굴하고 이 책이 세상에 빛을 보도록 하였다. 인하대학교의 류수연 선생님은 집필에 필요한 자료와 예문을 제공해 주었다. 인하대학교 대학원 한국학과의 김경혜, 이지혜, 장은지, 맹혜선, 임지현, 오예슬, 박소정은 초고단계부터 꼼꼼하게 교정과 교열을 맡아주었다. 이 모든 분들의 도움에도 불구하고 어디에선가 발견될 의도하지 않은 오류는 전적으로 필자의 책임이다. 새벽 다섯 시면 어김없이 일어나 원고와 씨름하는 남편과 아빠를 안타까운 마음으로 염려하며 응원해 준 아내와 딸들은 든든한 버팀목이 되었다. 이 모든 이들에게 다시 한 번 감사의 마음을 전한다.

지은이 한성우

이 책의 구성

이 책은 모두 10장으로 구성되어 있으며, 각 장의 내용은 다음과 같다.

1장	문제해결과 커뮤니케이션	문제해결을 위해 가장 중요한 의사소통의 도구인 글쓰기와 말하기에 대한 기초적인 설명과 연습(책 전체에 대한 서론적 성격)
2장	글쓰기를 통한 문제해결	글쓰기 전반에 대한 기초적인 안내와 설명(2장~7장의 글쓰기에 대한 서론적 성격)
3장	주제와 구성	글의 주제를 선택하고 글의 골격을 짜는 방법에 대한 기초적인 설명과 연습
4장	단락	글을 전개하는 가장 중요한 단위인 단락의 전개방법에 대한 설명과 연습
5장	설명과 논증	실용적인 글에서 가장 중요한 설명과 논증의 방법에 대한 설명과 연습
6장	대학에서의 글쓰기	대학에서 많이 쓰는 리포트, 실험보고서에 대한 설명과 연습
7장	사회에서의 글쓰기	기업과 기관에서 많이 쓰는 자기소개서, 기획서, 사용설명서 등에 대한 설명과 연습
8장	말하기를 통한 문제해결	발표와 토론 등 말하기 전반에 대한 기초적인 안내와 설명 (8장~10장의 말하기에 대한 서론적 성격)
9장	발표	발표 및 면접에 대한 설명과 연습
10장	토론	토론과 토의에 대한 설명과 연습

1장은 책 전체의 서론에 해당되고 나머지는 글쓰기(2장~7장)와 말하기(8장~10장)에 대한 내용이다. 오늘날 말하기의 비중이 높아지기는 했으나 공식적인 활동에서 여전히 글쓰기의 비중이 높으므로 글쓰기에 더 많은 장을 할애하였다. 또한 글쓰기의 원리가 말하기에도 그대로 적용될 수 있는 것들이 많으므로 글쓰기를 앞에 배치해 말하기에서도 활용할 수 있도록 하였다.

이 책의 활용 방법

우선 이 책은 대학교의 수업교재로 활용될 수 있다. 각각의 절은 '문제가 뭐야? → 어떻게 해야 하지? → 이렇게 해결해 봐! → 더 깊게! 더 넓게!' 과정을 거치도록 구성하였으므로 실제 수업에서도 이러한 과정을 거치면 효과적이다. 모든 항목에는 연습문제가 있으므로 연습문제를 충실히 풀어보도록 한다. 특히 예제는 풀이를 위한 조언, 예시 답안과 해설이 모두 있으므로 각각의 내용을 참조해 풀이에 적용해보도록 한다. 그리고 예제의 풀이과정과 방법을 연습문제에 그대로 적용하도록 한다. 연습문제 및 풀이에 제시된 예문은 본문의 설명을 적용한 예문으로 활용할 수 있다.

이 책은 개인적으로 학습을 하는 데에도 활용할 수 있다. 각각의 절과 하위 부분은 일관된 체계로 되어 있으므로 각 부분에서 해결해야 할 문제가 무엇인지 먼저 확인하고 이 문제를 해결하기 위한 구체적인 방법을 익혀 문제를 해결해가는 과정을 스스로 거쳐보도록 한다. 본문과 실습과제 모두 예제에는 문제에 대한 설명, 예시 답안, 예시 답안 해설이 모두 있으므로 참고해서 직접 풀어보는 것이 좋다.

이 책은 공학인증제도를 실시하는 대학에서의 공학 글쓰기, 말하기, 발표 등의 공학커뮤니케이션 과목에 효과적으로 활용될 수 있도록 만들어졌다. 여러 대학에서 공학인증제도를 시행하고 있고, 이를 위해 공학커뮤니케이션 과목이 개설되어 있으나 적절한 교재 및 교수방법이 없어 많은 어려움을 겪고 있다. 이 책은 이러한 문제를 해결하고자 공학 계열 분야에서 꼭 필요한 글쓰기, 말하기의 주요 내용을 담고 있다. 또한 글쓰기와 말하기에서 다루는 소재 또한 공학 분야와 밀접한 것이어서 학생들이 친숙하게 접근할 수 있을 것이다.

학습 로드맵

이 책에서 다룬 주제들을 제대로 이해하기 위해 필요한 선수 내용이 무엇이고, 각 주제들이 어떤 연계성을 갖고 있는지를 보여준다. 화살표는 선후의 개념보다는 관계성을 보여준다. 모든 장의 내용은 기본적으로 1장의 이해가 바탕이 되어야 한다. 따라서 각 장을 따라 순서대로 학습하는 것을 권한다.

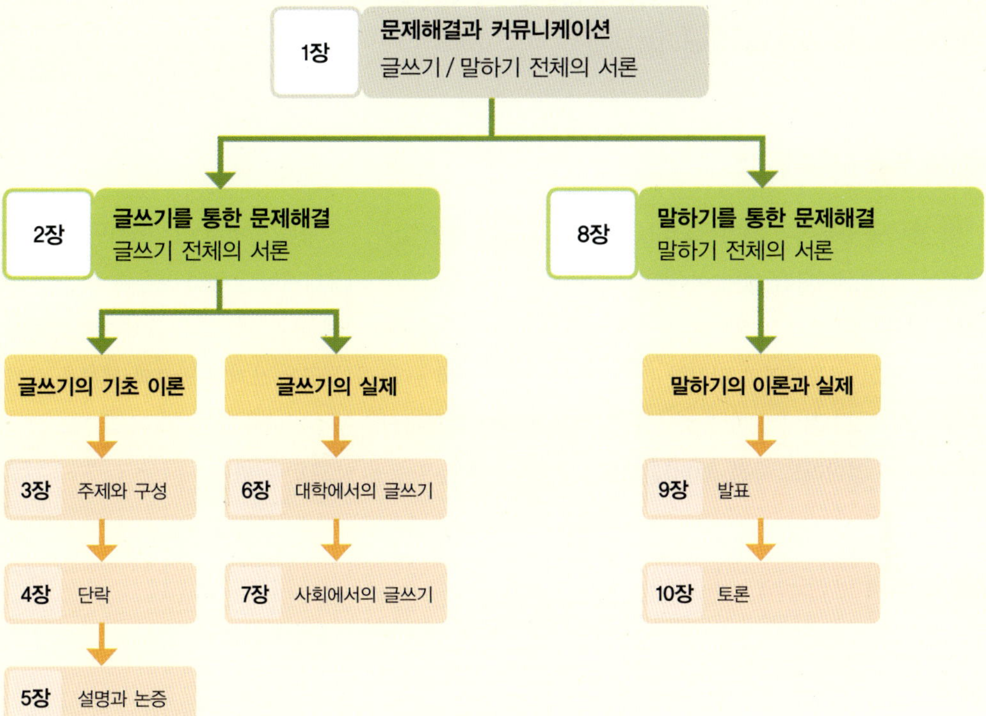

미리보기

누구를 위한 책인가

이 책은 글쓰기 및 말하기에 어려움을 느끼는 모든 이공계열 학생들과 졸업생들을 위한 책이다. 이공계열의 커뮤니케이션에 필수적인 글쓰기 및 말하기의 핵심적인 이론을 이공계열에 맞는 제재와 설명 방법을 활용하여 작성하였다. 따라서 이공계열의 모든 학생들 및 졸업생들이 수업에 활용하거나 개인적으로 읽어 글쓰기와 말하기를 익힐 수 있는 책이다.

이 책을 시작하려면

이 책으로 공부하기 전에 글쓰기, 토론, 발표 등에 대한 일반적인 학습이 먼저 이루어지면 매우 효과적이지만, 선행학습 없이 이 책만으로도 이공계열에 필요한 커뮤니케이션 능력 모두를 학습할 수 있다. 본문은 글쓰기 및 말하기의 기초적인 내용을 이공계열에 맞게 설명하였으며, 글쓰기와 말하기의 소재 또한 이공계열과 밀접한 관련이 있는 것을 선택했다. 다만 글을 쓰거나 발표와 토론을 하기 위해서는 배경지식이 있어야 하므로 각 주제에 대한 배경지식은 필수적이다. 물론 미리 갖추고 있는 배경지식이 없더라도 사전, 인터넷 검색, 관련 서적과 논문 등을 참조할 수 있다.

이 책의 구성요소

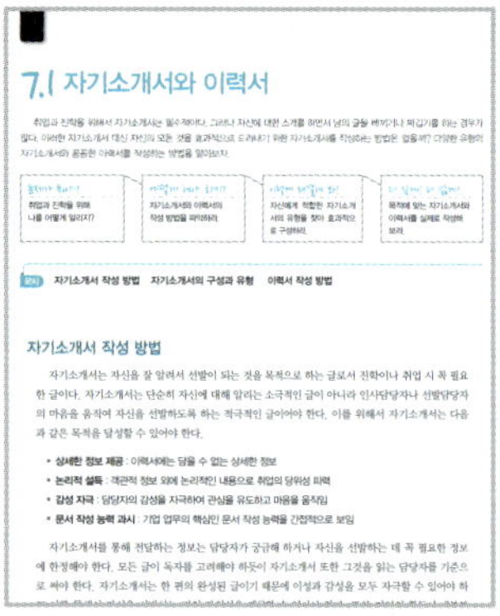

도입

해당 장에서 무슨 내용을 배우는지, 문제를 해결하기 위해 어떤 프로세스로 사고해야 하는지 보여준다.

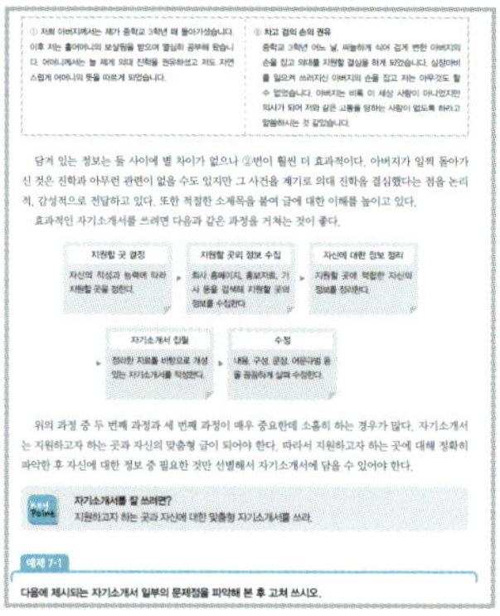

Key Point

본문의 핵심적이고 중요한 내용을 한 줄로 제시한다.

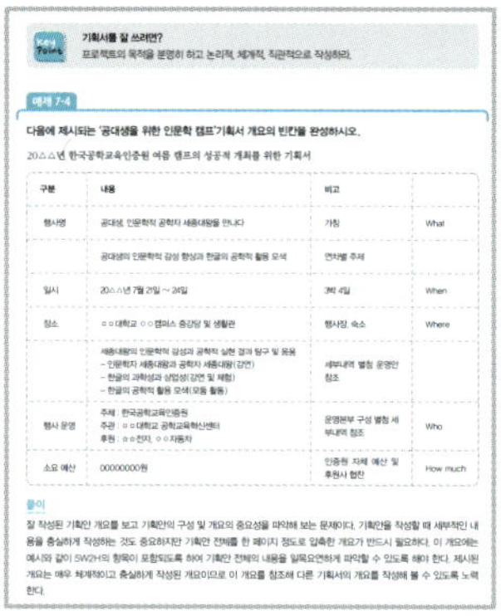

예제, 풀이

본문에서 다룬 내용을 문제에 적용시키고, 예시 답안과 해설을 보여준다.

이 책의 구성

모든 장은 3개 내외의 절로 구성되어 있고, 각각의 절은 다시 3개 내외의 더 작은 하위항목으로 구성되어 있다.

각 절의 하위항목은 한두 페이지에 걸쳐 짤막한 설명 및 직관적인 도식으로 핵심적인 내용을 쉽게 파악할 수 있도록 일관되게 구성하였다. 특히 이공계열 학생들에게 익숙한 소재의 도표, 그림 등을 활용하여 이해를 도왔다. 각 항목의 말미에는 핵심적인 내용을 담은 Key Point를 두어 중요한 내용을 다시 확인할 수 있도록 하였다.

예제와 실습과제는 예제와 연습 두 가지 유형으로 구성되었다. 예제는 각 항목별 설명을 재확인하고 적용해 보는 문제로서, 예시 답안 및 해설을 두어 꼼꼼하게 문제를 이해하고 풀어볼 수 있도록 하였다. 연습은 예제와 같은 유형의 문제로서 예제에서 익힌 풀이 방법을 창의적으로 적용할 수 있도록 하였다. 절의 말미에는 절에 속한 하위항목들의 내용을 종합해서 풀 수 있는 실습과제를 두었다.

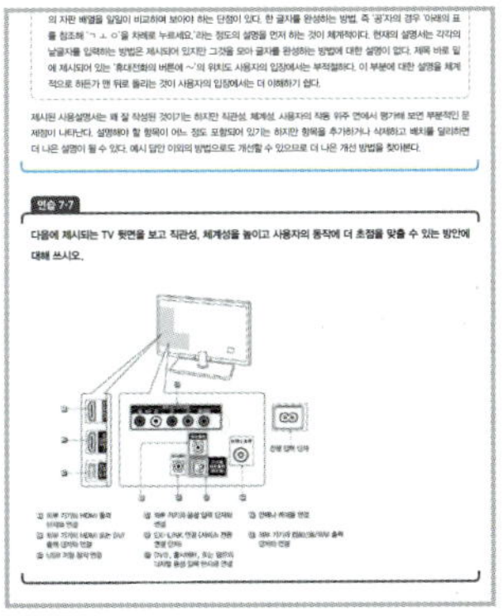

연습

예제와 같은 유형의 문제를 제시하여 연습 및 체득할 수 있도록 한다.

실습과제

한 절이 끝날 때마다 해당 절에서 익힌 내용을 종합하여 문제에 적용시키고, 예시 답안과 해설을 보여준다. 또한 같은 유형의 문제를 더 제시하여 연습할 수 있도록 한다.

강의 계획

표준 스케줄 표(한 학기 강의)

주	해당 장	주제	
1	1장 2장	문제해결과 커뮤니케이션 글쓰기를 통한 문제해결	오리엔테이션
2, 3	3장	주제와 구성	개인별 과제
4, 5	4장	단락	〃
6, 7	5장	설명과 논증	〃
8		중간고사	
9, 10	6장	대학에서의 글쓰기	〃
11	7장	사회에서의 글쓰기	〃
12	8장	말하기를 통한 문제해결	조편성
13	9장	발표	조별 과제
14	10장	토론	〃
15		기말고사	

1장과 2장은 서론에 해당되는 장이기 때문에 1주차의 오리엔테이션 시간에 활용할 수 있다. 3, 4, 5장은 글쓰기의 핵심적인 내용이므로 각각 2주에 걸쳐 꼼꼼하게 학습하는 것이 좋다. 나머지 장은 1주씩 수업하기에 적절한 분량이다. 글쓰기와 말하기의 특성상 이론보다는 실제가 중요하므로 중간고사와 기말고사는 이론시험 대신 글을 쓰거나 발표와 토론을 해서 평가하는 것으로 대체할 수 있다.

글쓰기 및 말하기의 이론도 중요하지만 더 중요한 것은 직접 글을 쓰거나 말을 할 수 있는 능력을 기르는 것이다. 따라서 매 수업마다 이론과 예시를 통해 설명을 한 후 이를 반영해 글을 쓰거나 발표 및 토론을 하도록 유도하는 것이 좋다. 그리고 수업 후에는 개인별 또는 조별 과제를 부여하여 글쓰기 및 말하기와 관련된 모든 활동을 실제로 해 보도록 유도하는 것이 필요하다.

장별 주차별 과제도 필요하지만 한 학기 수업 전체에 걸쳐 개인별, 조별 프로젝트를 진행하여 글쓰기 및 말하기의 모든 과정을 밟도록 하는 것도 좋다. 이 때 글쓰기 및 말하기는 문제해결을 위한 커뮤니케이션의 방법이므로 해결해야 할 문제를 미리 정한 후 이에 필요한 글과 말을 개인별, 조별로 직접 하도록 한다.

강의 보조 자료

강의 보조 자료

한빛아카데미 홈페이지에서 '교수회원'으로 가입하신 분은 인증 후 교수용 강의 보조 자료를 제공받을 수 있습니다. 한빛아카데미 홈페이지 상단의 〈교수전용공간〉 메뉴를 클릭하세요.

http://www.hanbit.co.kr/academy

연습문제 해답

본 도서는 대학 강의용 교재로 개발되었으므로 연습문제 해답은 제공하지 않습니다.

목차

3장 주제와 구성

3.1 주제와 제목의 설정

3.2 글의 구성

3.3 개요

4장 단락

4.1 단락의 기초

4.2 단락의 요건

4.3 단락과 글

5장 설명과 논증

5.1 이해와 설득

5.2 설명

5.3 논증

6장 대학에서의 글쓰기

6.1 리포트와 논문

6.2 실험보고서와 설계보고서

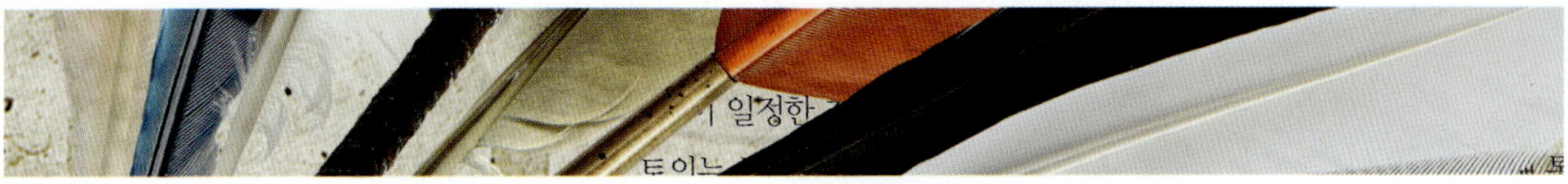

7장 사회에서의 글쓰기

7.1 자기소개서와 이력서

7.2 기획서

7.3 사용설명서

7.4 업무용 문서

8장 말하기를 통한 문제해결

8.1 말하기의 목적과 유형

8.2 말하기의 과정과 전략

9장 발표

9.1 발표 과정

9.2 발표 전략

9.3 면접

10장 토론과 토의

10.1 집단적 문제해결

10.2 집단적 문제해결의 윤리와 전략

1장

문제해결과 커뮤니케이션

1.1 문제와 문제해결

1.2 커뮤니케이션

"이공계열의 커뮤니케이션 능력은 필수가 아닌 선택이다.
그러나 리더가 되고자 한다면 문제해결을 위한
커뮤니케이션 능력은 필수이다."

1.1 문제와 문제해결

국어가 싫어서, 글쓰기가 싫어서 이공계열에 진학했다. 그런데 왜 계속 글쓰기 때문에 고통을 당해야 하는 것일까? 이공계열에서 발표와 토론 능력이 꼭 필요한 것일까? 피할 수 없는 것이라면 즐거운 마음으로 잘 해낼 수 있어야 한다. 글쓰기, 발표, 토론의 궁극적인 목적이 무엇인지 먼저 파악해 보자.

문제가 뭐야?	어떻게 해야 하지?	이렇게 해결해 봐!	더 깊게! 더 넓게!
왜 이공대생이 글쓰기 및 발표와 토론을 알아야 하지?	글쓰기와 말하기의 근본적인 목적을 파악하라.	문제의 유형에 따라 적절한 해결 방법을 찾으라.	현실의 다양한 문제에 대해 해결책을 제시하라.

목차 **나는 글쓰기가 싫어요 왜 글을 써야 하는가? '문제'가 뭐야?**

나는 글쓰기가 싫어요

글쓰기, 발표, 토론 등은 이공계열과 직접적인 관련이 없어 보이지만 이공계열 학생의 상당수가 글쓰기, 발표, 토론 등으로부터 자유롭지 못하다. 자연과학과 공학에 더 큰 관심과 능력이 있어서, 혹은 글쓰기가 싫어서 이공계열을 선택한 이들에게 글쓰기 및 발표와 토론을 강요하는 것은 불합리해 보인다. 이공계열 학생들을 괴롭히는 글쓰기 및 발표와 토론으로부터 벗어날 수 있는 길은 없는 것일까? 그 길을 찾기 전에 다음과 같은 상황을 먼저 생각해 보자.

물리학 문제에 대한 물음을 받았다.

화학 실험 결과를 활용할 방안에 대한 보고서를 과제로 받았다.

조별 과제를 수행하는 도중에 팀워크를 해치는 조원이 있다.

취업을 하기 위해서는 자기소개서와 면접이 필요하다.

이러한 상황은 이공계열 학생들도 흔히 겪게 되는 상황일 뿐만 아니라 학업을 잘 마치고 좋은 직장에 취업을 하기 위해서는 적극적으로 해결해야 하는 상황이기도 한데 이는 모두 글 또는 말과 관련이 있다. 물리학 문제에 대한 답을 간단한 수식으로 쓸 수도 있겠지만 줄글로 풀어써야 할 때가 더 많고, 보고서는 꽤나 긴 글로 써야 하며, 취업을 위한 자기소개서에서는 멋진 글솜씨를 발휘해야 한다. 또한 조별 과제를 할 때 팀워크를 해치는 조원이 있다면 대화를 통해 의견을 조율해야 하고, 면접에서는 유창한 말솜씨가 필요하다. 결국 이공계열 학생들도 말과 글로부터 결코 자유로울 수 없다.

상황이 이렇다면 발상을 전환할 필요가 있다. 이공계열 학생에게도 글솜씨와 말솜씨가 꼭 필요한데도 이공계열 학생들 모두가 꺼리는 상황에서 조금만 더 관심을 가지고 노력한다면 다른 사람들보다 더 큰 경쟁력을 가질 수 있다. 전공 분야의 지식과 능력이 대동소이할 때 훌륭한 글솜씨와 말솜씨를 갖추었다면 경쟁자를 물리치고 앞서갈 수 있을 뿐만 아니라 다른 이들을 이끌어갈 리더가 될 수도 있을 것이다. 위기는 기회이고, 경쟁자들이 싫어하는 바다는 나에게 블루오션이 될 수 있다.

Key Point

글쓰기에 대한 거부감을 없애려면?
이공계열 학생에게 꼭 필요한 능력임을 인정하라.

예제 1-1

다음과 같은 상황에서 필요한 글에는 어떤 것이 있을지 아래의 보기에서 찾아 써 보시오.

보기

기안문 기획안 논술문 리포트 발표문 보도자료 사용설명서 안내문 연설문
인사말 취임사 협조문 홍보문 자기소개서

① 공대생 김지섭은 '대중문화의 이해'라는 교양 과목을 수강하고 있다.

② 화학을 전공하는 이예슬은 물질특허 전문 변호사의 꿈을 갖고 법학전문대학원 진학을 준비하고 있다.

③ 전자공학과를 졸업한 후 세계적인 전자회사의 개발부에 취직한 박상집은 백색가전 홍보팀에 파견되었다.

풀이

상황에 맞는 글의 종류를 찾아보는 문제이다. 상황에 따라 쓸 수 있는 글은 다양하므로 자신의 경험과 추측에 의거해 필요한 글의 종류를 써 본다.

답

① 리포트, 발표문
② 논술문, 자기소개서
③ 기안문, 기획안, 발표문, 사용설명서, 안내문, 협조문, 홍보문, 보도자료

① 대학교 수업에서 가장 많이 쓰는 글은 리포트 및 발표문이다. 리포트는 수업 시간에 배운 내용을 바탕으로 자신이 조사하고 연구한 것을 정리해 쓰게 된다. 또한 대학에서는 발표도 많이 이루어진다. 정해진 원고 없이 발표를 할 수도 있으나 발표요지, 프레젠테이션 자료 등을 충실히 갖추고 발표 원고도 미리 작성하는 것이 좋다. 여기에 시험 답안을 추가할 수도 있다. 특히 서술식 답안은 약간의 훈련을 거치면 높은 평점을 받을 수 있다.

② 대학원 진학을 위해서는 정해진 시험을 통과해야 한다. 분야에 대한 전문 지식 외에 논술문과 자기소개서를 요구하는 대학원 과정도 있다. 특히 법학전문대학원에 진학하기 위해서는 논술식 시험을 치러야 한다. 자기소개서는 취업을 위해서도 꼭 필요하다.

③ 직장생활을 하다보면 다양한 문서를 작성해야 한다. 특히 사무직일 경우 자신의 고유 업무 이외에 회사의 전반적인 활동에 필요한 다양한 문서를 작성할 수 있어야 한다. 이 중 사용설명서는 이공계열 출신에게 꼭 필요한 문서이기도 한다.

연습 1-1

다음과 같은 상황에서 필요한 글에는 어떤 것이 있을지 아래의 보기에서 찾아 써 보시오.

> **보기** 기안문 기획안 논술문 리포트 발표문 보도자료 사용설명서 안내문 연설문
> 인사말 취임사 협조문 홍보문 자기소개서

① 생명공학을 전공한 이예지는 장학재단의 장학금 지원을 받아 유학을 가고자 한다.

② 컴퓨터공학을 전공하는 장은지는 대기업의 UCC 공모전에 응모하고자 한다.

③ 산업공학과를 졸업한 김용길은 대그룹의 기획실에 근무하게 되었다.

④ 생명공학 전공의 정세호 교수는 학문적 성과와 인격을 바탕으로 공대 학장으로 추대되었다.

⑤ 물리학과 졸업 후 회사를 창업한 안영재 사장은 코스닥 상장 후 회장에 취임하였다.

왜 글을 써야 하는가?

글솜씨는 전문 작가에게나 필요한 것으로 보이고, 말솜씨는 아나운서나 개그맨에게나 필요한 것으로 보인다. 글솜씨와 말솜씨가 필요하더라도 이공계열 학생들이 이것을 갖추기 위해 굳이 공력을 쏟아야 하는 이유를 찾기 어려울 수도 있다. 그러나 글솜씨와 말솜씨는 그 자체가 목적은 아니다. 그렇다면 글솜씨와 말솜씨의 목적은 무엇일까? 앞에서 살펴본 상황과 관련지어 더 생각해 보자.

물리학 문제		➡ 명쾌한 답안		
화학 실험 결과 보고서		➡ 정확한 정보, 치밀한 논증	←	글
문제 팀원		➡ 대화와 타협		
자기소개서, 면접		➡ 멋진 자기소개서, 유창한 면접		말

글솜씨와 말솜씨를 갖추고 있다면 위와 같은 상황에서 답을 잘 할 수도 있고 설명과 주장을 잘 할 수도 있다. 또한 다른 사람과 원활한 관계를 맺을 수도 있고 자신이 취업하고자 하는 곳에 자신의 장점을 효과적으로 알릴 수도 있다. 즉, 말과 글을 통하여 자신의 지식, 사고, 주장 등을 알림으로써 다른 사람과 효과적으로 소통을 하는 것이 말과 글의 목적이다. 말과 글을 통한 이러한 소통을 의사소통(communication)이라 한다. 그러나 의사소통이 최종적인 목적이 되는 것은 아니다. 효과적인 의

사소통 또한 보다 근본적인 목적을 이루기 위한 수단일 뿐이다. 그렇다면 보다 근본적인 목적은 무엇일까? 다음과 같은 상황을 살펴보자.

- 장학금, 취업을 위해서는 높은 학점이 필요하다.
- 학교와 직장에서 연구와 조사 결과를 효과적으로 보고해야 한다.
- 팀워크가 엉망인 조직을 정상화시켜야 한다.
- 원하는 직장에 취업하기 위해 자기소개서와 면접이 필요하다.

위와 같은 상황은 학생이나 직장인이라면 누구나 부딪치는 문제이고 이러한 문제 때문에 많은 스트레스를 받는다. 행복한 삶을 위해서는 이러한 문제를 반드시 해결해야 하는데 이 때 필요한 능력이 의사소통 능력이다. 시험 답안, 보고서, 자기소개서는 내용과 형식이 조금씩 다르지만 모두 글쓰기의 영역에 속한다. 또한 팀원 간의 대화나 취업을 위한 면접은 말하기의 영역에 속한다. 개인이나 집단을 괴롭히는 문제가 있다면 반드시 해결을 해야 하는데 이 때 글쓰기나 말하기 등의 의사소통 능력은 이러한 문제를 해결하는 데 중요한 열쇠를 제공한다. 결국 글쓰기나 말하기 능력은 효과적인 의사소통을 통해 개인이나 집단에게 닥친 문제를 해결하는 데 있다고 할 수 있다.

Key Point

글을 써야 하는 이유를 모른다면?
개인이나 집단에게 닥친 문제를 해결하는 중요한 방법임을 명심하라.

예제 1-2

시험답안을 쓸 때 자신은 보기의 유형 중 어떤 유형에 속했는지 생각해 본 후 바람직한 방향이 무엇인지 제시해 보시오.

보기

암기형 : 모든 시험은 암기다. 교재와 수업 내용을 달달 외워서 쓴다.
족보형 : 모든 시험은 정보력에서 승부가 난다. 해당 과목의 시험 내용을 최대한 입수해 준비한다.
읍소형 : 말 한 마디로 등급을 바꾼다. '교수님, 한 학기 동안 감사했습니다…….'로 답안을 대신한다.

풀이

시험 답안을 쓴 경험을 되살려 글을 쓰는 바람직한 방향에 대해 생각해 보는 문제이다. 시험 답안은 대학생이라면 피할 수 없는 글이다. 자신의 경험을 되살려 반성해 보고 바람직한 방향을 모색해 본다.

답 암기형, 족보형, 읍소형은 모두 정상적인 시험 답안 작성 방법이 아니고 이런 답안은 높은 평가를 받기 어렵다. 수업 시간에 배운 내용 및 자신이 공부한 것에 자신의 의견을 보태서 답을 쓴다.

시험을 준비할 때 암기는 기본이다. 그러나 여기서 그친다면 창의적인 답안을 작성하기는 불가능하다. 여러 차례 개설되는 과목에는 족보가 있기 마련인데 족보는 문제의 유형을 파악하는 데만 활용해야 한다. 족보에 포함된 답은 담당교수도 알고 있기 때문에 족보의 답을 그대로 옮겨 적는 것은 오히려 감점 요인이 된다. 시험 답안지에 개인적인 상황을 적는 학생들도 많으나 이는 극히 잘못된 것이다. 어려운 사정이 있다면 개인적으로 찾아뵙고 말씀을 드려야 한다.

연습 1-2

다음에 제시되는 글을 쓸 때 자신은 어떤 유형에 속했는지 생각해 본 후 바람직한 방향이 무엇인지 제시해 보시오.

① 보고서

보기 **다운로드형** : 보고서의 주제는 거기서 거기다. 서핑을 통해 유료, 무료 자료를 모아 제출한다.
Copy & Paste형 : 통째로 내려 받는 것은 자존심이 허락하지 않는다. 필요한 부분만 복사해 모자이크를 한다.
짜깁기형 : 남의 글, 남의 생각이 내 머릿속에 들어갔다 다시 나오면 내 것이 된다. 최대한 정교하게 이어 붙여 남이 모르게 쓴다.

② 자기소개서

보기 **검색형** : 내가 취업하고자 하는 곳의 자기소개서는 반드시 인터넷에서 떠돌고 있다. 검색부터 한다.
바꿔치기형 : 나도 내가 누구인지 모른다. 아무 자기소개서든 받아서 명사만 내 것으로 바꿔치기 한다.
재활용형 : 한 번 나는 영원한 나다. 한 번 쓴 자기소개서, 취업이 될 때까지 계속 사용한다.

'문제'가 뭐야?

문제해결이 의사소통의 궁극적인 목적이지만 우리가 흔히 사용하는 '문제'라는 단어에는 복합적인 의미가 포함되어 있다. 따라서 '문제'의 유형에 따라 필요한 의사소통의 능력도 달라진다. 우리는 일상에서 다음과 같은 네 가지 유형의 의미로 '문제'라는 단어를 사용한다.

- **Question** : 답을 요구하는 시험, 퀴즈 등의 문제
- **Theme, Issue** : 연구나 토론을 요하는 문제
- **Trouble** : 말썽을 일으켜 해소를 요하는 문제
- **Problem** : 해결을 요하는 가장 포괄적인 문제

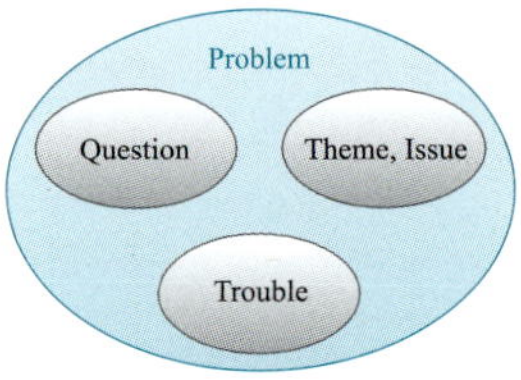

Question으로서의 문제는 학생들이 가장 흔하게 접하는 유형으로서 문제의 요구에 따라 적절하게 답을 하면 된다. 이 유형의 문제 중 서술식이나 논술식으로 답을 써야 할 경우에는 글쓰기 능력이 요구된다. Theme나 Issue로서의 문제는 지적이거나 공적인 활동을 할 때 자주 부딪치게 되는 문제이다. 이러한 유형의 문제를 해결하기 위해서는 연구 논문, 보고서, 각종 토론 등이 요구되는데 이 때 고도의 글쓰기 능력 및 말하기 능력이 필요하다. Trouble로서의 문제는 대화와 타협을 통해 문제 요소를 제거함으로써 어떻게든 해소해야 하는 문제인데 이때 효과적인 의사소통 능력이 필요하다.

해결	문제	커뮤니케이션	글쓰기, 말하기
	Question	답	
	Theme, Issue	연구, 토론	글
	Trouble	대화와 타협, 해소	
	Problem	해결	말

이상의 좁은 의미의 문제는 Problem이라는 큰 의미의 문제로 묶일 수 있다. 즉, Question, Theme, Issue, Trouble 모두가 결국은 해결을 요하는 문제인 것이다. 어떤 유형의 문제이든 효과적인 의사소통 능력은 문제를 해결하는 데 필수적이다. 글쓰기, 발표, 토론 등의 의사소통 능력은 곧 주어진 문제를 해결하기 위한 것이고, 이러한 의사소통 능력을 활용하여 주어진 문제를 해결할 때 개인이든 집단이든 진정한 행복을 누릴 수 있게 된다.

문제가 있으면 이 문제를 해결해야 하는데 일반적인 문제해결의 과정은 다음과 같다.

문제의 발견	▸	문제해결을 위한 준비	▸	문제해결	▸	보완과 예방
개인과 집단의 행복을 저해하는 문제를 발견한다.		문제를 해결하는 데 필요한 자료, 도구, 인력 등을 구성한다.		문제를 해결하기 위해 의사소통을 하거나 문제의 소지를 없앤다.		부족한 점을 보완하고 유사한 문제가 또 생기지 않도록 예방책을 만든다.

문제를 해결하기 위해서는 문제가 무엇인지부터 파악해야 하는데 그것이 문제의 발견 과정이다. 문제가 확인이 되었으면 이 문제를 해결하기 위해 필요한 자료, 도구를 준비해야 한다. 그리고 문제를 같이 해결할 사람, 의사소통을 할 사람 등을 구성할 수 있어야 한다. 이러한 준비 절차가 끝나면 문제해결을 위한 구체적인 작업에 들어가는데 글을 쓰거나 발표, 토의, 토론 등을 하는 과정도 이에 속한다. 또한 문제를 일으키는 요인을 없애는 작업도 이 과정에서 이루어진다. 문제가 해결이 되었더라도 부족한 면이 있을 수 있고, 같은 문제가 일어날 가능성도 있으므로 마지막으로 보완과 예방 절차가 필요하다.

Key Point

'문제'를 해결하려면?

문제의 종류를 파악하고 적절한 절차에 따라 해결하라.

예제 1-3

다음에 제시되는 상황에서 밑줄 친 각각의 '문제'는 어떤 유형의 문제인지 분류해 보시오.

보기

교수를 대신해 실험실을 이끌어 가는 한은지 박사는 심각한 ① 문제에 직면했다. 무엇보다도 실험실에서 연구하고자 하는 ② 문제의 방향이 잘 안 잡히는 것이 ③ 문제였다. 이는 실험실의 팀워크가 깨진 ④ 문제에서 시작되었다. 연구에 참여하는 각각의 구성원이 풀고자 하는 ⑤ 문제가 달랐기 때문이다. 모두들 자신이 궁금해 하는 ⑥ 문제가 있는데 그것이 하나로 모아지지 않는다는 것이 ⑦ 문제였다. 더욱이 실험실의 시약과 장비도 자꾸 ⑧ 문제를 일으켜 상황을 더 심각하게 만들었다. 이에 한 박사는 실험실 구성원 모두에게 '우리 실험실의 ⑨ 문제를 타개할 방안은?'이란 ⑩ 문제를 냈다.

풀이

다양한 의미로 쓰이는 '문제'의 의미를 파악해 보는 문제이다. 우리의 일상에서 '문제'는 매우 다양한 뜻으로 쓰이고, 경우에 따라서는 어떤 뜻으로 쓰이는지 구별이 어려울 때도 있다. 따라서 각각의 문제에 대한 해결책이 무엇일까를 생각해 문제의 종류를 정하는 것이 가장 합리적인 방법이다. 또한 Problem으로서의 문제는 다른 모든 문제를 포괄하므로 이보다 하위의 분류가 가능한 문제는 Problem을 제외한 후 문제의 종류를 정한다.

답

Question : ⑤, ⑩ Theme, Issue : ②, ⑥ Trouble : ④, ⑧ Problem : ①, ③, ⑦, ⑨

①, ③, ⑦, ⑨는 가장 포괄적인 의미의 문제이므로 Problem으로 분류할 수 있다. ②, ⑥은 연구 주제 또는 과제와 관련이 있으므로 Theme로서의 문제이고 ④, ⑧은 해소해야 하는 문제이므로 Trouble로서의 문제이다. ⑩, ⑤는 물음 형식으로 제시되었으므로 Question 형식의 문제이다.

연습 1-3

다음에 제시되는 상황에서 밑줄 친 '문제'는 어떤 유형의 문제인지 쓰시오.

① 대학수학능력시험에서 70% 정도의 문제를 EBS 문제와 연계시키려 했으나 이에 이의를 제기하는 출제위원이 많다는 문제가 발생했다.

② 문제아 문제는 문제를 일으키는 아이들의 문제가 아니라 이들의 문제를 해결해 주지 못하는 어른들의 문제이다.

③ 학회는 심각한 사회 문제가 되고 있는 생명 윤리와 관련된 문제를 중심으로 열린다.

예제 1-4

제대 후 3학년에 복학하여 진로를 정하지 못하고 있는 양승철 군이 자신의 문제를 해결하고자 할 때 각각의 과정에서 해야 할 것을 구체적으로 적어 보시오.

문제의 발견	무엇이 문제인가?	
문제해결을 위한 준비	필요한 자료, 도구, 인력은?	
문제해결	문제를 해결하기 위한 의사소통 방법은?	
보완과 예방	보완책과 예방책은?	

풀이

문제해결 과정을 구체적으로 살펴보는 문제이다. 문제를 해결하기 위해서는 문제의 종류를 분명히 파악하고 이를 해결하는 데 필요한 모든 요소를 꼼꼼하게 챙겨봐야 한다. 혼자 힘으로 해결하는 것보다 주변의 도움을 받으면 더 잘 해결할 수 있으므로 다양한 의사소통 방법으로 도움을 얻을 수 있다. 나아가 이후에 발생할 문제에 대한 예방책도 세울 수 있어야 한다.

답

문제의 발견	무엇이 문제인가?	졸업 후 진로를 결정하지 못하고 있다.
문제해결을 위한 준비	필요한 자료, 도구, 인력은?	자료 : 전공과 관련된 자신의 능력, 적성 자신의 능력과 적성에 맞는 지원 대상 인력 : 동료, 선배, 교수
문제해결	문제를 해결하기 위한 의사소통 방법은?	자기소개서 작성, 취업설명회 참석, 관계자와의 대화, 모의 면접
보완과 예방	보완책과 예방책은?	자기소개서 첨삭, 모의 면접 후 평가

진로 문제는 대학생들이 해결해야 하는 가장 큰 문제이다. 각 단계의 답은 일반적인 것만을 적어 놓은 것이다. 자신의 상황에 따라 이보다 더 자세히 답할 수 있어야 한다.

연습 1-4

자신의 현재 상황에서 가장 큰 문제를 정한 후, 이 문제를 해결하고자 할 때 각각의 과정에서 해야 할 것을 구체적으로 적어 보시오.

문제의 발견	무엇이 문제인가?	
문제해결을 위한 준비	필요한 자료, 도구, 인력은?	
문제해결	문제를 해결하기 위한 의사소통 방법은?	
보완과 예방	보완책과 예방책은?	

실습과제

예제 다음과 같은 문제 상황을 해결하기 위한 과정의 빈칸을 채우시오.

대학에서의 마지막 학기를 보내고 있는 공대생 김동준은 교양 학점이 부족해 '신화의 이해'라는 교양 선택과목을 수강하고 있다. 이 강좌의 전반부는 담당교수가 강의를 한 후 서술식 중간시험을 보고, 후반부는 조별 발표를 한 후 보고서를 제출해야 한다. 좋은 성적을 받아야 하는 것은 당연한 목표이고, 이왕이면 이 수업에서 배운 것이 자신의 취업에 보탬이 되기를 기대하고 있다.

문제	좋은 학점을 받기 위해서는? : 서술식 시험을 치러야 한다. 조별 발표를 해야 한다. 보고서를 제출해야 한다. 수업 내용이 취업에 도움이 되도록 하기 위해서는? :
필요한 커뮤니케이션 능력	글쓰기 : 말하기 :
수업 내용의 활용	영웅의 일대기 : 고귀한 혈통 → 신이한 탄생 → 고난 → 조력자와의 만남 → 고난의 극복 → 새로운 세계의 창조 나의 자기소개서 :

풀이

이 절에서 배운 모든 내용을 종합해 문제해결 과정 및 커뮤니케이션 과정에 대해 생각해 보는 문제이다. 어떤 글이 왜 필요한지, 그리고 문제 상황에 따라서 의사소통을 어떻게 할 것인지를 고려해서 답을 한다. 대학에서의 수업은 수업 자체로도 의의가 있지만 수업에서 배운 내용을 자신의 진로를 개척하는 데 활용할 수도 있고, 실제 업무에도 활용할 수 있다는 점에 착안하여 창의적인 답을 해 볼 수 있다.

답

문제	좋은 학점을 받기 위해서는? : 서술식 시험을 치러야 한다. 조별 발표를 해야 한다. 보고서를 제출해야 한다. 수업 내용이 취업에 도움이 되도록 하기 위해서는? : 자기소개서 및 면접에 활용할 수 있는 방법을 찾아봐야 한다.
필요한 커뮤니케이션 능력	글쓰기 : 서술식 답안, 발표자료, 보고서, 자기소개서 말하기 : 조원과의 소통, 발표, 면접
수업 내용의 활용	영웅의 일대기 : 고귀한 혈통 → 신이한 탄생 → 고난 → 조력자와의 만남 → 고난의 극복 → 새로운 세계의 창조 나의 자기소개서 : 소중한 혈통 → 축복받는 탄생 → 고난 → 스승, 친구와의 만남 → 고난의 극복 → 취업 후 새로운 세계를 창조하고자 하는 욕구

- 문제 : 교양 과목은 인간의 보편적인 문제와 관계된 것이 많기 때문에 여러 방면으로 활용할 수 있다. 특히 대학생의 당면 문제인 진로문제를 해결하는 데 활용해 본다.
- 필요한 커뮤니케이션 능력 : 대학 수업에서는 시험, 발표, 보고서 등으로 평가를 하므로 이와 관련된 글쓰기 능력이 중요하다. 또한 발표를 위해서는 조원과 잘 소통을 해야 하고 효과적으로 발표를 해야 한다. 나아가 진로문제를 해결하는 데 도움이 되려면 자기소개서와 면접도 잘 준비할 수 있어야 한다.
- 수업 내용의 활용 : 영웅의 일대기는 신화에서 늘 다루어지는 이야기의 구조이다. 따라서 이것을 자기소개서에 활용할 수 있다.

연습 **다음과 같은 문제 상황을 해결하기 위한 과정의 빈칸을 채우시오.**

기계공학과 졸업 후 자동차 회사의 신차 개발부서에서 근무하고 있는 황철균은 사내의 신차 개발 공모전을 위해 팀을 구성했다. 최종 프레젠테이션에서 황철균은 성능과 디자인 등을 소개하는 평범한 발표 대신 성능과 디자인을 바탕으로 사내 결정권자는 물론 소비자의 마음을 움직일 수 있는 발표를 하고자 한다.

문제	기본적인 발표를 잘 하려면? : 감성을 자극하는 발표를 하려면? :
필요한 커뮤니케이션 능력	글쓰기 : 말하기 :
수업 내용의 활용	

1.2 커뮤니케이션

글쓰기도 싫고, 발표와 토론도 싫다. 그러나 이공계열에서도 글쓰기와 말하기 능력은 필수적이다. 상황이 이렇다면 이공계열에서도 꼭 필요한 커뮤니케이션 능력에 대해 상세히 알아볼 필요가 있다. 커뮤니케이션의 일반적인 유형과 방법을 알아보고 이것을 이공계열에 적용하는 방법을 알아보도록 하자.

문제가 뭐야?	어떻게 해야 하지?	이렇게 해결해 봐!	더 깊게! 더 넓게!
피할 수 없는 글쓰기와 발표 및 토론을 더 잘할 수 있는 방법은 무엇일까?	커뮤니케이션의 유형과 과정을 익히라.	커뮤니케이션의 윤리를 지키라.	커뮤니케이션의 특성과 과정에 대해 더 자세히 익히라.

커뮤니케이션 능력의 필요성

글쓰기 및 발표와 토론 등의 커뮤니케이션이 문제해결을 위해 반드시 필요하다고는 하더라도 이공계열 학생들에게는 부담이 될 수밖에 없기 때문에 할 수만 있다면 피하고 싶은 것이기도 하다. 그러나 다음과 같은 상황을 생각하며 발상의 전환을 꾀해 볼 필요가 있다.

엇비슷한 전문 지식과 능력	경쟁
	지식과 능력이 엇비슷한 경쟁자들을 앞설 수 있는 방안은?
	반짝이는 창의력과 풍부한 지식을 세상에 널리 알릴 수 있는 방안은?
	전문적인 지식과 기술을 바탕으로 최고의 리더가 될 수 있는 방안은?

오늘날 같은 치열한 경쟁사회에서는 동일한 목표를 가지고 있는 경쟁자가 수없이 많다. 이러한 상황에서 이공계열 학생들이 멀리하고 기피하는 커뮤니케이션 능력을 기른다면 남들보다 훨씬 앞서갈 수 있다. 또한 전공 분야에서 남들보다 뛰어난 창의력과 능력을 가졌다 하더라도 커뮤니케이션 능력은 한 단계 더 도약하는 데 필수적이다. 스티브 잡스를 예로 들면 경쟁 회사의 CEO들이 기술 개발과 경영에만 눈을 돌리고 있을 때 그는 뛰어난 커뮤니케이션 능력을 발휘해 자신의 회사를 최고의 반열에 올려놓았다. 그리고 기업이나 기관의 리더가 되기 위해서는 전문적인 지식도 필요하지만 조직의 이념과 방향을 올곧게 제시하고 조직의 구성원들과 원활하게 의사소통을 하는 것이 반드시 필요하다.

이공계열 출신들은 누구보다도 뛰어난 전문적인 능력을 갖추고 있다. 따라서 여기에 커뮤니케이션 능력만 가미된다면 남들보다 훨씬 앞서갈 수 있는 기회를 마련할 수 있다. 이공계열 학생들이 모두가 매달리고 있는 전공 분야는 레드오션이다. 그러나 경쟁자들이 눈길을 주지 않는 커뮤니케이션 능력은 손쉽게 원하는 바를 이룰 수 있는 블루오션임을 깨달아야 한다.

Key Point

커뮤니케이션이 왜 필요한지 모르겠다면?
경쟁자들이 가지 않는 블루오션임을 명심하라.

예제 1-5

다음에 제시되는 글을 읽고 제시된 기준에 따라 비교, 대조하시오.

이메일 1

안녕하세요.

저는 한국대학교 화학과 4학년 최재성입니다. 제가 편입을 하는 바람에 학점이 그리 좋지 못합니다. 이번 학기에 교수님께 C^{-} 학점을 받았습니다. 지금 인턴으로 근무하고 있는 곳에 취업을 하기 위해서는 더 높은 점수가 필요합니다. B학점으로 고쳐주시면 감사하겠습니다.

그럼 교수님의 답장 기다리고 있겠습니다.

이메일 2

이희진 선생님께

선생님 안녕하세요. 저는 이번에 선생님께서 맡으신 '문제해결력을 키우는 이공계 글쓰기' 수업을 들은 화학과 4학년 최재성입니다. 한 학기 동안 선생님의 가르침을 통해 많은 것을 배웠습니다. 제가 다른 학교, 다른 과에서 편입을 하는 바람에 수업에 적응도 잘 못하고 성적도 그리 좋지 않은 편이었는데 진작에 선생님 수업을 들었다면 더 나은 대학 생활을 할 수 있었을 것이란 생각이 들어 아쉬움이 많이 남습니다. 학기말에 많이 바쁘실 줄 알지만 조심스럽게 여쭙고 부탁을 드릴 것이 있어 메일을 드립니다.

저의 노력이 부족했는지 선생님의 수업에서 C^{-}를 받았습니다. 인턴업무를 병행하면서 학업을 하느라 어려움이 좀 있었지만 그래도 실망스러운 성적임에는 틀림없습니다. 그나마 선생님의 수업에서 배운 것을 인턴 업무에 활용할 수 있었던 것은 다행이라 생각이 됩니다.

그동안 열심히 일한 결과 지금 인턴으로 근무하고 있는 곳에 정식 직원으로 취업이 가능할 듯합니다. 그런데 성적이 이곳의 기준에 미달되는 것이 마음에 걸립니다. 현재 선생님 과목에서 C^{0} 정도의 성적을 받으면 어느 정도 해결이 될 것 같습니다.

상대평가가 적용되는 수업이어서 B등급으로 올리는 것은 불가능하다는 것은 알고 있습니다. 하지만 C 등급 내에서 조정이 가능하고, 그로 인해 다른 학생이 피해를 입지 않는 것이라면 저를 배려해 주시기를 간절히 부탁드립니다. 학기가 더 남아 있다면 재수강을 할 텐데 그럴 기회가 제겐 없습니다.

혹시라도 이 편지가 무례하거나 도리에 어긋난다면 질책해 주시기 바랍니다. 어떤 결정이든, 어떤 질책이든 달게 받겠습니다.

다가오는 방학 동안 건강히 지내시기 바랍니다. 감사합니다.

최재성 드림

기준	이메일 1	이메일 2
서술 방식		
정보의 양과 글의 길이		
효과		

풀이

주어진 글을 분석해 커뮤니케이션 능력의 필요성에 대해 생각해 보는 문제이다. 대학 생활이나 이후에 사회에 진출하게 됐을 때 이메일은 매우 중요한 의사소통 수단이다. 제시된 두 개의 이메일의 장단점은 누구나 파악할 수 있다. 따라서 비교, 대조한 결과보다 각각의 항목에 따라 두 글이 어떻게 다르게 쓰였는지 면밀히 대조해 보는 것이 필요하다.

답

기준	이메일 1	이메일 2
서술 방식	형식적인 이메일	예의와 설득력을 모두 갖춘 이메일
정보의 양과 글의 길이	최소한의 정보와 짧은 글	상대의 판단을 가능하게 하는 정보의 양과 글의 길이
효과	목적한 바를 이룰 수 없음	목적하는 바를 이룰 가능성이 높음

이메일 1은 누가 봐도 무성의하게 쓴 형식적인 이메일이다. 이런 이메일은 읽는 사람을 배려한 것이 아닌 자신의 생각대로만 쓴 것이므로 아무런 효과가 없다. 이메일을 쓸 때는 내용과 형식을 철저하게 고려하여 목적하는 바를 이룰 수 있도록 써야 한다.

연습 1-5

다음에 제시되는 글을 읽고 제시된 기준에 따라 비교, 대조하시오.

독립신문 광고

독립신문이 우리나라와 외국의 사정을 자세히 기록할 것이요 정부의 사정과 민간의 소문을 다 보고할 터이라. 정치 이야기와 농사, 장사의 사정을 얼만큼씩 이 신문에 매일 기록합니다.

값은 일 년에 1원 30전, 한 달에 12전, 한 장에 동전 한 푼. 독립신문 지국이 제물포 · 원산 · 부산 · 파주 · 송도 · 평양 · 수원 · 강화 등지에 있습니다. 신문을 매달 또는 일 년 정기구독 하고자 하는 분은 정동 독립신문사로 와서 돈을 미리 내고 성명과 주소를 적어놓고 가면 하루 뒤부터 신문을 보내 드릴 터이니 신문을 보고 싶은 분은 속히 성명을 보내주시기 바랍니다.

누구든지 궁금한 것이 있거나 세상 사람에게 하고 싶은 말이 있으시면 이 신문사로 간단하게 글을 적어서 편지하시면 답변할 만한 말이든지 신문에 낼만 한 말이면 답변할 터이요 기사도 내겠습니다. 한문으로 쓴 편지도 괜찮습니다.

서울이건 지방이건 누구든지 거리에서 장사하시는 분이 이 신문을 가져다가 놓고 팔고자 하면 여기(신문사)와서 신문을 가져다가 팔면 10장에 여덟 장만 셈하고 100장에 80장만 셈하면 됩니다.

현대식 광고

순 우리말 민족신문 독립신문 창간!

국내외의 최신 소식, 정치, 경제, 사회, 문화를 망라한 풍부한 내용을 누구나 접할 수 있는 일간지.

- 가격
  정기구독 : 1년 1원 30전, 1개월 12전
  판매가 : 1부에 동전 한 푼
- 구독신청 방법
  본사(정동) 및 지국(제물포, 원산, 부산, 파주, 송도, 평양, 수원, 강화)에 방문하여 성명 및 주소 기록 후 구독료 선납
- 독자 참여 방법
  편지로 궁금한 것, 세상에 알리고자 하는 것을 알려오면(한문도 가능) 이에 대한 기사 게재
- 판매 안내
  가판 희망자 신청 요. 20%의 수익률을 보장.

기준	독립신문 광고	현대식 광고
서술 방식		
정보의 양과 글의 길이		
효과		

커뮤니케이션의 유형

말과 글은 우리가 사용하는 가장 일반적인 커뮤니케이션 방법이다. 일상적인 커뮤니케이션에서는 말하기의 비중이 높지만 공식적인 커뮤니케이션에서는 글쓰기의 비중이 매우 높다. 그러나 공식적인 커뮤니케이션에서는 글쓰기와 말하기 모두가 중요하다. 공식적인 커뮤니케이션의 두 유형에는 다음과 같은 세부적인 항목들이 있다.

글쓰기	말하기
 실험보고서, 리포트 시험 답안, 자기소개서 논술문, 연구논문, 보고서 제안서, 홍보문, 안내문	 발표, 토의, 토론

공식적인 활동이 문서를 기반으로 이루어지는 경우가 많기 때문에 공식적인 활동을 할 때 쓰는 글은 매우 다양하다. 대학에서는 실험보고서, 리포트, 시험 답안 등을 써야 한다. 이밖에 취업을 위해서는 자기소개서가 필수이고 논술시험이 있는 경우에는 논술문도 쓰게 된다. 이러한 글은 모두 대학에서의 학습 및 취업과 밀접한 관련을 맺고 있다. 이밖에 연구논문, 보고서 등은 대학이나 기업, 기관 모두에서 매우 흔하게 작성되는 글이다. 또한 기관과 기업의 활동 과정에서 제안서, 홍보문, 안내문 등은 매우 중요하다.

공식적인 커뮤니케이션에서 말하기는 발표, 토의, 토론 세 가지 형태로 이루어진다. 발표는 개인이나 집단이 일정한 청중을 대상으로 설명이나 주장을 하는 말하기의 한 방법이다. 토의는 동일한 문제의식을 가진 개인이나 집단이 모여 의견을 조율해 통일된 결론을 내기 위한 말하기의 방법이며, 토론은 서로 다른 견해를 가진 개인이나 집단이 모여 자신의 의견을 관철시키기 위한 말하기의 방법이다.

이러한 다양한 글쓰기와 말하기는 정해진 절차에 따라 훈련을 할 때 비로소 완전히 갖춰질 수 있다. 글쓰기와 말하기의 근본적인 목적이 무엇인가에 대해 이해하고, 목적을 달성하기 위한 커뮤니케이션의 기본 원리를 알아야 한다. 그리고 이를 바탕으로 여러 분야에 맞는 커뮤니케이션 방법을 익혀 나갈 때 비로소 원활한 의사소통을 통한 문제해결이 가능하다.

Key Point

커뮤니케이션을 효과적으로 하기 위해서는?
커뮤니케이션의 두 가지 유형인 글쓰기와 말하기를 정확히 파악하라.

예제 1-6

다음과 같이 온라인 게임에 대해서 쓴 두 종류의 글을 읽고 비교 대조한 표를 완성하시오.

친구와의 대화

갑 : 또 게임하니? 너 중독 된 거 아냐?

을 : 중독? 좋아하는 거 한다고 다 중독이니? 스트레스도 풀리고 좋잖아.

갑 : 스트레스가 풀려? 안 될 때는 더 짜증나지 않아?

을 : 하지만 이렇게 아이템이 빵빵할 땐 짜증이 날 이유가 없지.

갑 : 하루 만에 어떻게 이렇게 아이템이 늘었어?

을 : 후후, 다 방법이 있지.

갑 : 비겁하게 돈으로 아이템을 샀구나. 그거 불법인 거 몰라?

을 : 게임의 세계에서 불법이 어딨어. 어쨌든 내가 게임을 지배하면 되는 거 아냐?

리포트

온라인 게임의 문제점으로는 중독성과 불법성을 들 수 있다. 게임 이용자들은 흥미로 시작하지만 어느 순간부터는 게임을 하지 않고는 견디지 못하는 상황에 처하게 된다. 자신의 의지와 상관없이 게임을 할 수밖에 없는 상황이 되었다면 이미 중독이 된 것이다. 이렇게 중독이 되다 보면 불법적인 행위까지 서슴지 않게 될 수도 있다. 게임 아이템을 돈으로 사고파는 것은 물론, 해킹을 통하여 아이템을 탈취하거나 게임을 조작하는 사례까지 나타나고 있다. 더욱이 온라인상에서의 게임이 화근이 되어 현실에서까지 폭력을 행사하는 불법이 자행되기도 한다.

	친구와의 대화	리포트
내용		
형식		
표현		
효과		

풀이

커뮤니케이션의 유형에 따라 글과 말이 어떻게 다른가를 살펴보는 문제이다. 대조한 표를 완성하는 것보다 각각의 기준에 따라 두 글이 어떻게 다른가를 파악하는 것이 더 중요하다. 내용은 똑같더라도 어떠한 상황에서 어떠한 형식으로 커뮤니케이션을 하는가에 따라 글이 달라질 수 있음을 파악한다.

답	친구와의 대화	리포트
내용	온라인 게임의 폐해에 관한 유사한 내용	
형식	대화	설명문
표현	일상적인 구어체 표현	공식적인 글의 문어체 표현
효과	간단한 의사소통에 효과적	공식적인 설명과 주장을 하기에 효과적

같은 내용의 다른 형식의 글이다. 일상적인 대화는 누구나 나눌 수 있지만 그 내용을 설명문으로 쓰는 것은 훈련이 필요하다. 또한 일상적인 대화에서 쓰는 표현을 설명문에서 그대로 쓸 수 없을 경우가 있으므로 표현도 가려 쓸 수 있어야 한다. 일상에서는 자유로운 형식으로 대화가 가능하지만 공식적인 커뮤니케이션에서는 이에 맞는 형식과 표현을 쓸 수 있어야 한다.

연습 1-6

다음과 같이 모임 일정에 대해서 쓴 두 종류의 글을 읽고 비교 대조한 표를 완성하시오.

문자 메시지

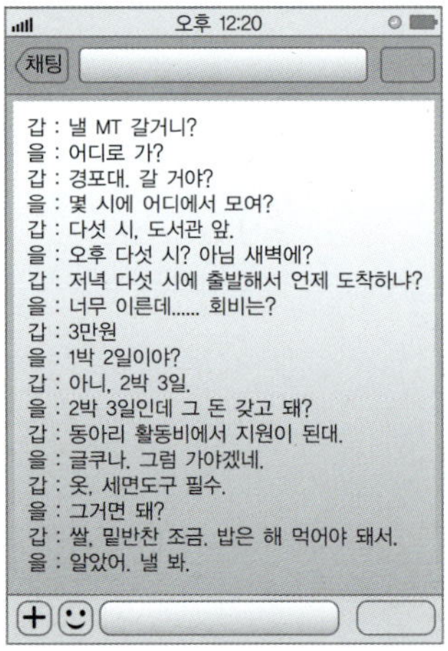

공지문

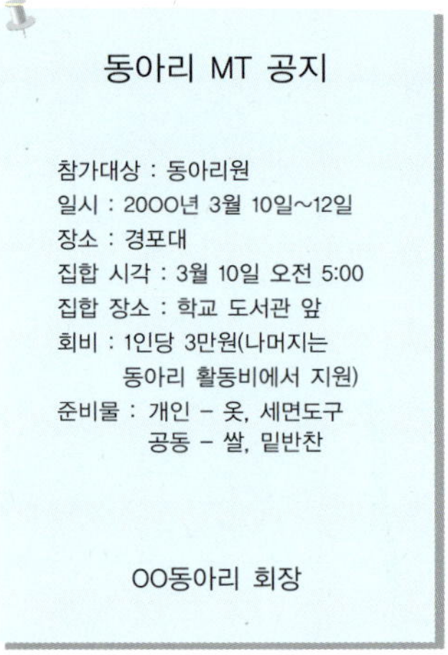

	문자 메시지	공지문
내용		
형식		
표현		
효과		

커뮤니케이션의 과정

커뮤니케이션은 일정한 과정을 따라야 문제해결을 효과적으로 할 수 있다. 문제해결을 위한 커뮤니케이션의 과정은 크게 다음과 같다.

주제의 설정	▶	자료의 수집과 정리	▶	구성	▶	전개	▶	상호작용
글쓰기와 말하기의 주제를 정한다.		글쓰기와 말하기에 필요한 자료를 수집하고 정리한다.		글이나 말 전체의 구성 요소와 순서를 정한다.		글이나 말을 통해 자신의 지식과 사고를 펼친다.		질문, 의견 등을 받고 답변을 하거나 글을 수정한다.

주제의 설정 과정은 문제의 발견 과정과 밀접한 관련을 맺는다. 문제가 발견되었으면 그것이 글쓰기와 말하기의 주제가 되기 때문이다. 커뮤니케이션의 근본적인 목적이 문제해결이므로 해결해야 할 문제에 따라 주제가 결정된다. 문제는 스스로 발견한 것일 수도 있고 주어진 것일 수도 있는데 이는 문제의 유형에 의해 결정된다.

주제의 설정이 끝나면 이 주제에 적합한 자료를 풍부하게 수집하고 여기에서 꼭 필요한 것을 선별해야 한다. 개인의 지식과 사고는 한계가 있을 수밖에 없다. 따라서 설정한 주제와 관련하여 이전에 제시된 자료와 주장을 풍부하게 모을 필요가 있다. 또한 자신의 주장을 펼치기 위해서는 객관적인 자료가 필요하기 때문에 현실 속의 다양한 자료 속에서 자신의 주장을 뒷받침할 만한 것을 뽑아 적재적소에 활용할 수 있어야 한다.

구성 과정은 주제에 적합한 소주제를 선정하여 이를 적절히 배열하는 과정이다. 지구상의 모든 생물들은 여러 기관들이 유기적인 관계를 맺고 있으며, 인간이 만든 구조물 또한 목적에 적합한 구조를 이루고 있다. 이와 마찬가지로 글이나 말도 적절한 구조를 갖추어야 한다. 논설문이라면 서론 · 본론 · 결론으로 구성되는 것이 일반적이며, 발표를 할 때도 도입 · 본론 · 마무리 등의 구조를 갖추게 된다. 이렇듯 주제에 가장 적합한 구성 요소를 정하고 이 구성 요소의 순서를 정할 필요가 있다.

전개 과정은 각각의 소주제를 목적에 따라 글로 쓰거나 말을 하는 과정이다. 글이나 말을 구성하는 각 요소들은 각각의 요소들이 독립적이되 서로 관련을 맺으면서 문장으로 전개된다. 글에서는 단락 단위로 전개되는데 단락의 요건에 맞게 각 문장들이 유기적인 관계를 맺으면서 주어진 주제에 대해 설명과 주장을 하게 된다. 말에서는 단락과 같은 명시적인 단위는 파악되지 않을 수도 있으나 단락과 유사한 단위를 이루며 역시 설명과 주장을 하게 된다. 따라서 이 단계에서는 구성과 전개가 계속적으로 상호 관련을 맺으며 커뮤니케이션의 핵심적인 활동이 이루어진다.

글이나 말은 소통을 위한 것이므로 마지막에는 상호작용을 거쳐 수정, 보완을 해 나간다. 글쓰기나 말하기는 일회적으로 끝나는 것보다 계속적인 상호작용을 통해 더 발전적으로 이루어지는 것이 좋다. 시험 답안이나 리포트에 대해 피드백이 주어지면 이에 따라 학생은 자신을 더 발전시킬 기회를 가질 수 있다. 발표를 할 때도 질문에 대한 답변이 이루어지면 질문자에게 보다 상세한 정보를 제공할 뿐만 아니라 발표자 스스로도 보완할 것이 무엇인지 파악할 수 있게 된다.

Key Point

커뮤니케이션이 효과적으로 이루어지려면?
각각의 단계를 충실하게 따르라.

예제 1-7

다음 보기와 같은 상황에서 글을 써야 한다고 가정할 때 각 과정의 빈칸을 채우시오.

보기

산업공학과 전공 4학년 김현석은 '초우량 서비스 기업의 성공비밀'이란 강좌를 수강하며 강의의 제목 그대로 초우량 서비스 기업을 선정해 그 기업의 성공비밀을 밝히는 기말보고서를 준비하고 있다.

주제의 설정	
자료의 수집과 정리	
구성	
전개	
상호작용	

풀이

보고서를 작성한다고 가정하고 글쓰기의 과정을 밟아보는 문제이다. 기말보고서는 대학에서 이루어지는 수업의 중요한 평가항목이다. 보고서의 주제는 강의 전반의 내용과 부합하는 것이 제시되는 경우가 많으므로 강의 전체의 핵심적인 내용을 근간으로 주제를 설정한 후 일련의 과정을 진행한다. 예시 답안은 수많은 후보 중 하나이므로 이를 참조해 더 창의적인 보고서를 작성할 수 있도록 한다.

답

주제의 설정	초우량 서비스 기업 ○○전자의 성공 비밀, BIMOL
자료의 수집과 정리	회사 홈페이지, 홍보 자료, 실적 자료 등을 수집
구성	브랜드(Brand), 혁신(Innovation), 시장지향성(Market-Orientation), 리더십(Leadership)의 네 항목을 대등하게 구성
전개	각 항목을 사례 중심으로 구체적 서술
상호작용	같은 수업을 듣는 동료, 대상 회사의 관계자 등에게 읽힌 후 조언을 구함

기말보고서의 주제는 큰 틀에서 미리 주어지는 경우가 많다. 따라서 이에 맞게 세부 주제를 정한다. 예시 답안에서는 '비밀'에 대략적으로 음을 맞추어 'BIMOL(Brand, Innovation, Market-Orientation, Leadership)의 머리글자를 딴 'BIMOL'을 주제로 하였다. 이 네 가지 항목은 본문을 구성하는 핵심적인 내용이 되므로 이에 필요한 자료를 수집한 후 각 항목이 대등한 관계를 이루도록 구성하여 서술해 나간다. 그리고 이 내용을 관계자에게 확인하면 더 정확하고도 풍부한 보고서를 작성할 수 있을 것이다.

연습 1-7

다음에 제시되는 상황에서 글을 써야 한다고 가정할 때 각 과정의 빈칸을 채우시오.

① 공대생 장기상은 '인터넷 이야기'란 교양강좌를 수강하며 기말보고서를 준비하고 있다.

주제의 설정	
자료의 수집과 정리	
구성	
전개	
상호작용	

② 게임 개발 업체에 근무하는 양현영은 새로 개발한 게임의 장단점에 대한 보고서를 경영진에게 요구받았다.

주제의 설정	
자료의 수집과 정리	
구성	
전개	
상호작용	

③ 환경 관련 연구소의 연구원 박진천은 녹색기후기금(GCF) 사무국의 한국 유치와 관련한 연구소의 연구 프로젝트를 준비하고 있다.

주제의 설정	
자료의 수집과 정리	
구성	
전개	
상호작용	

커뮤니케이션의 윤리

커뮤니케이션의 도구로서 이용되는 글과 말, 특히 공식적인 커뮤니케이션은 그 성격상 주요한 몇 가지 특성을 갖는다.

공식적인 글과 말은 누가 작성한 것인지와 누가 한 것인지가 분명하다는 특성이 있다. 공식적인 커뮤니케이션은 아무나 하는 것이 아니라 그만한 위치에 있는 사람이 자신의 이름을 걸고 한다. 이러한 특성은 커뮤니케이션의 신뢰성을 높여주기도 하지만 악용되거나 부작용을 일으킬 수도 있다. 커뮤니케이션의 과정에서 의도했든, 의도하지 않았든 비윤리적인 행위를 하게 되면 전달과 수용의 과정에서 예기치 못한 결과를 초래할 수 있다. 커뮤니케이션의 과정에서 나타날 수 있는 비윤리적인 행태는 크게 두 가지로 나눌 수 있다.

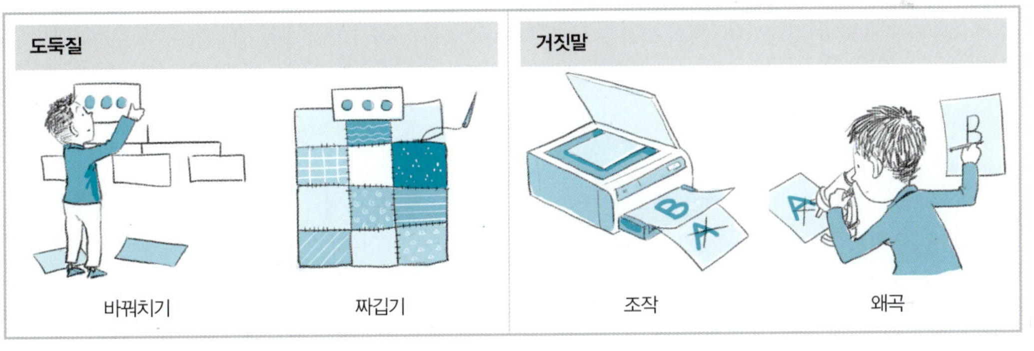

도둑질에 속하는 행태는 바꿔치기와 짜깁기가 있다. 바꿔치기는 남의 지식, 사고를 마치 자기 것인 양 이름을 붙여 발표하는 것이다. 글 전체이든 일부이든 특별한 표시를 하지 않고 자신의 글 속에 포함시키는 것은 도둑질과 다름없는 행위이다. 짜깁기는 여러 사람의 지식과 사고를 조합해 자신의 것처럼 쓰는 행위이다. 비록 바꿔치기에 비해 덜 노골적이더라도 이 또한 도둑질에 해당된다.

이러한 도둑질을 피하기 위해서는 본문과 주석의 인용을 통해 그 출처를 분명히 밝혀야 한다. 인용에 대한 정보가 없으면 글이나 말에 담긴 모든 내용은 글쓴이나 말하는 사람의 것으로 간주된다. 따라서 다른 사람의 지식과 사고에 기댄 것이라면 그 사실을 반드시 밝혀 줘야 한다. 특히 학술적인 논문이나 저서에서는 정해진 형식에 맞춰 주석을 붙여야 한다.

거짓말에 속하는 행위는 조작과 왜곡이 있다. 조작은 관찰이나 실험의 결과가 자신이 쓰고자 하는 바와 일치되지 않을 때 그 결과를 자신의 의도에 맞게 임의적으로 바꾸는 것이다. 관찰과 실험의 결과에 따라 글이 작성되어야지 의도하는 글에 따라 관찰과 실험의 결과를 바꾸면 이는 거짓말에 해당된다. 왜곡은 실제의 사실을 자신의 의도에 따라 마음대로 해석하여 글을 쓰는 행태이다. 비록 객관적인 사실일지라도 이것을 아전인수 격으로 사용하면 이 또한 거짓말에 해당된다.

이러한 행태는 커뮤니케이션 자체의 윤리 문제이기도 하지만 연구윤리와도 밀접한 관계가 있다.

연구논문이나 저서는 공적인 커뮤니케이션 중에서도 진실성이 가장 크게 요구되는 글이다. 학술적인 논문이나 저서에는 글쓴이 고유의 지식과 사고가 담겨 있어야 한다. 그런데 일부 연구자는 자신의 업적을 과장하기 위해 위와 같은 도둑질과 거짓말을 자행한다. 따라서 커뮤니케이션 윤리 이전에 연구윤리가 먼저 확립되어야 이러한 문제를 예방할 수 있다.

Key Point

커뮤니케이션의 윤리를 지키려면?
도둑질과 거짓말을 하지 마라.

예제 1-8

다음에 제시되는 글을 읽고 제시된 기준에 따라 비교, 대조하시오.

자기소개서 1

김철민

철저하고 민첩하라! 저희 부모님은 당신들이 바라는 아들의 미래를 꿈꾸며 저의 이름을 이렇게 지었습니다. 철학자 칸트는 시간관념이 워낙 철저해 동네 사람들은 칸트의 산책 시각을 시계 대신 활용했다고 합니다. 저 또한 우리 집의 시계이기도 합니다. 제가 잠드는 시각이 새로운 하루가 시작되는 자정이고, 제가 일어나는 시각이 희망찬 아침을 여는 여섯시입니다. 고등학교 때 이 습관이 들기 시작한 이후 저는 한 번도 이 시각을 어긴 적이 없습니다. 이것은 저에 대한 약속이었기 때문입니다.

저는 남과의 시간 약속 또한 철저하게 지키기로 소문이 나 있습니다. (……)

자기소개서 2

엄수용

엄수하고 또 엄수하라! 저희 부모님은 당신들이 바라는 아들의 미래를 꿈꾸며 저의 이름을 이렇게 지었습니다. 철학자 칸트는 시간관념이 워낙 철저해 동네 사람들은 칸트의 산책 시각을 시계 대신 활용했다고 합니다. 저 또한 우리 집의 시계이기도 합니다. 제가 잠드는 시각이 새로운 하루가 시작되는 자정이고, 제가 일어나는 시각이 희망찬 아침을 여는 여섯시입니다. 고등학교 때 이 습관이 들기 시작한 이후 저는 한 번도 빼놓지 않고 이 시각을 엄수했습니다. 이것은 저에 대한 약속이었기 때문입니다.

저는 남과의 시간 약속 또한 엄수하기로 소문이 나 있습니다. (……)

주제	
내용	
문제점	
효과	

풀이

남의 자기소개서를 베껴 쓰는 행위를 통해 글쓰기 윤리의 중요성에 대해 생각해 보는 문제이다. 누구나 자기소개서를 작성해야 하지만 대부분의 사람들이 자기소개서를 작성할 때 가장 먼저 하는 것이 검색이다. 검색을 통해 자기소개서에 대한 기본적인 정보를 얻는 것은 괜찮지만 많은 사람들이 다른 사람들의 자기소개서를 베끼거나 짜깁기를 한다. 이러한 행태로는 결코 좋은 자기소개서를 쓸 수 없다. 주어진 문제는 두 글의 비교와 대조 자체가 목적이 아니라 이런 베끼기 행태가 이루어지는 현실의 문제점을 파악해 보는 것이 목적이다.

답

주제	철저한 시간관념에 대한 자기소개
내용	자신의 이름과 철학자 칸트의 사례를 통한 자기소개
문제점	자신에 대한 소개가 아닌 남에 대한 소개
효과	동일한 유형의 자기소개서가 많은 사람들에 의해 작성되므로 서류 심사를 통과할 수 없음

주어진 두 글은 고유명사만 다를 뿐 나머지 요소는 모두 같다. 둘 중의 하나는 남의 자기소개를 보고 그 내용과 형식이 마음에 들어 베낀 것인데 이러한 자기소개서는 널리 알려져 있기 때문에 베낀 것이 금세 들통 날 수 있다. 기본적인 아이디어는 참고할 수 있지만 내용은 자기 고유의 것이어야 한다.

연습 1-8

다음에 제시되는 글을 읽고 제시된 기준에 따라 비교, 대조하시오.

머리말 1

원어민과의 의사소통과정에서 모음을 제대로 구분하여 발음하지 않게 되면 많은 혼란이 올 수 있다. 한국인들이 구별하여 발음하기에 어려움이 많은 영어 모음 쌍으로는 긴장 · 이완모음을 들 수 있다. Giegerich(1992:92)는 긴장음이 이완음보다 "상당한 근육의 노력이 동반되는 의도적이고, 정확하고, 최대한 구별되는 동작을 하는 음"으로 정의했다. 이에 반해 Ladefoged(2001:80)는 긴장모음과 이완모음에는 음성적인 차이가 있지만, 단순히 긴장 문제만은 아니라고 했다. 그는 긴장모음이 주로 "mate, mete, kite, cute"와 같이 묵음 e로 표시된 단어에서 나타나는 반면, 이완모음은 "mat, met, kit, cut"와 같이 묵음 e가 없는 단어에서 나타남에 주목했다. 특히, 이완모음은 주로 폐음절(closed syllables)에서 발견되며, 긴장모음에 비해 "더 짧고, 낮고, 약간 모음 공간의 중앙 쪽으로 위치"한다고 지적했다. 기존의 연구에서 밝혀진 자료에 따르면 대체로 영어 긴장모음과 이완모음의 음향적 차이는 지속시간과 포먼트값의 차이를 보이며 피험자의 영어구사능력에 따라 다소 차이는 있지만, 한국인들은 원어민만큼 이들 모음 쌍의 구별을 제대로 하지 못한다(Edwards, 2003; Kent & Read, 1992; Ladefoged, 2001; Yang, 1996; 강석한, 2007; 구희산, 2002; 조현관, 2003). 그 외에도 음향적 측정치로 피치값과 강도값의 차이를 보일 수 있지만, 이런 값들은 화자마다 발음하는 환경이나 발화 당시의 화자의 정서에 따라 변화가 많고 이를 일반화하여 요약하기에는 어려움이 있기 때문에 지금까지 추가적인 연구가 별로 없는 것으로 여겨진다.

머리말 2

원어민과의 의사소통과정에서 모음을 제대로 구분하여 발음하지 않게 되면 많은 혼란이 올 수 있다. 한국인들이 구별하여 발음하기에 어려움이 많은 영어 모음 쌍으로는 긴장 · 이완모음을 들 수 있다. 긴장음은 이완음보다 상당한 근육의 노력이 동반되는 의도적이고, 정확하고, 최대한 구별되는 동작을 하는 음으로 정의할 수 있다. 이에 반해 긴장모음과 이완모음에는 음성적인 차이가 있지만, 단순히 긴장 문제만은 아니다. 긴장모음이 주로 "mate, mete, kite, cute"와 같이 묵음 e로 표시된 단어에서 나타나는 반면, 이완모음은 "mat, met, kit, cut"와 같이 묵음 e가 없는 단어에서 나타난다. 특히, 이완모음은 주로 폐음절(closed syllables)에서 발견되며, 긴장모음에 비해 더 짧고, 낮고, 약간 모음 공간의 중앙 쪽으로 위치한다. 대체로 영어 긴장모음과 이완모음의 음향적 차이는 지속시간과 포먼트값의 차이를 보이며 피험자의 영어구사능력에 따라 다소 차이는 있지만, 한국인들은 원어민만큼 이들 모음 쌍의 구별을 제대로 하지 못한다. 그 외에도 음향적 측정치로 피치값과 강도값의 차이를 보일 수 있지만, 이런 값들은 화자마다 발음하는 환경이나 발화 당시의 화자의 정서에 따라 변화가 많고 이를 일반화하여 요약하기에는 어려움이 있기 때문에 지금까지 추가적인 연구가 별로 없는 것으로 여겨진다.

인용 표시 방법	머리말 1 : 머리말 2 : 없음
차이점	머리말 1 : 머리말 2 : 서술된 모든 내용이 필자의 것으로 간주된다.
효과	머리말 1 : 머리말 2 : 서술된 내용 중 다른 연구자의 연구결과가 있으면 도용으로 처리된다.

이공계열의 커뮤니케이션

이공계열 학생들에게 글쓰기와 발표 등의 커뮤니케이션 능력이 필요하다고 하더라도 커뮤니케이션은 본래 인문사회계열의 영역이다. 실제로도 글쓰기 및 발표와 토론의 연구는 이 분야에서 이루어진 것이 대부분이며, 교육 또한 이 분야의 전공자들이 담당하고 있다. 그 결과 글쓰기, 발표와 토론 등에 대한 이론과 방법이 인문사회계열에 맞게 되어 있는 것이 많다. 수업 또한 어학, 문학, 철학 전공자들이 담당하는 경우가 많아 이공계열 학생들의 요구에 맞는 수업이 이루어지지 않고 있는 실정이다. 이에 따라 이공계열 학생들은 현재의 커뮤니케이션 교육에 대해 다음과 같은 불만을 가질 수밖에 없다.

이러한 불만은 결국 이공계열 학생을 위한 맞춤 커뮤니케이션 교육이 이루어질 여건이 안 돼 있다는 것으로 종합할 수 있다. 교재, 교육 방법, 교육 내용 모두가 이공계열 학생의 요구를 충족시키지 못하는 실정이다. 그러나 이러한 상황 때문에 이공계열 학생들이 위축되거나 지나치게 불만을 가질 필요는 없다. 현실이 이렇더라도 이 현실 속에서 취할 것은 취하고 개선할 것은 개선해 나가면 되기 때문이다. 글쓰기, 발표와 토론 등의 커뮤니케이션 교육이 이공계열 학생들에게 딱 맞게 되어 있지는 않을지라도 커뮤니케이션의 목적과 기본 원리가 다른 것은 아니다. 즉 커뮤니케이션의 근본 목적은 문제해결이며, 이를 위해 필요한 커뮤니케이션의 기본 원리는 누구에게나 동일하게 적용될 수 있다.

따라서 이공계열 학생들이 글쓰기 및 발표와 토론을 효과적으로 학습하고 활용하기 위해서는 몇 가지 전략이 필요하다. 이 전략은 다음과 같은 세 단계로 정리할 수 있다.

기초 훈련	▶	적용	▶	발전과 개발
기존의 글쓰기 및 발표와 토론 등의 기초 원리와 방법을 익히고 훈련한다.		기초 원리와 방법을 바탕으로 이공계열 학생들에게 필요한 글쓰기와 말하기에 적용한다.		이공계열의 글쓰기와 말하기 방법을 발전시키고 새로운 방법을 개발한다.

글쓰기나 말하기는 누가 하는 것이든 근본적인 원리와 방법은 같다. 따라서 기존의 글쓰기나 말하기의 원리와 방법은 착실히 익혀둘 필요가 있다. 이 단계의 주제와 내용이 주로 인문사회계열에 편중되어 있어도 문제될 것은 없다. 이러한 주제와 내용은 인문사회계열에만 국한된 것이 아닌 인류 보편의 문제이기 때문에 이공계열 학생의 장기적인 발전을 위해 꼭 필요한 것이기도 하다.

글쓰기와 말하기 중에는 이공계열 학생들만 하는 것들도 있다. 대학에서의 실험보고서는 이공계열 학생들만이 쓴다. 또한 연구 논문도 이공계열의 논문은 인문사회계열의 그것과 내용과 형식면에서 많이 다르다. 이공계열과 관련이 있는 각종 테크니컬라이팅과 프레젠테이션 또한 이공계열만의 독특한 특성이 있다. 따라서 여기에 커뮤니케이션의 기초 원리와 방법을 적용시켜 나가는 것이 필요하다. 기존의 글쓰기와 말하기가 기성제품처럼 되어 있었다면 기초 원리와 방법만을 취해 맞춤식으로 발전시켜 나가면 되는 것이다.

궁극적으로는 이공계열만의 독자적인 글쓰기와 말하기 방법을 개발할 필요가 있다. 글쓰기와 말하기의 근본 원리와 방법은 같을지라도 커뮤니케이션 문제를 애초부터 이공계열 출신이 접근하면 보다 발전적인 원리와 방법이 모색될 수 있다. 이는 기존의 원리와 방법이 다른 것이라기보다는 원리와 방법을 더 깊고 넓게 하는 작업이기도 하다. 이러한 단계에 이르게 되면 모두를 위한 글쓰기와 말하기 교육이 이루어질 수 있을 것이다.

예제 1-9

다음은 이공계열 출신이 글쓰기에 대해 쓴 내용이다. 공감이 가는 부분과 그렇지 않은 부분을 각각 쓰시오.

약도 그리듯이 쉽게 글쓰기를 하자

글쓰기에 소질이 없는 기술자가 제대로 글쓰기를 배울 수도 없다면 어떻게 해야 하나. 속수무책으로 글쓰기를 두려워만 해야 하나. 그건 아니다. 공부 방법을 바꾸면 된다. 이제까지 글쓰기가 어려웠던 것은 글을 잘 쓰려고 했기 때문이다. 글을 잘 쓰려면 그림을 잘 그리는 것과 같이 많은 시간과 노력이 든다. 사실 잘 쓴 글은 감정에 호소하는 '느낌'을 전달하는 글로써 사무적인 글에는 부적절한데, 기술자가 이러한 글을 쓰려고 하니 문제가 되는 것이다. 그림 대신 약도를 그리면 된다. 기술자가 사무적으로 쓰는 글은 '주요 사실을 알기 쉽고 간결'하게 적으면 된다. 그러니 아름다움을 추구하려고 색상, 명도, 채도 등을 다 고려한 복잡하고 어려운 그림을 그리는 것이 아니라 '간략한 약도'를 그리는 것이다.

이것은 사실 이공계 교육을 받은 사람들의 성향에 잘 맞는 일이기도 하다. 이공계에서 가장 많이 쓰이는 공식은 가장 간결한 것이다. 추론 과정이 몇 백 페이지에 달하는 복잡한 계산과정, 혹은 분석과정을 얼마나 간단한 식으로 표현할 수 있는가가 공학의 핵심이다. 같은 내용과 가치를 가졌을 때, 우수한 분석식이란 가장 간단한, 최소의 숫자와 기호로 표현된 식인 것이다.

약도를 그릴 때는 우선 방향을 정한다. 다음은 목표를 표시한 후 큰 길 몇 개로 구도를 잡아 찾아가는 길이 막힘이 없이 진행되도록 한다. 마지막으로 큰 건물 몇 개만 간결하게 표시한다. Technical writing도 비슷한 원리이다. 상대방에게 방향을 맞춘 후에 주제를 정하고 문단 몇 개로 구도를 잡아 논리가 순조롭게 흘러가도록 한다. 글도 꼭 필요한 사항만 간결하게 표현한다.

임재춘(2006), 한국의 이공계는 글쓰기가 두렵다, 북코리아

공감이 가는 부분	
공감이 가지 않는 부분	

풀이

이공계열 출신들이 쓴 글쓰기에 관한 글을 보고 그것의 장단점을 파악해 보는 문제이다. 이공계열의 글쓰기에 대해서는 실제 경험을 바탕으로 한 책이 출간된 사례가 있다. 이공계열 출신이 현장의 경험을 바탕으로 실제적인 내용을 썼다는 면에서는 장점이 있지만 글쓰기나 커뮤니케이션을 전문적으로 연구한 결과가 아니기 때문에 부족한 점도 있다. 이 문제는 각각의 요소를 분석해 보는 것보다는 이공계열 출신의 글쓰기 관련 글에 어떤 내용이 포함되어 있는가를 확인해 보는 것이 목적이다.

답

공감이 가는 부분	글을 약도에 비유해 쉽게 설명했다.
공감이 가지 않는 부분	글을 쓰는 구체적인 방법에 대한 안내가 없다.

현장 경험을 바탕으로 한 안내서는 개별적인 사례에 대해서는 좋은 지침이 될 수 있지만 종합적이거나 체계적인 설명이 없는 경우가 많다. 주어진 글에서도 글을 약도에 비유한 것은 쉽게 이해가 되지만 막상 글을 쓸 때 어떻게 써야 하는지는 알 수 없다는 단점이 있다.

연습 1-9

다음은 비즈니스 라이팅에 대한 원칙을 서술한 글이다. 공감이 가는 부분과 그렇지 않은 부분을 각각 쓰시오.

기본에 충실해야 한다.

회사의 중요한 서류에 해당되는 공문서나 보고서, 제안서 등을 쓰는 비즈니스 라이팅은 일반 글쓰기보다 목적의식을 비교적 분명히 해야 한다. 사업적인 목적이 강한 만큼 목적을 분명히 인식하고 기본적인 원칙만 제대로 지킨다면 좋은 비즈니스 글을 쓸 수 있다. 비즈니스 라이팅의 기본 원칙은 일반적으로 다음과 같이 분류할 수 있다.

- 글을 읽는 대상을 명확히 파악한다.
- 내용이 정확하게 전달되어야 한다.
- 가능한 한 쉽게 써야 한다.
- 격식을 제대로 갖춰야 한다.
- 최대한 완벽해야 한다.
- 정해진 시간에 글을 완성해야 한다.

황성근(2006). 너무나도 쉬운 비즈니스 글쓰기, 한겨레 출판사

공감이 가는 부분	
공감이 가지 않는 부분	

실습과제

예제 **다음에 제시되는 자기소개서를 읽고 제시된 기준에 따라 평가하거나 소감을 적으시오.**

준비된 수출맨, 김철용의 철철한 이야기

鐵頭鐵尾 – 그는 어떻게 살아왔나

鐵頭 : 철에서 나서 철에서 자라고......

• 영원한 포스코맨 아버지

포항에서 태어나 포스코에서 26년간 근무하시다 현재는 포스코 계열사인 (주)동우사에서 소장으로 근무하는 아버지로부터 태어나는 순간부터 철의 향기를 맡으며 성장

• 끈질긴 鐵緣

포항제철유치원 – 포항제철초등학교 – 포항제철중학교 – 포항제철 고등학교을 거치며 혈연, 지연, 학연보다 더 강한 鐵緣을 뼛속 깊이 새김

鐵中 : 철들어 철을 위하여 떠나고......

• 철들며 넓어진 시야

아버지로부터 생산뿐만 아니라 판매의 중요성을 깨우치며 시야를 세계로 돌리며 세계 철시장 정복을 위한 준비과정으로 동아대 무역학과 선택

• 철철 넘치는 활력의 군시절

용산에서 카투사로서 미군의 행정업무 철저하게 파악, 철철 넘치는 유머로 한국군과 미군의 우호를 증진시키며 폭넓은 대인관계 형성, 중대장 추천으로 미하사관교육대 교육과정 수료 후 Sr. KATUSA로 근무하며 리더십과 친화력을 발휘하여 ARCOM 메달 수상

鐵尾 : 다시 철로 돌아갈 날을 꿈꾸며......

• 철저한 학점 관리

1학년 때는 넓은 세상을 배우려 저공비행, 복학 후에는 4.5 만점 내지 4.42 받으며 줄곧 학년 석차 1위

• 鐵學

모든 공부는 철을 알고 철을 팔기 위한 것에 집중, 관세사 시험 1차 합격, 국제무역사 자격 획득, 무역실무, 무역 관련 법규, 무역관련 국제협약 등을 심도 있게 공부하여 수출에 관한 지식과 능력 배양

鐵甲, 鐵桶, 그리고 鐵面 속의 따뜻함 – 그의 겉과 속은 어떠한가

鐵甲을 두른 듯......

4년의 열정을 쏟아 부어 이루어낸 무역 실무 능력, 미국인을 울리고

웃기는 영어회화 실력, 막힘없는 인터넷 정보처리 능력 및 능수능란한 MS-Office 사용 능력

鐵桶같은 정신 무장……

갈수록 높아지는 무역 장벽을 허물고, 총성없는 전쟁터를 뚫고 들어가 시장을 개척하고 넓혀나갈 수 있다는 자신감으로 무장

鐵面 속의 따뜻함

고등학교 때의 비정규 서클을 통한 고아원 봉사활동, 대학 시절의 봉사동아리를 통해 겉으로는 드러나지 않지만 세상에 대한 따뜻한 마음을 표현. 친구의 이야기를 들어주고 풀어주고 주위의 사람들을 한 데 모아 하나의 목표로 이끌어갈 수 있는 친화력과 리더십을 갖춤

鐵人의 꿈 – 그는 무엇을 꿈꾸는가

녹슬지 않는 철

- 진부함을 새로움으로……

  누구나 알고 있는 성실, 진실, 솔직, 노력, 희생….. 그러나 세월이 흐를수록 녹슬어 흔적마저 사라지는 진부한 단어를 매일 매일 새롭게 살아나는 단어로 만들며 앞으로의 삶을 펼치고 싶음

- 닦고 조이고 기름 치고……

  급변하는 세계시장의 흐름을 뒤따라가는 자가 아닌 선도하는 자가 되기 위해 철 수출 분야의 모든 실무능력 배양을 소홀히 하지 않는 멀티 플레이어를 꿈꿈

끈끈한 철

- 사람이 나서 철이 들듯이……

  친구 같은 아버지의 넉넉함, 연인 같은 어머니의 편안함 속에서 세상을 알아가고 철이 들었듯이 입사하여 무역실무의 바닥부터 배우며 윗분으로부터 배우고 동료들과 나누어 또 다시 철이 들기를 바람

- 위에서 내린 물이 아래로 흐르듯……

  세월이 흘러 지위가 높아질수록 위에서 받은 사랑 이상으로 아래로 물려주며 내리사랑을 실천하고 싶음

- 사람과 사람을 이어주는 鐵人으로서……

  수직, 수평관계, 타부서 관계에서 일어날 수 있는 갈등과 분열을 모두 녹여 새로운 철로 만들어낼 수 있는 동반자요 리더가 되길 원함

투명한 철

- New BJRism(신배째라주의)

누가 언제 나의 속을 다 드러내 보일 것을 요구해도 한 점 부끄럼 없이 일을 처리하여 업무의 투명성을 높이고 싶음

- 물이 맑을수록 투자자는 모이고……

  기업경영이 투명할수록 더 많은 투자를 이끌어내고 더 많은 수익을 내어 주주에게 그 이익을 돌려줄 수 있으므로 업무처리, 대인관계, 고객관계 등을 투명하게 하고자 함

- 한없이 투명에 가까운 포스코

  장차 포스코의 CEO가 되어 투명경영으로써 포스코를 전세계 어느 곳에 내어 놓아도 경쟁력을 갖춘 기업으로 성장시키고 싶음

내용	
형식	
구성	
표현	
창의성	

풀이

창의적으로 작성된 자기소개서를 보고 글을 통한 커뮤니케이션 능력이 얼마나 중요한지 생각해 보는 문제이다. 다소 길지만 내용이 참신하고 형식이 개조식이어서 쉽게 읽히는 자기소개서이다. 자신이 지원하고자 하는 곳의 특성, 자신의 능력과 포부 등을 잘 결합시키면 창의적이고도 효과적인 자기소개서를 작성할 수 있다. 이 문제는 글에 대한 분석 자체보다는 분석하는 과정에서 자기소개서를 어떻게 작성했는가를 살펴보고 이것을 자신이 글을 쓸 때 적용하는 것을 유도하기 위한 것이다. 따라서 자기소개서가 아니더라도 이 글의 발상, 내용, 형식 등을 보다 발전시킬 수 있는 방안을 생각해 본다.

답

내용	취업을 원하는 철강회사와의 인연, 준비 과정, 포부 등을 철저하게 관련시켜 서술
형식	프레젠테이션이 가능한 개조식
구성	성장과정 – 준비과정 – 포부 등을 순차적으로 서술
표현	자신의 능력, 의지를 드러낼 표현을 개발하여 인상적으로 서술
창의성	이전에 없는 내용과 형식으로 자기소개서 작성

- 내용 : 지원하고자 하는 곳과 자신의 성장과정이 잘 부합되어 '철'을 중심으로 내용을 전개했다. 운이 좋은 경우라 할 수도 있지만 자신이 지원하고자 하는 곳의 성격과 자신의 특성을 잘 적용해 보면 창의적인 내용을 개발할 수 있다.
- 형식 : 자기소개서로는 드물게 프레젠테이션 형식이다. 형식이 정해진 자기소개서가 아니라면 다양한 형식의 자기소개서를 시도해 볼 수 있다.
- 구성 : 자신의 성장과정에 따라 순차적으로 구성했다. 많은 자기소개서가 일대기식으로 작성되는데 이것을 핵심적인 사건 위주로 구성하면 일대기식 구성의 지루함을 만회할 수 있다.
- 표현 : 자신의 특성과 포부를 드러내기 위해서 사전에 없는 단어와 표현을 쓰고 있다. 글의 전체적인 맥락에 의해 그 뜻이 쉽게 파악되므로 매우 효과적인 방식이다.
- 창의성 : 틀에 박힌 성장과정이지만 이것을 창의적으로 활용하고 미래의 포부도 창의적으로 드러내고 있다.

연습 다음에 제시되는 자기소개서를 읽고 제시된 기준에 따라 평가하거나 소감을 적으시오.

높고, 넓고, 깊은 3차원적 인재 박경개의 자기소개서

남들보다 머리 하나만큼 높은 곳에서 세상을 볼 수 있는 유난히 큰 키, 이름에서 느껴지는 경계심을 허물고 언제나 넓은 세상으로 나아가고자 하는 자세, 그리고 맡겨진 연구와 업무를 최선을 다해서 마무리하는 깊이. 이 세 가지는 저를 특징지을 수 있는 가장 중요한 3차원의 요소입니다. 이제 귀사의 식품BG 신사업 분야에 지원하여 또 다른 차원으로의 도약을 꿈꾸며 저를 소개하고자 합니다.

높이 나는 새를 꿈꾸며

서울에서 나고 자란 저는 넓은 세상을 볼 기회가 별로 없었습니다. 부모님의 따뜻한 배려로 그저 열심히 공부하며 편안하게 초, 중, 고 시절을 보낼 수 있었습니다. 이러한 편안함이 저는 오히려 불만이었고 그러한 불만은 엉뚱하게도 키로 표출되었습니다. 초등학교 때부터 유난히 키가 커서 저를 쳐다보는 사람들의 시선을 늘 의식해야 하는 것이 싫었습니다. 키다리에게 붙을 수 있는 모든 별명은 다 달고 다녀야 했고 조금이라도 나쁜 짓을 하면 금세 들통이 나곤 했습니다.

그러나 키만큼 제 마음과 머리가 커지고 나서는 제 키는 사람과 세상을 멀리 볼 수 있는 도구가 되었습니다. 남들이 저에게 관심을 가지는 만큼 저 또한 그들에게 관심을 가지고, 그들의 요구에 부응하려고 노력했을 때 저는 비로소 철이 들어가는 것을 느꼈습니다. 큰 키가 듬직하다고 해서 맡겨진 반장, 부반장으로서 봉사하면서 리더십과 책임감을 기를 수 있었습니다. 하루하루의 일보다는 보다 먼 미래를 바라보며, 현재의 기쁨보다는 미래의 참기쁨을 꿈꾸며 매일매일 커갔던 초, 중, 고 시절이었습니다.

요리를 좋아하고 새로운 일을 계획해서 벌여나가기를 좋아했던 것 또한 먼 미래를 준비하는 데 큰 도움을 주었습니다. 라면을 끓이더라도 조리법과 재료를 늘 다르게 하면서 가족과 친구들에게 기쁨을 주고자 한 것은 식품생명공학에 관심을 가지는 자연스런 계기가 되었던 것 같습니다. 중학교 때 신문반에서 활동하면서 참신한 기사를 기획해 꼼꼼하게 취재와 정리를 마무리했던 것 또한 지금의 제 연구 · 조사 활동에 큰 도움이 되었습니다.

알을 깨고 보다 넓은 세계로

저의 특이한 이름 때문에 저는 늘 경계의 대상이었습니다. 큰 키에다 남자이름으로도 독특한 이름을 여자가 가지고 있으니 그럴 수밖에 없었습니다. 이런 이름을 지어주신 분도 부모님이지만 이런 벽을 깨뜨릴 수 있도록 도와주신 분도 부모님이었습니다. 기자생활을 하셨던 아버지는 인간관계를 무척 중요시했습니다. 직장생활을 하시면서도 가정을 완벽하게 이끌어가는 어머니도 늘 사람 사이의 정을 중요하게 생각 하십니다. 이런 부모님 덕분에 저는 경계의 대상이 될 수도 있는 제 외적인 틀을 깨고 언제나 사람

들에게 먼저 다가가서 사람들이 가지고 있는 경계심을 깰 수 있었습니다. 이런 태도는 현재 하고 있는 일에도 많은 도움이 되어 식품과 식품 소재에 대한 정보를 탐색하여 분석할 때 제 주위의 많은 사람들로부터 도움을 받습니다.

경계를 허물고자 하는 태도는 제 전공을 결정하는 데에도 많은 영향을 미쳤습니다. 저는 음식에 대한 관심이 많아 식품공학에도 관심을 가지고 있었고, 생명의 본질에 대해서도 관심이 많아 생명과학에도 관심을 가지고 있었습니다. 대학에 진학할 때 이 두 가지 사이에서 고민을 하다가 식품생명공학 분야를 발견하고는 식품공학과 생명과학의 경계를 허물어 우리 실생활에 직접적인 도움을 줄 수 있을 것이라 생각하여 식품생명공학과에 지원했습니다. 대학에서는 학과공부 이외에 과내 동아리와 테니스 동아리 등에서 활동하면서, 농활이나 보육원에서 봉사활동을 하면서, 백화점 · 호텔 · 패스트푸드점 · 식당 등에서 아르바이트를 하면서 많은 경험을 쌓으며 제 삶의 경계를 하나하나 허물어 갔습니다. 이러한 경험 속에서 만난 사람들과 그 속에서의 경험이 지금의 사회생활에도 많은 도움을 주고 있습니다.

세월 속에 우러나는 깊은 맛

대학 4학년 2학기 때부터 지금까지 한국식품개발연구원(이하 KFRI) 기술정보팀에서 일한 경험은 제 지식과 인격의 깊이를 더해주었습니다. 대학에서 배운 이론은 기능성 식품 분야와 식품발효기술 분야의 PM(patent map) 개발 및 보급사업을 진행하면서 더 깊어지고 더 넓어졌습니다. KFRI의 계간지 〈食品技術〉과 월간지 〈食品技術速報〉의 편집과 발행을 담당하면서 식품과 기술에 대한 이해가 더 깊어졌고 기획력과 추진력도 더 커졌습니다. 또한 KFRI Infocenter의 특허 및 각종 정보 검색과 처리를 맡으면서 식품관계 법령을 이해하고 시장상황을 정확하게 분석하고 대비할 수 있는 능력도 키울 수 있었습니다.

숙성이 될수록 맛이 나는 음식처럼 지난 3년 간 KFRI에서의 단련기간은 제가 앞으로 귀사에서 하고자 하는 업무에 큰 도움이 되리라 생각합니다. 식품 분야의 정보 및 기술마케팅 분석은 제가 이제까지 해 왔던 업무였습니다. 또한 각종 DB 분석 능력과 이를 바탕으로 한 기획능력은 새로운 사업을 구상하고 이에 대한 구체적 계획을 세우는 데 큰 도움이 되리라 생각합니다. 그리고 KFRI의 각종 업무와 잡지 발행 과정에서 각종 OA에 익숙해져 사무능력을 극대화시킬 수 있었던 것 또한 제게 맡겨진 업무를 신속하게 처리할 수 있는 바탕이 되리라 생각합니다. 마지막으로 부족한 시간을 쪼개어 학원과 독학으로 익힌 영어와 일본어 능력은 조금만 보완이 이루어진다면 귀사에 꼭 필요한 최상의 인재가 될 것으로 확신합니다.

또 다른 차원으로의 도약을 꿈꾸며

높이 나는 새가 멀리 볼 수 있는 것처럼 저의 시야를 높여 멀리 보고자 노력해왔습니다. 누구든 태어나고자 하는 자는 세계를 파괴하지 않으면 안 되듯이 저는 제 한계를 넘어 보다 넓은 세계로 나아가고자 애써왔습니다. 또한 숙성될수록 깊은 맛이 우러나는 음식처럼 제 분야에서 발로 뛰며 제 경험과 지식의 깊이를 더하기 위해 노력했습니다. 이제 이런 높이, 넓이, 깊이의 3차원 위에 새로운 차원으로 나아가고자 합니다.

그 새로운 차원은 귀사에서 일할 수 있는 기회임을 믿습니다. 장기간의 구조조정을 거쳐 New Start 전략을 펼쳐나가는 귀사에서 일할 수 있는 것이 새로운 차원으로 나가는 발판이 되리라 확신합니다. 기업의 성장에 앞서 사람의 성장을 내세우는 귀사에서 일한다면 회사의 발전이 곧 저의 발전이란 마음을 가지고 일할 수 있으리라 생각합니다. 귀사의 식품BG 신사업 분야에서 일할 수 있는 기회가 주어진다면 귀사의 핵심역량 구축전략에 부응하여 이 분야의 핵심역량이 될 수 있도록 최선을 다하겠습니다.

내용	
형식	
구성	
표현	
창의성	

2장

글쓰기를 통한 문제해결

2.1 글쓰기의 목적과 유형

2.2 글쓰기의 과정

"목적지가 정해지면 지도를 따르라.
글의 목적이 정해지면 글쓰기의 지도를 따르라."

2.1 글쓰기의 목적과 유형

과제, 시험, 업무 때문에 글을 쓰는 것, 이것은 글쓰기의 진정한 목적이 될 수 없다. 자신이 문제해결의 주체가 되어 문제에 대한 자신의 지식과 사고가 넘쳐날 때 비로소 글을 쓴다면 그 글은 최고의 글이 될 수 있다. 글쓰기의 진정한 목적을 깨닫고 목적에 따른 다양한 유형의 글에 대해 이해해 보자.

문제가 뭐야?	어떻게 해야 하지?	이렇게 해결해 봐!	더 깊게! 더 넓게!
왜 글을 써야 하지?	지식과 정보, 사고와 주장을 펼쳐라.	글을 통해 세계와 소통하라.	글의 다양한 유형을 이해하고 활용하라.

설명하는 글

인류의 문명이 오늘날과 같이 발전할 수 있는 원동력은 무엇일까? 다른 동물보다 월등히 앞선 지혜가 그 원동력이기는 하지만 그것만으로는 설명이 되지 않는다. 한 사람의 일생 동안 얻어낸 지식이 동시대의 사람이나 후세에 전달되지 못한다면 그 지식은 축적될 수가 없어 인류 전체의 지식이 오늘날과 같이 폭발적으로 늘어나지는 못했을 것이다. 물론 말로써 그 지식을 전달할 수는 있지만 말은 시간과 공간의 제약을 받기 때문에 지식의 전달이 제한적일 수밖에 없다. 따라서 인류가 오늘날과 같이 지혜를 축적하여 문명을 발전시킬 수 있었던 것은 글이 있기 때문에 가능했다.

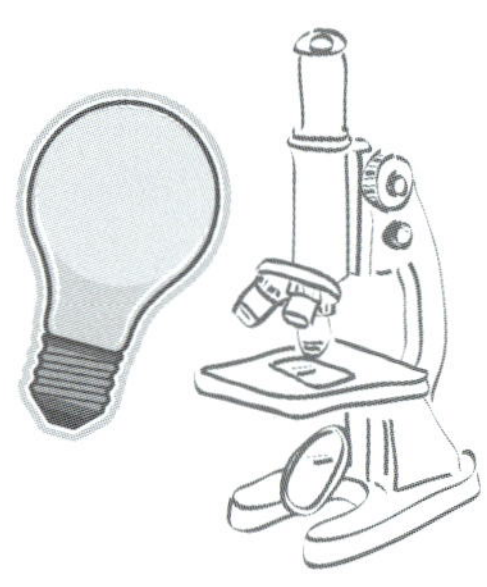

이제까지 알려지지 않은 새로운 사실을 발견하여 세상에 알린다.

새로운 제품을 만든 후 사용자를 위해 필요한 정보를 제공한다.

기존에 알려진 지식을 종합하여 학생들이 배울 때 활용할 수 있는 교과서를 만든다.

연구자가 열심히 연구한 결과 이제까지 알려지지 않은 새로운 사실을 발견해 냈다면 그것을 세상에 알려야만 비로소 인류가 공유할 수 있는 지식으로 발전할 수 있다. 또한 제품을 개발한 전문가나 생산자는 그 제품에 대해 잘 알고 있지만 소비자는 잘 모르기 때문에 제품을 올바로 사용하기 위해 필요한 정보를 제공해야 한다. 나아가 축적된 지식을 효과적으로 후속 세대에게 전달하기 위해서는 이를 체계적으로 정리할 필요가 있다. 이러한 모든 과정에서 필요한 글이 바로 설명문이다.

그런데 설명문의 근본적인 목적은 지식과 사고의 전달을 통한 이해라는 점을 명심할 필요가 있다. 글을 쓰는 사람이 누구이든 자신의 지식과 사고를 가장 효과적인 방법으로 글을 써서 그 글을 읽는 사람이 손쉽게 전달하고자 하는 바를 수용할 수 있게 하는 것이 설명문의 목적이다.

생산		전달		수용
나의 지식과 정보	▶	설명하는 글	▶	전달을 통한 독자의 이해

결국 설명문은 글을 쓰는 이가 자신이 쓰는 글을 통해 글을 읽는 이에게 다가가는 작업이다. 이러한 작업이 효과적으로 이루어지려면 설명문은 일정한 형식과 서술 방법을 따라야 한다. 일반적인 설명문이라면 서론, 본론, 결론의 3단 구성을 취하고 정의, 예시, 비교와 대조, 분류와 구분, 분석, 과정 등의 다양한 서술 방법이 활용되는 이유 또한 이러한 목적을 효과적으로 달성하기 위한 것이다.

Key Point **지식과 정보가 넘쳐난다면?**
설명하는 글을 쓰라.

예제 2-1

다음에 제시되는 상황 중에서 지식과 사고의 전달을 통한 이해가 필요한 상황을 고르시오.

① 컴퓨터공학과 김용길은 코딩용 에디터를 처음 접하는 후배들을 위해 자신이 알고 있는 에디터 활용법을 정리하고자 한다.

② 생명공학과 박사과정 조규현은 기존의 연구결과를 부정하며 자신의 주장이 맞음을 구체적인 실험 데이터로 입증하고자 한다.

③ 화학과 조교 이규식은 학기 초에 화학 실험보고서를 작성하는 방법에 대해 수강생들에게 상세하게 전달하고자 한다.

④ 환경공학과 교수 유지혜는 폐수 처리를 위한 새로운 공법을 정부 당국자들에게 알리고자 한다.

⑤ 조선공학과 학과장 김성규는 시험 중 부정행위가 적발된 학생의 징계 수위를 낮추기 위해 징계의 부당성을 주장하고자 한다.

풀이

설명문을 써야 할 상황을 파악해 보는 문제이다. 설명문은 지식과 정보를 전달하여 이해시키는 것을 목적으로 한다. 따라서 지식과 정보의 전달에 초점이 맞춰지는 상황을 찾으면 된다. 물론 지식과 정보에 초점이 맞추어지더라도 최종적으로 어떠한 주장을 펼치고자 하는 것은 논설문에 해당되므로 주장이 포함되어 있는가의 여부도 판단해 보아야 한다.

답 ①, ③, ④

① 활용법을 정리해 전달하고자 하는 것이므로 설명문을 써야 한다.
③ 보고서 작성법을 전달하고자 하는 것이므로 설명문을 써야 한다.
④ 새로운 공법을 알리고자 하는 것이므로 설명문을 써야 한다.
이에 반해 ②번은 주장을 하고 입증을 하는 것이기 때문에 논설문을 써야 한다. ⑤번 또한 주장을 펼쳐 학교 당국을 설득하고자 하는 것이므로 논설문을 써야 한다.

연습 2-1

다음에 제시되는 상황 중에서 지식과 사고의 전달을 통한 이해가 필요한 상황을 고르시오.

① 환경단체 회원 강학수는 정부의 치수사업에 어떤 문제가 있는지 조목조목 지적하고자 한다.

② 기획실 김하나는 회사 내의 개발 프로젝트를 자신의 팀이 맡아야 하는 이유를 임원들에게 납득시키고자 한다.

③ 개발팀 이진아는 새로 개발된 기기의 오작동 가능성을 밝히고자 한다.

④ 응급의학과 최규열 과장은 수련의들을 모아놓고 의사로서의 사명감이 부족한 것을 질타하고자 한다.

⑤ 기계공학과 교수 백진기는 정년을 맞이하여 평생의 연구업적을 종합하여 후학들을 위한 교재를 편찬하고자 한다.

예제 2-2

다음에 제시되는 상황에 알맞은 설명하는 글의 종류를 〈보기〉에서 찾아 쓰시오.

보기

답사보고서　　사용설명서　　홍보문　　안내문

① 과학관에 근무하는 이기열은 측우기의 구조와 용도를 설명하는 글을 쓰고자 한다.

② 에어컨 개발부에 근무하는 금순옥은 새로 개발한 에어컨을 소비자들이 쉽고 안전하게 이용할 수 있도록 돕는 책자를 만들고자 한다.

③ 이벤트 사업부에 근무하는 이예지는 자신들이 주최하는 행사의 전반적인 내용을 알리는 글을 쓰고자 한다.

풀이

설명문에도 여러 종류가 있다. 따라서 상황에 맞는 적절한 설명문을 찾는 문제이다. 상황에 따라서는 여러 종류의 글이 필요할 수도 있으나 가장 전형적인 설명문을 찾는다.

답

① 안내문　② 사용설명서　③ 홍보문

① 과학관은 전시를 통해 관람객들에게 정보를 제공하고자 하는 곳이므로 관광안내문이 필요하다.
② 모든 제품에는 사용설명서가 반드시 포함되어야 한다.
③ 사업에 대해서 알리고자 할 때는 홍보문이 필요하다.

연습 2-2

다음에 제시되는 상황에 알맞은 설명하는 글의 종류를 〈보기〉에서 찾아 쓰시오.

보기 답사보고서 사용설명서 홍보문 안내문

① 전자공학과 학과장 김양훈은 학교 홈페이지에 신입생들이 전자공학과에 적극적으로 지원하는 것을 유도하는 글을 쓰고자 한다.

② 자신의 학과연구실 선후배와 지질탐사를 마치고 온 막내 박근철은 탐사 과정 전반에 대해 연구실 책임자에게 알리고자 한다.

③ 서비스센터에 근무하는 김효민은 리콜 방침에 대해 구매자들에게 널리 알리고자 한다.

주장하는 글

우리가 사는 사회는 다양한 생각을 가진 사람들의 집합이다. 동일한 문제, 동일한 사안에 대해서 하나의 공통된 의견을 가진다기보다는 서로 다른 의견을 가지고 있을 때가 많다. 이렇게 서로의 의견이 다를 때에는 각자의 의견이 분명히 개진되고 서로의 합의를 통해 더 나은 길을 모색할 필요가 있다. 주장이 옳다면 많은 사람들이 이 주장에 설득이 될 테고, 주장이 옳지 않다면 이에 대한 반론이 이어질 것이다. 이처럼 주장을 분명하게 펼쳐 다른 사람을 설득하는 것을 목적으로 하는 글을 논설문이라고 한다. 논설문은 다음과 같은 다양한 상황에서 필요하다.

논문을 통해 기존의 학설이 옳지 않다고 반박한다.

토론회에서 자신의 견해가 옳음을 입증한다.

신문 사설을 통해 세태를 비판한다.

연구자가 새로운 사실을 알아냈을 때 그 사실에 대해 설명만 할 수도 있지만 그 사실을 통해 기존의 학설이 옳지 않음을 주장할 수도 있다. 즉, 새로 발견한 사실을 통해 기존의 것은 옳지 않고 자신의 것이 옳음을 입증할 필요가 있다. 또한 서로 다른 의견을 가진 사람들이 모여 더 나은 결론을 도출하기 위해서는 상대방의 주장을 반박하며 자신의 주장이 옳다는 것을 표방할 필요가 있다. 나아가 자신이 옳지 않다고 판단하는 것에 대해 비판을 할 수도 있다. 이러한 상황에서 필요한 것이 바로 논설문이다.

논설문의 근본적인 목적은 타당한 논거를 통해 자신의 주장이 옳다는 것을 입증해 그 글을 읽는 사람들이 자신의 주장에 동조하도록 하는 것이다. 즉, 글로써 상대를 설득해 자신과 같은 생각을 하도록 하는 것이 목적이다.

생산		전달		수용
나의 주장	▶	주장하는 글	▶	논증을 통한 독자의 설득

이러한 과정을 감안하면 논설문은 글을 읽는 이로 하여금 글을 쓰는 이에게 다가오도록 하는 작업이다. 선명한 주장을 펼치고 이를 효과적으로 논증한다면 글을 읽는 사람은 자연스럽게 글 속의 주장에 동조하게 된다. 따라서 논설문의 목적을 달성하기 위해서는 논설문 또한 일정한 형식과 전개 방법을 따른다. 논설문 또한 일반적으로는 서론, 본론, 결론의 3단으로 구성되며 논증을 통해 자신의 주장이 옳다는 것을 입증한다.

Key Point

남이 나와 같은 생각을 하도록 하려면?

설득하는 글을 쓰라.

예제 2-3

다음에 제시되는 상황 중에서 주장을 통한 설득이 필요한 상황을 고르시오.

① 컴퓨터공학과 김용길은 프로그램 소스를 직접 코딩하기보다는 남의 것을 가져다 조금씩 변형해 쓰는 세태를 비판하고자 한다.

② 생명공학과 박사과정 조규현은 자신이 개발한 새로운 실험 방법을 상세하게 소개하고자 한다.

③ 화학과 조교 이규식은 학생들이 제출한 보고서에 대해 문제점을 꼼꼼하게 지적해 개선방향을 제시하고자 한다.

풀이

논설문을 써야 하는 상황에 대해 묻는 문제이다. 논설문은 주장이 분명해야 하고 이 주장이 옳다는 것을 논증하는 글이다. 그리고 읽는 이가 그 글의 주장에 동조하도록 하는 글이다. 이러한 성격의 상황을 찾는다.

답 ①, ③

① 세태의 문제점을 비판해야 하는 상황이다. 비판하는 글은 당사자나 그것을 바라보는 사람이 자신과 같은 생각을 가지도록 설득하는 목적으로 쓰게 된다.

③ 보고서의 문제점을 지적하여 자신이 옳다고 생각하는 방식으로 보고서를 고치게 하는 목적의 글을 쓰는 상황이다. 개선방향을 제시할 때 부분적인 설명이 필요하기는 하지만 궁극적으로는 자신의 생각에 동조하도록 하는 글이므로 설득적인 글을 써야 한다.

연습 2-3

다음에 제시되는 상황 중에서 주장을 통한 설득이 필요한 상황을 고르시오.

① 환경공학과 교수 유지혜는 정부의 폐수 처리 방침을 비판하는 글을 잡지에 쓰고자 한다.

② 조선공학과 학과장 김성규는 가정형편 때문에 학업을 포기한 학생에게 안타까운 마음을 글로 전하고자 한다.

③ 응급의학과 최규열 과장은 임상경험을 통해 심폐소생술을 개선할 방법을 학술지에 발표하고자 한다.

④ 기계공학과 교수 백진기는 정년을 맞이하는 감회를 대학신문에 게재하고자 한다.

⑤ 염색업체 홍보과에 근무하는 김홍식 대리는 자사의 오염물질 배출에 대한 신문기사를 반박하고자 한다.

예제 2-4

다음에 제시되는 상황에 알맞은 주장하는 글의 종류를 〈보기〉에서 찾아 쓰시오.

보기 논문 칼럼 사설 연설문

① 과학관의 신임 관장 이기열은 취임사를 쓰고자 한다.

② 과학부 원로기자 이영호는 정부의 과학정책에 대한 신문사 전체의 의견을 밝히고자 한다.

③ 전자공학과 김기식 교수는 자신의 연구결과를 학술지에 게재하고자 한다.

풀이

논설문의 다양한 종류를 상황에 맞게 선택하는 문제이다. 장소, 지면, 독자 등을 고려해 적절한 글의 종류를 정한다.

답 ① 연설문 ② 사설 ③ 논문

① 취임사는 관계자를 앞에 두고 육성으로 하는 경우가 많으므로 연설문을 써야 한다.
② 신문사 전체의 의견을 모아 분명하게 주장하는 글인 사설을 써야 한다.
③ 학술적인 연구결과이므로 논문을 써야 한다.

연습 2-4

다음에 제시되는 상황에 알맞은 주장하는 글의 종류를 〈보기〉에서 찾아 쓰시오.

보기 논문 칼럼 보도자료 기획안

① 신소재공학과 박무열 교수는 이공계열 학생들의 대학원 진학을 독려하는 글을 신문에 투고하고자 한다.

② 홍보과 김 과장은 자사의 분기별 실적이 상승세라는 기사가 나도록 하고자 한다.

③ 기획실 안영주는 자사의 미래 성장동력이 될 만한 사업 분야에 대한 자신의 생각을 사내 아이디어공모전에 내고자 한다.

문제해결을 위한 글쓰기

글을 통해 지식과 정보를 전달하거나 자신의 주장을 펼치는 것은 반드시 글을 읽는 사람을 전제로 한다. 지식과 정보를 수용하여 이해하거나, 주장을 읽고 동조할 사람이 없다면 그 글은 의미가 없다. 따라서 설명하는 글이나 주장하는 글 모두 글을 매개로 하여 필자와 독자가 의사소통을 하기 위한 것이다. 그리고 이 의사소통은 글을 통해 주어진 문제에 대한 해결책을 서로가 나누고자 하는 것이다. 문제해결을 위한 이러한 글쓰기는 결국 같은 문제의식을 가진 사람들이 같은 지식과 정보를 갖거나 같은 의견을 가질 수 있도록 하는 행위이기도 하다. 따라서 설명하는 글은 인류의 지적 자산을 늘려 나가는 과정이고 주장하는 글은 집단의 의견을 조율해 가는 과정이기도 하다.

지식과 정보, 그리고 주장을 구성원들이 공유하기 위해서는 일정한 규약(protocol)이 필요하다. 이는 단순히 내용에만 국한된 규약이 아니라 글의 구성, 전개 방식, 문체 등 모든 면에 걸친 규약을 의미한다. 그런데 설명하는 글과 주장하는 글은 목적이 다소 다르기는 하지만 공통된 요소가 많다. 설명문과 논설문 모두가 실용문으로 분류되는 이유도 그러하고, 글의 구성도 서론, 본론, 결론의 삼단 구성을 취하는 것도 그러하다. 또한 설득하는 글에서도 사실에 대한 설명의 방법이 적극적으로 활용되는 것 또한 두 유형의 글이 일맥상통함을 보여준다. 따라서 글쓰기의 과정, 주제와 구성, 전개 방법 등에 대한 체계적인 학습이 필요하다.

Key Point

주어진 문제 상황을 해결하고자 한다면?
규약에 따라 지식과 정보, 주장을 공유하라.

예제 2-5

다음에 제시되는 글은 설명하는 글인지, 주장하는 글인지 표시하시오.

또한 밑줄 친 부분이 설명이면 △표를, 주장이면 ▽표를, 주장일 수도 있고 설명일 수도 있으면 ○표를 하시오.

□ 설명하는 글 / □ 주장하는 글

삼성전자는 올해 2분기 세계 스마트폰 시장의 35%를 점유해 애플에 두 배 가까운 격차로 선두를 달리고 있다. □ 삼성의 제품들은 기술혁신으로 상당히 진화했고 소송의 영향으로 새로운 디자인을 개발하고 차별화할 수 있는 노하우를 쌓았다고 한다. □ 이제 삼성전자는 하드웨어 중심의 발 빠른 추종자에서 디자인과 소프트웨어 혁신의 시장 주도자가 돼야 한다. 그러려면 먼저 일사불란함이 아니라 유연하고 창의적인 기업문화와 환경을 만들어 나가는 게 필요하다.

풀이

설명과 논증은 같이 쓰일 때가 많다. 특히 어떤 주장을 펼치기 위해서는 그 주장이 옳다는 것을 입증해야 하는데 이 때 많이 쓰이는 방식이 설명 방식이다. 따라서 글 전체는 주장 혹은 설명이 최종적인 목적일지라도 부분적으로는 설명과 논증이 같이 쓰일 수 있다.

답

□ 설명하는 글 / ☑ 주장하는 글

△ 삼성의 제품들은 기술혁신으로 상당히 진화했고 소송의 영향으로 새로운 디자인을 개발하고 차별화할 수 있는 노하우를 쌓았다고 한다.

▽ 이제 삼성전자는 하드웨어 중심의 발 빠른 추종자에서 디자인과 소프트웨어 혁신의 시장 주도자가 돼야 한다.

이 글 전체는 삼성전자가 나아가야 할 길을 제시하는 것이므로 주장하는 글이다. 첫 번째 문장은 사실에 대한 전달이므로 설명에 해당된다. 두 번째 문장은 글쓴이의 주장을 담고 있으므로 주장에 해당된다.

연습 2-5

다음에 제시되는 글은 설명하는 글인지, 주장하는 글인지 표시하시오.

또한 밑줄 친 부분이 설명이면 △표를, 주장이면 ▽표를, 주장일 수도 있고 설명일 수도 있으면 ○표를 하시오.

□설명하는 글 / □주장하는 글

□ 미국 캘리포니아 북부지방법원 배심원단이 그제 삼성전자가 애플의 모바일기기 특허를 침해했다며 10억 5000만 달러를 배상하라고 평결했다. 애초 애플이 주장한 25억 달러에는 못 미치지만 모바일기기 업계 사상 최대 금액이다. 배심원단은 두 손가락으로 화면을 확대 · 축소하는 멀티터치 줌 등 애플이 주장한 특허 침해 7건 가운데 6건을 받아들였다. □ 삼성전자가 애플이 무선통신 특허를 침해했다며 4억2000만 달러를 배상하라고 요구한 데 대해서는 손을 들어주지 않았다.

□설명하는 글 / □주장하는 글

□ 미국 법원의 평결은 애플의 완승에 가깝다. 한 달 안에 이뤄질 실제 판결이 평결과 다르게 나올 가능성은 크지 않다고 한다. 삼성전자는 소비자들의 선택 기회와 혁신 기회를 줄이게 될 것이라며 평결에 반발해 소송전은 계속되겠지만, 기술을 베꼈다는 오명을 쓰게 됐다. 판결이 평결대로 나오면 삼성전자는 세계 최대 모바일기기 시장인 미국에서 스마트폰 사업이 어려워지고 세계 각지에서 진행되고 있는 애플과의 특허소송에서도 불리해질 수 있다. □ 삼성전자의 최신 스마트폰인 갤럭시 S3는 이번 소송에서 제외됐지만 애플이 추가 소송이나 별도 가처분신청을 제기할 가능성도 있다.

예제 '모바일 환경의 변화에 따른 대응 전략'이란 주제에 대해 제시된 주체가 해야 할 것을 쓰시오.

휴대전화를 생산하는 기업의 기획팀	설명 :
	주장 :

실습과제

풀이

설명과 주장은 언제든 자유자재로 결합되어야 효과적인 글을 쓸 수 있다. 동일한 상황에서 설명과 주장이 동시에 쓰일 수 있음을 파악하고 각각의 목적에 맞는 글을 생각해 보는 문제이다. 정해진 답이 있는 것이 아니므로 자유롭게 써 본다.

답
- 설명 : 모바일 환경의 변화 양상을 구체적인 데이터를 통해 설명한다.
- 주장 : 언제 어디서나 빠르게 인터넷에 접근할 수 있는 기능이 극대화되어야 함을 주장한다.

- 설명 : 대응전략을 이끌어내기 위해서는 상황에 대한 면밀한 분석이 필요하다. 따라서 모바일 환경의 변화 양상에 대한 이해가 필요하므로 이에 대해 설명할 수 있다.
- 주장 : 상황에 대한 이해를 바탕으로 선명한 주장을 펼치는 것이 필요하다. 제품의 개발 방향에 대한 분명한 주장을 담을 수 있어야 한다.

연습 '모바일 환경의 변화에 따른 대응 전략'이란 주제에 대해 제시된 주체가 해야 할 것을 쓰시오.

게임 개발에 관심이 있는 컴퓨터공학과 학생	설명 :
	주장 :
마케팅에 관심이 있는 경영학과 학생	설명 :
	주장 :
커뮤니케이션을 연구하는 언론정보학과 교수	설명 :
	주장 :
인간소외 문제에 대해 연구하는 철학자	설명 :
	주장 :

2.2 글쓰기의 과정

질 좋은 제품을 빠르게 만들어내기 위해서는 생산 라인을 완벽히 갖추어야 하듯이 글을 쓸 때도 정해진 과정을 순차적으로 거쳐야 좋은 글을 빠르게 써 낼 수 있다. 좋은 글을 생산해 내기 위한 과정을 구체적으로 알아보자.

문제가 뭐야?	어떻게 해야 하지?	이렇게 해결해 봐!	더 깊게! 더 넓게!
어떻게 해야 글을 술술 쓸 수 있지?	문제해결 과정과 글쓰기 과정을 파악하라.	지식과 사고 및 자료를 모아 구성하고 전개하라.	글쓰기의 각 과정에 맞는 방법을 활용하라.

목차 문제해결 과정과 글쓰기 과정　자료 수집과 정리의 중요성　구성과 전개의 전략

문제해결 과정과 글쓰기 과정

글쓰기가 문제해결을 위한 커뮤니케이션의 일환으로 이루어지는 것이기 때문에 글쓰기의 과정은 문제해결을 위한 커뮤니케이션의 일반적인 과정을 그대로 따른다. 다만 이 과정을 보다 세분해서 글쓰기의 각 과정에서 해야 할 것을 상세하게 제시할 필요가 있다. 문제해결을 위한 커뮤니케이션 과정과 글쓰기의 과정을 비교하면 다음과 같다.

커뮤니케이션 과정	글쓰기 과정	
주제의 설정 ↓	주제의 설정 ↓	글의 주제를 정한다.
자료의 수집과 정리 ↓	자료의 수집과 정리 ↓	글쓰기에 필요한 자료를 수집하고 정리한다.
구성과 전개	구성 ↓	글의 목적과 유형에 맞도록 효과적으로 구성한다.
↓	전개 ↓	단락의 전개방법에 맞추어 체계적으로 전개한다.
상호작용	퇴고 ↓	내용, 구성, 문장, 어문규범 등을 꼼꼼하게 살펴 수정한다.
	상호작용	글에 대한 다른 사람의 의견을 받고 답변을 하거나 글을 수정한다.

숙련된 필자라면 위에 제시된 글쓰기 과정을 일일이 따를 필요는 없다. 그러나 훈련 단계에서는 각 단계를 충실히 밟아 연습할 필요가 있다. 그리고 각각의 과정은 정해진 규약에 따라 일정한 방법을 적용하는 것이 좋다. 이공계열의 글쓰기는 글쓰기를 전문으로 하는 사람들의 것처럼 창의적인 내용과 형식을 취할 필요는 없다. 오히려 정해진 형식에 따라 정확하고도 효과적으로 글을 쓰는 것이 더 필요하다. 이는 좋은 제품을 대량으로 생산하기 위해 일련의 생산 공정을 짜는 것과 마찬가지이다. 모든

공정이 합리적으로 배치되고 각각의 공정에서 수행할 업무가 분명하게 지정된다면 이 공정을 거쳐 좋은 제품이 완제품으로 나오듯이 글쓰기도 각 과정을 정확히 익히면 좋은 글을 빠르게 써 낼 수 있다.

제품 생산 과정

생산 제품 결정
재료와 부품 조달
생산 설계
부문별 생산
검수
애프터서비스

글쓰기 과정

주제의 설정
자료의 수집과 정리
구성
전개
퇴고
상호작용

이공계열의 글쓰기에서 특히 주목해야 할 과정은 자료의 수집과 정리, 구성, 전개 세 단계이다. 이공계열의 특성상 자신의 실험과 관찰에 의한 자료는 치밀하게 정리되어야 하고, 다른 사람에 의한 자료는 최신의 것이 체계적으로 정리되어 있어야 한다. 또한 구성 과정에서는 일정한 구성 패턴을 익히면 글을 매우 쉽게 구성할 수 있다. 또한 전개 과정에서는 설명하는 글과 주장하는 글의 단락 전개 방법을 체계적으로 익히면 매우 효과적인 글을 쓸 수 있다.

Key Point

글을 쉽고도 빠르게 쓰려면?
정해진 과정을 충실히 따르라.

예제 2-6

다음에 제시되는 주제로 소설을 쓴다고 할 때 각 단계의 빈칸에 알맞은 내용을 쓰시오.

주제의 설정	미국산 쇠고기 관련 촛불 집회
자료의 수집과 정리	
구성	
전개	

풀이

글을 쓰는 각 단계를 충실하게 거쳐 한 편의 완성된 글을 써내기 위한 구체적인 내용을 써 보는 문제이다. 글을 쓰는 단계는 이미 정해져 있으므로 각 단계에서 주제와 글의 유형에 가장 적합한 내용을 구체적으로 써 본다. 소설은 이공계열의 글쓰기와 큰 관련은 없지만 글의 구성을 이해하는 데 도움이 되므로 소설의 구성을 다시 떠올려 본다. 또한 소설을 쓰는 과정을 되새겨 설명문과 논설문에 적용할 수 있는 방법도 생각해 본다.

답

주제의 설정	미국산 쇠고기 관련 촛불 집회
자료의 수집과 정리	당시의 참여자와 현장 관계자를 취재해 자료를 수집한다.
구성	발단 – 전개 – 위기 – 절정 – 결말의 5단 구성
전개	묘사 및 서사 중심의 단락 전개

- 자료의 수집과 정리 : 주제가 어느 정도 구체적으로 주어졌으므로 이에 적합한 자료를 수집하고 정리한다. 소설을 구성할 때는 인물, 사건, 배경이 필수이므로 이와 관련된 자료를 취재한다.
- 구성 : 소설의 일반적인 구성은 '발단 – 전개 – 위기 – 절정 – 결말'이므로 이 구성을 따른다.
- 전개 : 소설은 주로 묘사 및 서사로 이루어지므로 이 방법에 따라 전개한다.

연습 2-6

다음에 제시되는 주제로 지정된 유형의 글을 쓴다고 할 때 각 단계의 빈칸에 알맞은 내용을 쓰시오.

① 설명문

주제의 설정	하이브리드 자동차의 역사
자료의 수집과 정리	
구성	
전개	

② 논설문

주제의 설정	4대강 사업의 결과
자료의 수집과 정리	
구성	
전개	

③ 홍보문

주제의 설정	친환경 주거지
자료의 수집과 정리	
구성	
전개	

자료 수집과 정리의 중요성

글쓰기 과정에서 자료 수집과 정리는 이공계열 글쓰기에서 매우 중요하다. 인문계열의 글쓰기는 글쓴이의 사고와 창의를 바탕으로 글을 쓰는 경우가 많지만 이공계열의 글쓰기는 자료에 바탕을 두고 이루어지는 경우가 많기 때문이다. 이공계열 글쓰기를 위한 자료의 유형은 다음과 같은 세 가지 유형이 있다.

실험 및 관찰 자료	방문 및 탐사 자료	기존의 연구 결과

실험 및 관찰 자료와 탐사 자료는 이공계열의 특성이 매우 잘 드러나는 자료이다. 어떠한 가설을 세우고 그 가설을 입증하기 위해서는 구체적인 실험 데이터가 필요하다. 따라서 실험을 설계하여 진행하는 모든 과정에서 자료를 철저하게 수집하고 정리해야 한다. 또한 자연현상을 바탕으로 연구하기 위해서는 현장에 직접 가서 관찰하고 기록한 자료가 필수적이다. 따라서 이 자료 또한 철저하게 수집하여 체계적으로 정리할 수 있어야 한다.

기존의 연구 결과 중 자신이 쓰고자 하는 글과 관련이 있는 것은 모두 망라해서 정리해야 한다. 오늘날의 연구는 규모도 클 뿐만 아니라 매우 세분화되었기 때문에 한 개인이 모든 연구를 도맡아 할 수는 없다. 따라서 유사한 연구를 하는 다른 연구자의 연구결과를 항상 참조하여야 한다. 더욱이 요즘은 연구결과의 갱신주기가 매우 빠르므로 학술지, 온라인 학술지, 학술대회 자료 등에 항상 접근하여 최신의 자료를 축적할 수 있어야 한다.

간접적으로 수집하는 자료는 그 출처가 분명한 자료여야 하며 인용 주석란과 참고문헌란에 정확히 기입할 수 있도록 출처를 잘 밝혀 정리해야 한다. 인터넷상에는 수없이 많은 자료가 떠돌고 있지만 출처가 불분명한 자료는 결코 신뢰해서는 안 된다. 또한 원본이 아닌 가공된 자료이거나 재인용된 자료라면 반드시 원본 자료를 확인해야 한다. 또한 학생들이 리포트를 작성할 때는 온라인상에 떠도는 남의 글을 적당히 가공하거나 비공식적으로 유통되는 남의 글을 베끼는 경우가 있는데 이는 연구윤리를 심각하게 위배하는 것이므로 피해야 한다.

Key Point

내용이 알차고, 시의적절한 글을 쓰려면?
자료를 충실히 수집하여 체계적으로 정리하라.

예제 2-7

'하이브리드 자동차'를 주제로 글을 쓰고자 할 때 적절한 자료 수집 및 정리 방법을 쓰시오.

주제	하이브리드 자동차 →
자료 수집 방법	☐ 실험 및 관찰 ☐ 방문 및 탐사 ☐ 기존의 연구 결과
실험 및 관찰 방법	
방문지 또는 탐사지	
기존의 연구 결과	
자료 정리 방법	

풀이

자료를 수집하는 방법은 매우 다양한데 주어진 주제를 더욱 구체화한 후 이 주제 및 글의 종류에 맞게 적절한 방법으로 수집하여 정리해야 한다. 자료 수집 방법은 크게 '실험 및 관찰', '방문 및 탐사', '기존의 연구 결과' 등으로 나뉘는데 주제에 따라 하나 이상의 방법을 선택할 수 있다. 그리고 자료 수집 방법이 정해지면 각각의 방법을 구체화한다. 정답이 있는 문제라기보다는 다양한 방법 중 가장 효율적인 방법을 찾는 것을 훈련하는 문제이므로 구체화한 주제에 맞도록 자유롭게 답을 써 본다.

답

주제	하이브리드 자동차 → 하이브리드 자동차의 발전 과정
자료 수집 방법	□ 실험 및 관찰 ☑ 방문 및 탐사 ☑ 기존의 연구 결과
실험 및 관찰 방법	해당 사항 없음
방문지 또는 탐사지	자동차 박물관, 자동차 생산 업체 연구소, 자동차 생산 업체 홈페이지
기존의 연구 결과	• 논문 : 연료전지 하이브리드 자동차의 고효율 수소 재순환 시스템의 개발 • 홈페이지 : History of Hybrid Vehicles (http://www.hybridcars.com/history/history-of-hybrid-vehicles.html) • 뉴스 : 하이브리드차 내년 7월 양산 (http://news.naver.com/main/read.nhn?mode=LSD&mid=sec&sid1=103&oid=030&aid=0001960731)
자료 정리 방법	시기별 정리 / 분야별 정리 / 국가별 정리

- 주제 : '하이브리드 자동차'를 주제로 해서 여러 종류의 글을 쓸 수 있는데 '발전 과정' 또한 구체화한 주제의 하나가 될 수 있다.
- 자료 수집 방법 : 역사에 관련된 주제이므로 '실험 및 관찰'은 적절하지 않은 방법이다. 따라서 나머지 두 방법을 효과적으로 활용할 수 있다.
- 방문지 또는 탐사지 : 역사와 관련된 주제로 글을 쓰기 위해서는 현장 방문 및 탐사가 필수적이다. 여러 후보 가운데 실제 접근하여 필요한 자료를 얻을 수 있는 곳을 찾아본다.
- 기존의 연구 결과 : 이미 이루어진 연구논문, 저서, 기사 등을 찾아본다. 인터넷 검색을 통해 찾아볼 수 있고 도서관이나 각종 자료실을 활용할 수도 있다.
- 자료 정리 방법 : 역사와 관련된 주제로 글을 쓸 때는 시기, 분야, 주체 등을 기준으로 자료를 분류할 수 있다.

연습 2-7

다음에 제시되는 주제로 글을 쓰고자 할 때 적절한 자료의 수집 및 정리 방법을 쓰시오.

① 희토류

주제	희토류 →
자료 수집 방법	□ 실험 및 관찰　□ 방문 및 탐사　□ 기존의 연구 결과
실험 및 관찰 방법	
방문지 또는 탐사지	
기존의 연구 결과	
자료 정리 방법	

② 특허 전쟁

주제	특허 전쟁 →
자료 수집 방법	□ 실험 및 관찰　□ 방문 및 탐사　□ 기존의 연구 결과
실험 및 관찰 방법	
방문지 또는 탐사지	
기존의 연구 결과	
자료 정리 방법	

③ 지능형 로봇

주제	지능형 로봇 →
자료 수집 방법	□ 실험 및 관찰　□ 방문 및 탐사　□ 기존의 연구 결과
실험 및 관찰 방법	
방문지 또는 탐사지	
기존의 연구 결과	
자료 정리 방법	

구성과 전개의 전략

이공계열 글쓰기에서는 구성과 전개의 방법 또한 체계화하면 글을 매우 효율적으로 쓸 수 있다. 이공계열에서 쓰는 글의 종류는 제한되어 있다. 또한 글의 내용은 창의적이어야 하지만 글의 형식은 일정하게 고정되어 있는 경우가 많다. 따라서 이러한 유형의 글은 글의 구조를 어떻게 짤 것인가, 글의 각 부분은 어떻게 전개할 것인가를 미리 정하여 학습을 하면 매우 효과적이다. 글쓰기에서 구성과 전개의 전략은 자동차 생산 과정에 비유할 수 있다.

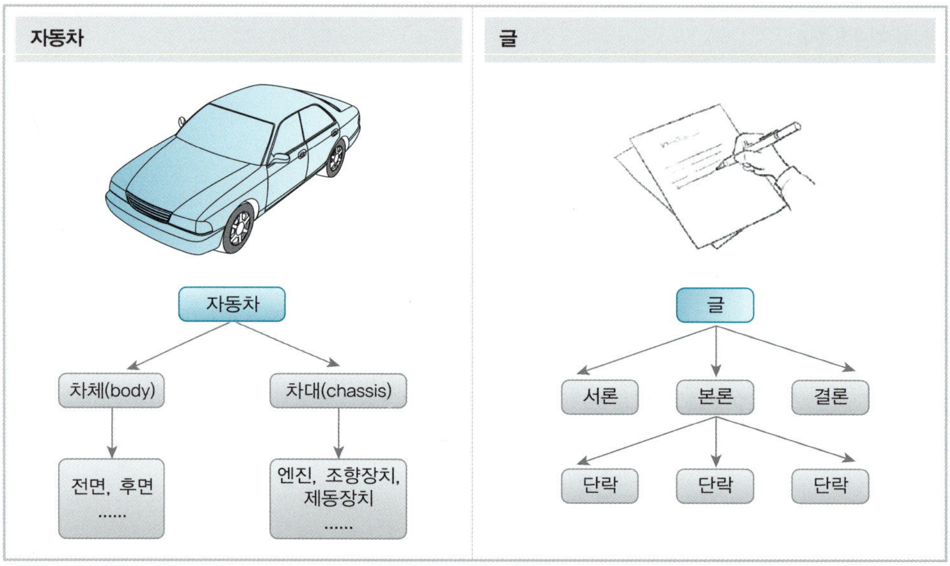

자동차를 생산하고자 한다면 자동차 전체의 구조를 설계하고 각 부분에 필요한 부품을 조달한 후 조립라인에서 조립을 한다. 이러한 일련의 과정은 글을 쓸 때에도 그대로 적용할 수 있다. 즉, 주제에 따라 글 전체의 구조를 설계하고 글을 이루는 각 부분을 전개한 다음 이것을 결합해 나가면 한 편의 완성된 글을 쓸 수 있다.

그런데 자동차를 만드는 방법과 글을 쓰는 방법은 큰 틀에서는 이미 정해져 있다. 자동차를 구성하는 각 부분은 대략적으로 정해져 있고 각 부분을 만드는 데 쓰이는 부품도 정해져 있다. 자동차는 기본적으로 차체와 차대로 구성되어야 하고 차체와 차대는 다시 기능에 따라 세분된다. 따라서 자동차를 생산할 때는 이러한 기본적인 구조 및 세부적인 부분을 제작해 나가는 방법이 대략적으로 정해져 있다. 글 또한 이와 비슷하게 실용문은 서론, 본론, 결론의 삼단 구성을 취한다. 또한 본론의 각 부분을 구성하는 단락은 일정한 형식이 있다. 따라서 기본적인 글의 구성을 알고 단락의 전개 방법을 알면 한 편의 완성된 글을 효율적으로 써낼 수 있다.

글의 구성이 사람들의 사고의 흐름과 일치되면 쓰기도 쉽고 읽기도 쉽다. 따라서 글의 일반적인 구성 원리는 우리의 사고 패턴에서 찾을 수 있다. 단락의 전개 양상 또한 마찬가지여서 우리의 사고의 흐름과 단락의 전개가 일치되면 쓰기도 쉽고 읽기도 쉬운 단락을 쓸 수 있다. 따라서 이러한 일반적인 원리를 개별적인 글에 적용하는 훈련을 하면 글을 쉽고도 빠르게 쓸 수 있다.

Key Point

글을 쉽고도 효과적으로 쓰고자 한다면?
구성의 일반적 유형과 전개 방법을 익히라.

예제 2-8

'하이브리드 자동차'를 주제로 글을 쓰고자 할 때 적절한 구성 및 전개 방법을 쓰시오.

주제	하이브리드 자동차 →
구성 방법	☐ 시간의 흐름에 따른 순차적 구성 ☐ 부분에 따른 대등적 구성
전개 방법	☐ 정의 ☐ 예시 ☐ 비교와 대조 ☐ 분류와 구분 ☐ 분석

풀이

주제에 적합한 구성 및 전개 방법에 대해 구체적으로 생각해 보는 문제이다. 구성이나 전개 방법에는 일반적인 유형이 있지만 반드시 그것을 따라야 하는 것은 아니다. 그러나 쓰기에도 쉽고 읽기에도 쉬운 구성과 전개 방법은 어느 정도 유형이 정해져 있으므로 주제를 구체화한 후 이에 적합한 구성과 전개 방법을 구체화하는 것이 좋다.

답

주제	하이브리드 자동차 → 하이브리드 자동차의 발전 과정
구성 방법	☑ 시간의 흐름에 따른 순차적 구성 ☐ 부분에 따른 대등적 구성
전개 방법	☑ 정의 ☑ 예시 ☐ 비교와 대조 ☐ 분류와 구분 ☑ 분석

- 주제 : 여러 주제가 가능하지만 '하이브리드 자동차의 발전 과정'도 무난한 주제이다. 이외에도 다양한 주제를 생각할 수 있으나 구성과 전개가 쉬운 주제를 선택하는 것이 좋다.
- 구성 방법 : 역사와 관련된 주제이므로 시간의 흐름에 따른 순차적 구성이 좋다. 그러나 주제가 달라지면 구성 방법 또한 달라지므로 자신이 정한 주제에 적합한 구성 방법을 스스로 찾아낼 수도 있다.
- 전개 방법 : 설명문에서 쓰는 전개 방법은 어느 정도 정해져 있다. 따라서 정해진 방법 중 주제와 가장 부합되는 전개 방법을 찾으면 된다. 하이브리드 자동차에 대해 글을 쓰려면 이에 대한 정의가 반드시 필요하고, 그것의 구체적인 사례도 필요하다. 또한 역사적 전개 과정에 대한 분석도 필요하다. 그러나 나머지 전개 방법도 필요에 따라 얼마든지 쓸 수 있다.

연습 2-8

다음에 제시되는 주제로 글을 쓰고자 할 때 적절한 구성 및 전개 방법을 쓰시오.

① 하이브리드 자동차

주제	하이브리드 자동차 → 하이브리드 자동차의 장점
구성 방법	□ 시간의 흐름에 따른 순차적 구성　□ 부분에 따른 대등적 구성
전개 방법	□ 정의　□ 예시　□ 비교와 대조　□ 분류와 구분　□ 분석

② 4대강 사업

주제	4대강 사업 →
구성 방법	□ 시간의 흐름에 따른 순차적 구성　□ 부분에 따른 대등적 구성
전개 방법	□ 정의　□ 예시　□ 비교와 대조　□ 분류와 구분　□ 분석

③ 대체 에너지

주제	대체 에너지 →
구성 방법	□ 시간의 흐름에 따른 순차적 구성　□ 부분에 따른 대등적 구성
전개 방법	□ 정의　□ 예시　□ 비교와 대조　□ 분류와 구분　□ 분석

④ 친환경 건축

주제	친환경 건축 →
구성 방법	□ 시간의 흐름에 따른 순차적 구성 □ 부분에 따른 대등적 구성
전개 방법	□ 정의 □ 예시 □ 비교와 대조 □ 분류와 구분 □ 분석

⑤ 지구온난화

주제	지구온난화 →
구성 방법	□ 시간의 흐름에 따른 순차적 구성 □ 부분에 따른 대등적 구성
전개 방법	□ 정의 □ 예시 □ 비교와 대조 □ 분류와 구분 □ 분석

실습과제

예제 '특허 전쟁'을 주제로 설명문을 쓴다고 할 때 각 단계의 빈칸에 알맞은 내용을 쓰시오.

주제의 설정	특허 전쟁 →
자료의 수집과 정리	
구성	
전개	
퇴고	
상호작용	

풀이

주어진 주제 및 글의 유형에 맞춰 글쓰기의 모든 단계별로 구체적인 내용과 방법을 써 보는 문제이다. 이와 같은 각 단계를 따르는 것은 처음에는 어려울 수도 있으나 훈련이 잘 되면 내용과 형식이 잘 갖추어진 글을 짧은 시간 안에 쓸 수 있다. 따라서 글의 유형 및 전체의 주제를 고려해 각 단계에 필요한 내용을 써 본다.

답

주제의 설정	특허 전쟁 → 애플과 삼성의 스마트폰 특허 소송
자료의 수집과 정리	• 재판 과정에 대한 순차적인 정리 • 쟁점 사안별 정리 • 관련 기술의 분야별 정리
구성	스마트폰의 발달 과정과 양사의 특허 소송에 대해 시간적 순서를 따른 순차적 구성
전개	• 분류와 구분 : 쟁점 사안 및 관련 기술을 적절한 기준에 따라 분류 또는 구분 • 비교와 대조 : 쟁점 사안을 중심으로 한 양사 제품의 비교와 대조 • 분석 : 판결의 이유 및 향후 스마트폰 시장에 미칠 영향을 면밀히 분석
퇴고	• 소송 관련 용어, 기술 관련 용어에 대한 검증 • 외국어 투 문장 수정
상호작용	• 독자의 질문에 대한 답변 • 다른 필자의 글을 참고하여 심화 발전

- 주제의 설정 : 오늘날에는 '전쟁'이라고 표현될 정도의 수많은 특허 관련 분쟁이 나타나고 있다. 이 중에서 많은 사람들이 관심을 가질 만한 애플과 삼성의 특허 소동도 주제가 될 수 있다. 이밖에도 여러 주제가 가능하니 이후의 단계까지 고려해 창의적인 주제를 잡을 수도 있다.
- 자료의 수집과 정리 : 소송과 관련된 주제이므로 재판 과정, 쟁점에 대한 자료 수집이 필요하다. 또한 기술적인 이해가 뒷받침되어야 하므로 관련 기술에 대한 자료도 수집해야 한다.
- 구성 : 소송의 과정을 중시한다면 시간의 흐름에 따른 순차적 구성이 가장 적합하다. 그러나 쟁점별로 구성하고자 한다면 부분에 따른 대등적 구성도 가능하다. 전개 방법까지 고려해 주제에 가장 부합되는 구성을 찾는 것이 중요하다.
- 전개 : 설명문의 일반적인 전개 방법 중 주제에 가장 적합한 설명 방법을 찾는다. 소송과 관련된 주제이므로 분류와 구분, 비교와 대조, 분석 등이 효과적이다. 이 외에도 다양한 방법을 활용할 수 있다.
- 퇴고 : 글을 쓰고 난 후에는 글의 내용과 형식에 대한 검토가 필요하다. 스스로 하거나 다른 사람의 도움을 받을 수 있다.
- 상호작용 : 글을 더 발전시키려면 글을 쓰고 난 이후의 상호작용도 중요하다. 독자의 의견을 청취하고 스스로도 글의 내용을 더 발전시킬 수 있는 방안을 모색해 본다.

연습 다음에 제시되는 주제로 지정된 유형의 글을 쓴다고 할 때 각 단계의 빈칸에 알맞은 내용을 쓰시오.

① 논설문

주제의 설정	기후 협약 →
자료의 수집과 정리	
구성	
전개	
퇴고	
상호작용	

② 신문의 칼럼

주제의 설정	남극탐사 →
자료의 수집과 정리	
구성	
전개	
퇴고	
상호작용	

③ 안내문

주제의 설정	학과소개 →
자료의 수집과 정리	
구성	
전개	
퇴고	
상호작용	

3장
주제와 구성

"글을 쓰는 것은 나의 지식과 사고를 담아내는 집을 짓는 과정이다."

3.1 주제와 제목의 설정

모든 글에는 쓰고자 하는 '무엇', 즉 주제가 있어야 한다. 주제를 어떻게 정할 것인가? 선택과 집중의 원리를 어떻게 활용할 것인가? 글의 목적과 주제는 제목을 통해 선명히 드러나야 한다. 글의 주제와 제목을 정하는 방법에 대해 자세히 알아보자.

문제가 뭐야?	어떻게 해야 하지?	이렇게 해결해 봐!	더 깊게! 더 넓게!
주제와 제목은 어떻게 정하지?	해결해야 하는 문제와 글을 쓰는 목적을 생각하라.	선택하고 집중하라. 추리고, 뽑고, 빗대라.	다양한 유형의 주제를 선정하고 제목을 작성하라.

주제의 설정

무엇에 대해 써야 하지? 많은 사람들이 원고지나 컴퓨터를 앞에 놓고 이러한 고민에 빠진다. 쓰고자 하는 글이 자신의 선택에 의한 것이라면 이러한 고민을 할 필요가 없겠지만 어쩔 수 없이 써야 하는 글에서는 이러한 고민을 할 수밖에 없다. 글에서 다루고자 하는 '무엇'을 우리는 '주제'라고 한다. 그런데 어떠한 경우이든 써야 할 그 무엇에 대해 전혀 모르는 경우는 거의 없다. 글을 쓰는 행위는 특별한 목적을 가지고 하는 행위이기 때문에 그 목적과 관련지어 생각해 보면 글의 주제는 이미 대략적으로 정해져 있는 것이나 다름없다.

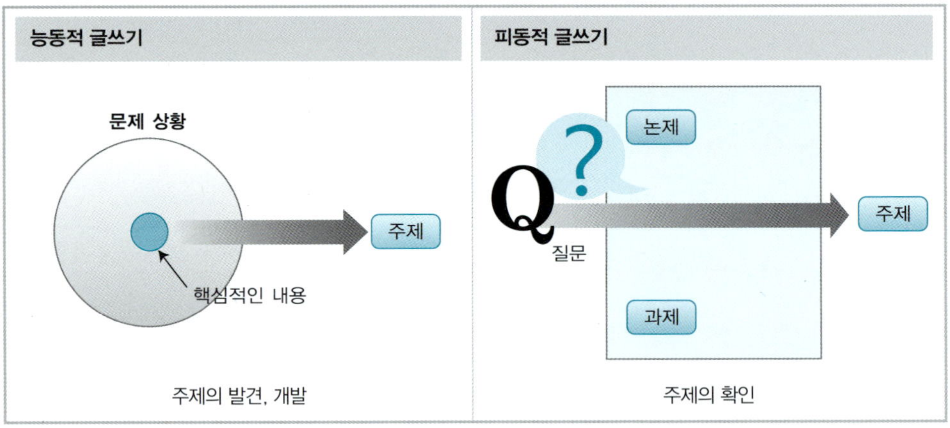

스스로 문제를 파악하여 글을 쓰는 능동적 글쓰기는 자신의 힘으로 주제를 발견하거나 개발하여 쓰는 것이기 때문에 써야 할 대상이 무엇인가, 혹은 주제가 무엇인가를 모르는 일은 없다. 문제가 되는 것은 자신의 의지에 의해 글을 쓰는 것이 아니라 자신의 필요나 상황의 요청에 의해서 글을 쓰게 될 때이다. 즉, 시험문제의 답안, 리포트, 회사에서의 보고서 등은 업무상 어쩔 수 없이 글을 쓰게 된다. 누군가가 써야 할 것에 대해 정해 놓고 글을 쓰라고 요구하는 것이기 때문에 주제를 분명히 파악하는 것이 상대적으로 어려울 수 있다.

그러나 피동적인 글쓰기 상황이 오히려 주제를 분명하게 파악하는 데 더 유리할 수도 있다. 평가를 위한 시험이나 리포트 등은 공정한 평가를 위해서 요구하는 내용이 분명히 명시되어야 한다. 또한 업무상의 글은 수행해야 할 과업이 분명하게 정해져 있다. 이는 다음과 같은 사례를 통해서 확인할 수 있다.

유형	문제/논제/과업	주제
물리학 시험	용수철이 평행위치에서 x 만큼 변화할 때, 그 작용하는 복원력을 후크의 법칙에 따라 고려하여 용수철의 탄성 퍼텐셜에너지가 $\frac{1}{2kx^2}$ 임을 증명하시오.	퍼텐셜 에너지 증명
공학 기말보고서	엘리베이터 제어 프로그램 개발 과정 및 그 설계에 대해 상세히 작성하여 제출하시오.	프로그램 개발 과정 및 설계
시장 조사 보고서	A지역에 새로운 대리점을 내는 것이 수익성이 있을지 보고하라.	수익 가능성 보고
연구 논문	광섬유 접속기 실습을 통한 공학 교육 연구	공학 교육 방안
신문 투고 칼럼	이공계열은 글쓰기가 두렵다.	글쓰기 교육 방안

대학에서의 시험이나 기말보고서는 위와 같이 주제가 명시되므로 명시된 주제에 따라 글을 쓰면 된다. 기업에서의 보고서 또한 부서나 팀에 따라 업무가 나뉘어 있기 때문에 부서의 성격 및 추진하는 프로젝트에 맞게 주어진 주제로 보고서를 작성하면 된다. 연구 논문이나 신문 투고 칼럼 등은 글쓴이가 자율적으로 주제를 정하는 경우도 많지만 학술지의 기획이나 언론사의 요구에 따라 작성하게 될 때도 있으므로 기획과 요구를 명확하게 파악하면 주제를 정하는 데 어려움이 없다.

Key Point **글의 주제를 찾지 못한다면?**
주어진 문제, 혹은 내가 처해 있는 상황의 문제가 무엇인지 먼저 파악하라.

예제 3-1

다음과 같은 문제 상황을 해결하기 위한 글을 쓴다고 할 때 다양한 유형의 글에 적합한 주제를 구체적으로 쓰시오.

보기 한여름과 한겨울에 전력 예비율이 임계점까지 떨어지고 있다. 자칫 잘못하면 한반도 전체가 암흑으로 변할 뿐만 아니라 모든 전기 제품, 전기 이용 시설이 정지되어 전 국토가 마비될지도 모른다.

대학생의 기말보고서	
전기 공급자 측의 보고서	
학자의 연구 논문	
학자의 신문 투고 칼럼	
신문의 사설	

풀이

글쓴이의 상황과 처지에 따라 글의 종류와 주제가 달라지는데 같은 문제 상황에서 다양한 주체가 다양한 글을 쓸 때 주제가 어떻게 달라지는가에 대해 확인해 보는 문제이다. 정해진 주제가 따로 있는 것이 아니기 때문에 다양한 주제를 생각해 본 후 가장 전형적인 주제를 써 보도록 한다.

답

대학생의 기말보고서	최근 5년간 성수기 전력 예비율 현황
전기 공급자 측의 보고서	안정적 전력 예비율 유지를 위한 전력 생산 및 공급 방안
학자의 연구 논문	한국의 경제성장과 전력수요 간의 인과성에 관한 연구
학자의 신문 투고 칼럼	겨울철 대정전은 재앙
신문의 사설	전기 過소비 체질 이대로 두면 큰 탈 부른다

- 대학생의 기말보고서 : 대학생의 기말보고서는 그 깊이가 상대적으로 얕을 수밖에 없다. 따라서 전력 예비율 현황과 이에 따른 문제점 전망 정도의 주제를 설정할 수 있다.
- 전기 공급자 측의 보고서 : 전기 공급자 측은 이 문제의 가장 핵심적인 위치에 있다. 따라서 전력 생산 및 공급에 관한 치밀한 보고서가 필요하므로 이에 대한 주제를 설정할 수 있다.
- 학자의 연구 논문 : 연구자의 논문은 사태에 대한 단순한 비판이 아닌 그것을 근본적으로 해결하기 위한 방향을 제시할 수 있어야 한다. 따라서 전기 공급의 핵심적인 역할을 하는 전력 거래소 운용방안에 대한 깊이 있는 주제를 설정할 수 있다.
- 학자의 신문 투고 칼럼 : 신문의 독자는 특정 분야의 전문가가 아닌 일반인이기 때문에 일반인의 눈높이에 맞추어서 자신의 전문적인 지식과 연구결과를 담을 수 있는 글을 칼럼으로 써야 한다. 일반인들이 블랙아웃 사태에 대해 잘 모를 수가 있으므로 이에 대해 상세하게 설명하고 이를 해결하기 위한 방안을 제시하는 주제를 설정할 수 있다.
- 신문의 사설 : 신문의 사설은 신문사 전체의 확실한 주장을 담을 수 있어야 한다. 따라서 생산자와 소비자 모두의 노력을 촉구하는 주제를 설정할 수 있다.

연습 3-1

다음과 같은 문제 상황을 해결하기 위한 글을 쓴다고 할 때 다양한 유형의 글에 적합한 주제를 구체적으로 쓰시오.

① 생명공학이 발전하기 위해서는 학자들의 노력뿐만 아니라 정부의 제도적 뒷받침 및 사회 전반의 동의와 협력이 필수적이다. 그러나 현실에는 많은 장애물이 존재하고 있다.

대학생의 기말보고서	
전기 공급자 측의 보고서	
학자의 연구 논문	
학자의 신문 투고 칼럼	
신문의 사설	

② 대학 등록금이 심각한 사회적 문제가 되고 있다. 이를 해결하기 위한 방안을 제시하라.

대학생의 기말보고서	
전기 공급자 측의 보고서	
학자의 연구 논문	
학자의 신문 투고 칼럼	
신문의 사설	

참주제와 가주제

자신이 정한 주제로 글을 쓰든, 주어진 주제로 글을 쓰든 주제를 정했다고 하더라도 막상 글을 쓰려면 막막하게 느껴질 때가 많다. 이는 글쓰기 능력 전체의 문제일 수 있지만 주제의 선정 단계만 본다면 주제가 아직은 분명하게 설정되지 않았기 때문에 발생한 문제이다. 이를 이해하기 위해 고궁 중 가장 규모가 큰 경복궁에 가서 사진을 찍는다고 할 때 어떤 사진을 찍을 것인가를 생각해 보자.

사진의 주제를 '경복궁'이라고 했을 때 드넓은 경복궁의 무엇을 찍어야 이 주제를 잘 부각시킬 것인가를 정하기는 쉽지 않다. 경복궁은 매우 넓기 때문에 경복궁 안에서 전체를 사진에 담아내기는 불가능하다. 그렇다고 어디서나 흔히 볼 수 있는 나무나 옛날 문만으로는 경복궁을 잘 드러냈다고 보기 어렵다. 따라서 경복궁의 특징을 가장 잘 드러낼 수 있는 대상을 잘 선택해 그 주제에 집중하는 것이 필요하다. 예를 들면 경복궁에서 가장 아름다운 건물인 향원정과 주변의 풍경을 잘 담아내면 경복궁의 아름다움을 잘 묘사한 사진으로 평가될 수 있다.

그렇다면 자동차를 주제로 글을 쓴다고 할 때 다음과 같은 과정을 생각해 보자.

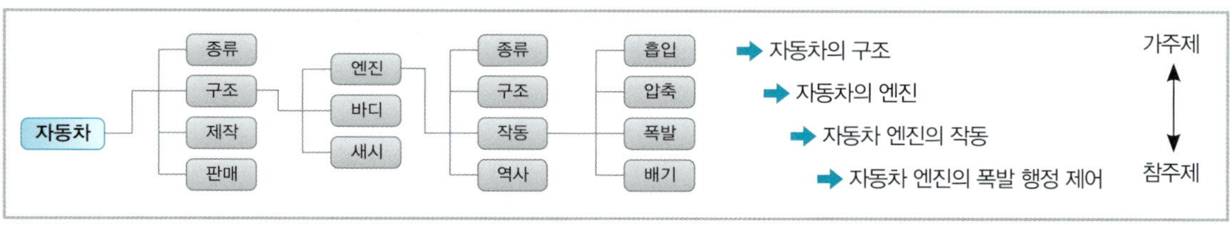

'자동차'라는 주제는 매우 큰 주제이기 때문에 이 주제를 가지고 바로 글을 쓰기가 어렵다. 따라서 이 주제를 보다 세분해야만 한 편의 글로 써 낼 수 있다. 그런데 자동차는 여러 단계를 걸쳐 세분할 수 있고 세분화한 각각의 단계 모두가 '자동차'라는 큰 주제의 하위 주제가 된다. 각 단계의 주제는 서로 가주제와 참주제의 관계를 맺는다. 즉 상위의 주제는 가주제가 되고, 하위의 주제는 참주제가 된다. 글을 쓰기 위해 필요한 것은 참주제이므로 주어진 주제를 점차 세분하고 좁혀서 참주제를 정해야만 비로소 글을 써 나갈 수 있다.

이러한 과정에서 필요한 것이 바로 선택과 집중이다. 가주제는 몇 개의 하위 주제로 나눌 수 있는데 이 중에 하나를 선택하면 그것이 참주제가 된다. 만약 주제를 더 세분하고 싶으면 참주제를 다시 나눌 수 있는데 이렇게 되면 기존의 참주제는 가주제가 된다. 이러한 과정을 거쳐 일단 참주제가 결정되면 다른 요소는 모두 배제하고 정해진 참주제에만 집중을 해야 한다. 이렇게 선택과 집중이 잘 이루어져야만 선명한 주제로 명쾌한 글을 쓸 수 있다.

가주제와 참주제의 관계는 글을 구성해 나가는 단계에서도 매우 유용하다. '자동차의 구조'를 참주제로 결정했다면 '엔진, 바디, 새시' 등은 '자동차의 구조'라는 글을 이루는 요소가 된다. 만약 '자동차 엔진의 작동'을 참주제로 정했다면 '흡입, 압축, 폭발, 배기' 각 행정은 이 글을 이루는 하위 요소가 된다. 이렇듯 참주제와 가주제의 관계를 글을 구성하는 방법에도 활용할 수 있으므로 주어진 주제에 대해 적절히 선택과 집중을 할 필요가 있다.

선택과 집중의 과정에서 효율적으로 활용할 수 있는 것이 자유연상(브레인스토밍, Brain Storming)이다. 글쓰기에서의 자유연상은 글의 주제와 구조를 정하기 위해 머릿속에서 떠오르는 것을 자유롭게 기록하고 발전시켜 나가는 과정을 뜻한다. 이 방법은 스스로 주제를 정할 때 더 유용하지만 주어진 주제에서 참주제를 정할 때도 효과적으로 활용될 수 있다. 즉, 특정 주제와 관련해서 떠오르는 것들을 자유롭게 적거나 이야기 해 본 후 그 중에서 적절한 것을 선택하고 그것에 집중해 나가면 참주제를 결정할 수 있다.

Key Point **주제가 머릿속에 맴돌기만 할 뿐 글로 발전되지 못한다면?**
쓰고자 하는, 혹은 써야 하는 주제를 선택하고 오로지 그 주제에 집중하라.

예제 3-2

'베아복제'를 주제로 글을 쓴다고 가정하고 머릿속에 떠오르는 것을 자유롭게 적어 보시오.

______ – ______ – ______ – ______ – ______ – ______ – ______ –
______ – ______ – ______ – ______ – ______ – … …

풀이

글의 주제를 정할 때 유용한 자유연상(브레인스토밍)을 연습해 보는 문제이다. 자유연상의 과정은 자신의 지식과 사고에 따라 매우 다른 방향으로 전개될 수 있다. 따라서 연상의 과정을 자연스럽게 따라 가면서 생각나는 대로 적어본다. 단, 주제에서 너무 멀리 벗어나지 않도록 유의하고, 연상의 과정 중에 나온 것 중에 주제로서 가장 적합한 것이 무엇인가도 생각해 본다.

답 생명 – 창조 – 신의 영역 – 인간의 영역 – 시험관 – 조작 – 프랑켄슈타인 – 인조인간 – 우생학
– 유전병 치료 ……

자유연상은 말 그대로 자유로운 연상의 과정이기 때문에 정해진 답은 없다. 예시는 배아복제와 관련된 근본적인 문제에 대해 검토해 보고 이것의 장단점을 따져보는 연상의 과정을 밟고 있다. 자유연상을 하더라도 이처럼 일정한 흐름이 있어야 글의 주제를 정하고 글을 구성해 나갈 수 있다. 자유연상의 구체적인 항목 중 하나가 주제가 될 수 있고, 각각의 항목은 글을 구성하는 부분이 될 수 있다. 이러한 관계도 고려해 연상의 과정을 밟는 것이 좋다.

연습 3-2

다음 주제로 글을 쓴다고 가정하고 머릿속에 떠오르는 것을 자유롭게 적어 보시오.

① 지구온난화

______ – ______ – ______ – ______ – ______ – ______ – ______ –
______ – ______ – ______ – ______ – ______ – … …

② 반도체

_______ – _______ – _______ – _______ – _______ – _______ – _______ –
_______ – _______ – _______ – _______ – _______ – … …

③ 네티켓

_______ – _______ – _______ – _______ – _______ – _______ – _______ –
_______ – _______ – _______ – _______ – _______ – … …

예제 3-3

'베아복제'를 주제로 글을 쓴다고 가정하고 포괄적인 주제부터 구체적인 주제까지 참주제와 가주제의 관계가 성립하도록 차례대로 쓰시오.

→ ....

→ ....

→ ....

→ ....

풀이

참주제와 가주제를 고려해 다양한 주제의 층위를 확인해 보는 문제이다. 좋은 글을 쓰기 위해서는 적당한 층위의 주제를 정해야 하는데 이 때 필요한 개념이 참주제와 가주제이다. 양자 간에는 상하관계, 포함관계가 있으므로 이러한 관계를 고려해 적절한 층위의 주제를 써 본다.

답
→ 배아복제와 생명 윤리
→ 배아와 생명의 시작
→ 원시선(Primitive Streak)의 유무와 생명
→ 줄기세포(Stem Cell)의 의학적 활용과 생명 윤리

배아복제는 매우 포괄적인 주제이므로 이 주제를 점차 좁혀나갈 수 있다. 예시된 답안은 생명 윤리 차원에서의 논쟁에 초점을 맞추어 주제를 좁혀나가고 있다.

연습 3-3

다음 주제로 글을 쓴다고 가정하고 포괄적인 주제부터 구체적인 주제까지 참주제와 가주제의 관계가 성립하도록 차례대로 쓰시오.

① 지구온난화

→ ....

→

→

→

② 반도체

→

→

→

→

③ 네티켓

→

→

→

→

제목의 설정

글의 주제를 정하는 것만큼 어려운 것이 글의 제목을 결정하는 것이다. 제목은 글의 맨 앞에 놓여 읽는 이의 관심을 끌며 글의 내용에 대한 암시를 준다. 그런데 이러한 두 가지 목적을 모두 달성하는 제목을 쓰기란 쉽지 않다. 이때 추리기, 뽑기, 빗대기와 같은 세 가지 방법을 활용할 수 있다.

추리기

텔레비전의 해악

뽑기

아이들에게 TV 리모컨 대신 책을!

빗대기

바보들의 바보상자

위에 제시된 것은 모두 텔레비전의 문제점을 지적하는 글의 제목인데 서로 다른 방법으로 지어진 것이다. 첫 번째 방법인 **추리기**는 글 전체의 내용을 집약한 핵심적인 단어나 구로 제목을 쓰는 방법이다. 학술적인 글이나 공적인 성격이 강한 글은 대개 이러한 방식으로 제목을 쓴다. 이러한 방식의 제목은 글을 읽는 사람들이 글 전체의 내용을 미리 파악하고 읽을 수 있다는 장점이 있다. 두 번째 방법인 **뽑기**는 글 전체의 주제를 가장 선명하게 드러낼 수 있는 단어, 구, 문장을 글의 제목으로 삼는 방법이다. 이 방식은 신문의 사설이나 각종 연설문과 같이 주장을 담은 글에서 글쓴이의 주장을 선명하게 부각시키는 장점이 있다. 세 번째 방법인 **빗대기**는 비슷한 속성을 가진 다른 사물이나 개념에 빗대어 제목을 쓰는 방식이다. TV를 지나치게 많이 보면 보는 사람마저 바보가 될 수 있다는 것에 착안해 TV를 바보상자에 빗대어 제목을 쓴 것이다. 이 방식은 학술적인 글이나 공식적인 글에는 적합하지 않을 수 있으나 글쓴이의 개성을 드러내며 읽는 사람들로 하여금 글에 관심을 가지게 할 수 있다.

> **Key Point**
> **글의 제목을 멋지게 붙이고 싶다면?**
> 내용을 추리고, 최선의 것을 뽑고, 적절한 다른 대상에 빗대라.

예제 3-4

다음 그림을 바탕으로 '인터넷'에 대한 글을 쓴다고 가정하고 적절한 제목을 세 가지 유형으로 쓰시오.

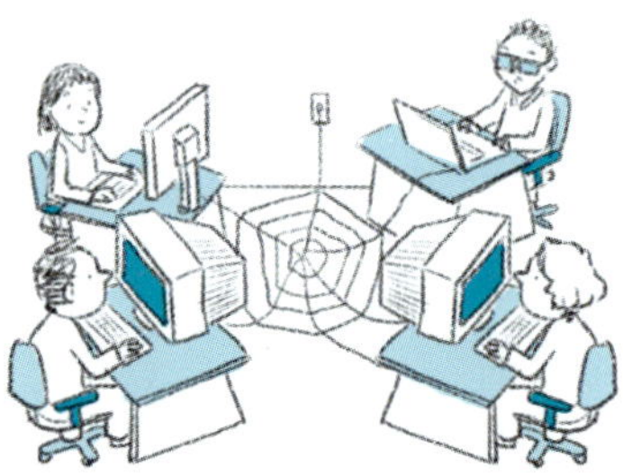

추리기	
뽑기	
빗대기	

풀이

다양한 방법으로 글의 제목을 써 보는 문제이다. 글의 제목은 자유롭게 붙일 수 있으나 '추리기, 뽑기, 빗대기'의 세 유형으로 붙이면 보다 효율적으로 붙일 수 있다. 따라서 세 유형의 특성이 잘 드러나도록 제목을 붙여 본다. 나아가 이 유형 이외의 제목도 자유롭게 써 본다.

답

추리기	인터넷의 발달과 가족의 해체
뽑기	가족을 부활시키려면 인터넷을 없애라
빗대기	끊어지기 쉬운 거미줄에 엮인 가족

제시된 그림은 가족 모두가 인터넷에 빠져 있는 상황이다. 얼굴을 마주 대하면서 친밀감을 느낄 수 있는 상황인데도 가족마저 인터넷으로 연결되어 있는 상황을 비판적으로 보여주고 있다.

- 추리기 : 인터넷이 발달되면서 가장 친밀한 관계인 가족마저 해체된 상황을 압축적으로 제시하는 제목이다.
- 뽑기 : 인터넷의 발달로 해체된 가족을 부활시키기 위한 가장 핵심적인 방법이 인터넷을 없애는 것이라면 이 주장을 뽑아 제목으로 쓸 수 있다.
- 빗대기 : 인터넷은 일종의 그물망(net)이고 그림에도 거미줄이 그려져 있으므로 가족의 연결 관계를 거미줄에 빗댈 수 있다. 또한 끊어지기 쉬운 거미줄의 특성에 착안해 비유적인 제목을 붙였다.

연습 3-4

다음의 그림을 바탕으로 글을 쓴다고 가정하고 적절한 제목을 세 가지 유형으로 쓰시오.

① 진화론은 비과학?

추리기	
뽑기	
빗대기	

② 환경호르몬

추리기	
뽑기	
빗대기	

③ 공정성

추리기	
뽑기	
빗대기	

예제 **다음에 제시되는 가주제로 논설문을 쓴다고 할 때 각 단계의 빈칸에 알맞은 내용을 쓰시오.**

가주제	소프트웨어 산업
참주제	
제목 / 제목 유형	

풀이

가주제와 글의 유형이 정해져 있을 때 참주제와 제목을 쓰는 일련의 과정을 연습해 보는 문제이다. 주어진 가주제를 보다 구체화해 참주제를 써 본다. 제목은 제목을 정하는 세 가지 유형을 고려해 가장 적합하게 쓴다. 정해진 답안이 있는 것이 아니므로 다양한 참주제와 제목을 자유롭게 써 볼 수 있다.

답

가주제	소프트웨어 산업
참주제	저작권법 강화를 통한 소프트웨어 산업 보호 및 육성 방안
제목 / 제목 유형	한류 가수? 아니 한류 소프트웨어! / 빗대기

- 참주제 : '소프트웨어 산업'은 매우 포괄적인 주제이므로 소프트웨어 저작권에 초점을 맞추어 소프트웨어 산업을 보호하고 육성하기 위한 방안으로 주제를 구체화하였다.
- 제목 / 제목 유형 : 한류 열풍이 가요계에서뿐만 아니라 소프트웨어 산업에서도 일어나기를 바라는 마음에서 빗대기의 방법으로 제목을 정하였다. 우리의 소프트웨어 산업이 한류 열풍을 일으키기 위해서는 저작권법 강화가 필요하다는 내용을 효과적으로 드러낼 수 있다.

연습 다음에 제시되는 가주제로 지정된 유형의 글을 쓴다고 할 때 각 단계의 빈칸에 알맞은 내용을 쓰시오.

① 설명문

가주제	공학 교육
참주제	
제목 / 제목 유형	

② 논설문

가주제	공학도와 기초과학
참주제	
제목 / 제목 유형	

③ 설명문

가주제	로봇 산업
참주제	
제목 / 제목 유형	

3.2 글의 구성

한 편의 완성된 글은 잘 짜인 구조체여야 하는데 이런 구조체를 만들기 위해서는 설계가 필요하다. 모든 구조체에는 일정한 구성 유형이 있는데 이러한 구성의 유형은 글쓰기에도 그대로 적용될 수 있다. 자연에 존재하는 구조체의 구성 유형을 파악해 글의 구성을 효과적으로 해 보자.

문제가 뭐야?	어떻게 해야 하지?	이렇게 해결해 봐!	더 깊게! 더 넓게!
글을 어떻게 구성하지?	자연계에 존재하는 일반적인 구성의 유형을 파악하라.	직렬 구성, 병렬 구성, 그리고 복합 구성을 활용하라.	주제에 따라 다양한 유형의 구성을 적용하라.

구성의 원리

글은 문장의 집합이고, 문장은 단어의 집합이며, 각각의 단어는 글자들의 집합이다. 이러한 관계를 형식적으로 고려하여 글자들을 모으면 글이 될 수도 있을 것 같다. 그런데 우리가 막상 글을 쓰려고 하면 첫 글자, 첫 단어부터 막히는 경험을 많이 한다. 문장을 모아 글을 써 나가려 해도 어떤 문장을 어떤 순서로 써 나가야 할지 막막하게 느껴진다. 이는 단어나 문장의 문제가 아니라 보다 큰 차원의 문제이다. 모든 글에는 일정한 구조가 있어야 하는데 이 구조를 먼저 정해놓아야만 어떤 문장을 어떤 순서로 써 나가야 하는지가 결정된다. 결국 글은 글자, 단어, 문장의 무조건적인 집합이 아니라 일정한 구조를 갖추어야 함을 파악해야 막힘없이 써 나갈 수 있다.

글의 구조를 이해하기 위해 다음과 같은 상황을 생각해 보자.

묘사

나무의 외형

설명

나비의 한살이

증명

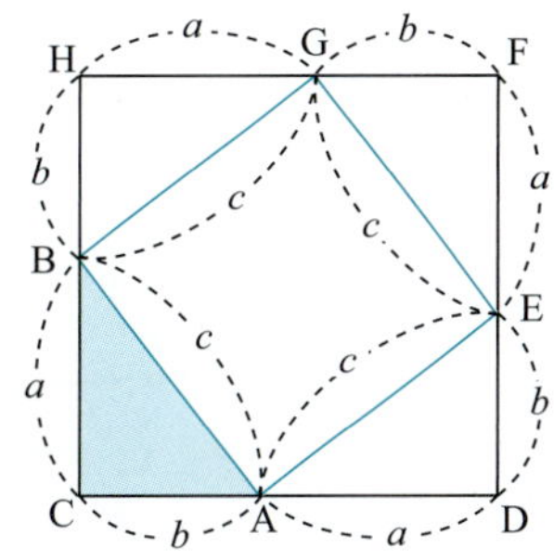

피타고라스의 정리

나무에 대해 전혀 모르는 사람에게 나무의 외형을 묘사하여 알려준다고 할 때 어떤 방법이 가장 효과적일까? 무작정 잎이나 줄기부터 묘사하는 것은 그리 바람직해 보이지 않는다. 나무에 대해 조금 아는 사람이라면 일차적으로 나무를 '뿌리, 줄기, 잎' 세 부분으로 나누어 묘사하고자 할 것이다. 그리고 이렇게 나누어진 세 부분도 역시 적절한 기준으로 더 나누어 묘사하면 효과적일 것이다. 이처럼 일정한 유형의 구조를 가진 것에 대해 묘사할 때는 몇 개의 부분으로 나누면 매우 효과적이다.

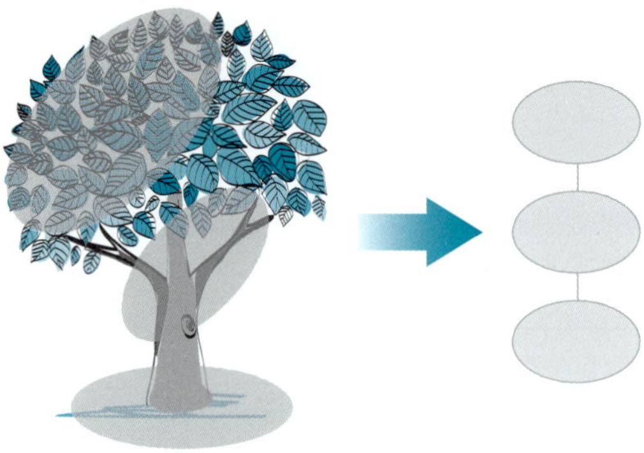

나비의 일생은 어떻게 설명하는 것이 좋을까? 나비가 되기까지는 알, 애벌레, 번데기의 과정을 거친다. 즉 나비가 낳은 알이 부화되면 애벌레가 되고, 애벌레가 다 자라 번데기가 되었다가 우화하면 나비가 된다. 이러한 과정을 안다면 이 순서에 따라 설명하는 것이 가장 바람직하다. 이렇게 시간의 흐름에 따라 변화를 겪거나 일정한 단계를 밟아 이루어지는 일은 그 순서나 과정을 파악하여 순차적으로 설명하는 것이 효과적이다.

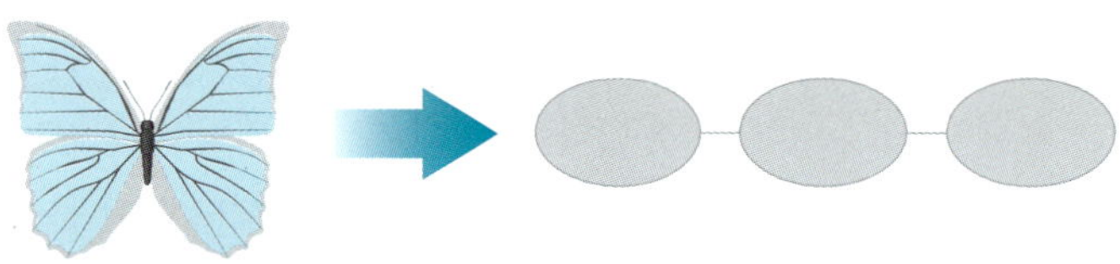

그렇다면 익히 알려진 피타고라스의 정리를 다시 증명하려 한다면 어떻게 하는 것이 좋을까? 피타고라스의 정리는 여러 가지 방법으로 이미 증명되어 있다. 만약 다음과 같은 네 가지 증명 방법을 알고 있다면 네 가지 방법 모두를 가장 효과적으로 활용하여 증명하는 길은 무엇일까? 이때에는 피타고라스의 정리를 증명하는 방법에는 네 가지가 있다는 것을 먼저 밝히고 각각의 방법으로 차례차례 증명하는 것이 가장 효과적이다. 그리고 각각의 방법 또한 정해진 순서에 따라 증명해야 보다 효과적인 증명이 이루어질 수 있다.

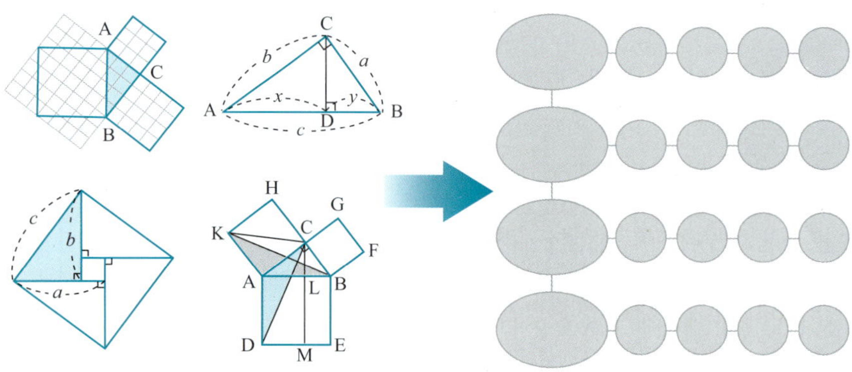

이러한 방법은 글을 구성할 때에도 그대로 적용될 수 있다. 글이 문장의 단순한 집합이 아니라 일정한 구조를 갖추려면 쓰고자 하는 주제의 성격에 따라 글을 구성해야 쓰기에도 쉽고 읽기에도 쉽다. 이를 위해서는 우주 만물과 인간의 사고에 존재하는 일정한 질서를 파악하는 것이 필요하다. 우주 만물이나 인간의 사고 모두 일정한 공간적 배치를 갖거나 시간적 순서를 따른다. 또한 보다 복잡한 것은 공간적 배치와 시간적 순서를 모두 따르며 존재한다. 이러한 질서를 파악해 글을 구성해 나간다면 매우 효과적으로 구성해 나갈 수 있다.

Key Point

글을 구성하는 원리를 파악하려면?

자연계에 존재하는 구조체의 구성 원리를 이해하라.

예제 3-5

다음에 제시되는 각각의 주제에 가장 어울리는 글의 구조를 연결하시오.

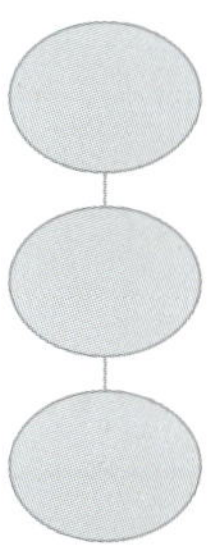
(A)

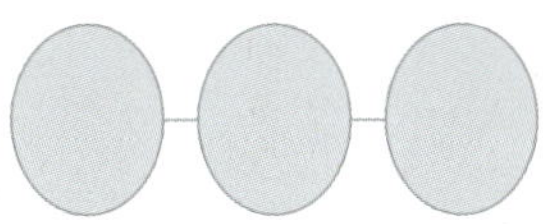
(B)

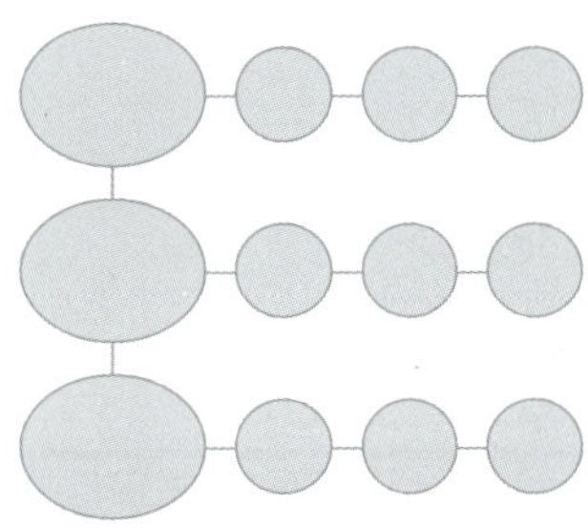
(C)

① 원자로의 종류

② 주기율표의 역사

③ 원소 분류

풀이

주제에 따라 글의 구조를 판단해 보는 문제이다. 같은 주제라도 여러 가지 구조를 모두 쓸 수 있지만 가장 적합한 글의 구조를 찾아본다. 그리고 다른 유형이나 이보다 더 세분하는 방법도 생각해 본다.

답 ① 원자로의 종류 : (A)
② 주기율표의 역사 : (B)
③ 원소 분류 : (C)

① 원자로의 유형을 분류하는 것이므로 대등적인 것이 나열되는 (A)구조가 적합하다.
② 시간의 흐름에 따라 서술하는 것이므로 (B)구조가 적합하다.
③ 원소를 크게 분류한 후 다시 각각을 세분할 수 있으므로 (C)구조가 적합하다.

연습 3-5

다음에 제시되는 각각의 주제에 가장 어울리는 글의 구조를 연결하시오.

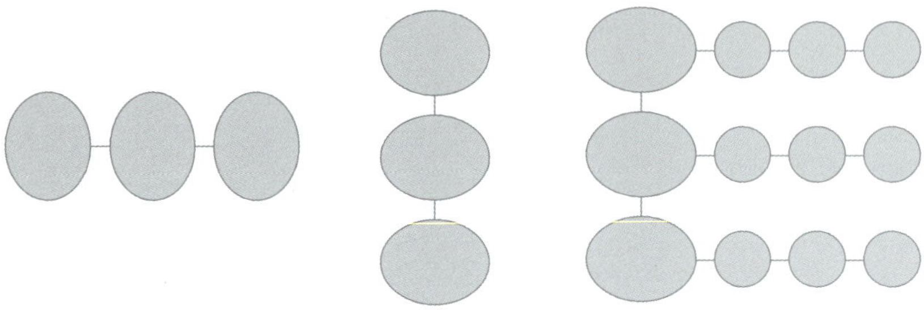

① 지구온난화에 따른 지역별 해수면 상승 추이

② 프로야구의 한해살이

③ 태풍의 일생

④ 주요 국가별 희토류 매장량

⑤ 주택 유형별 공급량 변화

구성의 유형

글은 다양한 방법으로 구성할 수 있지만 가장 흔하게 사용되는 구성 유형을 살펴보면 글을 구성하는 데에도 많은 도움이 된다. 어떤 종류의 글이든 기본적인 형식을 갖춘 글이라면 모두 다음과 같은 구성을 갖추고 있다.

글의 맨 앞에는 글 전체를 이끄는 머리 부분이 놓이는데 이 부분을 논설문이나 설명문 등의 실용문에서는 서론이라고 한다. 그리고 맨 뒤에는 글을 마무리하는 꼬리 부분이 놓이는데 이 부분을 실용문에서는 결론이라고 한다. 이 두 부분은 어떤 형식이든 반드시 필요한 부분이지만 그리 길지 않은 글이라면 글의 앞과 뒤에 한 단락씩만 써도 그 역할을 다할 수 있다. 따라서 이 부분은 필수적으로 넣기만 하면 되므로 글을 구성할 때 따로 고민할 필요는 없다.

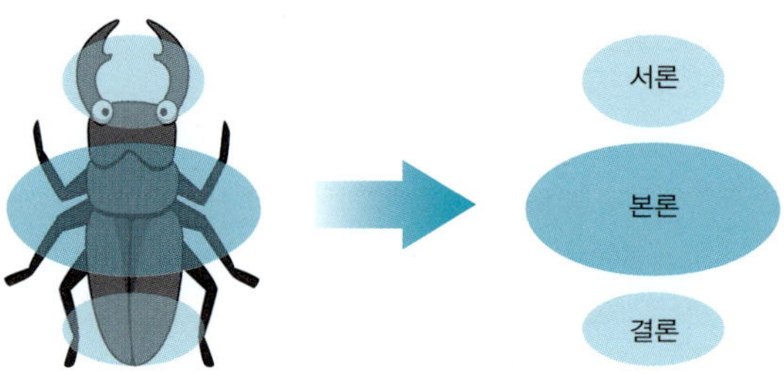

결국 글을 구성할 때 고민해야 하는 부분은 몸통에 해당하는 본론 부분이다. 구성의 핵심은 본론을 몇 개의 요소로 어떻게 배치할 것인가인데 본론을 구성할 때는 구성의 일반적인 원리를 적용하면 매우 효과적이다. 즉, 본론의 각 요소를 대등한 자격으로 나열하거나 순차적으로 연결해 가는 방식으로 본론을 구성할 수 있다.

이러한 방식은 건전지의 연결 방식을 생각해 보면 더 쉽게 이해할 수 있다.

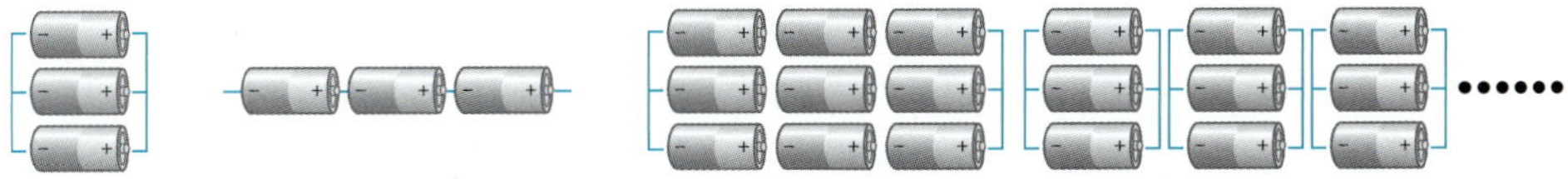

병렬　　직렬　　복합

건전지를 효율적으로 사용하기 위해서는 목적에 따라 병렬과 직렬을 선택해서 사용해야 하고 보다 다양한 목적을 위해서는 병렬과 직렬을 복합적으로 사용해야 한다. 이와 마찬가지로 글의 본론을 구성할 때도 직렬과 병렬 어느 한 쪽만을 선택하거나 두 가지를 복합적으로 사용해 글 전체의 구조가 일목요연하게 보이도록 해야 한다. 글의 길이가 짧을 때는 직렬 또는 병렬 중 한 가지 방식만 활용해 글을 구성할 수 있다. 그러나 글의 길이가 길어질 경우에는 두 가지 방식을 복합적으로 사용할 수 있다. 어떠한 방식을 사용하든 글의 구조는 명확하게 보이도록 해야 한다.

Key Point

글의 구성 유형을 이해하려면?

직렬, 병렬, 복합 세 가지 유형을 기억하라.

예제 3-6

다음에 제시되는 각각의 주제로 글을 쓴다면 어떤 구성을 택할 것인지 표시하시오.

짧은 글			긴 글			
① 원자로의 종류	☐ 직렬	☐ 병렬	☐ 직렬 – 직렬	☐ 직렬 – 병렬	☐ 병렬 – 병렬	☐ 병렬 – 직렬
② 주기율표의 역사	☐ 직렬	☐ 병렬	☐ 직렬 – 직렬	☐ 직렬 – 병렬	☐ 병렬 – 병렬	☐ 병렬 – 직렬

풀이

주제에 따라 글의 구성 유형을 정해보는 문제이다. 짧은 글을 쓸 때는 직렬이나 병렬 하나의 유형을 택할 수 있다. 그러나 긴 글을 쓸 때는 직렬과 병렬을 같이 써야 한다. 주제에 따라 가장 적합한 구성 유형이 있으나 반드시 정해져 있는 것은 아니다. 따라서 최적의 구성을 찾아보되 다른 구성 유형도 함께 생각해 본다.

답

짧은 글			긴 글			
① 원자로의 종류	☐ 직렬	☑ 병렬	☐ 직렬 – 직렬	☐ 직렬 – 병렬	☑ 병렬 – 병렬	☑ 병렬 – 직렬
② 주기율표의 역사	☑ 직렬	☐ 병렬	☑ 직렬 – 직렬	☐ 직렬 – 병렬	☐ 병렬 – 병렬	☐ 병렬 – 직렬

① 원자로의 유형을 분류하는 것이므로 대등적인 것이 나열되는 병렬구조가 적합하다. 또한 각각의 유형을 세분하여 긴 글을 쓸 때는 병렬–병렬구조가 적합하다. 만약 각 유형의 시간적 흐름에 따른 변화를 쓰고자 한다면 병렬–직렬구조도 가능하다.

② 시간의 흐름에 따라 서술하는 것이므로 직렬구조가 적합하다. 또한 각 시기를 세분하여 긴 글로 쓴다면 직렬–직렬구조도 가능하다.

연습 3-6

다음에 제시되는 각각의 주제로 글을 쓴다면 어떤 구성을 택할 것인지 표시하시오.

짧은 글		긴 글
① 원소의 종류	□ 직렬 □ 병렬	□ 직렬 – 직렬 □ 직렬 – 병렬 □ 병렬 – 병렬 □ 병렬 – 직렬
② 해수면 상승 추이	□ 직렬 □ 병렬	□ 직렬 – 직렬 □ 직렬 – 병렬 □ 병렬 – 병렬 □ 병렬 – 직렬
③ 프로야구	□ 직렬 □ 병렬	□ 직렬 – 직렬 □ 직렬 – 병렬 □ 병렬 – 병렬 □ 병렬 – 직렬
④ 태풍의 일생	□ 직렬 □ 병렬	□ 직렬 – 직렬 □ 직렬 – 병렬 □ 병렬 – 병렬 □ 병렬 – 직렬
⑤ 희토류 매장량	□ 직렬 □ 병렬	□ 직렬 – 직렬 □ 직렬 – 병렬 □ 병렬 – 병렬 □ 병렬 – 직렬
⑥ 주택 공급량 변화	□ 직렬 □ 병렬	□ 직렬 – 직렬 □ 직렬 – 병렬 □ 병렬 – 병렬 □ 병렬 – 직렬

구성의 실제

글의 구성 방식에 대한 선택은 주제의 성격에 의해 결정된다. 시간의 흐름을 따르는 사건, 정해진 단계 또는 과정을 밟는 일, 인과관계를 이루는 사건 등은 직렬식 구성을 따르는 것이 효과적이다. 직렬식 구성의 예를 보이면 다음과 같다.

직렬식 구성의 유형

① 시간의 흐름

과거 – 현재 – 미래

예) 애니메이션의 역사

과거
2차원 애니메이션의 시대 – 현재
3차원 애니메이션의 시대 – 미래
실사와 애니메이션의 통합 시대

봄 – 여름 – 가을 – 겨울

예) 프로야구의 한해살이

스프링캠프 – 페넌트레이스 – 가을의 고전 – 스토브리그

② 과정

1단계 – 2단계 – 3단계 – ...... – n단계

예) 벤처기업의 몰락

연구 및 개발
투자 소홀 – 기술 경쟁력
격감 – 시장 지배
실패 – 신규 투자
중단 – 로비 및
검은 거래 – 몰락

첫 번째 예는 직렬식 구성의 전형적인 예이다. 과거 – 현재 – 미래의 시간적 흐름은 절대적인 순서이므로 이에 따라 글을 구성하면 글을 쓰는 이와 읽는 이 모두가 쉽게 글에 접근할 수 있다. 또한 봄 – 여름 – 가을 – 겨울과 같이 시간의 흐름에 따라 순환하는 대상도 직렬식 구성에 적합하다. 두 번째 예는 과정에 따른 직렬식 구성의 예이다. 각각의 단계는 시간의 길이가 일정하지 않을 수도 있지만 이 순서가 바뀌는 일은 없다. 따라서 그 순서에 따라 글을 구성해 나가면 이해하기에 매우 쉬운 글이 된다. 경우에 따라서는 각 단계가 인과관계를 이룰 수 있는데 이 경우에도 직렬식 구성이 적합하다.

대등한 요소끼리 공간적 배치를 보이거나 부분, 부류 등이 대등한 관계를 맺을 경우에는 병렬식 구성이 적합하다. 병렬식 구성의 예를 보이면 다음과 같다.

병렬식 구성의 유형

① 지역

예) 지역별 애니메이션

1지역	일본식 애니메이션
2지역	미국식 애니메이션
……	한국식 애니메이션
n지역	기타

② 부분

예) 애니메이션에 대한 세대별 반응

1부분	아동 : 몰입
2부분	청소년 : 마니아
……	청장년 : 추억
n부분	노년 : 거부

③ 부류

예) 애니메이션을 보는 이유

1부류	흥미
2부류	상상력 자극
……	……
n부류	화려함

첫 번째 예처럼 대등한 속성을 가진 것이 지리적으로 다른 분포를 보일 경우 병렬식 배치가 매우 효과적이다. 두 번째와 세 번째는 대등한 자격을 가진 부분 또는 부류가 서로 다른 속성을 보이는 경우로서 이때에도 병렬식 배치가 사용될 수 있다. 병렬식 구성을 할 때는 각각의 요소가 동일한 층위에서 동일한 가치를 가진 것이어야 한다.

글의 내용이 길어질 때는 여러 가지 배치 방식이 혼용된 복합식 배치도 가능하다. 즉, 직렬–직렬, 직렬–병렬, 병렬–직렬, 병렬–병렬 등 주제의 성격에 따라 다양한 구성 방식을 사용할 수 있다. 각각의 예를 보이면 다음과 같다.

복합식 구성의 유형

① 직렬–직렬

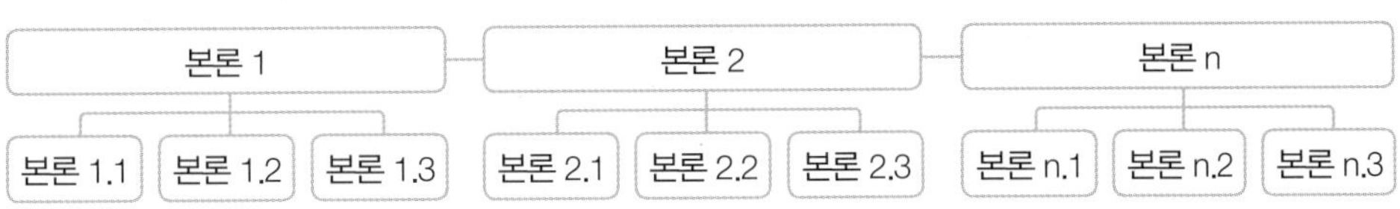

예) 애니메이션의 변천

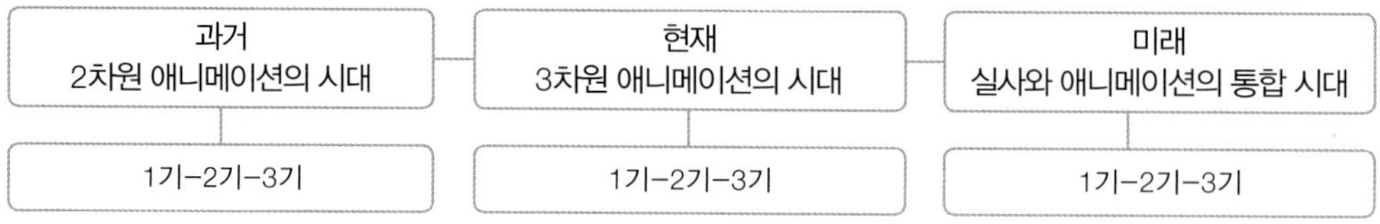

② 직렬–병렬

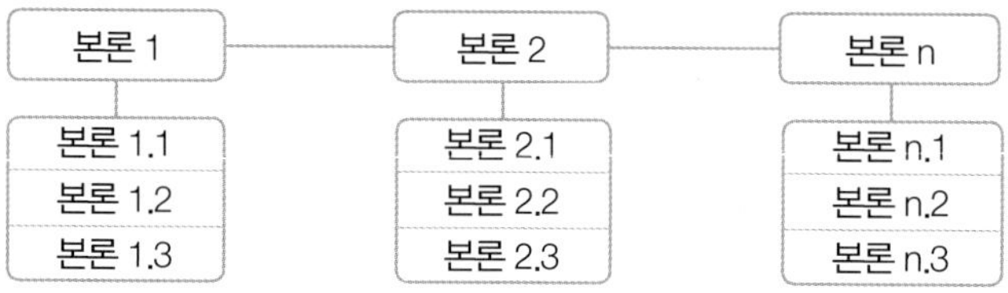

예) 대중가요의 흐름

③ 병렬–직렬

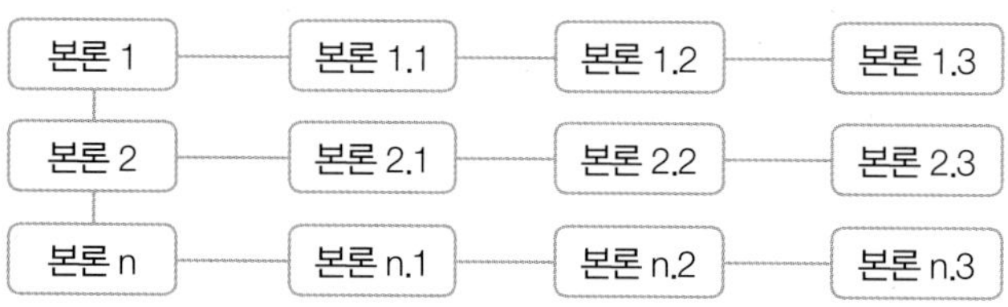

예) 국가대표 축구팀의 강화 방안

④ 병렬-병렬

예) 벤처기업의 특성별 발전 전략

첫 번째 예는 직렬로 구성된 각각의 요소를 다시 직렬시킨 것이다. 이러한 방식은 시간의 흐름에 따라 사건을 나누고 각각의 사건을 더 세분할 때 활용할 수 있다. 두 번째 예는 직렬로 구성된 각각의 요소를 다시 병렬시킨 것으로, 글 전체는 시간의 흐름에 따라 구성하되 각각의 요소를 대등한 가치를 가지는 몇 개의 부분으로 다시 나누어 살펴보는 방식이다. 이러한 구성은 병렬 – 직렬로 바꿀 수도 있다. 즉, 세 가지 요소를 병렬시킨 뒤 각각의 요소를 시간적 흐름에 따라 다시 나누어 구성할 수도 있다. 이것은 결국 세 번째 방식과 같은 방식이 된다. 따라서 병렬 – 직렬을 같이 사용하는 경우에는 주제의 성격에 따라서 우선순위를 정할 수 있다. 마지막 예는 병렬을 병렬시킨 예로서 대등한 요소로써 글 전체를 구성한 후 각각의 요소를 다시 병렬시킨 것이다.

이상에서 살펴본 구성 유형은 필요에 따라 선택적으로 활용할 수 있고, 선택해야 하는 것들이다. 즉 이러한 유형은 절대적인 것이 아니며 가장 많이 사용하면서도 편리하게 활용할 수 있는 예를 제시한 것뿐이다. 따라서 필요에 따라 적절히 활용하되 더 창의적으로 발전시킬 수 있어야 한다.

Key Point

글을 효과적으로 구성하려면?
주제에 따라 적절한 구성 유형을 택하라.

예제 3-7

'반도체'를 주제로 글을 구성하고자 할 때 본론 구조의 빈칸에 알맞은 내용을 쓰시오.

▪ 한국 반도체 산업의 발전 과정

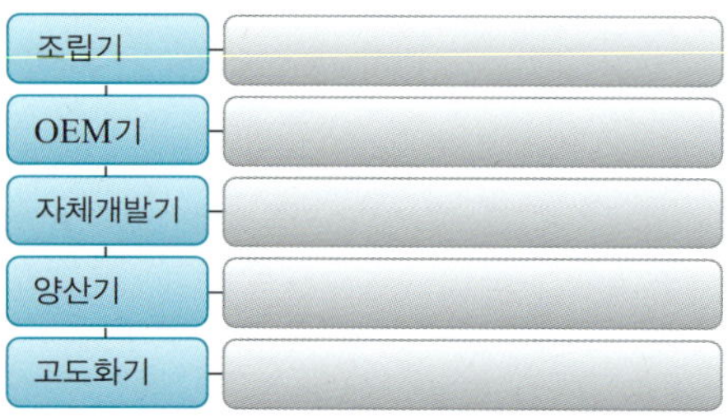

▪ 메모리 반도체의 종류

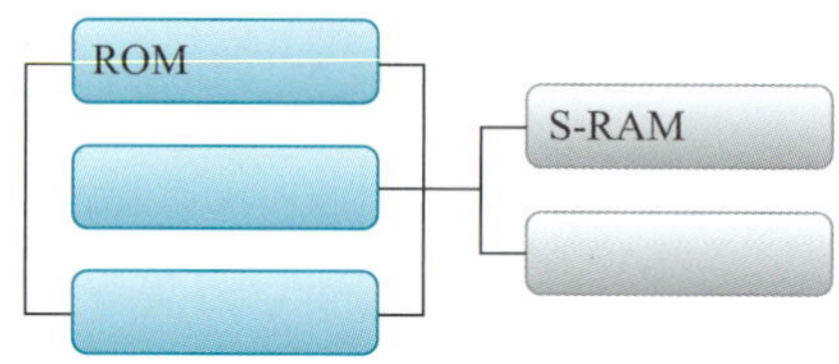

풀이

주제에 따라 적절한 구성 유형을 선택하고 각각의 세분화된 주제를 써 보는 문제이다. 주제에 따른 구성 유형은 따로 정해진 것은 아니지만 최적의 구성을 생각해 본다. 그리고 구성 유형을 정하는 것과 동시에 각 요소의 구체적인 내용을 써 본다. 하나의 유형만 고집하지 말고 여러 유형을 같이 생각해 본다.

답 ▪ 한국 반도체 산업의 발전 과정

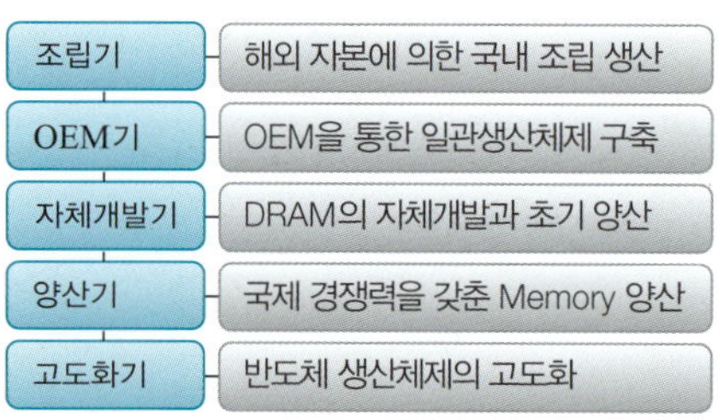

▪ 메모리 반도체의 종류

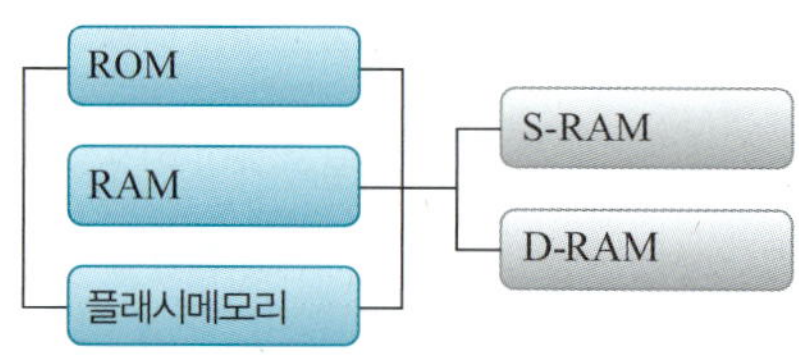

- 한국 반도체 산업의 발전 과정 : 역사적인 흐름에 따른 서술이 이루어져야 하므로 직렬식 구성이 적합하다. 일단 시기를 나눈 후 각 시기에 이름을 붙여 주고 여기에 구체적인 내용을 썼다. 직렬식 전개를 할 때는 시기를 명확히 나누는 작업과 각 시기에 적절한 이름을 붙이는 작업이 필요하다.
- 메모리 반도체의 종류 : 메모리 반도체의 유형을 셋으로 나누고 그 중의 하나를 다시 세분한 것이므로 병렬 – 병렬구조를 택했다. 각각의 항목을 분류할 때는 명확한 기준이 있어야 하고 분류된 항목끼리는 겹치지 않아야 한다.

연습 3-7

다음에 제시되는 주제로 글을 구성하고자 할 때 본론 구조의 빈칸에 알맞은 내용을 쓰시오.

① 지구온난화

- 지구온난화의 진행 과정

지구온난화의 진행 과정
화석연료 사용량 증가
온실 효과

- 지구온난화의 피해 양상

지구온난화의 피해 양상
기상 이변
사막화

② 세대차이

- 세대차이에 대한 세대별 반응

세대	반응
윗세대에 대한	나도 늙어서 저러면 안 되는데

- 세대차이 극복을 위한 세대별 노력

세대차이 극복을 위한 세대별 노력
낀 세대가 양세대를 향해 – 다리 놓아 주기

실습과제

예제 다음에 제시되는 글의 구조를 파악해 빈칸에 알맞게 쓰시오.

다래끼를 치료하는 세 가지 방법

그 많던 다래끼가 다 어디로 갔는지 모르겠다. 어린 시절 반에 한 둘은 다래끼가 나서 눈이 퉁퉁 부어 있거나 안대를 해서 애꾸가 되어 있었는데 요즘은 통 다래끼에 걸린 사람이 보이지 않는다. 그 탓에 다래끼를 치료하는 데 탁월한 능력을 가진 우리 삼대가 실력 발휘를 할 기회가 없어져 아쉽기만 하다. 그런데 문득 다래끼를 치료하는 세 가지 방법이 떠오른 것은 틀림없이 직업병 탓이리라.

할머니는 역시 고수였다. 마을 사람들 중 다래끼에 걸린 사람들은 모두 할머니를 찾아왔고 할머니는 호미 한 자루를 들고 마당으로 환자를 인도했다. 생년, 월, 일, 시 사주에 따라 전후좌우로 몇 발자국씩 움직이게 하고는 마지막 멈춘 곳의 땅을 팠다. 그러면 신기하게도 땅속에서 조그마한 숯덩어리가 나왔고 할머니는 그게 다래끼의 씨였다면서 아궁이에 넣어 태웠다. 그리고 2~3일이 지나면 다래끼는 씻은 듯이 나았다.

아버지 역시 할머니에 크게 뒤지지 않았다. 가끔씩 할머니는 환자를 아버지에게 물려 주셨고 아버지는 물려받은 환자를 정성껏 치료하셨다. 발을 깨끗이 씻기고는 먹과 붓을 준비해 양발바닥에 정성스럽게 한자로 글씨를 쓰셨다. 대개는 平, 安, 幸, 福 이런 글자들이었던 것 같다. 발바닥에 전해오는 붓의 촉감 때문에 깔깔대던 환자들은 만족하며 돌아갔고 묘하게도 그 환자 역시 2~3일 안에 다래끼가 다 나았다.

그 피가 다른 곳으로 흐르지는 않아 나 역시 재주가 있었다. 어쩌다 다래끼에 걸리면 나는 눈썹을 하나 뽑아 돌무더기 속에 넣어 두었다. 누군가가 그 돌무더기를 발로 찼고, 2~3일 안에 내 다래끼는 그 사람에게 옮겨 갔다. 한번은 조회 시간 전에 눈썹을 뽑아 운동장 한 켠에 돌무더기를 만들어 놓았는데 그곳이 마침 전교생이 교실로 들어가는 통로여서 200명 전교생 중 반 이상이 다래끼에 걸렸으니 내 방법도 꽤나 효험이 있었나 보다.

가르치는 일이 직업이 되고 난 뒤로 늘 어떻게 가르쳐야 할 것인가는 나에게 큰 숙제일 수밖에 없다. 딱히 약을 먹지 않더라도 시간이 지나면 저절로 낫는 다래끼처럼 놔둬도 알아서 잘 커나갈 학생들이지만 어떻게 하면 더 빨리, 더 잘 크게 할까를 고민하다 보니 별별 방법이 다 동원된다. 더욱이 가르쳐야 할 것이 단순한 지식이 아니라 '창의적 문제해결력'이라 이름 붙은 것이니 더더욱 고민스러울 수밖에 없다.

맨 처음 선택한 방식은 내가 다래끼를 치료한 방식과 마찬가지인 '전이(轉移)'의 방식이었지만 한계가 빤히 보였다. 내가 아는 다래끼 치료법은 기껏해야 남에게 나의 것을 옮기는 것에 불과했다. 마찬가지로 내가 하는 교육은 몇 년 먼저 배워서 조금 더 알고 있는 것을 그대로 옮기는 것에 불과했다. 몇 번 옮기고 나면 곧 바닥이 드러나고 바닥을 채우지 못해 발만 동동 구를 뿐이었다.

그 바닥을 채울 수 있는 해법은 아버지가 다래끼를 치료한 방식과 마찬가지인 '전거(典據)'의 방식이었고 약간은 효과를 보긴 했다. 내 경험과 지식이 되지 않는다면 아버지가 천자문에서 한자를 꺼내 오셨듯이, 도서관과 서점에서 이책 저책 뽑아오는 수밖에 없었다. 맛보기로 약간 보여주고 중요한 내용은 책에 있으니 책을 찾아 읽으라고 다그치는 방식이었다. 그러나 남들 다 알고 있는 지식을 소개하는 것만으로 어떻게 문제를 해결하고, 그것도 창의적으로 해결할지는 막막할 뿐이었다.

늦게야 '확신으로의 인도'를 통해 치료하는 할머니의 비법을 알아냈고 그 속에서 '전도(傳道)'를 통한 창의적 문제해결의 비법을 찾았다. 할머니는 동네 사람들의 사주를 모두 외고 계셨고, 좁은 마당이다 보니 잔치 때 솥을 걸고 장작을 땠던 곳을 정확히 알고 계셨다. 환자가 찾아오면 사주와 숯이 있는 자리를 역산해 손을 잡고 인도하셨고 그 속에서 숯을 캐내 치료의 확신을 주셨다. 할머니는 다래끼 걸린 사람이 원하는 것이 무엇인가를 알고 계셨고 그것을 당신만이 아는 방법으로 구현했던 것이다. 결국 학생 하나하나를 파악하고 그들과 함께 어디엔가 있을 창의적 문제해결책을 찾아 나서지 않고서는, 그리고 그 과정에서 확신을 주지 않고서는 어떤 창의적 교육도 불가능하다는 것을 뒤늦게 깨달았다.

아둔한 내게 맡겨진 학생들이 불쌍할 따름이지만 때늦은 깨달음에 의지해 같이 길을 떠나보는 수밖에 달리 길이 없다. 그나마 다행이기도 하다. 몇 푼어치도 안 되는 경험과 몇 권 되지도 않는 학생들을 가두고 강요하지 않을 수 있게 되었으니 다행이다. 학생 하나하나를 파악하고 같이 손을 잡고 같이 고민해 나가야 한다는 것을 알았으니 다행이다. '창의적인 문제해결책이 바로 이것이다'라고 말할 확신은 없지만 어딘가에 반드시 있고 같이 찾다보면 찾을 수 있을 것이라는 확신이나마 있어 다행이다. 이제야 두 눈의 안대를 뗀 느낌이다.

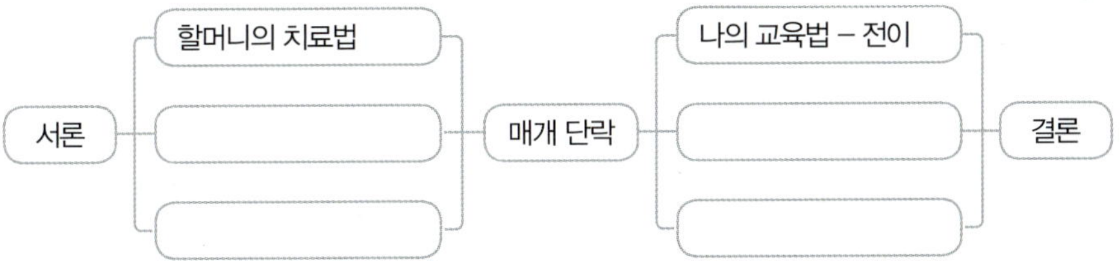

풀이

다소 긴 글을 읽고 글의 구성을 파악해 보는 문제이다. 구성이 잘 갖춰 글을 분석해 내는 것은 글을 잘 쓰는 데도 도움이 된다. 따라서 평소에 좋은 글을 읽을 때 그 글의 구조도 함께 파악해 보는 습관을 들이는 것이 좋다. 대부분의 글은 기본적인 구성 유형을 조금씩 변형시킨 것이므로 기본적인 유형을 먼저 생각해 본 후 보다 자세하게 글의 구조를 파악해 본다.

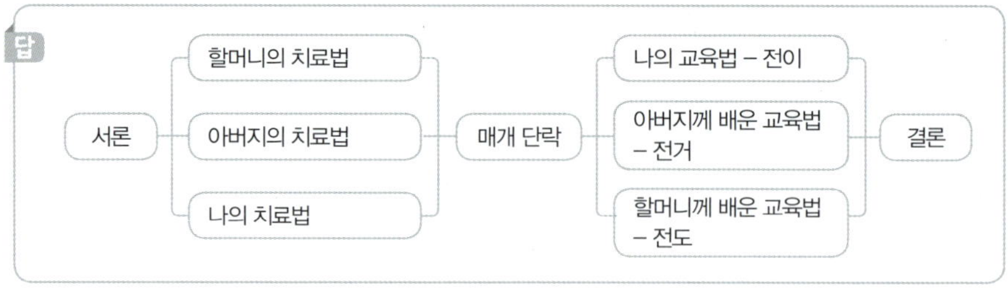

제시된 글은 글의 구조가 매우 정연한 글이다. 글의 전반부에는 다래끼 치료법을 자신의 경험에 비추어 세 가지로 정리하고 있다. 글의 후반부는 이 세 가지 치료법을 교육법에 적용하고 있다. 또한 글의 전반부와 후반부를 이어주는 매개 단락을 중간에 넣어 자연스럽게 이어지도록 하고 있다. 글은 반드시 이런 구조를 취할 필요는 없지만 정연한 구성을 갖춘 글은 쓰기에도 쉽고 읽기에도 쉬우므로 글을 읽을 때 구조를 잘 살펴보고 좋은 구조는 익혀 두었다 활용하는 것도 좋다.

연습 다음에 제시되는 글의 구조를 파악해 빈칸에 알맞게 쓰시오.

기술 문화는 과학 문화와 다르다

기술 문화는 여러 측면에서 과학 문화와 다르다. 먼저 관심의 대상이 다르다. 과학 문화는 학교에서 배우는 물리학, 천문학, 생물학 등 기초과학을 다루는 반면에 기술 문화는 실생활과 산업현장에서 곧잘 접하는 정보기술, 생명공학기술, 환경기술 등에 초점을 맞춘다.

따라서 두 문화의 기본 특성이 구별된다. 과학 문화는 기초과학의 이론을 소개하기 때문에 지식 위주이며 아무래도 과거 지향적이지만 기술 문화는 끊임없이 발전하는 기술을 확산시켜야 하므로 정보 중심이며 미래 지향적일 수밖에 없다.

문화의 생산 방식도 판연히 다르다. 과학 문화는 도서관의 자료를 뒤적여 과거의 축적된 지식을 여러 형태로 변형시켜 내놓는 반면에 기술 문화는 세계 곳곳의 연구 현장에서 새로 출현하는 첨단기술의 정보를 거의 실시간으로 추적하여 산업현장에 제공한다.

주요 수요자 역시 계층이 다르다. 과학 문화는 기초과학 이론을 지식으로 습득하여 공부에 활용하려는 학생들을 겨냥하지만 기술 문화는 산업정보를 획득하여 제품 개발에 적용하려는 기업인들이나 일상생활에서 부딪히는 문제를 해결하는 데 필요한 상식을 얻으려는 일반시민들에게 큰 도움을 줄 수 있다.

이와 같이 과학 문화와 기술 문화는 관심의 대상, 기본 특성, 생산 방식, 주요 수요자 등 모든 면에서 차이점이 두드러진다. 그러나 우리나라에서는 과학 문화와 기술 문화를 차별화하지 않은 채 과학기술 문화로 뭉뚱그려 각종 시책을 펼치고 있기 때문에 두 문화 모두 제대로 뿌리내리지 못하고 있는 실정이다. 게다가 기술 문화는 과학 문화에 밀려 거들떠보는 사람도 별로 없는 것 같다.

기술 문화가 찬 밥 신세를 면하지 못하는 것은 정부의 정책 방향에서도 예외가 아니다. 우리나라의 과학기술 문화를 책임지고 있다는 과학기술부 산하의 한국과학문화재단이 펼치는 사업을 훑어보면 기술 문화가 설 자리가 없음을 그냥 눈치 챌 수 있다. 그 동안 한국과학문화재단이 과학기술부의 자문을 받아 "우수창작 과학도서의 발간을 장려하고 일반대중들이 유익한 과학도서를 쉽게 골라 읽을 수 있는 풍토를 조성하기 위해" 선정했다는 이른바 우수과학도서의 내용을 보면 오늘날 과학 문화의 현주소를 확인할 수 있다. 대부분의 책 제목에는 개미, 물고기, 뱀, 거미, 나무 따위가 들어 있지만 컴퓨터, 다리, 자동차, 나노기술, 로봇, 반도체 등 기술에 관한 것은 찾아볼 수 없다. 전문가들이나 관심을 가질 법한 뱀이나 거미에 관한 책을 일반대중들에게 유익한 도서라고 추천하며 '과기부 인증 우수과학 도서' 마크를 냅다 찍어주고 신문에 광고를 해대고 있다.

기술 문화는 학교의 독서교육에서도 홀대를 받고 있다. 가령 중학교 2학년 국어 교과서를 보면 과학수필이 네 편이나 실려 있는데 모두 나무나 곤충 따위의 생물에 관한 내용뿐이다. 교과서를 편집한 국어학자들에게 첨단기술에 관한 글을 한 편이라도 실을 줄 아는 균형 감각이 있었더라면 자라나는 청소년들이 기술, 나아가서는 공대 진학에 관심을 갖는 동기를 부여할 수 있지 않았을까 하는 아쉬움이 남는다.

기술 문화를 확산시키기 위해서 무엇보다 먼저 교두보를 마련해야 하는 출판시장 역시 교양기술 도서의 불모지이다. 책방의 과학코너에 한 번 들러보시라. 물리학, 천문학, 생물학 책들이 지천으로 널려있지 않은가. 저자와 제목만 다를 뿐 내용은 엇비슷한 교양과학 도서들이 얼마나 많이 깔려 있는지. 게다가 청소년들이 즐겨 찾는 책들은 신화나 역사 등 주로 과거에 관한 것들이다. 이처럼 미래지향적인 독서 풍토가 조성되지 않고서는 기술도서가 잘 팔릴 까닭이 없다.

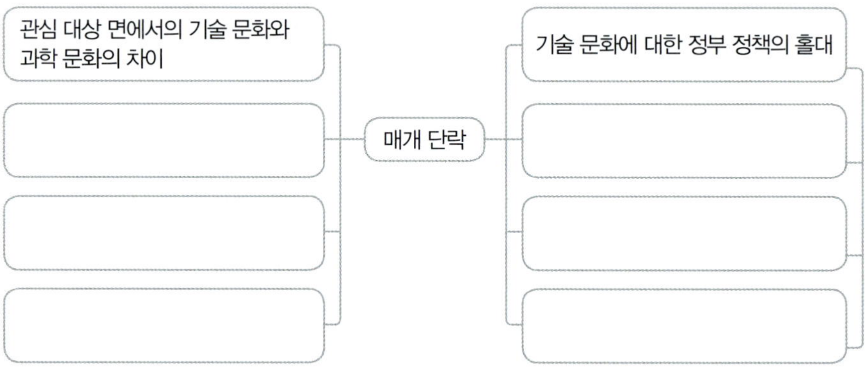

3.3 개요

설계도가 있다고 해서 건물을 바로 지을 수 있는 것은 아니듯이 글의 구조를 짰다고 해서 글을 바로 쓸 수 있는 것은 아니다. 건물을 지을 때 상세한 시공계획서가 필요하듯이 글을 쓸 때 필요한 것이 개요이다. 개요에 담아야 할 내용과 개요를 쓰는 방법을 알아보자.

문제가 뭐야?	어떻게 해야 하지?	이렇게 해결해 봐!	더 깊게! 더 넓게!
주제와 구성만으로는 글을 바로 쓸 수 없는데 어떻게 하지?	글을 쓰기 위한 구체적인 계획을 세우라.	상황에 따라 화제 개요, 문장 개요, 복합 개요를 작성하라.	다양한 유형의 주제에 따른 개요를 작성하라.

개요의 필요성

글의 구성은 글 전체의 뼈대를 보인 것일 뿐 글을 쓰기 위한 구체적인 내용과 방법을 모두 밝힌 것은 아니다. 따라서 글을 효과적으로 집필하기 위해서는 각 부분의 세세한 내용과 방법을 밝힌 무엇인가가 필요하다. 이처럼 글을 집필하기 위해 글의 내용과 형식에 관련된 세세한 내용을 적은 것을 개요라고 한다.

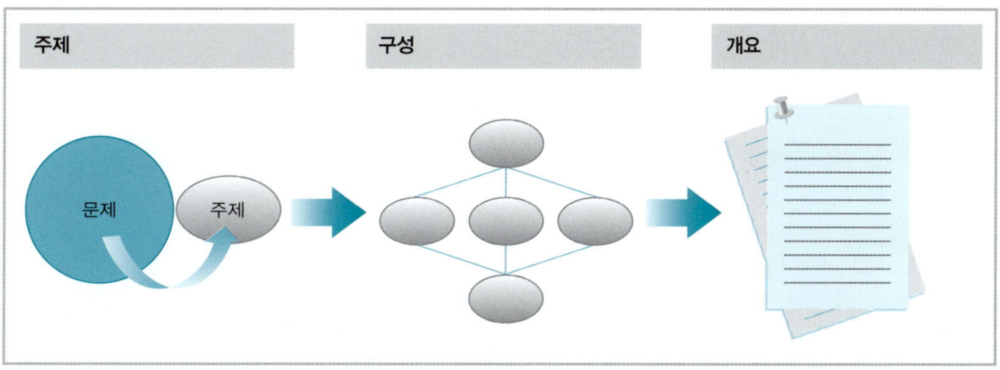

개요에는 글의 제목, 주제를 명확히 기록한다. 그리고 글의 각 구성요소를 차례대로 쓰고 그 요소를 글로 발전시킬 수 있는 재료까지도 상세하게 기록한다. 이 개요에는 문제의 발견과 주제의 설정, 구성 과정에서 고려한 모든 내용이 상세하게 기록되기 때문에 이 개요만 있으면 글을 손쉽게 써 나갈 수 있다. 구체적으로 필요한 요소를 모두 갖추어 개요를 쓰면 다음과 같다.

개요의 필수 요소

- 제목 :
- 주제 :
- 글의 구성과 세부 내용

1. 서론

2. 본론 1

3. 본론 2

4. 본론 3

5. 결론

화제 개요

- 제목 : 텔레비전의 해악
- 주제 : 텔레비전의 해악을 극복하기 위한 방안 모색
- 글의 구성과 세부 내용

1. 서론
   – 아이들이 텔레비전에 대한 지나친 몰입
   – 텔레비전의 해악 파악과 극복 방안 모색
2. 텔레비전은 아이들의 능동적 사고 저해
   – 텔레비전의 수동성
   – 텔레비전이 아이들의 능동적 사고에 미치는 해악의 사례
3. 텔레비전은 아이들의 창의적 사고를 막는다.
   – 텔레비전의 획일성
   – 텔레비전이 아이들의 창의적 사고에 미치는 해약의 사례
4. 책을 통한 능동적, 창의적 사고 배양.
   – 책을 통해 익힐 수 있는 능동적 사고
   – 책을 통해 익힐 수 있는 창의적 사고
5. 결론
   – 요약
   – 덧붙임

개요의 첫머리에는 제목과 주제를 분명하게 쓴다. 제목과 주제는 서로 밀접한 관련을 맺고 있으므로 제목을 개요의 첫머리에 놓고 글을 쓰게 되면 글의 주제에서 벗어나지 않는 통일성 있는 글을 쓸 수 있다. 따라서 개요의 첫머리에 놓이는 주제는 가능한 한 분명하게 써야 하고 제목도 주제를 잘 드러낼 수 있도록 정해야 한다. 주제와 제목은 글 전체를 이끌어 가는 이정표 역할을 하므로 글을 쓰는 과정에서도 항상 참조해야 한다. 제목과 주제에 이어서 글의 구성과 세부 내용을 상세하게 밝힌다. 예시된 개요는 다음 도식과 같은 구조의 글이다.

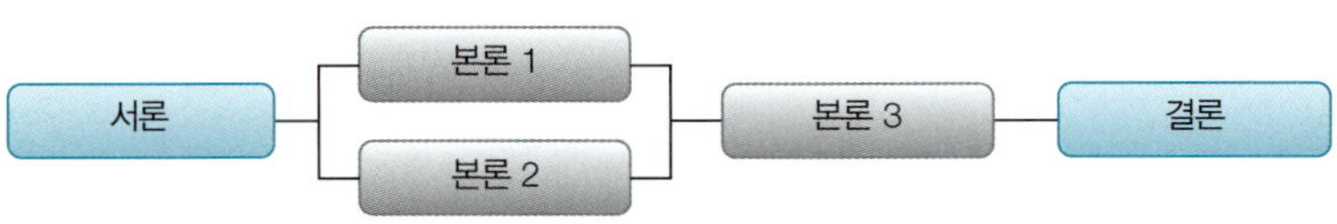

글의 구조를 도식화할 때는 이와 같이 입체적으로 나타낼 수 있으나 개요를 작성할 때는 순차적으로 쓸 수밖에 없다. 따라서 이러한 구조를 염두에 두고 그 구조가 개요에 잘 드러나도록 써야 한다. 서론은 일반적으로 도입과 문제제기로 구성되므로 도입과 문제제기의 내용을 간단하게 쓴다. 특히 문제제기는 본론의 핵심적인 내용이 잘 담기도록 쓴다. 본론에는 각 부분의 화제 및 이를 뒷받침하기 위한 내용을 상세하게 쓴다. 이때 화제가 선명해야 각각의 본론을 통일성 있게 쓸 수 있으므로 화제를 명확히 쓴다. 뒷받침 부분에는 본론을 전개하는 데 필요한 세세한 정보를 쓴다. 마지막으로 결론에는 본론의 내용을 요약하고 남은 문제 등을 밝힌다.

Key Point

글을 쓰기 위한 구체적인 계획이 필요하다면?
개요를 작성하라.

예제 3-8

다음에 제시되는 개요의 빈 줄에 알맞은 내용을 쓰시오.

- 제목 : 매뉴얼 작성을 위한 매뉴얼
- 주제 : 제품 사용설명서를 작성할 때 반드시 알아야 할 내용
- 글의 구성과 세부 내용

1. 서론
   - 사용설명서의 중요성 강조
   - 사용설명서의 필요성, 필수 항목, 작성 원칙 소개
2. ....
   - 사용자의 안전
   - 제품의 효율적인 사용
   - A/S 비용 절감
3. 사용설명서의 필수 항목
   - ....
   - ....
   - ....
4. ....
   - 사용자의 입장에서
   - 일목요연하게
   - 찾아보기 쉽게
5. 결론
   - 필요성을 명심하고 꼭 필요한 항목을 사용자의 입장에서 서술하는 것이 필요
   - 잘 작성된 사용설명서는 궁극적으로 회사에 이익이 된다는 점 강조

풀이

개요를 완성하면서 개요의 전체적인 구조와 구체적인 작성방법을 확인해 보는 문제이다. 개요에는 주제, 구성, 세부적인 내용 모두가 담긴다. 따라서 글 전체의 주제 및 이 주제를 효과적으로 전개하기 위한 구성과의 관계를 생각하며 개요의 각 부분을 써 나가면 효과적이다. 답이 정해진 것은 아니므로 자유롭게 쓰되 개요의 다른 부분과 조화를 이루도록 쓴다.

답

■ 제목 : 매뉴얼 작성을 위한 매뉴얼

■ 주제 : 제품 사용설명서를 작성할 때 반드시 알아야 할 내용

■ 글의 구성과 세부 내용

1. 서론
   - 사용설명서의 중요성 강조
   - 사용설명서의 필요성, 필수 항목, 작성 원칙 소개
2. 사용설명서의 필요성
   - 사용자의 안전
   - 제품의 효율적인 사용
   - A/S 비용 절감
3. 사용설명서의 필수 항목
   - 안전을 위한 유의사항
   - 제품 사용법
   - 응급조치 및 A/S 신청 방법
4. 사용설명서 작성 원칙
   - 사용자의 입장에서
   - 일목요연하게
   - 찾아보기 쉽게
5. 결론
   - 필요성을 명심하고 꼭 필요한 항목을 사용자의 입장에서 서술하는 것이 필요
   - 잘 작성된 사용설명서는 궁극적으로 회사에 이익이 된다는 점 강조

이 글은 매뉴얼을 작성하는 데 필요한 정보를 제공하는 것을 목적으로 한다. 따라서 매뉴얼을 작성하는 데 꼭 필요한 정보를 차례로 제공하는 개요를 작성할 수 있어야 한다. 글 전체의 구성상 '사용설명서의 필요성, 필수 항목, 작성 원칙'이 꼭 필요하므로 2번과 4번에는 이에 맞는 소주제를 썼다. 그리고 사용설명서의 필수 항목으로는 '안전을 위한 유의사항, 제품 사용법, 응급조치 및 A/S 신청 방법' 등이므로 이것을 구체적인 내용으로 썼다. 자신의 의도나 지식에 따라 내용을 가감할 수 있다.

연습 3-8

다음에 제시되는 개요의 빈 줄에 알맞은 내용을 쓰시오.

▪ 제목 : 시험 부정행위 근절을 위하여
▪ 주제 : 시험 중에 저질러지는 부정행위를 근본적으로 없앨 수 있는 방안에 대해 알아본다.
▪ 글의 구성과 세부 내용

1. 서론
   - 부정행위가 만연한 세태
   - 부정행위가 나타나는 원인, 양상, 해결책 제시
2. ....
   - 준비 부족
   - 윤리 결여
   - 관리 소홀
3. ....
   - 천리안 형 : 남의 답안이 곧 내 답안
   - 돋보기 형 : 철저한 페이퍼 작성에 온 힘을 쏟는다.
   - 바꿔치기 형 : 좋은 점수를 위해서면 페이스오프도 가능하다.
4. 부정행위를 근절하기 위한 대책
   - ....
   - ....
   - ....
5. 결론
   - 부정행위는 '결여'에서 비롯되는 것이므로 '충족'될 수 있도록 노력해야 한다.
   - 부정행위로 순간의 만족을 얻을 수는 있으나 결국 모두에게 피해가 될 수 있다.

개요의 유형

개요를 작성할 때 제목, 주제 등은 빠질 수 없는 요소이므로 어떤 형식으로 작성하든 같은 방식으로 써야 한다. 그러나 글의 구성과 세부 내용은 상황 및 의도에 따라 다양한 방법을 활용할 수 있다. 특히 세부적인 내용을 얼마나 자세하게 쓰는가에 따라 다음과 같은 세 가지 유형을 생각해 볼 수 있다.

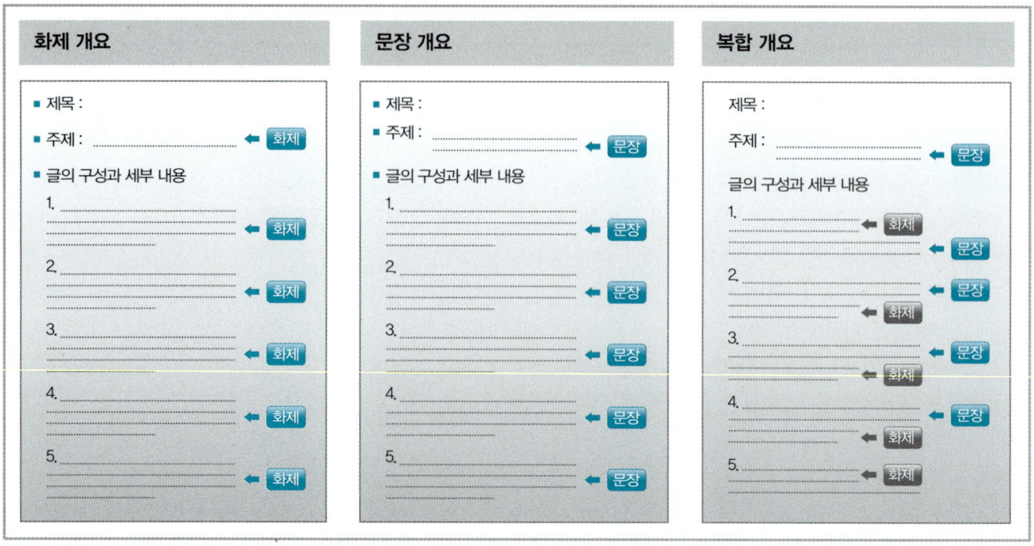

위에 제시된 세 유형의 개요는 세부 내용을 적는 형식에 따라 구분한 것이다. 화제 개요는 세부 내용을 단어나 구 형식의 화제로 쓴 것이고, 문장 개요는 세부 내용을 완전한 문장으로 쓴 것이다. 복합 개요는 화제 개요와 문장 개요의 장점만을 취해 화제와 문장을 섞어서 쓴 것이다. 각각의 형식으로 쓴 개요의 일부를 보이면 다음과 같다.

화제 개요

■ 제목 : 텔레비전의 해악

■ 주제 : 텔레비전의 해악을 극복하기 위한 방안 모색

■ 글의 구성과 세부 내용

1. 서론
   - 아이들이 텔레비전에 대한 지나친 몰입
   - 텔레비전의 해악 파악과 극복 방안 모색
2. 텔레비전은 아이들의 능동적 사고 저해
   - 텔레비전의 수동성
   - 텔레비전이 아이들의 능동적 사고에 미치는 해악의 사례

(이하 생략)

문장 개요

■ 제목 : 텔레비전의 해악

■ 주제 : 텔레비전이 아이들에게 미치는 악영향을 파악하여 독서를 통해 이를 극복할 수 있는 방안을 모색해야 한다.

■ 글의 구성과 세부 내용

1. 서론
   - 아이들이 텔레비전에 대한 지나친 몰입
   - 텔레비전이 아이들의 사고에 미치는 해악을 구체적으로 파악하여 독서를 통해 극복할 수 있는 방안을 모색해야 한다.
2. 텔레비전은 아이들로 하여금 능동적 사고를 하지 못하게 하는 문제가 있다.
   - 텔레비전은 음성과 영상을 시청자가 손쉽게 수용하도록 하는 특성이 있다.
   - 텔레비전을 많이 시청하는 아이들은 다양한 상황에서 수동성을 보인다.

(이하 생략)

화제 개요는 글의 세부 내용을 단어나 짤막한 구로 쓰기 때문에 개요를 작성하는 데는 시간이 많이 걸리지 않는다. 그러나 집필할 때는 각각의 화제를 모두 문장으로 써야 하므로 집필하는 데는 시간이 많이 걸린다. 문장 개요는 글의 세부 내용을 모두 문장으로 쓰기 때문에 개요를 작성하는 데는 시간이 많이 걸린다. 그러나 개요의 각 문장을 적절히 연결하는 것만으로도 한 편의 완성된 글을 쓸 수 있으므로 글을 쓰는 데는 시간이 많이 걸리지 않는 장점이 있다.

복합 개요

- 제목 : 텔레비전의 해악
- 주제 : 텔레비전이 아이들에게 미치는 악영향을 파악하여 독서를 통해 이를 극복할 수 있는 방안을 모색해야 한다.
- 글의 구성과 세부 내용
  1. 서론
     – 아이들이 텔레비전에 대한 지나친 몰입
     – 텔레비전이 아이들의 사고에 미치는 해악을 구체적으로 파악하여 독서를 통해 극복할 수 있는 방안을 모색해야 한다.
  2. 텔레비전은 아이들로 하여금 능동적 사고를 하지 못하게 하는 문제가 있다.
     – 텔레비전의 수동성
     – 텔레비전이 아이들의 능동적 사고에 미치는 해악의 사례

(이하 생략)

화제 개요와 문장 개요의 장점만을 취한 것이 바로 복합 개요이다. 복합 개요는 글을 구성하는 핵심적인 부분은 문장으로 쓰고 상대적으로 중요도가 떨어지는 부분은 화제만으로 간단하게 쓴 개요이다. 글에서 주제, 서론의 문제제기, 각 단락의 화제문 등은 매우 중요하다. 따라서 이러한 부분은 완전한 문장으로 써서 집필할 때 혼란을 겪지 않고 빠른 시간 내에 쓸 수 있도록 한다. 반면에 서론의 도입부, 각 단락의 뒷받침문 등은 상대적으로 중요성이 덜하므로 이러한 부분은 간단하게 화제만을 써 준다. 이렇듯 복합 개요는 개요 작성 및 집필 시간을 줄이면서도 글에서 꼭 필요한 부분은 정확하게 쓸 수 있게 해 준다는 장점이 있다.

Key Point

개요 작성 시간과 집필 시간 모두를 줄이려면?

복합 개요를 작성하라.

예제 3-9

다음에 제시되는 주제에 적합한 화제 개요를 완성하시오.

- 제목 : 유전자 변형 식품은 필요악인가?
- 주제 : 유전자 변형 식품의 안전성 및 필요성에 대한 검토
- 글의 구성과 세부 내용

1. 서론
   – 유전자 변형 식품의 증가
   – 유전자 변형 식품의 개념, 안전성, 대책 제시
2. ....
   – 넓은 의미
   – 좁은 의미
   – 사례
3. 유전자 변형 식품의 안전성
   – 종자 개발 과정의 안정성
   – ....
   – ....
4. ....
   – 개발 과정의 안전성 획득 방안
   – 재배 과정의 안전성 획득 방안
   – ....
5. 결론
   – 필요악이라면 '필요성'을 부각시키고 '악'을 억제할 방안 필요
   – 먼 앞날을 내다보는 태도 필요

풀이

주제 및 개요의 유형에 맞도록 개요를 완성하는 문제이다. 개요의 유형은 숙련도 및 주어진 시간에 맞추어 선택해야 한다. 제시된 문제는 화제 개요 형식이므로 단어나 짤막한 구로 핵심적인 내용을 써 보도록 한다. 각 부분의 내용은 글 전체의 주제 및 구조를 고려해 쓴다. 또한 이 개요는 3번과 4번이 짝을 이루고 있으므로 이를 감안해 각 부분의 화제 및 구체적인 내용을 쓴다.

답

- 제목 : 유전자 변형 식품은 필요악인가?
- 주제 : 유전자 변형 식품의 안전성 및 필요성에 대한 검토
- 글의 구성과 세부 내용

1. 서론
   - 유전자 변형 식품의 증가
   - 유전자 변형 식품의 개념, 안전성, 대책 제시
2. 유전자 변형 식품의 개념
   - 넓은 의미
   - 좁은 의미
   - 사례
3. 유전자 변형 식품의 안전성
   - 종자 개발 과정의 안정성
   - 재배 과정의 안전성
   - 가공 과정의 안전성
4. 유전자 변형 식품의 안전성 획득 방안
   - 개발 과정의 안전성 획득 방안
   - 재배 과정의 안전성 획득 방안
   - 가공 과정의 안전성 획득 방안
5. 결론
   - 필요악이라면 '필요성'을 부각시키고 '악'을 억제할 방안 필요
   - 먼 앞날을 내다보는 태도 필요

글 전체의 구성 및 하위의 내용을 볼 때 2번에는 유전자 변형 식품의 개념이 들어가는 것이 적합하고 4번에는 안전성 획득 방안을 넣는 것이 적합하다. 또한 3번과 4번은 짝을 이루고 있으므로 각각의 내용을 참조해 구체적인 내용을 썼다.

연습 3-9

다음에 제시되는 주제에 적합한 문장 개요를 완성하시오.

■ 제목 : 넷폭은 가라
■ 주제 : 온라인상에서의 무례한 행동을 줄이기 위한 방안이 필요하다.
■ 글의 구성과 세부 내용

1. 서론
   - 오늘날 사이버공간은 현대인에게 필수적인 공간이 되었다.
   - 사이버공간에서의 에티켓을 지키지 않는 사람들이 문제가 된다.
   - 사이버공간에서 무례한 행동을 하는 '넷폭'을 없애기 위한 방안에 대해 알아본다.
2. ....
   - 악플은 대표적인 언어폭력 사례이다.
   - 허위, 과장, 왜곡된 정보 유포 등 거짓 정보를 퍼트리는 행위도 네트워크상의 폭력 행위이다.
   - ....
3. '넷폭'을 없애기 위한 자정적인 방안이 필요하다.
   - 네티즌 스스로가 실제 공간에서도 에티켓을 지키려는 자세가 필요하다.
   - 네티즌 스스로가 네트워크상에서도 에티켓을 지키려는 자세가 필요하다.
4. ....
   - 포털, 게시판 등의 관리자는 관리, 감독을 강화해야 한다.
   - 법의 테두리를 벗어난 네트워크상의 폭력은 철저히 처벌되어야 한다.
5. 결론
   - 부정한 행위를 일삼는 넷폭은 적극적으로 없애려는 노력이 필요하다.
   - 사이버공간 또한 모두가 행복한 공간이 될 수 있도록 노력해야 한다.

연습 3-10

다음에 제시되는 주제에 적합한 복합 개요를 완성하시오.

- 제목 : 기저귀와 맥주 캔의 딜레마
- 주제 : 환경 보호를 위해서는 종합적인 관점이 필요하다.
- 글의 구성과 세부 내용

1. 서론
   - 환경 보호의 필요성 부각
   - 다양한 방법의 환경 보호 방안 제시
   - 기저귀와 맥주 캔의 사례를 통해 환경 보호를 위해서는 종합적인 시각이 필요함을 제시하고자 한다.
2. 환경 보호를 위해 재활용이 강조되고 있다.
   - 유한한 자원의 효율적 사용 필요성
   - 재활용 중시
   - 천 기저귀 사용과 알루미늄 캔 재활용 사례
3. ....
   - 천 기저귀 사용으로 인한 수질 오염 vs. 종이 기저귀 사용으로 인한 토양 오염
   - 알루미늄 재활용에 의한 자원 절약 vs. 알루미늄 재활용을 위한 막대한 전력 소모
4. ....
   - 득과 실에 대한 정확한 비교 필요
   - 부수적인 효과에 대한 검토 필요
5. 결론
   - 환경 보호를 위한 대책 또한 또 다른 환경 파괴 요인이 될 수 있다.
   - 종합적인 안목 필요

실습과제

예제 다음에 제시되는 글의 구조를 파악해 빈칸에 알맞게 쓰시오.

한 해의 마지막이자 겨울의 처음이 시작되는 달을 맞는다. 늘 그렇듯이 12월의 대학은 종강과 동시에 긴 동면에 들어간다. 곳곳을 가득 메웠던 학생들이 떠난 교정은 추운 겨울 날씨를 실감케 한다. 남겨진 학교뿐만 아니라 떠나간 학생 또한 각자의 공간 속에서 추위를 경험할 수밖에 없는 것이 현실이기도 하다. 그러나 대학생이 겨울의 추위를 반드시 경험해야 할 이유는 없다. 대학생이기를 포기하는 세 가지 것만 하지 않는 것으로도 겨울을 충분히 따뜻하게 보낼 수 있다.

휴학(休學) 하지 마라. 군대를 가야 할 사람, 학업을 잇지 못할 정도로 몸이 아픈 사람, 학비를 댈 수 없을 정도로 궁핍한 사람이 아니라면 대학생이기를 포기하지 마라. 졸업 후 다가올 청년백수가 두려운, 남들 다 다녀오는 어학연수 대열에서 소외되는 것이 두려운, 나아갈 사회의 경험이 부족한 것이 두려운 학생들은 휴학을 위안으로 삼는다. 그러나 대학을 졸업하지 않으면 대학에 들어온 이유가 반감되고, 현재의 학업에 충실하지 않으면 어학연수는 자기소개서의 한 줄 경험밖에 되지 않고, 섣부른 사회 경험은 쓰라린 상처로 남는다. 선택한 전공에서 진정으로 큰 학문을 익혀 졸업하기 위해 대학에 입학했다. 휴학으로 피난을 떠나기보다는 대학에서 더 부대끼는 것이 필요하다.

방학(放學) 하지 마라. 학기 중에 온 힘을 다해 공부하느라 지친 사람, 더 이상 배울 것이 없는 사람이 아니라면 대학생이 해야 할 것을 망각하지 마라. 방학은 배움을 놓는 시기가 아니라 정해진 틀의 배움에서 나와 자신의 의지에 따라 배움을 선택하는 시기이다. 넓은 세상을 경험하겠다며 전공 서적 대신 여행 책자만을 배낭에 넣고 지내는 것, 두툼한 교양서 대신 음식점의 얄팍한 메뉴판을 들고 지내는 것은 배움을 내려놓는 방학이다. 학기 중에 따라 가지 못한 것이 있고, 다음 학기에도 따라가기 어려운 과목이 또 있고, 쌓아야 하는 교양은 끝이 없다. 자리싸움이 필요없는 열람실, 읽히기를 기다리는 책으로 가득 찬 서고는 방학 내내 따뜻하다.

잡학(雜學) 하지 마라. 토플 점수만으로 취업이 가능하다고 믿는 사람, 운전기사가 천직이라고 여기는 사람, 건강한 몸이 아니라 날씬한 몸이 가장 중요한 자산이라고 자부하는 사람이 아니라면 대학생이 아닌 학원생이 되려 하지 마라. 영어능력이 필요하기는 하지만 그것으로 충분한 것은 아니며, 영어는 도구일 뿐 그것 자체가 목적이 될 수는 없다. 세상을 살아가기 위해 운전면허도 필요하지만 이것은 기술이지 학문이 아니다. 날씬한 몸매와 근육질의 몸도 중요하지만 학기가 시작되면 극심한 요요현상을 경험하게 될 것이다. 사회는 자신의 분야에 정통한 대학생을 원하지 넓되 얄팍한 기능을 갖춘 학원생을 원하지 않는다.

사회 경험은 지금이 아니더라도 앞으로 평생 하게 된다. 졸업을 하게 되면 놓기 싫어도 배움을 놓아야 할 상황이 닥친다. 실무적인 기능은 평생 쌓아야 하고 건강은 일상에서 늘 지켜 나가야 한다. 이런 것들을 위해 학교를 떠나고 대학생이기를 포기하는 것은 대학을 춥게 만들고 자신을 춥게 만든다. 학생은 학교에서 해야 할 공부를 하고 있을 때 가장 아름답다. 학교를 가득 메운 학생들의 열정으로 따뜻해지는 겨울을 기대해 본다.

- 제목 : ....

- 주제 : ....

- 글의 구성과 세부 내용

  1. 서론
     - 겨울방학 시작
     - 겨울방학 동안 대학생이 하지 말아야 할 것 세 가지
  2. 휴학 하지 마라 : 학생으로서의 신분을 계속 유지하려는 자세가 필요하다.
     - 유행처럼 번지는 휴학
     - 휴학의 폐해
  3. ....
     - 방학 동안 학업 이외의 것에 매달리는 것의 위험성
     - 지난 학기의 정리와 다음 학기의 준비 필요
  4. ....
     - ....
     - 자신의 전공 분야에 정통한 학생이 되려는 노력 필요
  5. 결론
     - 방학 동안에도 학생은 학생다워야 한다.
     - 대학에서 배워야 할 것, 갖춰야 할 것을 충실하게 수행하는 것이 사회 진출을 위한 최선의 길

풀이

주어진 글을 읽고 이 절에서 배운 내용을 전체를 활용하여 개요를 역으로 작성해 보는 훈련을 해 볼 수 있는 문제이다. 주어진 글은 구조가 명쾌하고 각 부분의 주제가 무엇인지 금세 알 수 있도록 작성되었다. 따라서 글을 구성하는 각 부분의 핵심적인 내용을 파악하여 제목과 3, 4의 소주제를 쓸 수 있다. 그리고 각 단락의 구체적인 내용을 파악하여 그 하위에 들어갈 내용을 쓸 수 있다. 복합개요 방식이므로 이 유형의 특성을 살려 쓰는 것이 좋다.

답 ▪제목 : 따뜻한 겨울을 위해 하지 말아야 할 것 세 가지

▪주제 : 겨울방학 동안 학생은 학생의 본분을 다하기 위해 노력해야 한다.

▪글의 구성과 세부 내용

1. 서론
   - 겨울방학 시작
   - 겨울방학 동안 대학생이 하지 말아야 할 것 세 가지
2. 휴학 하지 마라 : 학생으로서의 신분을 계속 유지하려는 자세가 필요하다.
   - 유행처럼 번지는 휴학
   - 휴학의 폐해
3. 방학 하지 마라 : 방학 동안에도 학업을 게을리해서는 안 된다.
   - 방학 동안 학업 이외의 것에 매달리는 것의 위험성
   - 지난 학기의 정리와 다음 학기의 준비 필요
4. 잡학 하지 마라 : 방학 동안 학업 이외의 다른 것에 매달려서는 안 된다.
   - 영어 공부, 다이어트, 운전 학원 수강 등의 문제
   - 자신의 전공 분야에 정통한 학생이 되려는 노력 필요
5. 결론
   - 방학 동안에도 학생은 학생다워야 한다.
   - 대학에서 배워야 할 것, 갖춰야 할 것을 충실하게 수행하는 것이 사회 진출을 위한 최선의 길

제목은 글 전체의 내용을 살려서 작성하였는데 다른 방법과 내용으로 제목을 쓸 수도 있다. 각 단락의 소주제와 구체적인 내용은 글에 분명하게 드러나 있으므로 이를 참조해 써 넣었다. 이 문제는 개요를 작성하는 훈련으로서도 의미가 있지만 정연한 구조의 글을 읽고 그 방법을 익히는 문제로서도 의미가 있다. 글이 읽히기 위한 것이라면 누구나 쉽게 읽을 수 있는 글을 쓰는 것이 좋다. 이를 위해서는 가장 일반적인 구조에 누구나 알 수 있는 전개방법을 사용하는 것도 하나의 방안이 될 수 있다.

연습 **다음에 제시되는 글을 읽고 개요의 빈칸에 알맞게 쓰시오.**

이름도 모르는 외국인들에게 이렇게 많은 편지를 받아보기는 생전 처음이다. 이 생면부지 이메일의 내용은 대개 "한국 과학교과서에서 진화론을 사수해 달라."는 것이다. 불과 한 달 전만 해도 저명한 과학 학술지 〈네이처〉는 기초과학연구원 설립 관련 기사를 내보내면서 "이제 한국 정부가 세계의 과학기술을 선도하려는 시도에 시동을 걸었다"며 흥분했다. 하지만 그로부터 딱 2주 뒤에 전 세계의 누리꾼들은 '한국이 창조론의 요구에 항복했다'는 제목의 기사를 똑같은 〈네이처〉에서 읽어야 했다. 아마도 처음엔 자신의 눈을 의심했을 것이다. 세계 과학기술계를 선도하겠다던 한국이 2주 뒤에는 창조론을 인정한다니.

이런 희한한 상황은 안타깝게도 우리 과학교육의 현실이다. 그래서 스위스의 한 단체가 한국의 과학경쟁력을 5위(기술경쟁력은 14위)로 평가했다며 정부가 아무리 자랑을 해도 우리는 박수를 쳐줄 수 없다. 어떤 분들은 교과서진화론개정추진위원회(교진추)의 청원에 의해 시작된 과학교과서 파문이 다소 과장되어 있다고도 한다. 이번 일로 우리 과학교과서에서 진화론 부분이 완전히 삭제되는 것도 아니고, 교과부도 절차상으로 큰 과오를 범하지 않은 것 같은데, 밖에서 더 난리라는 시각이다.

전혀 그렇지 않다. 우선 이번 사태는 전 세계 과학교과서의 역사에서도 유례를 찾아보기 힘든 경우로, 특정 종교 단체가 과학교과서의 내용을 수정하도록 한 매우 위중한 사건이다. 기독교 국가도 아니고 과학기술 후진국도 아닌 나라에서 벌어진 일이다. 물론 교진추가 기독교 단체냐고 반문할 수 있다. 하지만 교진추는 한국 창조과학회의 교과서분과위원회가 전략적으로 이름만 세탁해 만든 산하단체이다. 그런데 창조과학회는 누리집에서 "복음 전파의 커다란 장애물인 진화론의 허구성을 밝히고 창조의 과학적 증거를 드러내는 것"이 세부 목표라고 말한다.

이번 파문의 또 다른 핵심은 이 모든 과정에서 교과부가 한 일이라곤 청원서를 출판사에 배달해준 것밖에 없다는 사실이다. 교과부 담당자는 "국민 신문고를 통해 청원이 들어오면 해당 기관은 1~2주일 안에 응답해줘야 해 출판사를 통해 답변을 보내줬다"며 절차상 하자가 없었던 것처럼 말한다. 하지만 이렇게 수정된 교과서를 수십만의 학생들이 밑줄을 치며 공부할 것이라는 상식적 상상력은 발휘하지 못했다. 교진추가 준비하고 있다고 떠드는 후속 청원들에 대해서도 계속 이런 식으로 발뺌을 하려는가? 또 만일 어떤 불교인이 윤회 교리를 전파할 목적으로 진화론 반대 청원을 낸다면 그 경우에도 배달원 노릇만 할 것인가?

만일 이번 사태를 해결하는 과정에서 과학교과서 수정 절차와 관행에 대한 문책과 특단의 대책 마련이 없다면, 앞으로 비슷한 청원은 계속될 수밖에 없다. 종교적 열정만큼 못 말리는 것도 없다. 만일 교과부가 기껏 '청원 시에 전문가 심사 시스템을 만들겠다.'는 정도로 쉽게 결론 내린다면, 앞으로 진화 전문가들은 쓸데없는 심사에 불려나가 시간과 지력만 낭비하게 될 것이 뻔하다. 그러니 교과부는 종교적 목적으로 과학교과서의 내용에 간섭하려는 모든 시도를 원천적으로 봉쇄해야 할 것이다. 지금도 법적 근거가 전혀 없는 것은 아니다. 현 초중등교육법에도 "인정 교과서의 내용이 특정 정당 · 종교를 지지하는 등 교과용 도서로서 사용이 부적당하다고 우려되는 경우" 따로 심의를 거쳐야 한다는 조항이 있다. 이 법령의 정신이 종교와 과학의 분리를 내세우는 것이라면 이번 경우에도 확대적용될 만한 조항이다. 정말 21세기 한국에서 살고 싶다.

- 제목 : 우리는 과학 선진국에서 살고 있는가?
- 주제 : ……………………
- 글의 구성과 세부 내용

  1. 서론
     - 진화론 사수를 청원하는 외국인의 편지
     - 진화론과 창조론을 둘러싼 교과서 논쟁
  2. 우리 과학교육의 현실과 교진추 파문
     - 교진추 파문
     - 교진추 파문에 대한 옹호론
  3. ……………………
     - 교진추 파문의 문제점
     - 교진추의 실체
  4. ……………………
     - 교과부 담당자의 무책임한 답변
     - 교과부 태도 비판
  5. 합리적이고 원만한 해결 촉구
     - ……………………
     - ……………………

4장
단락

"단락은 문장의 집합이자 글의 구성단위이다.
단락을 이해하는 자, 곧 글을 지배하는 자가 된다."

4.1 단락의 기초

우리의 사고가 일정한 단위로 전개되듯이 글 또한 일정한 단위로 전개된다. 사고의 단위와 일치되는 글의 단위가 바로 단락이다. 단락은 글을 구성하는 가장 중요한 요소이기 때문에 단락 쓰기는 곧 글쓰기의 핵심이다. 단락이 어떻게 구성되고 어떻게 전개되어야 하는지에 대해 꼼꼼하게 학습해 보자.

문제가 뭐야?	어떻게 해야 하지?	이렇게 해결해 봐!	더 깊게! 더 넓게!
단어와 문장을 제멋대로 나열한다고 글이 되는 것은 아닌데 어떻게 해야 하지?	단락의 개념을 파악하라.	단락의 구조를 이해하고 효과적으로 전개하라.	단락의 구조 및 전개방식에 맞도록 단락을 쓰라.

단락의 개념

개요를 작성하고 나면 글을 실제로 쓰는 단계인 집필 단계로 접어들게 된다. 집필은 설명하고자 하는 것이나 주장하는 바를 문장으로 직접 쓰는 것을 의미한다. 그런데 문장은 일정한 단위로 써야 효과적이며 이 단위는 글의 구성이나 개요 단계에서부터 염두에 둔 것이기도 하다. 구성 단계에서는 글을 구성하는 각각의 요소를 결정했고, 개요 작성 단계에서는 이 요소의 구체적인 내용을 확정했는데 집필을 할 때는 구성과 개요의 단위에 따라 글을 쓰면 된다. 이때의 단위를 단락이라고 한다.

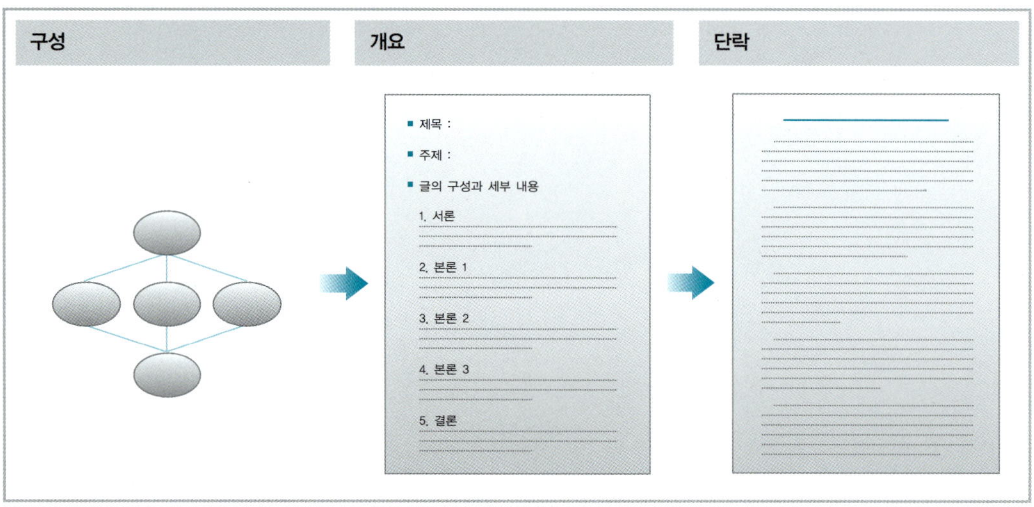

단락은 내용을 기준으로 토막 낸 글의 구성 단위로 정의된다. 글은 하나의 통일된 주제를 바탕으로 쓰이지만 이 주제는 다시 몇 개의 작은 주제, 즉 화제로 세분된다. 따라서 글은 몇 개의 화제가 모여 구성되는데 이 화제를 기준으로 토막 낸 글의 단위가 단락이다. 글을 쓸 때는 이 화제에 따라 관련된 문장을 차례로 쓰게 된다. 결국 단락은 글을 구성하는 기본 단위이자 몇 개의 문장이 모인 집합으로 파악할 수 있다. 글을 읽는 사람은 단락 단위로 화제를 파악하고 이를 종합해 글 전체의 주제를 이해하게 된다. 반면에 글을 쓰는 사람은 화제에 따라 단락 단위로 집필하여 글 전체의 주제를 펼쳐나가게 된다.

글을 집필할 때는 화제가 바뀌게 되면 행을 바꾼 후 첫 문장을 들여 쓴다. 인쇄된 글을 읽을 때는 이러한 외형적 특성에 따라 단락이 바뀌었음을 확인하면 된다. 따라서 글을 쓸 때는 행 바꿈과 들여쓰기를 분명히 해서 단락이 바뀌었음을 나타내야 한다. 그러나 단락은 이러한 외형으로 파악되는 물리적 단위가 아니라 화제의 전환에 따라 구성되는 논리적 단위임을 명심해야 한다. 구성과 개요에 따라 필요한 단락의 수를 결정해야 하고, 각각의 단락은 대체적으로 비슷한 분량이 되도록 전개해야 한다.

> **Key Point**
> **어떤 단위로 글을 써야 하는지 막막하다면?**
> 단락의 개념을 파악하여 단락 단위로 집필하라.

예제 4-1

다음에 제시되는 글의 문제점을 지적한 후 단락을 재구성하는 방법의 빈 줄을 채우시오.

제주 노루는 오랜 역사를 거쳐 오늘에 이르렀다.

제주 노루는 유전자 검사 결과 육지부에 서식하는 시베리아 노루와도 다른 종으로 밝혀졌다. 제주도의 생성과 함께 어쩌면 우리 선조들보다 먼저 이 땅에 뿌리박고 살아온지도 모른다.

고려 충렬왕 21년(1295년)에는 오소리, 삵, 멧돼지 가죽과 함께 노루가죽 400장을 원에 조공으로 바쳤다는 기록이 있을 만큼 노루가 많이 서식하고 있었다.

이후 무분별한 포획으로 그 수가 급격하게 줄어 80년대만 해도 노루는 찾아보기 어렵게 됐다.

지난 1987년부터 한라산국립공원관리사무소가 중심이 돼 겨우내 노루가 좋아하는 송악을 한라산 곳곳에 뿌리고, 올가미들을 치우는 등 노루 보호 사업이 본격적으로 펼쳐졌다.

그런 덕에 요즘은 시내를 조금만 벗어나도 노루를 만나는 게 어렵지 않게 됐다.

문제점	
세부 정보	제주 노루의 역사, ______________________, 제주 노루 조공 기록, 제주 노루 숫자 감소, ______________________, 제주 노루의 개체 수 증가
포괄적인 정보	
해결 방법	______ 개의 단락으로 재구성한다.

풀이

단락에 대한 고려 없이 작성된 글을 분석해 봄으로써 단락의 개념을 재확인해 보는 문제이다. 하나의 통일된 이야기라면 한 단락으로 쓸 수 있다. 또한 단락은 어느 정도의 길이가 되어야 완결된 내용으로 작성할 수 있다. 각 문장의 내용을 파악해 하나의 단락으로 묶을 수 있음을 파악해 본다.

답	
문제점	제시되는 정보에 비해 단락의 수가 너무 많다.
세부 정보	제주 노루의 역사, 제주 노루의 유전자 특이성, 제주 노루 조공 기록, 제주 노루 숫자 감소, 제주 노루 보호 산업, 제주 노루의 개체 수 증가
포괄적인 정보	제주 노루의 역사
해결 방법	1개의 단락으로 재구성한다.

주어진 글은 '제주 노루의 역사'에 대한 것이다. 전체적으로는 제주 노루의 종으로부터 시작해 고려시대부터 현재에 이르기까지의 변천 과정에 대해 쓰고 있다. 따라서 글 전체를 묶을 수 있는 포괄적인 정보는 '제주 노루의 역사'이며 이에 대한 세부적인 정보를 전달하는 글이므로 하나의 단락으로 묶을 수 있다.

연습 4-1

다음에 제시되는 글의 문제점을 지적한 후 단락을 재구성하는 방법의 빈 줄을 채우시오.

과학기술의 지속적 발전은 인류의 삶을 풍족하게 만들었다. 조명기술로 밤을 밝힐 수 있고 에어컨과 히터는 날씨에 상관없이 쾌적한 실내 생활을 영위토록 해준다. 스마트폰이나 스마트패드(태블릿 PC)로 초고속 인터넷을 마음대로 사용할 수도 있다. 하지만 전 세계 모든 사람이 이 같은 혜택을 누리는 것은 아니다. 세계 인구 약 70억의 절반 이상이 이 같은 기술 기반의 물질적 풍요를 제대로 누리지 못하고 있다. 최신 스마트폰, 전기 자동차와 같이 선진국 소비자나 개도국 부유층을 위한 첨단기술이 아닌 저개발 국가복지 증진에 기여하는 기술은 없을까. 여기에 대한 해답이 바로 적정기술이다. 슈마허는『1973년 작은 것이 아름답다』라는 저서에서 중간기술의 필요성을 설명했다. 중간기술은 지식을 활용하고 분산화를 유도하며 생태계 법칙과 공존하면서 희소한 자원을 낭비하지 않는 것을 의미한다. 그는 중간기술 개발그룹(ITDG)을 설립해 중간기술 확산에 매진했다. 이후 ITDG에서 중간기술이 첨단기술과 비교되는 것을 피하고 기술에 정치 · 사회적 의미를 포함시키기 위해 중간기술을 적정기술로 재정의했으며 이것이 지금까지 통용되고 있다. 일반적으로는 적정기술은 선진국보다 개발도상국에 필요하다. 영국 프리플레이에너지사가 개발해 아프리카 주민들에게 제공한 라디오 라이프라인이 대표 사례다. 낮 동안 태양전지를 통해 모은 전기로 밤에 전등을 밝히거나 휴대폰을 충전할 수 있다. 전기가 들어오지 않는 오지에서도 물을 정수할 수 있는 개인휴대용 정수기도 적정기술이다.

문제점	
세부 정보	과학기술 발전의 성과, 기술 발전 혜택의 편중, 적정 기술 개념의 탄생, 적정기술의 개념, ______ ______, 적정기술이 필요한 곳, 적정기술의 사례
포괄적인 정보	과학 기술 혜택의 편중, ______, ______ ______
해결 방법	______ 개의 단락으로 재구성한다.

단락의 구조

단락에서 가장 핵심적인 것은 화제이다. 즉 화제가 있기 때문에 단락이 구성될 수 있고, 화제가 바뀌기 때문에 단락도 바뀌게 된다. 단락은 화제를 선명하게 드러낼 수 있도록 구성되어야 하고, 화제가 분명하게 파악될 수 있도록 집필되어야 한다. 따라서 단락은 화제를 분명하게 드러내는 몇 개의 문장으로 이루어지는 단락을 구성하는 문장은 크게 화제문과 뒷받침문 두 가지 유형으로 나눌 수 있다. 화제문은 단락의 화제를 압축해서 선명하게 드러내는 문장이고 뒷받침문은 이 화제문을 보다 자세하게 풀어나가는 문장이다. 결국 단락을 전개한다는 것은 최선의 화제문을 쓰고 이를 가장 효율적으로 뒷받침할 수 있는 뒷받침문을 쓰는 것이라 할 수 있다.

하나의 단락에서 가장 중요한 역할을 하는 문장은 화제문이다. 독자들은 화제문을 통하여 단락의 화제를 파악하고 단락 전체의 내용을 요약적으로 이해한다. 따라서 단락 내에서 화제문의 위치는 매우 중요한데 화제문의 위치에 따라 단락은 다음과 같은 세 유형으로 나눌 수 있다.

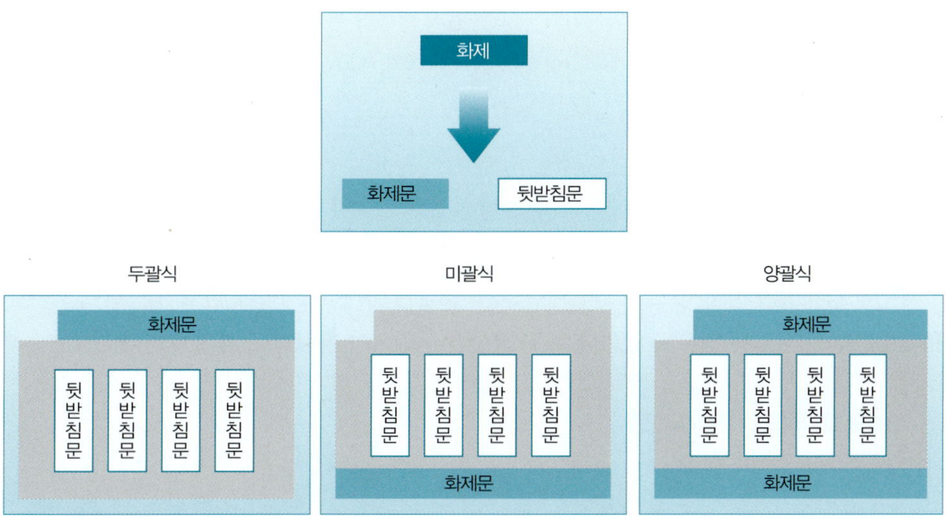

두괄식 단락은 아래의 예문에서 알 수 있듯이 단락의 맨 앞에 화제문이 있기 때문에 단락의 화제 및 단락 전체의 내용을 미리 파악한 후 구체적인 내용을 뒷받침문에서 확인할 수 있다는 장점이 있다. 따라서 설명문이나 논설문에서 가장 흔하게 쓰이면서도 효과적인 단락의 유형이다.

> 음식점의 이름에는 고객에게 좋은 이미지를 심어 주어 더 많은 손님을 끌려는 업주의 전략이 숨어 있다. 영어의 치킨(chicken)은 닭고기이지만 우리나라의 치킨은 닭튀김이다. 우리나라에서 닭튀김이 인기를 끌기 시작한 것은 1980년대 중반쯤 '켄터키 프라이드치킨'이 한국에 들어온 때이다. 지금 이 가게의 이름은 '케이에프시'(KFC)이다. '튀김 음식은 건강에 좋지 않다'는 얘기가 나돌던 1990년대에 튀김 음식의 인상을 조금이라도 덜 주기 위해 '프라이드'를 간판에서 지우려 한 결과이다. 1990년대 후반 한국에 등장한 '패밀리 레스토랑'은 '가족 손님을 위해 다양하고 싼 요리를 갖춘 식당'임을 내세우기 위해 '패밀리'를 앞세워 홍보했던 이 식당의 주 고객층은 가족이 아닌 대학생이나 젊은 직장인으로 바뀌었다. '패밀리 레스토랑'을 찾아 아이들을 위해 기꺼이 지갑을 열었던 부모들의 인식이 바뀌었기 때문이라는 게 업계의 분석이다. '패밀리'를 앞세우면 자녀 손잡고 오는 부모들이 많을 것이고, '프라이드'를 간판에서 지우면 튀김의 부정적 인식을 덜 수 있다고 판단하는 게 업자들이다.

미괄식은 아래의 예문에서 알 수 있듯이 단락의 맨 마지막에 화제문을 쓰는 유형이다. 이런 유형의 단락은 끝까지 읽어야 화제 및 단락 전체의 내용을 파악할 수 있다. 그러나 치밀한 논증의 과정을 거쳐 단락의 화제를 마지막에 인상 깊게 제시할 수 있는 장점이 있다.

> '오뎅'은 지금도 '방송 부적합 용어'로 분류되어 있다. 청취자 사연에 자주 나오는 '오뎅'은 '어묵' 따위로 바꾸어 전하는 게 방송과 신문을 비롯한 언론매체의 불문율이다. 국립국어원은 '오뎅'을 '꼬치/꼬치안주'로 순화하라고 권고하고 있다. 표준국어대사전은 '(오뎅은 바르지 않으니) 어묵'으로 쓰라고 한다. 왠지 석연찮은 구석이 없지 않다. 일본어 찌꺼기를 솎아내는 일에는 찬성하지만, '오뎅'은 그냥 '오뎅'으로 인정해야 하지 않을까. 생선살 등을 으깨어 조미료를 넣고 버무려 만든 건 어묵이지만, 다시마와 무, 파 따위를 넣고 끓여낸 일본 음식은 '오뎅'이기 때문이다. '오뎅'이 순화 대상이면 일본 나가사키가 원산지인 '짬뽕(チャンポン)'도 그래야 한다. 피자와 햄버거, 스파게티와 케밥은 음식 이름일 뿐이다. 짬뽕과 한 식구인 '짜장면'이 복권되었다. 언어 현실을 반영해 표준어를 결정하는 원칙이 '오뎅'에도 미쳐 '오뎅'도 표준어로서 인정받기를 기대해 본다.

양괄식은 단락의 처음과 마지막에 화제문을 쓰는 방식인데 단락의 앞부분에서 화제를 확인하고 단락의 마지막 부분에서 화제를 재확인할 수 있다는 장점이 있다. 그러나 비슷한 내용의 문장을 두 번 써야 하기 때문에 경제성이 떨어지므로 그리 자주 쓰는 방식은 아니다. 이밖에 단락의 중간에 화제문을 쓰거나 화제문을 쓰지 않는 경우도 있으나 모두 정상적인 방식이 아니므로 피해야 한다.

> **Key Point**
> **단락을 효과적으로 구성하려면?**
> 앞에 쓴 두괄식 단락을 쓰라.

예제 4-2

다음에 제시되는 단락에서 화제문을 찾고 각각의 효율성에 대한 평가의 빈칸을 채우시오.

1980년대에 전성기를 맞이했던 카오스 이론은 흥미로운 물리학적 사고모델이기는 하지만 현실에서는 유용성이 떨어져 지금은 잠잠해졌다. 하와이에 있는 나비의 날갯짓이 알프스 지방에 폭풍을 일으킬 수 있을까? 1960년대 미국의 기상학자 에드워드 로렌츠가 대기권의 공기 조류에 대한 단순한 수학 모델을 제시했을 때 이미 흥분은 시작되었다. '작은 원인, 커다란 결과' 이 말은 카오스 이론을 핵심적으로 요약한 것일 뿐 아니라 카오스 이론의 역사를 요약한 것이다. 이제 기상학뿐 아니라 삶의 모든 영역에서 아주 작은 것이 눈사태처럼 불어나 어마어마한 사건이 될 수 있다는 믿음이 확산되었다. 그러나 그러는 동안에 카오스 이론은 잠잠해졌다. 카오스 물리학이 사고 모델로서는 흥미롭지만 현실에서는 그다지 통하지 않는다는 사실이 밝혀졌기 때문이다. 즉, 초기의 부정확성이 시간이 흐름에 따라 지수적으로 불어나는 것은 사실이지만 그 결과들은 카오스 이론가들이 믿는 것처럼 언제나 필연적으로 나타나는 것은 아니었기 때문이다.

화제문	
장점	
단점	

풀이

두괄식 단락에서 화제문을 찾고 두괄식 유형의 장단점을 확인하는 문제이다. 두괄식은 말 그대로 단락의 첫머리에 화제문이 있으므로 단락의 앞부분에 주의하여 화제문을 찾는다. 그리고 이러한 유형의 장단점을 독자의 입장에서 판단해 본다.

답

화제문	1980년대에 전성기를 맞이했던 카오스 이론은 흥미로운 물리학적 사고모델이기는 하지만 현실에서는 유용성이 떨어져 지금은 잠잠해졌다.
장점	단락 전체의 화제를 파악한 후 세부적인 정보를 얻을 수 있다.
단점	단락의 후반부로 갈수록 단락의 화제를 잊어버릴 수도 있다.

두괄식 단락의 화제문은 단락의 맨 앞에 놓이는 것이 보통인데 이 단락도 단락의 첫 문장이 화제문이다. 두괄식은 단락의 첫머리에서 화제를 파악할 수 있다는 것이 장점이다. 반면에 단락의 끝부분에서 강렬한 인상을 주기 어려운 단점도 있다.

연습 4-2

다음에 제시되는 단락에서 화제문을 찾고 각각의 효율성에 대한 평가의 빈칸을 채우시오.

① 미괄식

1980년 5월 미국의 한 여론조사 기관이 연말 대통령 선거를 앞두고 낙태를 허용할 것인지와 관련해 설문조사를 실시한 일이 있었다. 질문을 '낙태를 금지하는 헌법 개정에 찬성하십니까?'라고 던지자, 찬성한 사람은 29퍼센트에 지나지 않았다. 그런데 똑같은 사람들에게 '태아의 생명을 보호하는 헌법 개정을 찬성하십니까?'라고 바꾸어 물었더니 찬성률은 50퍼센트로 올라갔다. 사람들은 기여입학제에 대해 찬성할까, 반대할까? 2007년 4월, 한 방송사 시사프로그램 제작팀이 학부모들을 대상으로 아무런 전제조건 없이 기여입학제에 대한 찬반 의견을 물었더니 찬성이 29.4퍼센트, 반대가 66퍼센트였다. 그런데 기여입학 인원은 정원 외로 뽑고 거기서 나온 재정은 장학금을 비롯해 학생을 위해서만 쓴다는 조건을 달아 다시 찬반을 물었더니 찬성이 64.2퍼센트, 반대가 28.9퍼센트였다. 이처럼 어떻게 질문하느냐에 따라 여론조사의 결과는 얼마든지 달라질 수 있다.

화제문	
장점	
단점	

② 양괄식

기술 문화는 여러 측면에서 과학 문화와 다르다. 먼저 관심의 대상이 다르다. 과학 문화는 학교에서 배우는 물리학, 천문학, 생물학 등 기초과학을 다루는 반면에 기술 문화는 실생활과 산업현장에서 곧잘 접하는 정보기술, 생명공학기술, 환경기술 등에 초점을 맞춘다. 따라서 두 문화의 기본 특성이 구별된다. 과학 문화는 기초과학의 이론을 소개하기 때문에 지식 위주이며 아무래도 과거 지향적이지만 기술 문화는 끊임없이 발전하는 기술을 확산시켜야 하므로 정보 중심이며 미래 지향적일 수밖에 없다. 문화의 생산 방식도 판연히 다르다. 과학 문화는 도서관의 자료를 뒤적여 과거의 축적된 지식을 여러 형태로 변형시켜 내놓는 반면에 기술 문화는 세계 곳곳의 연구 현장에서 새로 출현하는 첨단기술의 정보를 거의 실시간으로 추적하여 산업현장에 제공한다. 주요 수요자 역시 계층이 다르다. 과학 문화는 기초과학 이론을 지식으로 습득하여 공부에 활용하려는 학생들을 겨냥하지만 기술 문화는 산업정보를 획득하여 제품 개발에 적용하려는 기업인들이나 일상생활에서 부딪히는 문제를 해결하는 데 필요한 상식을 얻으려는 일반시민들에게 큰 도움을 줄 수 있다. 이와 같이 과학 문화와 기술 문화는 관심의 대상, 기본 특성, 생산 방식, 주요 수요자 등 모든 면에서 차이점이 두드러진다.

화제문	
장점	
단점	

단락의 전개

단락을 전개할 때 가장 먼저 화제문부터 분명하게 결정하는 것이 좋다. 단락은 화제와 관련된 문장들의 집합으로 구성되지만 여러 문장에서 가장 중요한 문장은 바로 화제문이기 때문이다. 뒷받침문은 화제문을 구체화하는 문장이므로 화제문이 결정되면 그것을 몇 개의 문장으로 상세화하는 방식으로 써 나가면 된다. 따라서 화제문과 뒷받침문은 다음과 같은 구조를 띄게 된다.

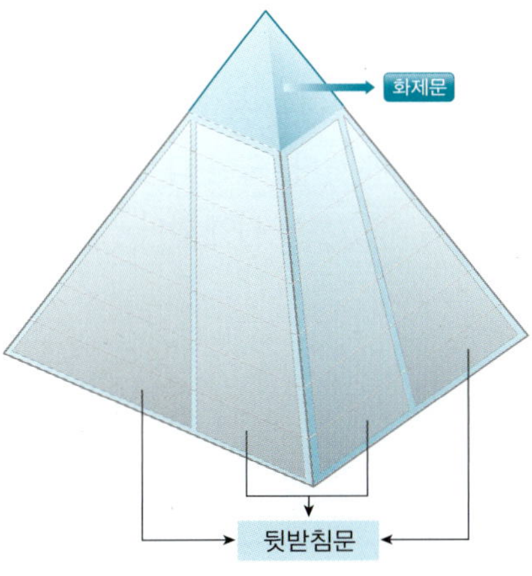

희토류(rare earth)는 전기, 전자, 기계, 화학 산업 등 여러 분야에서 다양한 용도로 쓰인다. LCD, LED를 만들 때 희토류가 반드시 포함되어야 한다. 항공기 부품, 자동차 컨버터, 전기자동차 배터리 등을 만들 때도 미량이지만 꼭 포함되어야 한다. 이뿐만 아니라 산화제, 연마제, 핵 제어봉, 용접 첨가제, 휴대용 엑스레이 등 그 용도를 다 열거하기가 어려울 정도이다. 희토류는 오늘날 우리의 일상생활에서 없어서는 안 될 스마트폰, 텔레비전, 자동차, 유리제품 등 전자제품, 기계제품, 화학제품 등 거의 모든 제품에 사용된다고 해도 과언이 아니다.

단락에서 화제문은 물리적으로 한 문장에 불과하지만 논리적으로는 전부이기도 하다. 화제문을 피라미드에 비유하면 정점 부분에 해당된다. 피라미드의 정점 부분은 잘라내도 여전히 피라미드 구조를 이루듯이 화제문은 한 문장에 불과하지만 화제 및 단락 전체의 내용을 압축적으로 드러낼 수 있어야 한다. 위에 제시된 단락의 화제는 '희토류의 다양한 용도'인데 화제문인 첫 번째 문장에 이것이 분명히 드러나 있다. 화제문을 제외한 나머지 문장은 모두 희토류의 다양한 용도를 밝히고 있는데 이 문장의 내용을 종합하면 화제문과 일치하게 된다. 따라서 단락을 전개할 때는 화제를 가장 선명하게 드러낼 수 있는 화제문을 먼저 쓰고 이를 뒷받침해 나가는 것이 효과적이다.

화제문은 화제 및 단락 전체를 고려해 꼭 필요한 내용을 담되 적당한 길이가 되도록 써야 한다. (A)와 같이 화제문을 지나치게 추상적인 내용으로 짧게 쓰면 단락의 화제를 파악하기 어려울 뿐만 아니라 뒷받침해야 할 내용이 너무 많아지기 때문제 적절하지 않다. 반면에 (C)와 같이 너무 자세하고도 긴 화제문을 쓰게 되면 단락의 화제를 쉽게 파악하기 어려울 수 있다. 또한 화제문에 너무 자세한 내용을 썼기 때문에 뒷받침문에 쓸 내용이 없어질 수도 있다. 따라서 단락의 화제문은 (B)와 같이 뒷받침문까지 고려해 단락의 화제를 일목요연하게 파악할 수 있는 내용을 적당한 길이로 쓰는 것이 좋다.

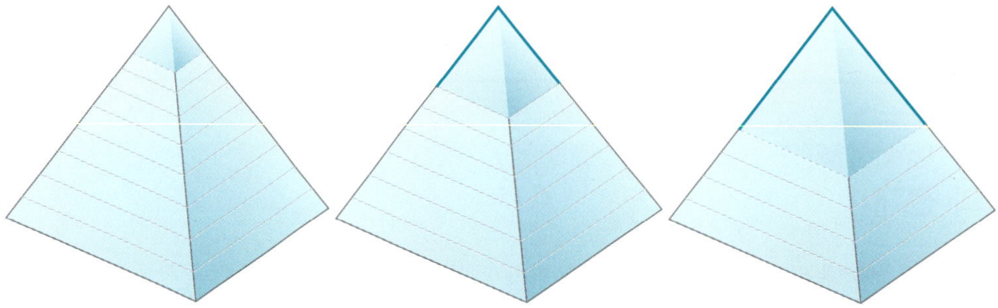

(A) 희토류의 용도는 다양하다.

(B) 희토류는 전기, 전자, 기계, 화학 산업 등 여러 분야에서 다양한 용도로 쓰인다.

(C) 희토류는 전구를 비롯한 전기 산업, 휴대폰과 같은 전자 산업, 항공기 부품 등의 기계 산업, 촉매제를 비롯한 화학 산업 등 여러 분야에 광범위하게 쓰인다.

뒷받침문은 화제문과의 관계를 고려하며 화제 및 화제문을 충분히 뒷받침할 수 있도록 쓴다. 모든 뒷받침문은 화제 및 화제문과 관련을 맺으며 화제를 충분히 구체화해야 한다. 또한 화제문과 뒷받침문은 원활하게 연결되어야 하며 뒷받침문끼리도 밀접한 관련을 맺을 수 있도록 써야 한다.

Key Point

단락을 치밀하게 전개하려면?

화제문은 선명하게 쓰고 이를 뒷받침문으로 구체화하라.

예제 4-3

'태풍의 발생'이라는 화제로 단락을 전개하고자 할 때 각각 세 단계의 화제문을 완성하시오.

짧은 화제문	
중간 화제문	
긴 화제문	

풀이

단락의 화제문을 적당한 층위로 쓰는 훈련을 하는 문제이다. 각 화제문은 길이의 문제이기도 하지만 구체성의 문제이기도 하다. 즉 길게 쓸수록 구체적으로 쓸 수 있다. 단락의 화제문은 단락 전체의 내용을 압축적으로 보여주되 뒷받침의 여지도 남겨 두어야 하기 때문에 중간 길이 정도가 적절하다.

답

짧은 화제문	태풍은 열대성 저기압이다.
중간 화제문	태풍은 북태평양에서 생겨나 강풍과 폭우를 동반해 아시아 동부로 불어오는 열대성 저기압이다.
긴 화제문	태풍은 여름철에 북태평양 일대에서 발생하여 일본, 한국, 중국 등 아시아 동부로 불어오는, 중심 최대 풍속이 17m/s 이상이며 폭풍우를 동반하는 열대성 저기압을 가리키는 말이다.

세 가지 화제문은 길이가 길어질수록 보다 많은 정보를 제공하고 있다. 즉, 길게 쓰면 쓸수록 구체적인 내용을 담을 수 있다. 화제문을 쓸 때는 세 가지 층위를 모두 고려하여 중간 층위 정도의 화제문을 쓸 수 있도록 노력해야 한다.

연습 4-3

다음에 제시되는 화제로 단락을 전개하고자 할 때 각각 세 단계의 화제문을 완성하시오.

① 반도체 산업

짧은 화제문	
중간 화제문	
긴 화제문	

② 저작권

짧은 화제문	
중간 화제문	
긴 화제문	

예제 4-4

'엔트로피'를 주제로 한 다음 화제문을 뒷받침하기에 적절한 뒷받침문을 3~5문장씩 쓰시오.

화제문	자연계에서는 언제나 물질계의 엔트로피가 증가하는 방향으로 일어난다.
뒷받침문	

풀이

주어진 화제 및 화제문에 적합한 뒷받침문을 써 보는 훈련을 위한 문제이다. 뒷받침문은 화제문을 구체화하는 문장이니 화제문의 각 내용을 상세화하여 쓴다.

답

화제문	자연계에서는 언제나 물질계의 엔트로피가 증가하는 방향으로 일어난다.
뒷받침문	• 엔트로피는 물질계의 열적 상태를 나타내는 물리량의 하나이다. • 엔트로피 증가의 원리는 분자운동이 확률이 적은 질서 있는 상태로부터 확률이 큰 무질서한 상태로 이동해 가는 자연현상으로 해석한다. • 물질계 전체를 보면 항상 엔트로피를 증가시키는 방향으로 현상이 변화한다. • 우주의 전체 에너지의 양은 일정하고 전체 엔트로피는 증가한다. • 이러한 현상을 엔트로피 증가의 법칙이라고 한다.

화제문은 엔트로피 증가의 법칙에 대해 서술하고 있다. 따라서 뒷받침문에서는 엔트로피의 개념, 엔트로피 증가 법칙의 개념에 대해 차례로 서술하고 있다. 뒷받침문은 화제문을 쓸 때부터 어느 정도의 내용이 결정된다. 따라서 추상적인 내용의 화제문, 구체적인 내용의 뒷받침문이 서로 조화를 이루도록 쓴다.

연습 4-4

다음에 제시되는 화제문을 뒷받침하기에 적절한 뒷받침문을 3~5문장씩 쓰시오.

① 인공위성

화제문	주로 지구의 둘레를 공전하는 인공적인 물체로서 비행하는 궤도의 고도에 따라 정지위성과 이동위성으로 나눈다.
뒷받침문	

② 카메라의 종류별 특성

화제문	필름 카메라 사용자를 스나이퍼에 비유한다면 디지털 카메라 사용자는 따발총을 쏘는 이등병에 비유할 수 있다.
뒷받침문	

실습과제

예제 '통계의 허점'을 화제로 한 다음 뒷받침문에 적합한 화제문을 쓰시오.

> ....
> .... 백분율은 안정되고 설득력이 있어 보이지만 언제나 공정하게 사용되는 것은 아니다. 예를 들어 A사는 1년 동안 생산량이 30에서 60으로 100%의 증가율을 보였고, B사는 1년 동안 생산량이 208에서 312로 50%의 증가율을 보였다. 증가율만 보면 A사가 더 성공적인 경영을 했다고 볼 수 있으나 B사의 증가량은 A사보다 3배 이상이나 된다. 비율의 개념 역시 기만적일 수 있다. 어떤 광고에서 "의사 10명 중 9명은 이 방법을 좋아하고 있다"고 자랑스럽게 선전할지 모른다. 그러나 의사들 중 의견을 요청받지 않은 수많은 의사들이 그에 관해 어떻게 생각하는지는 이 비율에 포함되어 있지 않다.

풀이

단락에 대해 배운 내용을 종합해 화제문을 써 보는 문제이다. 단락의 성패는 화제문을 어떻게 쓰느냐에 달려 있다고 해도 과언이 아니다. 화제문이 화제를 정확하게 담아내면 화제문만으로도 단락의 내용을 파악할 수 있다. 또한 적당한 층위의 화제문을 쓰면 이것을 구체화하기만 해도 뒷받침문을 써 낼 수 있다. 따라서 화제 및 뒷받침문의 내용을 고려해 단락 전체의 내용을 한 문장으로 압축할 수 있는 화제문을 써 본다.

답 통계는 우연이든 고의든 본질적으로 정확한 수치를 사용하여 편파적이거나 왜곡된 인상을 제시할 수 있다.

화제는 통계의 허점인데 뒷받침문은 백분율 또는 비율을 통해 사람들을 어떻게 기만할 수 있는가를 보이고 있다. 따라서 이러한 내용을 가장 압축적으로 드러내는 화제문을 작성했다.

연습 **다음에 제시되는 화제 및 뒷받침문에 적합한 화제문을 쓰시오.**

① 올바른 사전 이용법

....
.... 한 인물의 일대기를 알고자 하는 사람이 얄팍한 단어사전을 뒤져 본다면 언제 태어나고 언제 세상을 떠났는가와 몇 가지 주요한 업적을 빼놓고는 다른 사항은 얻지 못할 것이다. 과학의 특정한 분야를 연구하는 공학자가 일반적인 지식을 주로 다루는 백과사전을 찾아보는 것 또한 별반 소득이 없을 것이다. 반면에 아이들이 우연히 들은 단어의 뜻을 알고 싶어 아버지가 보시는 10권으로 된 사전을 찾아보는 것 또한 궁금증을 해소하기보다는 더 많은 궁금증을 불러일으킬 소지가 있다.

② 마술과 마법의 차이

....
.... 마술은 현실 세계에 존재한다. 즉 마술사들은 현실에서 여러 가지 트릭을 사용해 사람들을 속인다. 그것을 보는 사람들은 자신들이 속는 것인 줄은 알면서도 어떻게 속았는지는 모른 채 즐거워한다. 이에 반해 마법은 상상의 세계에서나 존재하는 초현실적인 능력이다. 현실에서는 마법을 아무도 본 적이 없고 그저 이야기 속에서의 신, 또는 악마가 이상한 술법을 쓰는 것을 보고 들었을 뿐이다. 이런 이유로 마술은 과학적으로 설명이 되는 반면에 마법은 그렇지 못하다. 아무리 신기한 마술을 선보였다고 할지라도 마술사는 그 방법을 재현해 낼 수 있고, 그것을 본 사람도 설명해 낼 수 있다. 그러나 마법은 어떻게 해서 그런 작용이 일어났는지 아무도 설명할 수 없다. 마법은 사람과 과학의 영역이 아닌 신과 믿음의 영역이기 때문이다.

예제 '소프트웨어는 소프트한가?'라는 화제에 따라 전개된 단락의 빈칸을 채워 단락을 완성하시오.

> ______________________________
> ______________________________. 특히 고객이나 개발을 잘 이해하지 못하는 영업부서에서는 소프트웨어가 대단히 소프트해서 쉽게 주물럭주물럭 해서 변경이 가능할 것으로 생각한다. 하지만 무엇이 언제 수정되느냐에 따라서 소프트웨어는 절대로 소프트하지 않다. ______________________________
> ______________________________
> ______________________________. 개발자들도 소프트웨어는 소프트하다는 생각을 하는 것을 종종 볼 수 있다. ______________________________
> ______________________________. 그러나 이는 간단한 프로토 타입에 불과하고 실제 프로젝트나 제품을 만들 때는 사정이 달라진다. 요구사항이 바뀌면 아키텍처가 바뀌어서 전체를 다 뜯어 고쳐야 할 수도 있다.

풀이

단락에 대해 배운 내용을 종합해 화제문과 뒷받침문을 써 보는 문제이다. 주어진 화제, 그리고 각각의 뒷받침문의 내용을 고려해 단락을 완성해 본다.

> **답** 소프트웨어는 그 명칭 때문에 손쉽게 수정할 수 있다고 생각하기 쉽지만 결코 그렇지 않다. 특히 고객이나 개발을 잘 이해하지 못하는 영업부서에서는 소프트웨어가 대단히 소프트해서 쉽게 주물럭주물럭해서 변경이 가능할 것으로 생각한다. 하지만 무엇이 언제 수정되느냐에 따라서 소프트웨어는 절대로 소프트하지 않다. 프로젝트 막바지에 요구사항이 변경되면 요구사항 분석 시 반영된 것에 비하여 수십 배의 비용을 지불해야 한다. 개발자들도 소프트웨어는 소프트하다는 생각을 하는 것을 종종 볼 수 있다. 개발자들은 자신이 뚝딱뚝딱 만들어 보고는 수정이 쉽다고 생각할 수 있다. 그러나 이는 간단한 프로토 타입에 불과하고 실제 프로젝트나 제품을 만들 때는 사정이 달라진다. 요구사항이 바뀌면 아키텍처가 바뀌어서 전체를 다 뜯어 고쳐야 할 수도 있다.

주어진 화제는 '소프트웨어는 소프트한가?'인데 단락 전체의 내용을 보면 이에 대한 대답은 '그렇지 않다.'이다. 따라서 이 대답을 포함하되 소프트웨어의 수정에 초점을 맞추어 화제문을 썼다. 뒷받침문은 화제문과의 관계 및 다른 뒷받침문과의 관계를 고려해 자연스럽게 연결되도록 썼다.

연습 **다음에 제시되는 화제에 따라 전개된 단락의 빈칸을 채워 단락을 완성하시오.**

① 표류할 때 바닷물을 마시면 안 되는 이유

우리가 갈증을 느끼는 이유는 우리 몸을 구성하는 세포에 물이 부족하기 때문이다. ____. 그렇다면 표류 중인 사람이 바닷물을 마셔서 안 되는 이유는 무엇일까? 그것은 바로 삼투압의 원리 때문이다. ____. 바닷물의 농도는 우리 몸의 농도보다 높기 때문에 바닷물을 마실 경우 수분이 세포에 공급되는 것이 아니라 세포 속의 수분이 빠져나오게 된다. 세포에 수분이 부족하면 세포도 죽고 결국 사람도 죽게 되는 것이다. ____.

② 공학의 개념

____. 공학은 본래 천연자원을 인간에게 이익이 되도록 최적으로 바꾸기 위해 과학을 응용하는 학문을 뜻했다. 공학은 실제 목적에 지식을 적용하기 위해 필요한 판단력, 문제에 대한 본래의 풀이를 생각해내는 상상력, 그리고 새로운 장치나 공정의 성능과 비용 등을 예상하는 능력이 요구되는 학문이다. 과학자의 임무는 '아는 것'인 반면, 공학자의 임무는 '하는 것'이다. ____. 공학은 주로 물리학 · 화학 · 수학, 그리고 이러한 학문의 확장된 분야인 재료과학 · 고체역학 · 유체역학 · 열역학, 시스템분석 등을 바탕으로 한다.

4.2 단락의 요건

문장을 모아 놓는다고, 필요에 따라 적당히 행을 바꾼다고 단락이 되는 것은 아니다. 문장의 집합이 단락이 되기 위해서는 모든 문장이 화제에 집중되어야 하며 서로 긴밀하게 결합되어야 한다. 단락이 갖추어야 할 통일성, 긴밀성, 완결성 등의 요건을 알아보자.

문제가 뭐야?	어떻게 해야 하지?	이렇게 해결해 봐!	더 깊게! 더 넓게!
효과적인 단락을 쓰려면 어떻게 해야 하지?	하나의 단락에는 하나의 화제만 쓰라.	단락의 통일성, 긴밀성, 완결성을 지키라.	요건이 잘 갖춰진 단락을 실제로 작성하라.

1단락 1화제

단락은 일정한 요건을 갖추어야 그 기능을 다할 수 있다. 단락이 갖추어야 할 모든 요건은 단락의 가장 중요한 속성인 1단락 1화제로부터 시작된다. 단락은 통일된 하나의 이야기, 즉 하나의 화제를 기준으로 토막 낸 글의 단위이다. 따라서 화제가 달라질 때마다 새로운 단락이 구성되어야 한다. 그리고 각각의 화제는 독립된 요소이므로 각각의 화제를 서술해 나가는 각 단락은 내적으로 독립된 구성체로서의 요건을 갖추어야 한다. 이러한 속성을 이해하기 위해 다음과 같은 예를 보자.

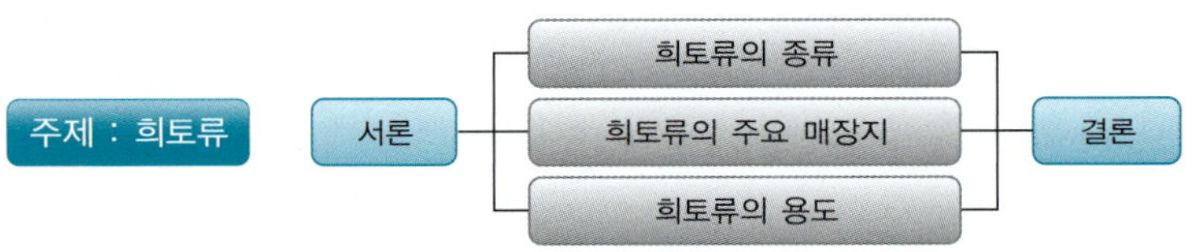

'희토류'를 주제로 위와 같은 구성의 글을 쓰고자 할 때 짧은 길이의 글이라면 희토류의 종류, 매장지, 용도는 각각 하나의 단락을 구성하는 화제가 된다. 본론을 구성하는 세 화제는 '희토류'를 주제로 쓴 글의 하위 요소이지만 각각은 독립적인 요소이기도 하다. 따라서 각각의 단락은 1단락 1화제란 원칙을 철저히 지켜 서술되어야 한다. 즉, 희토류의 종류에 대해 서술하는 단락에서는 오로지 종류에 대해서만 서술해야지 다른 내용이 끼어들어서는 안 된다. 이러한 속성은 단락의 요건 중 가장 중요한 요건인 통일성의 바탕이 된다. 여러 문장의 집합이 하나의 단락이 되기 위해서는 내용상 동일한 화제에 대한 것이어야 한다.

각각의 단락이 독립된 요소라는 속성은 긴밀성의 바탕이 된다. 여러 문장의 집합이 하나의 단락을 구성하기 위해서는 긴밀한 관계를 맺어야 한다. 각각의 문장이 내용상 하나의 화제에 대한 것이어야 할 뿐만 아니라 형식상으로도 서로 잘 엮여 있어야 하나의 단락이 될 수 있다.

그리고 각각의 단락은 독립된 단락이기 때문에 주어진 화제에 대해서 충분하게 서술해야 한다. 원칙상 하나의 화제는 하나의 단락에서만 서술되는 것이기 때문에 그 단락에서 필요한 내용을 충분히 서술해야 한다. 한 단락에서 하나의 화제에 대해서 서술하는 것이라면 해당 화자에 대해 독자가 더 이상 궁금증을 가지지 않도록 그 단락에서 완결지어 서술해야 한다.

Key Point

단락의 요건 중 가장 기본적인 요건은?
1단락 1화제

예제 4-5

다음에 제시되는 글의 주요 화제를 찾아 몇 개의 단락으로 써야 하는지 쓰시오.

"자네는 주사위 놀이를 하는 신을 믿고, 나는 완벽한 법칙을 믿는다네." 아인슈타인은 1926년 친구 막스 보른에게 이렇게 편지를 썼다. 위대한 물리학자 아인슈타인은 죽을 때까지 원자의 영역에서는 우연을 피해갈 수 없다는 젊은 동료들의 인식에 반기를 들었다. 그러나 아인슈타인도 소립자들이 우리가 일상에서 경험하는 것과는 다른 물리학 법칙을 따른다는 사실을 무시할 수는 없었다. 일상에서 실감할 수 없는 소립자 세계의 특징의 하나는 스핀, 즉 자전하는 성질이다. 측정 시에 전자가 그의 상태를 바꾸는 것이다. 이것이 바로 양자역학의 특징이다. 우리는 상태를 변화시키지 않고 무엇인가를 연구하는 것에 익숙해져 있다. 와이셔츠 깃을 쟀을 때 42cm가 나오면 목둘레를 재어도 같은 치수가 나온다. 그러나 양자의 세계에서는 다르다. 양자의 세계에서는 측정이 시스템에 개입한다. 그리하여 전자의 스핀을 확인하는 것은 목둘레를 재는 것보다는 오히려 주식을 사고파는 것과 비슷하다. 투자자들이 주식을 사고팔면 주가가 변한다. 마찬가지로 물리학자들은 그들이 알아내고자 하는 입자에 영향을 끼친다. 그래서 두 경우 모두 자기 연관성이 개입되는 것이다. 양자이론에서의 우연은 일상에서의 우연과 구별된다. 일상에서 우리는 무지로 인해 우연을 경험한다. 그곳에서의 문제는 우리가 현실을 알기 위해 노력을 기울이지 않거나 노력을 기울일 수가 없다는 것이다. 이 경우 더 많은 지식을 가지면 일상의 우연을 훨씬 잘 제어할 수 있다. 그러나 원자의 세계에서 그런 전략은 통하지 않는다. 여기서는 우연이 우리의 무지에 근거하는 것이 아니라 바로 자연 법칙에 근거하기 때문이다.

주요 화제	
적정 단락 수	

풀이

단락의 요건 중 가장 중요한 요건인 1단락 1화제의 중요성을 확인하는 문제이다. 화제가 바뀔 때마다 새로운 단락을 써야 하는 것이 원칙이다. 따라서 주요 화제를 정리해 보고 그에 따라 필요한 단락의 수를 결정해 본다. 화제 중에는 보다 큰 화제로 묶을 수 있는 것도 있다. 따라서 단락의 수는 다소 유동적일 수 있다.

답

주요 화제	• 법칙에 대한 아인슈타인의 신념 • 소립자의 비법칙성에 대한 아인슈타인의 인식 • 소립자 세계의 특징 • 양자론의 우연과 일상의 우연
적정 단락 수	3~5단락

제시된 글은 형식상 한 단락으로 되어 있으나 내용상으로 여러 가지의 화제가 포함되어 있다. 답안에 정리된 화제는 주요 화제를 뽑은 것이다. 이 화제를 바탕으로 별도의 단락을 구성하는 것이 바람직하다. 경우에 따라서는 화제를 더 세분하거나 두 세 개의 화제를 묶어 한 단락으로 쓸 수도 있다.

연습 4-5

다음에 제시되는 글의 주요 화제를 찾아 몇 개의 단락으로 써야 하는지 쓰시오.

과학자의 실험실에서 발견되는 효과, 기기, 훈련 받은 인력 등이 모두, 즉시 그리고 직접적으로 기술혁신을 낳지 않음은 명백하다. 실험실에서 발견된 어떤 효과나 물질이 기술화되기까지에는 적게는 몇 달 길게는 수십 년의 시간이 걸리며, 또 어떤 연구가 실용성을 띨 것인가조차 처음에는 분명치 않다. 또 대부분의 과학연구는 직접 산업기술화 되지 않고 과학 분야의 발전 자체에만 기여한다. 그렇지만 과학과 기술 사이에 존재하는 시간의 간격, 응용의 간접성이 "과학과 기술이 서로가 서로의 발전에 미치는 영향은 무시할 만하다."라는 결론을 정당화해주지는 않는다. 우리가 과학을 추상적인 이론과 지식체계로 생각하는 데서 벗어나, 과학을 다양한 수준의 이론, 실험실에서의 실천, 기기, 숙련 등의 복합체로 생각하고, 마찬가지로 기술은 단지 인공물로 생각하는 데서 벗어나 다양한 수준의 지식, 실험, 숙련, 디자인 능력, 인공물 등의 복합체로 생각한다면 우리는 과학과 기술이 다양한 접점(interface)들에서 만나고 이런 접점들이 19세기부터 다양해지고 보편적이 되어왔음을 알 수 있다. 필자가 강조했던 것은 과학과 기술의 관계가 이론이 실천에 응용되는 것만이 아니라, 과학의 다양한 요소들(과학자의 실험실에서 발견된 새로운 효과, 이론과 법칙, 기기, 훈련받은 인력)이 기술의 다양한 요소들(인공물에 대한 이해, 기술 법칙, 디자인 과정, 숙련)과 섞이고 있다는 점이다. 과학과 기술은 교육·학회·규범과 같은 제도에서 어느 정도 분리되어 있지만, 기술자들의 실천 속에 과학의 다양한 요소들이 사용되고 있으며, 과학자들의 실천에 기술의 다양한 요소가 깊이 관련되어있듯이 실제 구체적인 연구 속에서 이 둘의 경계를 찾기는 어렵다. 또한 이러한 상호작용을 위해 기업의 연구소, 대학의 특수 연구소(예를 들어 서울대학교의 반도체연구소)처럼 과학과 기술의 경계가 모호한 새로운 공간이 끊임없이 만들어졌다. 지금까지의 긴 논의를 통해서 우리가 얘기할 수 있는 것은 현대 기술이 마치 전부 과학의 응용인 양 생각하는 것이다. 현대 기술은 과학과 무관한 독자적인 영역인 양 생각하는 것(따라서 산업기술의 발전을 위해선 기술연구와 개발이면 충분하다는 생각)이 모두 잘못되었다는 것이다. 모든 과학연구가 기술, 산업적 응용을 낳는 것은 아니지만, 또한 모든 기술이 과학이론·법칙의 응용은 더더욱 아니지만, 과학과 기술은 서로가 만나는 다양한 종류의 접점들을 만들어왔고 이러한 경향은 계속 증대되고 있다.

주요 화제	
적정 단락 수	

통일성

단락의 통일성은 단락 내의 모든 문장은 주어진 화제와 관련이 있어야 한다는 속성이다. 이 속성은 단락의 존재 이유에 따른 것이기 때문에 다른 어떤 요건에 앞서 지켜져야 하는 요건이다. 따라서 단락의 화제문은 말 그대로 화제에 대해 가장 분명하고도 정확하게 서술하는 문장이어야 한다. 뒷받침문 또한 화제문을 구체화하면서 주어진 화제와 밀접한 관련을 맺도록 써야 한다.

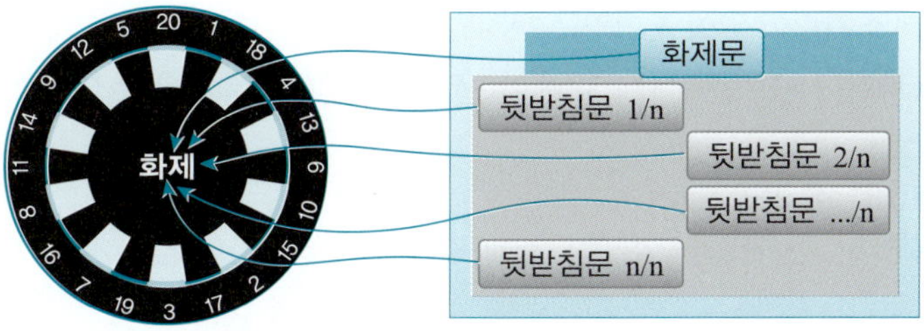

많은 운전자들은 심리적 이유와 물리적 이유가 맞물려서 자신의 차가 달리는 차선의 속도가 느리다고 생각한다. 운전자의 시선은 늘 앞을 향하게 되어 있어 자신이 추월한 차는 시야에서도 사라지고 기억에서도 사라진다. 반면에 자신을 추월한 차는 계속 시야에 남아 있어 심리적으로 이런 착각을 느끼게 된다. 또한 다른 차선과 비교해서 막히는 구간과 뚫리는 구간의 물리적 길이가 같더라도 이런 착각이 나타난다. 뚫리는 구간은 빨리 달리기 때문에 그 거리가 짧게 느껴지지만 막히는 구간은 느리게 달리기 때문에 그 거리가 길게 느껴진다. 물리적으로는 같은 상황일지라도 심리적으로는 더 느리게 생각하는 것이다.

위에 제시된 단락에서 화제는 '운전자들이 자신의 차선이 느리다고 생각하는 이유'이고 첫 번째 문장이 화제문이다. 화제문은 심리적, 물리적 이유 두 가지를 들었으며 뒷받침문은 심리적 이유와 물리적 이유를 차례로 서술하고 있다. 또한 두 가지 이유가 맞물려 이러한 착각을 일으키게 됨을 밝히고 있다. 이처럼 화제문이 화제와 정확하게 일치하고 뒷받침문도 화제 및 화제문과 밀접한 관련을 맺게 전개하면 단락의 통일성을 지킬 수 있다.

반면에 단락의 통일성이 지켜지지 않는 유형은 크게 두 가지로 나눌 수 있다. 첫 번째 유형은 주어진 화제에서 출발을 했지만 서술해 가는 과정에서 점차 엉뚱한 화제로 빠지는 유형이고, 두 번째 유형은 전체적으로는 통일성을 지키고 있지만 부분적으로 통일성을 깨뜨리는 유형이다.

많은 운전자들은 심리적 이유와 물리적 이유가 맞물려서 자신의 차가 달리는 차선의 속도가 느리다고 생각한다. 운전자의 시선은 늘 앞을 향하게 되어 있어 자신이 추월한 차는 시야에서도 사라지고 기억에서도 사라진다. 반면에 자신을 추월한 차는 계속 시야에 남아 있어 심리적으로 이런 착각을 느끼게 된다. 심리적인 착각은 물리적인 사실을 잘못 이해하는 데서 나타나게 된다. 즉 객관적인 현실의 흐름과는 상관없이 자신의 주관에 따라 현실을 인식하게 되면 착각이 일어나게 되는 것이다. 이러한 착각이 심해지면 과대망상에 빠질 우려가 있다. 과대망상은 일종의 질병으로서 반드시 치료를 받아야 한다. 만약 늘 자신이 선택한 차선이 느리다고 생각되어 이리저리 차선을 바꾸는 운전자라면 병원 진료를 받아보는 것이 좋다.

많은 운전자들은 심리적 이유와 물리적 이유가 맞물려서 자신의 차가 달리는 차선의 속도가 느리다고 생각한다. 운전자의 시선은 늘 앞을 향하게 되어 있어 자신이 추월한 차는 시야에서도 사라지고 기억에서도 사라진다. 반면에 자신을 추월한 차는 계속 시야에 남아 있어 심리적으로 이런 착각을 느끼게 된다. 멋진 스포츠카나 덩치가 큰 외제차가 자신의 앞에 있는 것은 기분 좋은 일은 아니다. 또한 다른 차선과 비교해서 막히는 구간과 뚫리는 구간의 물리적 길이가 같더라도 이런 착각이 나타난다. 뚫리는 구간은 빨리 달리기 때문에 그 거리가 짧게 느껴지지만 막히는 구간은 느리게 달리기 때문에 그 거리가 길게 느껴진다. 그러기에 막히는 구간에서는 인내심을 발휘해야 한다. 물리적으로는 같은 상황일지라도 심리적으로는 더 느리게 생각하는 것이다. 마음 편하게 운전을 하는 최선의 방법은 자신이 선택한 차선을 고수하는 것이다.

위의 두 단락은 앞에서 제시한 단락과 같은 화제의 단락이다. 그런데 왼쪽의 단락은 밑줄 친 부분부터는 엉뚱한 내용으로 넘어가고 있다. 맨 마지막 문장에서 다시 화제로 돌아오려는 노력을 보이고 있으나 차선을 자주 바꾸는 운전자에게 병원 진료를 권하는 것은 이미 화제에서 한참 벗어난 것이다. 오른쪽 단락에서 밑줄 친 부분은 앞뒤의 문장과는 관련이 있을지 모르나 단락 전체의 화제와는 거리가 멀다. 밑줄 친 앞의 두 문장은 화제와 관련이 없기 때문에 삭제해야 단락의 통일성이 유지될 수 있다. 마지막 문장은 화제와 관련이 있어 보이기는 하지만 이는 '마음 편하게 운전하는 법'이라는 새로운 화제에 대한 문장이기 때문에 새로운 단락으로 써야 단락의 통일성이 유지될 수 있다.

Key Point

단락의 통일성을 유지하려면?
화제문은 화제에 집중시키고, 뒷받침문은 화제문에 집중시키라.

예제 4-6

'희토류'라는 화제에 대해 전개된 단락에서 통일성을 해치는 부분에 밑줄을 그으시오.

희토류를 둘러싼 분쟁은 자칫 자원 전쟁으로 치달을 위험성을 내포하고 있다. 말 그대로 희귀한 자원인 희토류는 극히 제한된 지역에 미량으로 매장되어 있다. 중국은 가장 많은 종류의 희토류가 가장 많이 매장된 지역이기도 하다. 그 사용처는 꽤나 넓을 뿐만 아니라 없어서는 안 될 자원이다. 상황이 이렇다 보니 이것을 확보하려는 나라와 이것을 움켜쥐고 무기화하려는 나라 간에 눈에 보이지 않는 전쟁이 벌어지고 있다. 수요와 공급이 균형이 맞고 국제 정세가 요동치지 않는 한 지금의 수급체계가 그대로 유지될 수 있을 것이다. 공정한 무역이 이루어지고 국가 간 분쟁이 없어야 하는 이유를 여기에서 찾을 수 있다. 그러나 공급자가 횡포를 부린다면, 요동치는 국제 정세 때문에 공급이 원활하지 못하게 된다면 희토류 확보를 위한 눈에 보이는 전쟁이 일어날 수도 있다. 더욱이 자원의 고갈과 자원의 무기화가 점점 심해지고 있는 상황에서 희토류를 둘러싼 전쟁은 더 심해질 수도 있다. 정부와 민간 모든 차원에서 희토류 확보를 위해 나서야 할 때다.

풀이

단락의 통일성을 유지하는 방법에 대해 확인해 보는 문제이다. 단락 내의 모든 문장은 주어진 화제에 집중되어야 한다. 또한 화제문이 화제에 맞도록 작성되었다면 모든 뒷받침문은 화제문에 집중되어야 한다. 이러한 점을 고려하여 각 문장에 대해 판단해 본다.

답 **희토류를 둘러싼 분쟁은 자칫 자원 전쟁으로 치달을 위험성을 내포하고 있다.** 말 그대로 희귀한 자원인 희토류는 극히 제한된 지역에 미량으로 매장되어 있다. 중국은 가장 많은 종류의 희토류가 가장 많이 매장된 지역이기도 하다. 그러나 그 사용처는 꽤나 넓을 뿐만 아니라 없어서는 안 될 자원이다. 상황이 이렇다 보니 이것을 확보하려는 나라와 이것을 움켜쥐고 무기화하려는 나라 간에 눈에 보이지 않는 전쟁이 벌어지고 있다. 수요와 공급이 균형이 맞고 국제 정세가 요동치지 않는 한 지금의 수급체계가 그대로 유지될 수 있을 것이다. 공정한 무역이 이루어지고 국가 간 분쟁이 없어야 하는 이유를 여기에서 찾을 수 있다. 그러나 공급자가 횡포를 부린다면, 요동치는 국제 정세 때문에 공급이 원활하지 못하게 된다면 희토류 확보를 위한 눈에 보이는 전쟁이 일어날 수도 있다. 더욱이 자원의 고갈과 자원의 무기화가 점점 심해지고 있는 상황에서 희토류를 둘러싼 전쟁은 더 심해질 수도 있다. 정부와 민간 모든 차원에서 희토류 확보를 위해 나서야 할 때다.

주어진 단락은 희토류로 인한 전쟁의 위험성에 대한 단락이다. 그런데 밑줄 친 세 문장은 '최대 매장 지역', '공정 무역과 분쟁 해결의 필요성', '희토류 확보를 위한 노력'에 대한 내용이다. 이에 대한 서술은 별도의 단락을 통해 이루어져야 한다. 이 단락은 부분적으로 통일성을 깨뜨리는 문장이 포함된 단락이다. 이런 단락 외에 글의 흐름이 완전히 다른 내용으로 넘어가는 단락도 있으므로 이런 단락에도 주의를 기울여야 한다.

연습 4-6

다음에 제시되는 화제에 대해 전개된 단락에서 통일성을 해치는 부분에 밑줄을 그으시오.

① 가상현실

가상현실은 실제와 구분할 수 없을 정도의 인공적인 환경을 의미한다. 컴퓨터가 만들어 낸 3차원으로 느껴지는 세계에 사용자의 움직임이 즉각 반영되게 함으로써 마치 실제 상황인 것으로 착각하게 만드는 공간이 창조된다. 이런 사이버 공간에서 만들어 낸 가상현실은 인간의 인지하는 방식과 아울러 느끼는 방식에도 커다란 영향을 미친다. 가상현실은 때로는 우리가 사는 현실보다 더 실제적으로 느껴질 수 있다. 물론 이런 것이 가능하기 위해서는 그 기술적인 부분이 엄청난 수준이 되어야 할 것이다. 실제현실과 아주 흡사한 가상현실 속에서 오래 전부터 종교에서 꿈꾸던 몰입의 경지를 맛보게 된다. 그래서 가상현실의 세계는 자연의 세계만큼, 아니 이제 자연이 훼손되고 있는 이 지구보다 더 안온한 환경을 제공할 수 있다. 그래서 현실에서 느끼지 못하는 환경과의 조화되고 안락한 정서를 가질 수 있게 된다.

② 대중의 관심

대중들의 관심을 오로지 대중문화에만 집중시키는 행태는 근절되어야 한다. 대중들이 대중문화에 관심을 가지는 것은 당연하다. 티아라가 당대 최고의 걸그룹은 아닐지라도 인기가 높은 것은 사실이고 멤버 중 하나가 탈퇴했다는 소식도 중요한 소식 중 하나이다. 그러나 멤버 하나가 탈퇴한 것이 그렇게 중요한 일일까? 티아라가 나라를 구한 것도 아니고 탈퇴한 멤버가 유관순 열사급도 아닌데 연일 뉴스의 첫머리에 나온다. 나는 티아라의 멤버가 누구인지도 모른다. 티아라가 무슨 노래를 불렀는지도 모른다. 나뿐만 아니라 나이 든 세대 모두에게 티아라는 그저 넘쳐나는 걸그룹 중 하나일 뿐이다. 티아라 사건에 대해서는 잘 모르지만 원만하게 해결되었으면 하는 바람이다.

긴밀성

단락의 긴밀성은 단락 내의 모든 문장은 서로 밀접한 관련성을 맺어야 한다는 속성이다. 단락은 화제문과 뒷받침문으로 구성되는데 화제문은 추상적, 포괄적이어야 하고 뒷받침문은 구체적, 개별적이어야 한다. 또한 뒷받침문끼리는 각각의 문장이 긴밀한 관련성이 있도록 써야 한다. 각각의 뒷받침문이 대등한 관계를 맺을 수도 있고, 순차적인 관계를 맺을 수도 있으며, 인과적인 관계를 맺을 수도 있다. 따라서 이러한 관계가 분명하게 드러나도록 뒷받침문을 써야 한다.

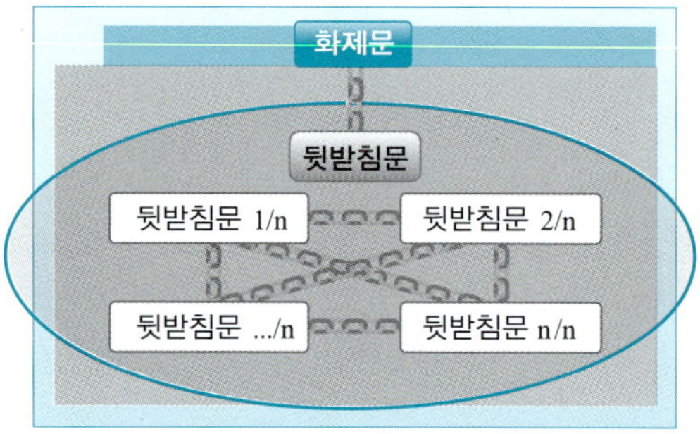

달력이 없어도 달력 기능을 한다는 점에서 음력은 매우 과학적이고도 매력적인 역법이다. 해를 똑바로 쳐다볼 수도 없지만 쳐다본들 세월 가는 것을 가늠할 수 없다. 그러나 밤하늘의 달을 보면 오늘이 며칠쯤인가를 금세 파악할 수 있다. 인쇄된 달력이 없으면 양력은 아무 소용이 없는데 음력은 밤하늘에 늘 달력을 걸어놓은 형국이니 얼마나 과학적이고 매력적인가? 음력 생일이 양력으로는 들쭉날쭉한 것이 불만일 수도 있다. 그러나 이것은 음력 자체의 잘못이 아니라 양력과 음력을 같이 쓰기 때문에 나타난 문제일 뿐이다. 양력 생일은 달력에 동그라미를 쳐 놓아야 하지만 음력 생일은 하늘의 달 모양을 기억해 두었다가 열두 달 뒤 같은 모양이 되는 날을 찾으면 되지 않는가.

위에 제시된 단락의 화제는 음력의 과학성과 매력인데 화제문과 뒷받침문의 통일성이 잘 유지되고 있다. 이렇게 통일성이 잘 유지되는 이유 중 하나는 각각의 문장이 긴밀하게 결합되어 있기 때문이다. 즉 화제로 주어진 음력에 대해서 서술하고자 한다면 양력과의 대비가 필수적인데 단락 전체에서 양력과 음력을 대비하면서 각각의 문장이 긴밀하게 결합되어 있다. 또한 적절한 접속어와 지시어를 사용해 모든 문장이 서로 관련이 있음을 보이고 있다. 이처럼 단락 내의 모든 문장이 서로 관련을 맺도록 내용을 쓰고, 이것을 적절한 접속어로 결합시키면 단락의 긴밀성을 유지할 수 있다. 또한 적절한 지시어 또한 단락의 긴밀성을 높이는 데 도움이 된다.

비록 형식적으로는 한 단락을 이룰지라도 문장과 문장이 서로 밀접하게 관련을 맺지 못하면 단락의 긴밀성이 깨어진다.

달력이 없어도 달력 기능을 한다는 점에서 음력은 매우 과학적이고도 매력적인 역법이다. 해를 똑바로 쳐다볼 수도 없다. 해를 쳐다봐도 세월 가는 것을 가늠할 수 없다. 밤하늘의 달은 모양이 늘 변한다. 달의 모양을 보면 날짜를 대략적으로 파악할 수 있다. 음력은 밤하늘에 달력을 걸어놓은 것이나 마찬가지다. 누군가가 음력으로 생일을 챙기면 불편해 하는 사람이 많다. 생일이 들쭉날쭉하기 때문이다. 음력의 잘못이 아니라 양력과 음력을 같이 쓰는 것이 문제이다. 양력은 달력에 동그라미를 쳐야 생일을 기억할 수 있다. 음력은 달의 모양을 기억해 두었다가 열두 달 후에 같은 모양이 되는 날을 찾으면 생일을 기억할 수 있다.

위의 단락의 화제문은 모두 화제와 관련을 맺고 있다. 그러나 각각의 문장은 정해진 정보만 담고 있을 뿐 앞뒤의 문장과 어떤 관련을 맺고 있는지 파악하기가 어렵다. 각각의 문장을 적절한 접속어나 지시어로 결합시키면 단락의 긴밀성이 높아져 독자가 그 내용을 훨씬 더 쉽게 파악할 수 있다.

Key Point

단락의 긴밀성을 유지하려면?
접속어와 지시어를 적절히 활용해 모든 문장이 서로 관련을 맺도록 하라.

예제 4-7

다음에 제시되는 단락의 긴밀성을 보완하여 다시 쓰시오.

오늘날과 같은 환경파괴는 앞으로도 계속해서 자행될 것이다. 우리는 후손에게 만신창이가 된 지구를 물려줄 수밖에 없다. 환경파괴는 어제 오늘의 일이 아니다. 지구가 신음하는 소리를 우리는 도처에서 들을 수 있다. 사람들은 공해 물질로 가득찬 공기 때문에 각종 호흡기 질환에 시달리고 있다. 두 손을 놓고 하늘을 쳐다본다고 해서 환경파괴 문제가 해결될 리 만무하다. 하나밖에 없는 지구이다. 지구는 우리 후손에게서 잠시 빌려 쓰고 돌려줘야 한다. 만신창이가 된 지구에서 후손들이 어떤 삶을 살아갈지는 자명하다.

풀이

단락의 요건 중 긴밀성과 관련하여 주어진 단락의 문제점을 파악하여 고쳐 쓰는 문제이다. 단락 내의 모든 문장은 서로 밀접한 관련을 맺어야 한다. 이를 위해서는 적절한 지시어와 대명사를 사용할 수 있어야 한다. 또한 각 문장 간의 논리적 관계도 잘 맺어줘야 한다. 제시된 단락의 문장은 지나치게 짧을 뿐만 아니라 각 문장 간의 논리적 관계도 밝혀져 있지 않다. 따라서 서로 관련이 있는 문장끼리 결합시키고 적절한 지시어와 대명사를 써서 고쳐 나간다.

답 오늘날과 같은 환경파괴가 앞으로도 계속해서 자행된다면 우리는 후손에게 만신창이가 된 지구를 물려줄 수밖에 없다. 사실 환경파괴는 어제 오늘의 일이 아니어서 지구가 신음하는 소리를 우리는 도처에서 들을 수 있다. 우리들 또한 공해 물질로 가득 찬 공기 때문에 각종 호흡기 질환에 시달리고 있다. 이런 상황에서 두 손을 놓고 하늘을 쳐다본다고 해서 환경파괴 문제가 해결될 리 만무하다. 지금 우리가 살고 있는 지구는 하나밖에 없는 지구이며 우리 후손에게서 잠시 빌려 쓰고 돌려줘야 하는 것이다. 이렇게 파괴가 계속되어 지구가 만신창이가 된다면 후손들이 어떤 삶을 살아갈지는 자명하다.

단락의 첫 두 문장은 서로 관련이 깊어 한 문장으로 결합시켜 화제문으로 썼다. 뒷받침문장도 서로 관련이 있는 것끼리 묶어 논리적 관계를 분명하게 밝혀 주었다. 또한 '사실, 또한, 이런, 이렇게' 등의 부사와 지시어를 사용하여 앞뒤 문장과의 관계를 분명하게 해 주었다. 담겨 있는 정보는 이전 단락과 비슷하지만 문장 간의 긴밀성을 높여 그 의미가 잘 전달되도록 하였다.

연습 4-7

다음에 제시되는 단락의 긴밀성을 보완하여 다시 쓰시오.

① 독감 바이러스

독감을 '독한 감기' 쯤으로 여기는 사람이 꽤 있지만 감기와는 엄연히 다르다. 감기는 리노바이러스, 아데노바이러스, 콕사키바이러스 등이 코나 목의 상피세포에 침투해 일으키는 질병이다. 독감은 인플루엔자 바이러스가 폐에 침투해 일으키는 급성 호흡기 질환이다. 일반 감기가 폐렴이나 천식 등의 합병증으로 이어질 가능성은 적다. 독감은 심할 경우 합병증으로 목숨을 잃을 수도 있다. 감기를 일으키는 바이러스는 워낙 다양해 백신을 만들어봤자 별 실용성이 없다. 독감을 일으키는 바이러스는 한 종류이기 때문에 백신을 만들 수 있다. 독감주사는 매년 맞아야 한다. 인플루엔자 바이러스의 변이가 심하게 일어나기 때문이다. 백신의 면역지속기간도 3~6개월에 불과하다.

② **식물을 먹는 식물**

식물을 먹는 식물이 발견돼서 화제를 불러일으키고 있다. 식물은 물과 햇빛이 있으면 공기 속 이산화탄소를 이용해 당분을 만들어 낸다. 클라미도모나스 레인하르티이라는 식물은 이산화탄소가 부족한 환경에서 광합성을 하지 않고 다른 방법으로 에너지를 얻는다. 다른 식물의 셀룰로오스를 분해해 에너지를 확보하는 것이다. 발견자 올라프 교수는 "조류가 셀룰로오스를 소화한다는 것은 교과서에는 없는 얘기이다. 말하자면 식물이 식물을 먹는 셈이다."라고 말했다. 이 조류가 이산화탄소나 햇빛이 부족한 흙속에도 분포하기 때문일 것으로 추정됐다. 식물과 동물이 분화되기 이전 원시 생물의 유전자 상당수를 아직도 보유하기 때문일 것으로 설명했다.

완결성

단락의 완결성은, 필요한 내용을 충분히 서술하여 주어진 화제를 한 단락 내에서 완결시켜야 한다는 속성이다. 글을 구성하는 각각의 단락은 독립적이기 때문에 주어진 화제에 대해 필요한 정보를 한 단락 내에서 모두 제공해야 한다. 그런데 글을 보다 상세하게 쓰고자 한다면 한 단락의 화제는 글 전체의 주제가 될 수도 있고, 책 한 권의 주제가 될 수도 있다. 따라서 길이가 제한된 단락에서 완결성을 완벽하게 유지하기는 어렵다. 따라서 단락의 완결성을 지키기 위해서는 몇 가지 방법이 필요하다.

단락의 완결성을 유지하기 위한 첫 번째 방법은 분류와 구분을 효과적으로 활용하는 것이다. 즉, 일정한 기준을 적용하여 주어진 화제를 몇 개의 부분으로 나누어 서술하면 단락의 완결성을 유지할 수 있다.

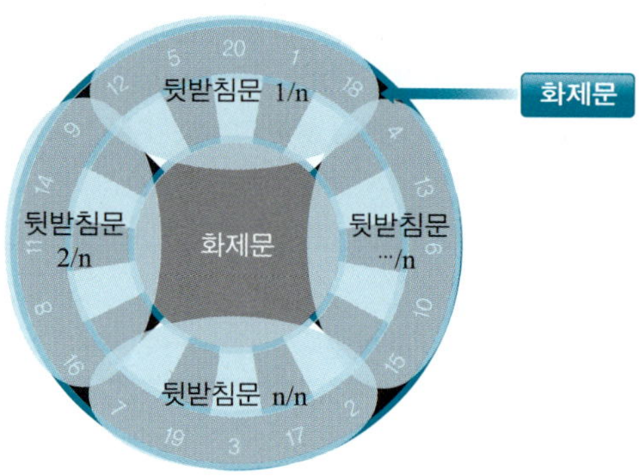

영화를 유심히 살펴보면 장르를 불문하고 비과학적인 요소가 매우 많이 발견된다. 가장 과학적이어야 할 공상과학 영화는 오히려 비과학 덩어리이다. 설사 사람의 손에서 광선무기가 발사될 수 있다고 치더라도 발사된 광선을 눈으로 보고 피하는 것은 있을 수 없다. 액션 영화에서도 비과학적인 요소는 얼마든지 발견된다. 아무리 총알이 빗발쳐도 주인공은 총알이 피해가고, 조연은 한 발만 맞아도 바로 꺼꾸러지는 데 반해 주인공은 여러 발을 맞고 쓰러진 후 오랫동안 할 말을 다 하고 죽는다. 멜로 영화도 마찬가지여서 타이타닉의 주인공은 차가운 바다에 빠져 40분 이상을 버틴다. 코미디 영화는 또 어떤가? 등장인물은 하늘에서 거꾸로 떨어져도 땅에 머리를 박고 있을지언정 특별히 다친 데는 없다. 굳이 엄밀한 과학성을 드러내야 하는 상황이 아니라면 영화에서는 적당히 비과학적인 요소를 섞어 재미를 더하는 것이다.

위에 제시된 단락은 '영화에 나타나는 비과학성'을 화제로 삼은 것인데 이 화제는 예를 들어 설명하기에 적합하다. 그런데 예를 아무리 많이 들더라도 단락의 완결성을 유지하기는 어렵다. 이러한 문제를 해결하기 위해 이 단락에서는 영화를 장르별로 나누어 예를 들고 있다. 이렇게 적절하게 분류를 한 후 예를 들면 어느 정도의 완결성을 기할 수 있다.

단락의 완결성을 유지하기 위한 두 번째 방법은 중요한 항목을 적절히 뽑아 서술하는 것이다. 짧은 단락 내에서 모든 것을 다 서술할 수는 없더라도 가장 중요한 것을 순서대로 서술하거나 중요한 것 몇 가지를 뽑아서 서술하면 어느 정도의 완결성을 유지할 수 있다.

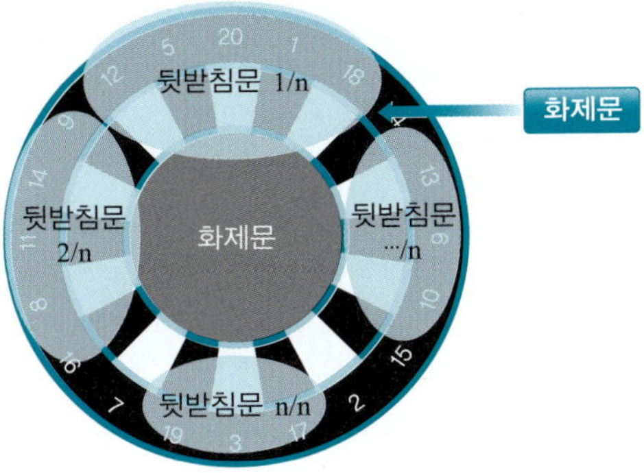

우리의 고유 식품인 된장에는 여러 가지 효능이 있다. 된장의 가장 두드러진 효능으로는 항암효과를 들 수 있다. 발효식품은 보통 항암효과가 있지만 된장은 그 중에서도 탁월한 효능이 있어 암 예방 15개 수칙 중에 된장국을 먹으라는 항목이 들어 있을 정도이다. 항산화 효과 또한 된장의 효과이다. 된장 내에는 지질류의 산화를 막는 항산화 물질이 포함되어 있어 우리 몸의 노화를 막는 효능이 있다. 고혈압 완화와 간 기능 강화에도 된장은 효능이 있다. 된장 내의 아미노산은 혈압을 저하시키며 콜레스테롤을 제거해 줌으로써 혈관을 탄력 있게 해 준다. 또한 해독 작용도 뛰어나 간의 해독 및 간 기능 개선에 도움을 준다

위의 단락은 된장의 효능에 관한 것인데 된장의 효능 중 대표적인 것 몇 가지를 예로 들어 서술하고 있다. 된장의 모든 효능을 예로 들 수 없다면 이처럼 중요한 것부터 차례로 드는 것이 단락의 완결성을 유지할 수 있는 방법이다.

이상의 두 가지 방법이 적절하게 활용되지 않으면 단락의 완결성이 깨어진다. 분류가 적절하게 이루어지지 않거나, 분류는 적절히 했으나 서술하는 단계에서 빠뜨리면 단락의 완결성이 깨어진다. 또한 대표적인 사례를 들어야 하는데 중요도가 높은 사례를 빠뜨리면 단락의 완결성이 깨어질 수 있다.

Key Point **단락의 완결성을 유지하려면?**
대상을 적절히 분류하거나 대표적인 사례를 차례로 들어 서술하라.

예제 4-8

'인터넷의 특징'이라는 화제에 대해 전개된 단락의 완결성이 유지되도록 빈 줄에 알맞은 문장을 쓰시오.

인터넷은 공개된 표준 프로토콜과 패킷 교환 방식이라는 기술적 특성과 이로 인한 민주성을 주요 특성으로 한다. .... 따라서 이 프로토콜을 채용하면 전 세계의 어떤 컴퓨터와도 자유롭게 교신할 수 있고 인터넷에도 접속할 수 있다. .... 이 방식을 활용해 여러 가지 복잡한 상황 속에서도 정보가 역동적으로 전달될 수 있다. 이러한 두 가지 기술은 인터넷에 접속된 모든 컴퓨터가 단말기이자 중계기로 활동할 수 있게 했다. 여기에서 각각의 컴퓨터가 중앙에 종속된 것이 아니라 독자적인 활동을 할 수 있는 민주적 성격이 나오게 되었다.

풀이

단락의 완결성을 유지하기 위해 부족한 정보를 보충해 단락을 완성해 보는 문제이다. 주어진 화제에 대해 충분히 서술되어야 단락의 완결성이 유지될 수 있다. 따라서 화제문과 뒷받침문의 내용을 서로 비교해 부족한 정보가 무엇인지 찾아 보충한다. 전문적인 내용은 지식이 뒷받침되어야 하는데 필요하다면 주어진 화제에 대해 필요한 정보를 검색하여 단락을 완성한다.

답 인터넷은 공개된 표준 프로토콜과 패킷 교환 방식이라는 기술적 특성과 이로 인한 민주성을 주요 특성으로 한다. 프로토콜은 통신회선을 경유하여 정보를 주고받을 때의 절차를 뜻하는데 일반적으로 공개되지 않지만 인터넷의 프로토콜은 완전히 공개되어 있다. 따라서 이 프로토콜을 채용하면 전 세계의 어떤 컴퓨터와도 자유롭게 교신할 수 있고 인터넷에도 접속될 수 있다. 패킷 교환방식이란 전송하는 정보를 패킷이라고 하는 고정된 길이의 데이터로 분할하여 각 패킷마다 목적지를 붙여 독립적으로 보내는 방식이다. 이 방식을 활용해 여러 가지 복잡한 상황 하에서도 정보가 역동적으로 전달될 수 있게 된다. 이러한 두 가지 기술은 인터넷에 접속된 모든 컴퓨터가 단말기이자 중계기로 활동할 수 있게 했다. 여기에서 각각의 컴퓨터가 중앙에 종속된 것이 아니라 독자적인 활동을 할 수 있는 민주적 성격이 나오게 되었다.

주어진 단락은 인터넷의 민주성을 가능하게 한 두 요소인 표준 프로토콜과 패킷 교환 방식을 화제로 하고 있는데 이것이 화제문에 잘 반영되어 있다. 따라서 화제문의 내용을 충실하게 뒷받침하면 단락의 완결성을 유지할 수 있다. 단락의 내용으로 볼 때 표준 프로토콜과 패킷 교환 방식에 대한 정의가 필요하므로 이에 대한 정의를 보충하여 단락의 완결성을 유지했다.

연습 4-8

다음에 제시되는 화제에 대해 전개된 단락의 완결성이 유지되도록 빈 줄에 알맞은 문장을 쓰시오.

① **대학 등록금**

대학 등록금 문제는 이 문제와 관련을 맺고 있는 학생, 학교, 학부모, 행정당국 모두가 관심을 가져야 해결할 수 있다. 누군가의 경제적 도움을 받아야 하는 학생들로서는 등록금이 싸면 쌀수록 그 부담이 줄어들기 때문에 최대한 인하할 것을 요구할 수밖에 없다. ……………………………………………………………. 반면에 학교 당국은 학교의 재정을 확충해 양질의 교육을 제공하고자 하는 의도에서 등록금을 높게 책정할 수밖에 없다. ……………………………………………………………. ……………………………………………………………………………………….

② **웹툰**

웹툰이란 웹(web)과 카툰(cartoon)의 합성어로서 각종 멀티미디어 효과를 동원해 제작된 인터넷 만화를 말한다. 초기에는 단순히 만화책을 스캔(scan)해 그대로 게재하는 온라인상의 만화를 뜻하기도 했다. 그러나 멀티미디어가 가능한 인터넷의 특성을 활용하여 점차 음성, 배경음악, 플래시 기법 등을 활용하여 점차 발전하기 시작하였다. 음성은 ……………………………………………………………. 배경음악은 ……………………………………………………………. 플래시 기법은 ……………………………………………………………. 이러한 다양한 기법이 활용되면서 오늘날의 웹툰은 만화영화나 만화비디오를 보는 느낌을 준다.

예제 '사이버 공간의 익명성'이라는 화제에 따라 쓰인 단락을 요건에 맞추어 완성하시오.

> 흔히 사이버 공간은 익명의 공간이라고 말하지만 쿠키를 알면 사이버 공간을 완전한 의미의 인터넷 공간이라고 말할 수 없다. 사이버 공간은 얼굴을 마주 대하며 만나는 공간이 아니기 때문에 글을 쓴 이가 자신의 신분을 밝히지 않으면 누구인지 모른다. 따라서 사이버 공간에서 활동하는 인격체는 인격체이기는 하되 누구인지 알 수 없는 익명성을 특징으로 한다. 그러나 쿠키 때문에 완전한 익명성을 얻기는 어렵다. ....
> ....
> ....
> ....
> ....
> ....
> .... 사이버 공간에서 남의 모습을 내가 볼 수 없다고 해서 나의 모습도 남에게 보이지 않는다고 과신해서는 안 된다.

풀이

단락의 요건에 대해 배운 내용을 종합해 한 단락을 완성해 보는 문제이다. 화제와 화제문이 주어졌으므로 통일성, 긴밀성, 완결성을 갖추어 단락을 완성해 나가면 된다. 다소 전문적인 지식이 필요할 수도 있으므로 이에 대한 지식이 없으면 검색을 통해 단락 전개에 필요한 정보를 모은 후 써 본다. 주어진 단락을 보충하는 것뿐만 아니라 화제 하나를 한 단락으로 전개하는 훈련을 하는 것도 좋다.

답 흔히 사이버 공간은 익명의 공간이라고 말하지만 쿠키를 알면 사이버 공간을 완전한 의미의 인터넷 공간이라고 말할 수 없다. 사이버 공간은 얼굴을 마주 대하며 만나는 공간이 아니기 때문에 글을 쓴 이가 자신의 신분을 밝히지 않으면 누구인지 모른다. 따라서 사이버 공간에서 활동하는 인격체는 인격체이기는 하되 누구인지 알 수 없는 익명성을 특징으로 한다. 그러나 쿠키 때문에 완전한 익명성을 얻기는 어렵다. 쿠키는 특정 홈페이지를 접속할 때 아이디와 비밀번호 등을 기록하는 임시 파일이다. 쿠키 파일은 동일한 홈페이지의 접속을 쉽게 하기도 하지만 이용자가 어떤 페이지를 보았는지, 어떤 상품을 샀는지에 대한 정보도 기록된다. 이러한 정보를 분석하면 이용자가 누구인지 금세 알 수 있으며 이 정보를 수집하고 분석하여 활용할 수도 있다. 사이버 공간에서 남의 모습을 내가 볼 수 없다고 해서 나의 모습도 남에게 보이지 않는다고 과신해서는 안 된다.

제시된 단락은 쿠키와 사이버 공간의 익명성 문제를 화제로 하고 있다. 따라서 이 글의 핵심적인 내용은 쿠키로 인해 사용자의 익명성이 지켜지지 않는 이유이다. 예시답안에서는 쿠키의 정의, 쿠키에 의한 이용 정보 기록, 쿠키 파일 분석의 활용 가능성 등을 차례로 제시하고 있다. 이는 단락 전체의 화제와 일치되므로 통일성이 잘 유지되었다. 전후문장 및 답안의 문장끼리도 긴밀한 연결관계를 맺고 있으므로 긴밀성도 잘 유지되었다. 그리고 화제에 대해 충분히 전개했기 때문에 완결성도 유지가 되었다.

연습 다음에 제시되는 화제 및 화제문에 따라 쓰인 단락을 요건에 맞추어 완성하시오.

① 게놈 프로젝트

게놈 프로젝트는 인체의 유전정보를 가지고 있는 게놈(genome)을 해독해 유전자 지도를 작성하고 유전자 배열을 분석하는 연구 작업을 뜻한다. ....

....

....

....

....

.... 2000년 6월, 세계 18개국의 연구진이 참여한 인간게놈프로젝트 사업단(human genome project : HGP)과 민간기업인 셀레라 제노믹스가 인간 유전자 지도의 초안 작성을 완료했다. 한 개의 세포(핵)에는 23쌍의 염색체가 들어 있으며 이 염색체 안에 있는 디옥시리보 핵산(DNA)은 4종의 염기가 일정한 순서로 30억 번 배열돼 있다. 이들 30억 개 염기 전체, 즉 게놈의 구조가 규명된 것이다. ....

....

....

....

....

② 스티븐 스필버그

미국의 영화감독이자 제작자인 스티븐 스필버그는 최고의 흥행감독이기도 하지만 작품성 또한 인정받는 감독이기도 하다. 스필버그가 최초로 흥행을 기록한 영화는 식인 상어와의 혈투를 그린 〈죠스(1975)〉이다. 뒤이어 〈레이더스(1977)〉, 〈ET(1981)〉, 〈인디애나 존스(1984)〉 등이 잇따라 흥행을 거두면서 대표적인 흥행감독으로 자리를 잡았다. 이후에도 〈컬러 퍼플(1985)〉, 〈쥐라기공원(1993)〉 등이 계속적인 성공을 거두었는데 이런 작품만 있었다면 스필버그는 그저 흥행감독으로만 남았을 것이다. 그러나, ...

....

....

....

....

....

4.3 단락과 글

단락은 독립된 요소이기도 하지만 항상 글 전체와의 관계 속에서 의미를 가진다. 또한 글의 각 부분에 따라 단락의 내용과 형식이 조금씩 달라진다. 단락을 모아 글을 구성하는 방법, 서론과 결론 단락을 쓰는 방법 등에 대해 구체적으로 알아보자.

문제가 뭐야?	어떻게 해야 하지?	이렇게 해결해 봐!	더 깊게! 더 넓게!
단락을 모아 글을 구성하려면 어떻게 해야 하지?	내용 단락과 형식 단락을 구별하라.	서론, 본론, 결론의 각 단락을 쓰는 법을 익히라.	글을 구성하는 각각의 요소를 단락으로 전개하라.

내용 단락과 형식 단락

글은 단락이 모여 만들어지는 것이므로 구성과 개요에 바탕을 두고 단락의 요건을 지켜 단락을 전개하면 글을 완성해 나갈 수 있다. 그런데 단락을 전개하여 글을 완성하고자 할 때는 단락뿐만 아니라 보다 큰 단위를 고려해야 한다. 단락은 하나의 화제를 중심으로 하여 구성된 독립된 구성 요소이지만 각각의 단락이 유기적인 관계를 맺도록 해야 비로소 한 편의 글이 완성되기 때문이다.

한 편의 글을 완성하기 위해서는 두 종류의 단락에 대한 이해가 필요하다. 설명문이나 논설문 등의 실용문은 일반적으로 서론 · 본론 · 결론의 삼단 구성을 취한다. 긴 글에서는 서론과 결론도 여러 단락이 될 수 있지만 짧은 글에서는 서론과 결론은 한 단락으로 쓰는 것이 보통이다. 이때 서론과 결론은 글을 열고 닫는 기능을 하는 형식 단락이 되고, 본론은 주제와 관련된 핵심적인 내용을 서술하는 내용 단락이 된다.

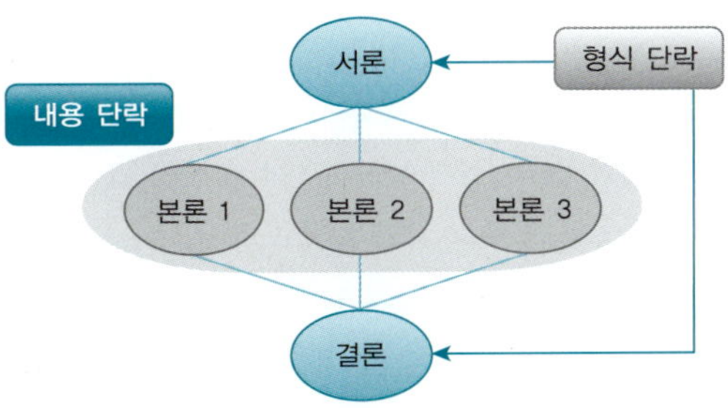

형식 단락과 내용 단락은 전개하는 방법에서도 차이가 난다. 형식 단락인 서론은 글의 맨 앞에 놓여 독자로 하여금 글의 주제에 자연스럽게 몰입하도록 하고, 본론에서 다룰 내용을 안내하는 역할을 한다. 또 다른 형식 단락인 결론은 본론에서 다룬 내용을 요약, 정리하는 역할을 한다. 따라서 이러한 형식 단락은 그 역할을 충실히 다할 수 있도록 일정한 형식에 따라서 쓴다. 내용 단락인 본론은 말 그대로 주어진 주제에 대한 본격적인 내용을 다루는 부분이다. 이 부분은 화제의 성격에 따라 다양한 단락의 전개 방법을 활용할 수 있다.

따라서 형식 단락과 내용 단락은 단락의 구조 면에서도 차이가 난다. 서론은 도입과 문제제기로 구성되는데 도입부는 독자로 하여금 글 전체의 주제로 자연스럽게 접근할 수 있도록 유도하며, 문제제기부는 본론에서 논의할 화제를 구체적으로 제시하는 역할을 한다. 본론은 일반적인 단락의 구조인 화제문과 뒷받침문으로 구성되어 서론의 문제제기부에서 제기된 화제에 대해 순차적으로 전개해 나간다. 마지막으로 결론은 요약부와 덧붙임으로 구성되는데 요약부에서는 서론에서 제기되고 본론에서 전개된 화제를 요약하고 글을 마무리하는 역할을 하며, 덧붙임 부분에는 글의 마무리를 위해 필요한 내용을 덧붙이거나 여운을 남긴다.

> Key Point
> **글을 구성하는 두 가지 유형의 단락을 이해하려면?**
> 내용 단락과 형식 단락을 구별하라.

예제 4-9

다음은 한 편의 완성된 글을 단락 단위로 나누어 순서 없이 나열한 것이다. 지시에 따라 각각의 단락을 분류하시오.

(A) 질량 보존의 법칙은 틀렸다. 이백여 년 전에 라부아지에에 의해 이미 주창된 법칙이 틀렸다는 것은 아니다. 그렇다고 반응계의 에너지 증감에 의해 극히 작지만 질량의 변화가 있다는 아인슈타인의 설명에 기대려는 것도 아니다. '질량(質量)'을 '질(質)'과 '양(量)'으로 나누어 보려는 태도, 그래서 질량 보존의 법칙을 '질 = 양'이라고 보는 시각이 틀렸다는 것이다. 특히 '질'은 '양'으로 측정될 수 있고, '양'을 늘리는 것이 바로 '질'을 높이는 것이라 여기는 믿음이 틀렸다는 것이다.

(B) 저들은 말할 것이다. 이런 양적인 지표 말고 과연 객관적인 지표가 있을 수 있겠냐고, 그리고 상당수의 지표는 결국 양이 아닌 질과 밀접한 관련을 맺고 있는 것이라고. 그 말이 틀린 것은 아니다. 표면적 객관성을 유지하기 위해서는 양적 지표밖에 없고, 소위 공신력이 있는 기관에서도 결국은 이와 비슷한 양적 지표를 우선적으로 쓸 수밖에 없을 것이다. 그러나 지표의 옳고 그름을 논하기 전에 먼저 물어야 할 것이 있다. 그들이 표방한 '독자, 수험생, 학부모, 대학, 기업 등에 다양하고 정확한 정보'를 요구한 적이 있었냐고, 그런 정보를 임의대로 만들 자격을 부여한 적이 있었냐고.

(C) 언론사의 숫자놀음에 대학이 휘둘리는 안타까운 현실 속에 우리가 놓여있다. 저들에게 숫자놀음 끝내라고 하는 것도 방법이고, 할 수만 있다면 더 객관적인 지표로 똑바로 평가하라고 하는 것도 방법이다. 그러나 결국 선택은 우리의 몫이다. 저들이 뭐라고 떠들든 우리가 관심을 가지지 않으면 된다. 숫자에 얽매여 허비하는 시간을 참교육에 대한 고민에 쏟는다면 대학은 훨씬 더 발전할 수 있을 것이다.

(D) 이 사태를 해결하는 방법은 단 하나이다. 저들에게 질량보존의 법칙을 다시 가르쳐 질량 보존의 법칙에 대한 오해를 푸는 것이다. '양'이 '질'로 보존되는 것이 아니라 '양'과 '질'은 별개라고, '질량'과 '질'은 극히 다르

니 측정하는 방법부터 다시 만들라고. 나아가 수치 몇 개로 대학을 좌지우지 하려 하지 말라고.

(E) 수많은 비난에도 불구하고 너도나도 '대학평가 놀이'를 하고 있고, 대학은 이 평가에 일희일비하며 놀아나고 있다. 대학을 평가할 의무를 지운 적도, 자격도 준 적이 없는데 이들은 자칭 '공정하고 객관적인 기준'으로 대학들의 줄을 세우고 있다. 그러나 그 기준이라는 것이 '-수(數), -율(率), -비(費), -금(金), -액(額)'으로 끝나는, 철저하게 양을 측정하는 것일 뿐이다. 나머지 기준은 '신입사원으로 뽑고 싶은 대학'과 같은 지극히 자의적인 것이어서 어떻게 반영하는지도 의심스럽다. 문제는 이러한 기준에 의해 모든 대학들이 '좋은 대학'과 '나쁜 대학'으로 양분된다는 것, 게다가 우리 사회의 지독한 줄 세우기 관행에 의해 10위권 안에 드는 대학이 아니면 모두 '나쁜 대학'으로 전락하고 만다는 것이다. '좋음'과 '나쁨'은 단순히 양적인 잣대에 의해 정해지는 것이 아닌데 철저하게 양적인 잣대에 의해 10여 개의 대학을 제외하면 대부분의 대학이 나쁜 대학의 불명예를 안게 된다.

(F) 그러나 안타깝게도 저들의 이 놀이는 그칠 기미가 보이지 않는다. 아무도 원하지 않았지만 이미 순위가 정해져 발표된 마당에 각 대학은 민감해질 수밖에 없어 진정한 의미의 '좋은 대학'을 만들려 노력하기보다는 양적 지표에 맞추려는 노력을 기울일 수밖에 없다. 학생과 기업 또한 순위에 얽매여 지원과 채용에 영향을 받을 수밖에 없고 그것이 '입학하고 싶은 대학, 신입사원으로 뽑고 싶은 대학'을 매기는 순환지표가 될 수밖에 없다. 그리고 저들의 숫자놀음에 따라 대학의 악순환은 지속된다.

내용 단락		형식 단락	A, C
본론		서론	
본론의 순서		결론	
글 전체의 순서			

풀이

글을 구성하는 각 단락의 특성을 알아보고 각각의 단락이 글에서 어떤 역할을 하는지를 파악해 보는 문제이다. 단락은 크게 내용 단락과 형식 단락으로 나눌 수 있다. 주어진 글은 논설문의 일종인 사설이므로 서론, 본론, 결론의 3단 구성을 취한다. 따라서 서론과 결론은 형식 단락이고 본론은 내용 단락이다. 주어진 글은 구조가 잘 짜여 있고 단락 간의 관계도 정연하므로 글 전체의 순서도 논리적 관계에 따라 바로잡을 수 있다.

답 내용 단락	B, D, E, F	형식 단락	A, C
본론	B, D, E, F	서론	A
본론의 순서	E – B – F – D	결론	C
글 전체의 순서	A – E – B – F – D – C		

주어진 글은 신문사에 의해 행해지는 대학 평가의 문제점을 비판하고 있는 사설이다. 사설은 서론, 본론, 결론의 구조로 되어 있기 때문에 먼저 서론과 결론을 찾아본다. 서론과 결론은 문제에서 이미 주어져 있다. 서론 (A)는 질량 보존의 법칙에 대한 언급으로 글의 도입을 삼고 있다. 결론 (C)는 신문사와 대학에 당부를 하면서 글을 끝맺고 있다. 나머지는 본론인

데 언론사에 의해 행해지는 대학 평가의 문제를 하나하나 짚어보면서 문제점을 제시하고 있다. (E)에서는 언론사의 평가에 놀아나는 현실을, (B)에서는 양적 지표로 모든 것을 결정짓는 평가의 문제점을, (F)에서는 대학평가에 의한 악순환을, (D)에서는 문제에 대한 해결책을 제시하고 있다. 논리적 흐름과 연결어를 고려하면 본론의 순서도 정할 수 있다.

연습 4-9

다음은 한 편의 완성된 글을 단락 단위로 나누어 순서 없이 나열한 것이다. 지시에 따라 각각의 단락을 분류하시오.

(A) 풍부한 경험으로부터 우러나온 지혜는 극히 일반적인 진리를 담고 있는 경우가 많다. 그래서 30년 이상 교단을 지키다 정년을 앞두고 국내 최대의 한 학회를 맡은 어느 노 교수의 취임사는 지금도 가슴을 울린다. "저는 아무것도 바꾸지 않겠습니다. 개혁이란 말은 더더욱 쓰지 않겠습니다. 하지만 제가 물러난 후 학회가 조금씩 더 나아질 수 있도록 노력하겠습니다." 늘 개혁이 화두가 된 대학에서도 이 말에 대해 다시금 생각해 볼 필요가 있다.

(B) 대학의 개혁은 모두가 바라는 바이자, 실현을 위해 노력해야 하는 것이다. 그러나 그저 뜯어고치기 위한 개혁, 대학의 근본적인 존재 이유를 잊은 개혁, 눈앞의 열매를 따기 위한 개혁이어서는 안 된다. 새로운 수장을 맞이한 우리 대학에서 분주하게 이루어지고 있는 개혁을 위한 몸짓이 이미 관성화된 '개혁'을 먼저 개혁한 후 추진되기를 기대해 본다.

(C) 열매를 따기 위한 개혁이 아닌 씨를 뿌리는 개혁이어야 한다. 조직의 수장에게 '임기'는 큰 압박이어서 그것을 부정적으로 본다면 취임하는 순간부터 시한부 인생을 선고받은 것이나 다름없을 수도 있다. 따라서 대규모 토목공사를 벌인 후 무슨 수를 써서라도 임기 내에 끝을 내려는 시도를 한다. 또한 임기 내에 겉만 번지르르한 축제를 벌여 한껏 즐긴 후 파탄 난 재정을 후임자에게 물려주기도 한다. 나아가 '연임'이라는 생명 연장을 위해 갖은 꼼수를 쓰기도 한다. 그러나 조직 전체로 보면 임기는 끝이 아니라 새로운 시작을 위한 장치일 뿐이다. 개혁의 열매는 언젠가 딸 수 있으면 되는 것이지 특정 시기에 따야 하는 것은 아니다. 따라서 대학에서의 개혁은 백 년은 아니더라도 십 년은 내다보며 씨를 뿌리는 개혁이어야 한다.

(D) 대학에서의 개혁은 '교육'과 '연구'의 진흥을 위한 개혁이어야 한다. 학생 수는 줄어들고 국내외 대학 간의 경쟁은 더 치열해지는 상황에서 조직의 통폐합을 포함한 각종 구조조정도 필요하고, 비용 절감을 위한 경영 합리화도 필요하다. 그러나 행정과 경영은 어디까지나 대학의 근본적인 목적인 교육과 연구가 더 잘 이루어지도록 하기 위한 것이다. 대학의 구조조정과 경영합리화는 재단이나 대학본부의 입장에서는 꼭 필요하고도 매력적인 목표가 될 수 있다. 그러나 이러한 행정과 경영의 개혁은 질 높은 교육과 창의적인 연구를 지원하기 위한 것이어야 한다. 교육과 연구가 소외된 대학행정과 경영의 개혁은 뇌와 심장이 없는 대학을 만들 수도 있다.

(E) '개혁' 그 자체가 목적이 되어서는 안 된다. 사전은 '개혁'을 '제도나 기구 따위를 새롭게 뜯어고침'이라고 정의하고 있다. 현실에서도 개혁은, 그 근본적인 목적은 잊은 채 그저 기존의 것을 뜯어고치는 것으로만 받아들여지고 있다. 그리하여 새로운 정권이 들어서면 입시 제도부터 바꾸고, 조직의 수장이 바뀌면 이전의 정책과 무조건 다른 정책을 제시한다. 새로운 정권과 수장은 뭔가 달라지고 있다는 것을 보여줘야 한다는 강박관념에 시달릴 수밖에 없겠지만 이것은 결코 진정한 의미의 개혁이 될 수 없다. 새롭게 뜯어고치더라도 무엇을 위해 어떤 방향으로 고칠 것인가에 대한 고민이 없다면 이런 식의 개혁은 주기마다 되풀이되는 이벤트에 그칠 가능성이 크다.

내용 단락		형식 단락	
본론		서론	
본론의 순서		결론	
글 전체의 순서			

단락의 전개와 글의 완성

각각의 단락을 전개하여 글을 완성할 때는 각 단락이 주어진 역할을 충실히 수행하도록 하여야 한다. 아래의 예시를 보면 문제제기부에서 '종류, 매장지, 용도' 세 가지 화제로 서술할 것을 예고하고 있다. 이에 따라 본론에서는 각각의 화제에 대해 단락을 나누어 각각을 독립적으로 서술하게 된다. 결론은 요약과 덧붙임 두 부분으로 구성되어 있는데 요약 부분은 본론의 내용을 요약적으로 제시하고, 덧붙임 부분에서는 글을 마무리하는 데 필요한 내용을 추가적으로 쓴다. 이상과 같이 한 편의 완성된 글을 쓸 때는 형식 단락인 서론과 결론이 글을 여닫는 역할을 분명히 하도록 하고 내용 단락인 본론이 주어진 주제에 대해 분명히 서술할 수 있도록 써야 한다.

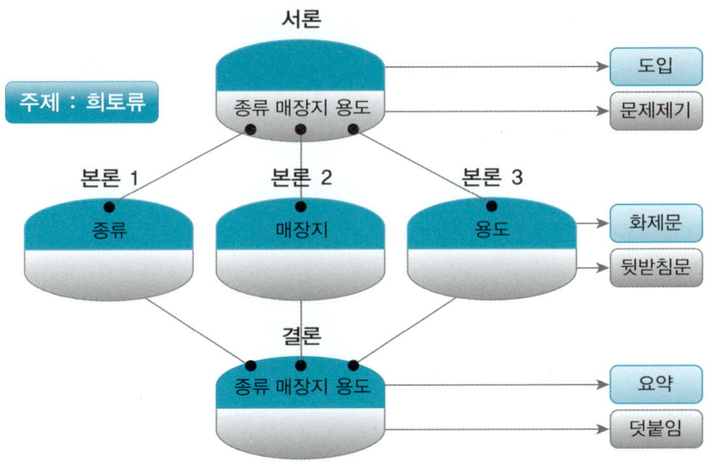

한 편의 완성된 글을 쓸 때도 단락의 요건과 유사한 요건이 요구된다. 단락은 주어진 화제에 대해 통일성, 긴밀성, 완결성을 갖추어야 하는데 이때의 화제를 주제로 확대하면 글 전체에서도 통일성, 긴밀성, 완결성이 요구되는 것이다. 글 전체의 통일성은 글을 구성하는 모든 단락이 주제와 관련이 있어야 한다는 속성이다. 위에 제시된 예와 같이 본론의 모든 단락이 주제인 '희토류'와 관련을 맺고, 서론과 결론도 본론을 적절하게 열고 닫으면 글의 통일성이 유지될 수 있다.

글 전체의 긴밀성은 글을 구성하는 모든 단락이 서로 긴밀한 관련성을 맺어야 한다는 속성이다. 먼저 요구되는 것은 형식 단락과 내용 단락의 긴밀성이다. 형식 단락인 서론이 본론을 적절히 이끌어 내고, 본론의 논의가 결론에서 잘 마무리될 때 형식 단락과 내용 단락의 긴밀성이 유지될 수 있다. 내용 단락인 본론의 각 단락 또한 서로 긴밀한 관련을 맺어야 한다. 위의 예에서 서론은 본론의 내용을 적절히 예고하고 있으며, 본론은 서론에서 예고된 바에 따라 세 가지 화제가 대등하게 배열되었다. 또한 결론에서 세 가지 화제를 적절히 요약하고 있으므로 긴밀성이 잘 유지되었다.

글 전체의 완결성은 주어진 주제에 대해 각 단락에서 충분히 서술해야 한다는 속성이다. 글 전체의 완결성을 유지하기 위해서는 글의 구성 및 서론이 매우 중요하다. 짧은 글에서 주어진 주제와 관련된 모든 것을 완전히 설명하기는 어렵다. 따라서 글을 구성하는 단계에서 주어진 주제와 관련하여 꼭 필요한 것만 선정하여 본론의 구성 요소를 정해야 한다. 그리고 서론의 문제제기부에서 본론에서 다룬 화제를 분명하게 제시하고 이 화제를 본론에서 충실하게 서술하면 글의 완결성을 유지할 수 있다.

Key Point

글 전체가 유기적인 관계를 맺도록 하려면?
서론에서 제기한 문제를 본론에서 서술하고 결론에서 요약하라.

예제 4-10

다음에 제시되는 한 편의 완성된 글을 분석해 빈칸을 채우시오.

최근 몇몇 국회의원들이 면밀한 조사와 검토 끝에 친일파 명단을 새로이 발표한 일이 있었다. 일제의 식민통치에서 벗어난 지 반세기가 넘었음에도 불구하고 아직도 친일파 명단을 발표하고 그들의 처벌을 놓고 논쟁을 벌이는 것이 시대에 뒤떨어진 듯한 느낌을 지울 수가 없다. 그런데 이러한 논쟁의 근원에는 친일파에 대한 명확한 개념규정을 하지 못하고 그 개념규정에 따른 분류와 처벌을 제대로 하지 못한 것이 자리 잡고 있다. 친일파 문제에 대한 감정적 대응을 자제하고 이들에 대한 올바른 처리를 통해 소모적 논쟁을 불식시키는 일은 여전히 중요한 일이다. 따라서 이 글에서는 친일파에 대한 분명한 정의를 바탕으로 친일파를 분류하고 이 분류에 따라 이들을 차등적으로 처벌할 구체적 방안에 대해서 알아보고자 한다.

'친일파'는 일제 식민지 시대에 일본에 협력해 우리의 독립을 방해하고 일제의 식민 통치에 도움을 주었던 모든 사람을 일컫는 말이다. 일제는 식민 통치를 효율적으로 하기 위해서 일본인뿐만 아니라 한국인들을 동원해 한국의 식민지화를 공고히 하려 했다. 이 과정에서 한국인을 관료로 뽑아 식민 통치의 꼭두각시로 만들기도 하였으며 친일적인 상인과 기업인을 내세워 우리의 자원과 노동력을 수탈하기도 하였다. 또한 한국 지식인들을 회유하거나 협박하여 식민 통치를 정당화하는 이념을 창출해 내거나 한국인들을 세뇌하도록 하였다. 이렇듯 일제의 식민 통치를 돕고 우리의 독립의지를 짓밟아 버린 모든 행위가 친일 행위이며 이러한 행위를 자행한 사람이 친일파인 것이다.

이런 친일 행위를 한 모든 사람들이 친일파이기는 하지만 친일행위의 동기와 자발성 여부에 따라 친일파를 다양하게 분류할 수 있다. 친일파 중에는 자발적으로 나서서 일본인보다 더 적극적으로 우리나라의 식민지화를 위해 광분하던 사람도 있었다. 또한 일제의 식민정책에 저항할 수 있는 위치에 있지만 침묵으로 일관해 일제의 식민정책에 묵시적으로 동조한 사람도 있었고 일제에 저항할 아무런 힘도 없어 생명의 위협을 느껴 어쩔 수 없이 일제가 강요하는 행위를 해 결과적으로 친일 행위를 한 사람도 있었다. 이러한 경우를 종합하면 친일파는, 친일 정책에 대한 자발성 여부에 따라 '자발적 친일파, 묵시적 친일파, 강압에 의한 친일파'로 분류할 수 있다.

친일파에 대한 처벌은 이상의 분류를 감안하여 차등적으로 이루어져야 한다. 자발적 친일파들은 일제에 적극적으로 동조해 권력과 부를 누려온 사람들이므로 그들의 부와 권력을 박탈해야 하는 것은 당연하다. 또한 그들의 정신은 친일사상으로 완전히 오염되어 있으므로 사상적으로 단죄하고, 참회의 마음을 그들 속에 깊이 심어주어 사상적 오염물을 완전히 제거해야 한다. 묵시적 친일파들은 참회의 계기를 먼저 만들어 주고 각각의 분야에 백의종군해 자신들이 역사 발전에 미친 악영향을 극복해 내기 위한 봉사활동을 적극적으로 유도해야 한다. 강압에 의한 친일파들은 어쩔 수 없는 상황에서 친일을 한 것이므로 물리적 처벌 대신 일제에 대한 공포감을 씻고 자신의 행위에 대한 반성을 통해 사회발전을 위해 매진할 수 있도록 해야 한다.

병의 근원이 몸속에 남아 있을지라도 병은 치유된 것처럼 보일 수 있다. 우리의 역사에서 일제시대는 중병을 앓았던 시기였기 때문에 그 시대의 중병을 치료하려고 무던히도 애써왔다. 그러나 아직도 친일잔재는 청산이 되지 않았고 그 핵심인 친일파 처리 문제는 결론이 나지 않았다. 이 문제를 해결하는 지름길은 친일파에 대한 정의와 분류에서 시작되어야 한다. 이상에서 친일파의 정의와 분류를 하고 이에 따른 차등적인 처벌 방안을 제시했다. 이제 남은 과제는 이 방안에 따라 철저하게 처벌하여 남은 병의 근원마저 송두리째 뽑아 버리는 일일 것이다.

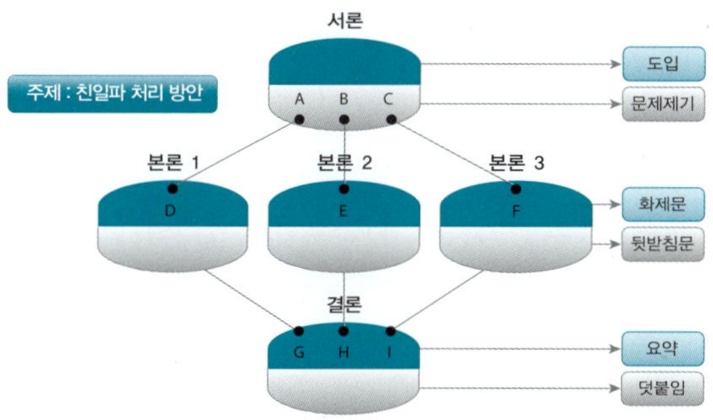

[서론 – 도입/문제제기]

(A), (B), (C) ....

[본론 – 단락 전개/덧붙임]

(D) ....

(E) ....

(F) ....

[결론 – 요약/덧붙임]

(G), (H), (I) ....

풀이

완성된 글을 분석해 글 전체의 구조 및 각 단락의 화제를 파악해 보는 문제이다. 주어진 글은 서론, 본론, 결론의 구성을 갖추고 있으며 각 부분이 원칙에 맞게 매우 충실하게 전개되어 있다. 따라서 제시된 구조에 맞춰 서론, 본론, 결론의 내용을 파악하여 빈칸을 완성해 본다. 글의 구조와 내용을 파악하는 것에 그치지 말고 주어진 글과 같이 구조가 정연하고 단락이 충실하게 전개되는 글을 써볼 수 있도록 노력한다.

답

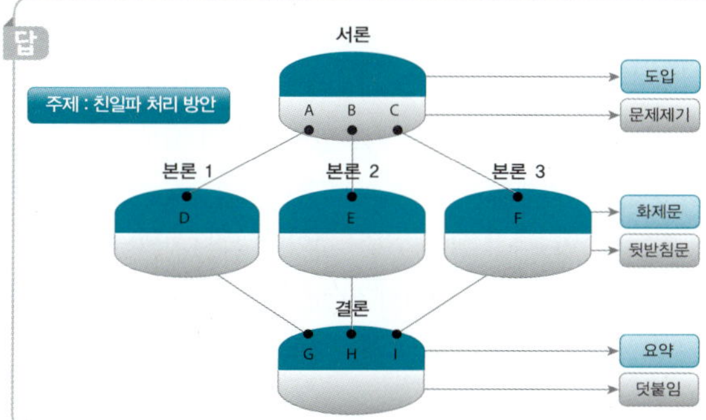

[서론 – 도입/문제제기]

(A), (B), (C) 친일파의 정의, 분류, 처리 방안

[본론 – 단락 전개]

(D) 친일파의 정의

(E) 동기와 자발성에 따른 친일파의 분류

(F) 친일파의 차등적 처리 방안

[결론 – 요약/덧붙임]

(G), (H), (I) 친일파의 정의 분류, 처리방안

제시된 글은 친일파 처리 문제를 다루고 있는데 글 전체가 세 가지 요소 즉, 친일파의 정의, 분류, 처리 방안에 대해서 집중적으로 논하고 있다. 이를 위하여 서론의 도입부 뒤에서 이 세 가지 문제를 제기하고 본론에서는 이 세 가지 문제를 차례로 서술해 나가고 있다. 또한 결론에서는 본론의 내용을 요약하고 덧붙이는 내용을 써 글을 마무리하고 있다. 글 전체의 주제에 맞게 본론의 화제를 정한 후 이것을 문제제기부에서 제시하고 본론에서 차례로 서술해 나가고 있는 매우 정연한 글이다. 글이 반드시 이러한 구조를 가질 필요는 없겠지만 글 전체를 어떻게 전개해 나가는가에 대해서는 좋은 참고가 되는 글이다.

연습 4-10

다음에 제시되는 한 편의 완성된 글을 분석해 빈칸을 채우시오.

1960년대에 토마스 쿤은 '과학 혁명의 구조'라는 책을 통하여 패러다임이라는 개념을 발표했다. 패러다임이라는 개념은 과학뿐 아니라 인문, 철학, 사회과학, 예술에 이르기까지 다양한 개념들을 포괄할 수 있다. 쿤은 이 책에서 핵심적으로 패러다임이란 변화하며 특히 과학과 같은 부분들은 패러다임의 변화와 함께 변화한다고 제시하고 있다. 쿤의 패러다임 개념에 기대면 우리가 현재 과학적 진리라고 말하는 것에 대해 많은 혼란이 생길 수밖에 없다. 따라서 이 글에서는 과학적 진리를 왜 진리라고 말할 수 없는지를 철학적 기반과 과학사의 전개과정에서 살펴보고, 그럼에도 불구하고 과학적 진리라는 것이 어떤 의미를 가지는가에 대해 논하고자 한다.

과학은 기본적으로 철학을 바탕으로 한 학문이다. 즉 철학에서의 가장 중요한 문제인 인간의 본성을 찾는 과정에서 인간의 본성을 정확히 이해하기 위해 파생된 학문이다. 그렇기 때문에 결국 인간의 본성을 절대적으로 정의할 수 있는 철학이 존재할 수 있어야만 완벽하고 절대적인 과학적 진리들을 찾을 수 있을 것이다. 그러나 아직까지 과학적 진리의 기본이 되는 베이컨의 귀납적 철학으로는 절대적 인간의 본성을 찾아내지 못했기 때문에 완벽한 절대적 과학적 진리를 찾지 못하고 있다. 과학에 이용되는 귀납적 철학이란 관찰된 사실들만이 진리이기 때문에 현재까지와는 다른 사실들이 관찰된다면 과학적 진리는 언제든 바뀔 수 있다는 철학이다. 그렇기 때문에 베이컨의 귀납적 철학을 기본으로 하고 있는 과학적 진리는 원론적으로는 완벽하지도 또한 절대적 진리라고도 할 수 없을 것이다.

어떤 과학적 진리라도 영원히 절대적이라고는 할 수 없다. 그러나 쿤의 패러다임이라는 개념을 도입하면 패러다임이 변하지 않는 한 그 패러다임 내에서의 과학적 진리는 절대적이 된다고 할 수 있다. 과학의 진리에 절대적 진리가 전혀 없었다면 현재의 문명을 이룩할 수조차 없었을 것이다. 1900년대 초기까지 우리의 생각을 지배했던 뉴턴의 패러다임은 그 당시 인간이 감지할 수 있던 세상에서 완벽히 들어맞는 절대적인 과학적 진리였다고 할 수 있다. 현재 우리의 관점으로 보았을 때 뉴턴의 과학이 절대적 진리라고 볼 수는 없지만 그 당시 뉴턴의 과학이 절대적 진리였음을 부인할 수는 없다. 즉, 인간이 감지할 수 있는 한계 내에서 현재의 과학적 진리가 완벽히 들어맞고 패러다임들이 변화하지 않을 때 그 패러다임 내에서의 과학적 진리는 절대적이라고 할 수 있는 것이다.

현재의 과학적 진리들은 현재에는 절대적이라고 할 수 있다. 과학적 진리들은 현재 인간이 관찰할 수 있는 사실들을 기본으로 하고 있기 때문이다. 천문학에서 허블 우주망원경이라는 것을 기준으로 많은 천문학에서의 진리들이 바뀐 것을 알 수 있다. 그것은 허블 망원경이 인간이 감지할 수 있는 영역을 넓혀 주었기 때문이다. 그런데도 천문학자들은 현재 자신의 과학적 지식들에 대해 끊임없이 의심하고 있다. 그럼에도 불구하고 현재의 기준으로 보았을 때 천문학자들이 지닌 지식들은 현재까진 절대적 진리라고 할 수 있는 것이다. 왜냐하면 인간의 지각 능력이 더 커지기 전까지는 현재의 지식이 완벽하기 때문이다. 그리고 이러한 지식들이 현재 우리의 삶에 많은 부분 유용하게 사용되고 있기 때문이다. 만약 과학적 지식들이 조금이라도 절대적 진리를 지니고 있지 않다면 문명의 발달에 전혀 도움을 못 주었을 것이기 때문이다.

과학적 진리란 기본 철학부터 불완전성을 기본으로 하고 있기 때문에 객관적으로 본다면 절대 절대적인 진리가 될 수 없다. 그러나 역설적으로 불완전한 철학을 기본으로 했기 때문에 그 불완전한 귀납적 철학에 의한다면 현재의 과학적 진리는 현재에는 절대적이 될 수 있는 것이다. 그럼에도 불구하고 현재의 과학적 진리가 현재의 패러다임 내에서만 진리가 된다는 것에는 결국 과학에는 한계가 있음을 포함하고 있는 것이기에 과학이 완벽한 절대적 진리가 되기 위해서 더욱 많은 노력이 필요한 것은 틀림없는 사실이다.

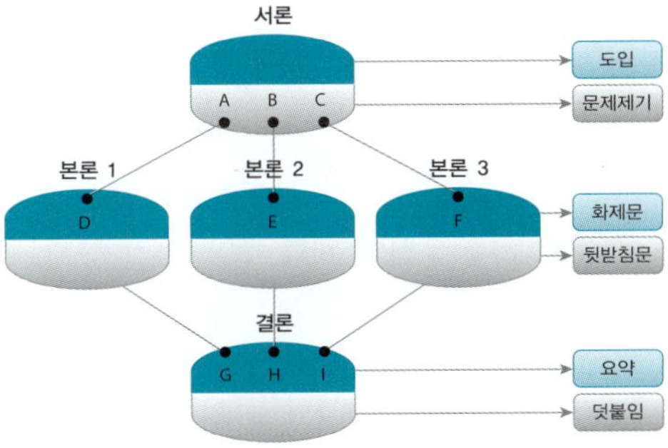

[서론 – 도입/문제제기]
(A), (B), (C) ....

[본론 – 단락 전개/덧붙임]
(D) ....
(E) ....
(F) ....

[결론 – 요약/덧붙임]
(G), (H), (I) ....

서론 쓰기

실용문의 맨 앞에 쓰게 되는 서론은 매우 중요한 역할을 한다. 글의 제목을 통하여 독자의 관심을 끌고, 글의 주제를 대략적으로 제시할 수 있지만 글 전체의 주제와 구성을 구체적으로 제시할 수는 없다. 따라서 글의 첫머리에 놓이는 서론을 통하여 독자의 관심을 유지하며 글의 주제와 서술 방향을 상세하게 제시할 필요가 있다. 이를 위하여 서론은 도입부와 문제제기부로 구성되는데 두 부분의 역할은 각각 깔때기와 이정표에 비유될 수 있다.

서론의 구조

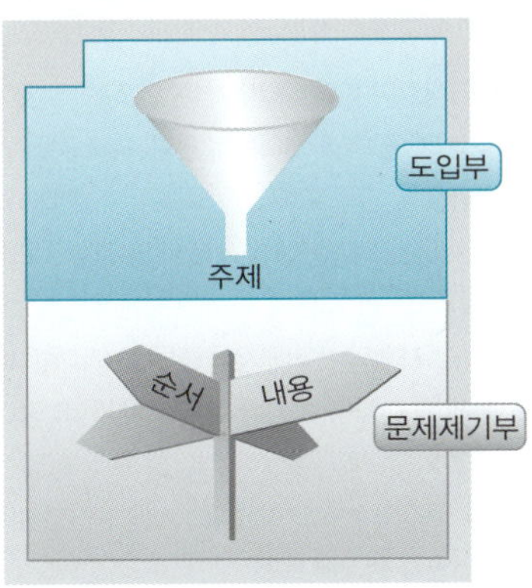

몇날 며칠을 서재에 앉아 물리 이론에 몰두하고 있는 물리학자는 윤리적인 문제로부터 독립되어 있는 것으로 보인다. 실험실을 지키며 객관적인 실험 데이터를 모으고 이를 분석하는 화학자에게 윤리를 물을 여지가 없어 보인다. 그러나 연구 주제의 설정에서부터 결과에 대한 해석까지 모든 과정에 이미 윤리가 개입될 수밖에 없다. 더욱이 오늘날과 같이 과학기술이 더 세분화되고 복잡해질수록 가치판단이 어려운 윤리적인 쟁점들도 생겨난다. 상황이 이렇다면 과학자들은 자신들에게 부여되는 다양한 윤리적 가치로부터 도망칠 것이 아니라 그것을 더 분명히 알고 대처해야 한다. 과학자에게 왜 윤리적 가치가 요구되는지, 요구된다면 어떤 윤리적 가치가 요구되는지, 과학자는 이러한 윤리적 가치에 어떻게 대응해야 하는지 알아볼 필요가 있다.

서론의 앞부분은 깔때기처럼 주제에 쉽게, 그리고 정확하게 몰입할 수 있도록 해 주는 부분이다. 도입부에서는 글을 쓰게 된 동기, 글을 쓰는 목적, 논제의 중요성과 필요성 등을 서술하여 읽는 이로 하여금 자연스럽게 문제에 몰입할 수 있도록 유도한다. 또한 이 부분에는 글을 읽는 이가 흥미를 가질 수 있는 내용을 배치하여 문제에 관심을 가지도록 유도한다. 서론의 뒷부분은 이정표처럼 글에서 서술하고자 하는 주제가 무엇이며, 그 주제가 어떤 구조의 어떤 순서로 서술될 것인가를 밝혀주는 부분이다. 주어진 주제가 몇 부분으로 나뉘어서 서술될 것이며, 각 부분은 어떤 순서로 나열될 것인지를 제시해 주는 부분이기도 하다. 독자는 이 부분을 통해 글의 주제와 구조를 대략적으로 파악하고 편안하게 본론의 논의로 접근할 수 있다.

도입부를 쓰는 방법은 구체화, 일반화, 유추의 세 가지로 나눌 수 있다. 구체화에 의한 도입부는 주어진 주제보다 포괄적인 문제나 내용에서 출발하여 주어진 문제로 접근하도록 유도하는 방법으로 쓴 도입부이다. 즉 어떠한 문제가 있다면 그 문제를 둘러싼 보다 상위의 개념, 포괄적인 문제, 원론적인 내용을 먼저 제시하고 그 문제 중에서 특히 중요하다고 생각되는 주제로 접근하는 방식이다.

구체화 – 좁히기

사회적 동물인 인간은 늘 누군가와 관계를 맺고 살 수밖에 없다. 그리고 어떤 관계든 관계가 맺어지면 원만한 관계를 유지하기 위해 신경 써야 할 것이 한두 가지가 아니다. 특히 사람을 사귈 때의 마음가짐이나 몸가짐을 에티켓이라 하여 매우 중시한다. 이 에티켓은 비단 얼굴을 맞대는 관계에서만 필요한 것은 아닌 듯하다. 요즘 들어 사이버 공간에서의 만남이 활발해지고 그 사이에서 다툼과 상처가 발생하는 것을 보면 특히 그렇다. 이러한 문제는 하루가 다르게 발달해 가는 사이버 세계의 만남을 예절이 따라가지 못해 발생한 것이다. 어떻게 하면 네트워크상에서의 에티켓, 즉 네티켓을 정립할 것인가에 대한 고민은 더 이상 미룰 수 없는 상황이 되었다.

일반화에 의한 도입부는 주어진 문제를 구성하는 보다 구체적인 내용에서 출발하여 이를 일반화한 문제로 접근하도록 유도하는 방법으로 쓴 도입부이다. 본론에서 다루고자 하는 문제가 있다면 그 문제를 이루는 하위 요소에 대해 먼저 서술한 후 이것을 종합해 본론의 주제로 접근해 가는 방식이다.

일반화 – 넓히기

남이 글을 올리면 악착같이 따라다니며 험한 소리를 지껄여대는 사람을 뜻하는 '악플러', 인터넷 게시판이 온통 자기 것인 양 자신의 글만 올리는 행위를 뜻하는 '도배', 도대체 무슨 말인지 알 수 없는 단어와 표기를 써대는 외계인들……. 한때의 경향으로만 보기에는 도가 너무 지나치고 이 때문에 피해를 보는 사람도 속출하고 있다. 사이버 공간 자체의 논리와 정화작용을 기대해 볼 수도 있지만 그것도 요원한 것처럼 보인다. 아무리 사이버 공간이라지만 결국 현실 공간의 논리와 예절이 개입할 수밖에 없는 것인가? 그렇다면 현실 공간의 논리와 예절을 어떻게 변형하여 사이버 공간에 반영할 것인가 생각해 보자.

유추에 의한 도입부는 다루고자 하는 주제와 밀접한 관련을 가지면서 많은 사람들에게 잘 알려진 개념, 사건, 일화 등을 소개하면서 주제에 접근하는 방법으로 쓴 도입부이다. 글에서 다루고자 하는 주제와는 다른 범주의 것이지만 주제와 유사성이 있는 사안을 먼저 제시한 뒤 자연스럽게 주제로 연결해 가는 방식이다.

유추 – 빗대기

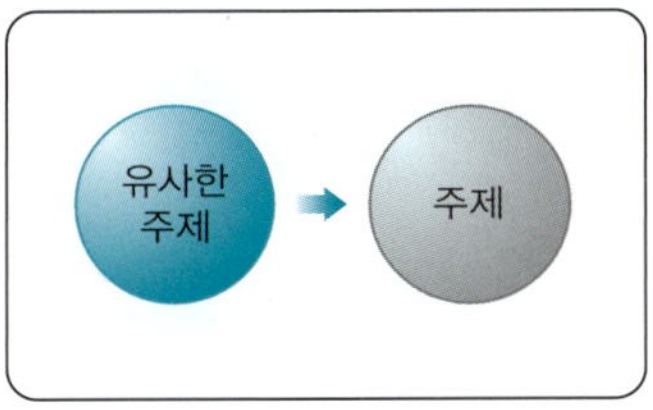

사람들은 가면을 쓰면 용감해진다. 가면을 쓰면 나는 감춰지고 자신은 쓰고 있는 가면으로 사람들에게 비춰지기 때문이다. 계급장을 떼면 군인들은 용감해진다. 상대의 본래 계급이 무엇이든 계급장을 떼고 나면 동등해지기 때문이다. 사이버 공간에는 가면을 쓰고 계급장을 뗀 사람들이 넘쳐난다. 자신의 얼굴이 드러나지 않는 사이버 공간은 아이디 하나로 자신을 얼마든지 속일 수가 있다. 상대 또한 얼굴이 보이지 않기 때문에 상대가 누구이든 내 마음대로 대할 수도 있다. 이러한 익명의 공간이 사이버 공간의 장점이기도 하지만 이로 인해 수많은 폐해가 나타나고 있다. 점차 영향력이 커져 가는 사이버 공간에서의 에티켓, 즉 네티켓의 확립이 절실한 시점이다. 그 구체적인 내용과 방법은 무엇인가?

독자의 관심을 끌기 위해서 서론의 도입부가 중요하지만 서론이 있어야 하는 궁극적인 이유는 문제제기에 있다. 즉 글의 주제, 구성 등을 명확히 밝히는 부분이 있어야 서론이 제 역할을 다할 수 있는데 그런 역할을 하는 것이 문제제기 부분이다. 따라서 서론을 쓸 때 문제제기부는 반드시 있어야 하며 가능한 한 명확하게 써야 한다. 글에서 다루는 문제가 무엇인지, 글이 어떻게 전개될 것인지 반드시 써 주어야만 독자가 불안해하지 않는다. 그리고 가능한 한 명시적으로 써야만 독자가 주제와 글의 구성을 정확하게 파악할 수 있다.

설명문과 논설문 등의 실용문을 쓸 때는 다른 어떤 종류의 글보다 문제제기 문장을 정확하게 써 주어야 한다. 문제제기 문장은 글의 종류에 따라 문장의 형식이 어느 정도 결정된다. 즉 설명을 주로 하는 글이라면 '…설명하고자 한다, …서술하고자 한다' 등으로 끝맺을 수 있고 논증을 주로 하는 글이라면 '…논하고자 한다, …고찰하고자 한다, …입증하고자 한다' 등으로 끝맺을 수 있다. 또한 문제의 중요성과 필요성을 제시하면서 문장을 끝맺을 수도 있다.

그러나 반드시 이러한 형식을 따를 필요는 없다. 학술 논문인 경우에는 형식이 대개 정해져 있으므로 위와 같이 문제제기를 한다고 해서 시비를 삼을 사람이 없지만 창의적인 글이 요구될 때는 위와 같은 문제제기가 자칫하면 천편일률적으로 느껴질 수도 있다. 이럴 경우에는 다소 표현을 달리 해서 문제제기를 할 수 있다.

Key Point

서론을 효과적으로 잘 쓰려면?
자연스럽게 주제로 이어지도록 도입부를 쓰고 본론의 내용을 분명하게 제시하라.

예제 4-11

'과학실험'이라는 주제에 대하여 일반화를 통한 방법으로 서론을 완성하시오.

실험은, 갈릴레오에게는 진리를 향한 도구였지만 이야기를 꾸며내기 좋아하는 사람들에게는 허구를 위한 소재였다. .... 이 시점에 샹들리에는 설치 전이었고, 일정

치 않은 맥박수로 측정했다는 것도 믿기 어렵다. ....

.... 이 실험이 성공하려면 진공상태여야 하고 떨어뜨리는 시점과 떨어지는 시점을 완벽하게 제어하고 측정하는 장치가 있어야 한다. 이 이야기가 사실이라면 갈릴레오는 실험 도구, 실험 환경, 측정 장비도 없이 실험을 한 엉터리 과학자이거나 실험과는 관계없이 진리만을 추론해 내는 천재여야 한다. 이야기꾼은 허구를 만들지만 과학도는 이 허구 속에서 진리를 발견할 수도 있다. 바로 과학실험에서 반드시 갖추어야 할 요소들에 대해 다시금 생각해 볼 수 있는 것이다. ....

....

....

풀이

서론을 작성하는 일반적인 방법을 활용하여 주어진 주제에 대한 서론을 써 보는 문제이다. 서론은 여러 가지 방법으로 쓸 수 있지만 일반화, 구체화, 유추의 방법으로 쓰면 비교적 쉽게 쓸 수 있다. 제시된 문제는 유형까지 정해져 있으므로 이 유형에 맞게 서론을 써 본다. 그런데 서론에서 더 중요한 것은 문제제기이고 이 문제제기의 성격에 따라 서론의 유형이 결정된다. 따라서 문제제기를 먼저 쓴 후 이러한 문제를 끌어내기에 적합한 도입부를 써 본다. 빈 줄을 채우는 훈련을 하는 동시에 서론 전체의 구조를 익혀 다른 주제에 활용해 본다. 또한 갈릴레오에 대한 정보가 필요할 수 있으므로 검색을 통해 자료를 확보한 후 서론을 완성한다.

답 실험은, 갈릴레오에게는 진리를 향한 도구였지만 이야기를 꾸며내기 좋아하는 사람들에게는 허구를 위한 소재였다. 갈릴레오가 열여덟 살 때 성당의 샹들리에가 흔들리는 주기를 자신의 맥박수로 측정해 진자의 등시성을 발견했다고 알려져 있지만 이는 허구일 가능성이 높다. 이 시점에 샹들리에는 설치 전이었고, 일정치 않은 맥박수로 측정했다는 것도 믿기 어렵다. 물체는 무게와 상관없이 낙하속도가 일정하다는 것을 보이기 위해 피사의 사탑에서 했다는 실험도 믿기가 어렵다. 이 실험이 성공하려면 진공상태여야 하고 떨어뜨리는 시점과 떨어지는 시점을 완벽하게 제어하고 측정하는 장치가 있어야 한다. 이 이야기가 사실이라면 갈릴레오는 실험 도구, 실험 환경, 측정 장비도 없이 실험을 한 엉터리 과학자이거나 실험과는 관계없이 진리만을 추론해 내는 천재여야 한다. 이야기꾼은 허구를 만들지만 과학도는 이 허구 속에서 진리를 발견할 수도 있다. 바로 과학실험에서 반드시 갖추어야 할 요소들에 대해 다시금 생각해 볼 수 있는 것이다. 정확한 결과를 위해서 실험 도구는 어떻게 준비해야 하는가, 실험 환경은 또 어떻게 조성해야 하는가, 실험과정은 어떻게 제어하고, 결과의 측정은 어떻게 해야 하는가?

이 서론은 갈릴레오의 사례를 바탕으로 실험 도구, 환경, 제어와 측정 등에 대한 문제제기를 위한 것이다. 갈릴레오의 사례를 일반화하여 본론에서 서술한 문제에 대해 분명히 제시하고 있다. 이와 유사한 답을 작성하기 어려울지라도 예시 답안을 참조해 서론의 전개 과정을 익힐 수 있다.

연습 4-11

다음에 제시되는 주제에 대하여 작성한 서론을 완성하시오.

① 과학 이야기 / 구체화

'역사'는 사실이라고 믿고 있거나 믿는 것에 대한 기록이지만 '이야기'는 거짓이지만 사실로 믿고 싶거나 믿게 하고 싶은 것에 대한 기록이다. 과학 분야에서도 '과학사'는 사실에 대한 기록이지만 '과학 이야기'는 허구에 대한 기록이다. ....

....

....

. 과학의 엄밀성과는 반대로 과학 이야기는 허점투성이이지만 이런 이야기가 만들어지고 사람들 사이에서 퍼져 나가는 데에는 그만한 이유가 있다. 아르키메데스의 이야기는 과학자의 '완전한 몰입'을, 갈릴레이의 이야기는 과학자의 '사소한 것에 대한 관심'을, 뉴턴의 이야기는 과학자의 '추론적 능력'을 이야기하고자 하는 것이다.

.

② **예술과 외설 / 유추**

땅거미가 질 무렵은 낮인가 밤인가? 지친 몸을 편히 쉬게 할 집을 찾아들어가는 농부에게는 땅거미가 질 무렵은 밤일 테지만, 시간 가는 줄 모르고 놀이에 열중해 있는 아이에게는 낮일 것이다.

소풍날 아침의 초등학생에게는 훤한 대낮이지만, 일하기 싫은 농부에게는 한밤중으로 보일 것이다. 모든 일이 다 이렇다. 같은 대상을 두고도 어느 쪽에서 어떻게 바라보느냐에 따라 얼마든지 달라 보이는 것이다.

예술 영화에서 어두컴컴한 침실 장면만 찾는 사람에게는 모든 것이 외설이고, 온통 살색에 신음으로만 가득 찬 영화에서 인간과 인생의 아름다움을 찾는 사람에게는 모든 것이 예술이다.

결론 쓰기

결론은 한 편의 글에서 가장 마지막에 놓이는 구성 요소로서 본론에서 논의된 내용을 종합하고 정리하여 글을 끝맺는 구실을 하는 부분이다. 그리고 본론의 논의와 관련하여 덧붙이고자 하는 내용, 남은 문제 등을 추가하여 글의 완결성을 높이는 구실을 하는 부분이기도 하다.

결론을 쓸 때는 먼저 본론의 내용을 요약하고 필요한 내용을 몇 가지 덧붙인다. 요약할 때는 본론에서 서술된 내용을 나열할 수도 있지만 각 내용들을 종합해 보다 추상적인 문장으로 종합할 수도 있다. 또한 본론에서 논의된 핵심적인 내용을 다시금 반복하여 읽는 이에게 강한 인상을 남길 수도 있다. 나아가 여러 가지 이유로 본론에서 다루지 못한 내용이 있을 수 있는데 이에 대해 짤막하게 언급하거나 더 해결해야 할 문제를 제시할 수도 있다. 다음의 결론은 앞에서 제시한 서론과 짝을 이루는 결론이다.

결론의 구조

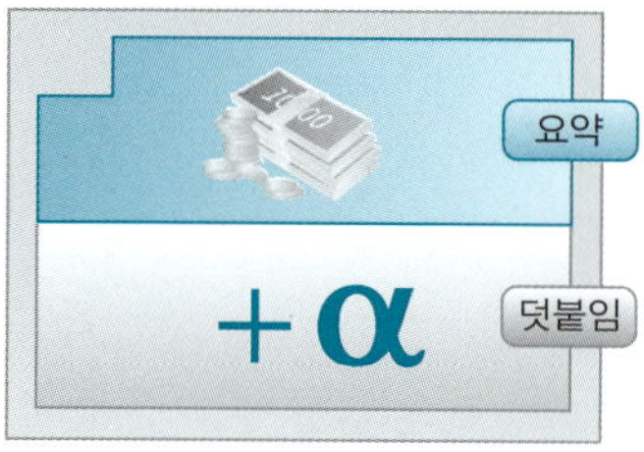

과학자는 사회 구성원의 일부이므로 본인의 의사와 관계없이 사회 구성원에게 요구되는 윤리적 가치가 부여될 수밖에 없다. 따라서 사회구성원 모두에게 포괄적으로 요구되는 윤리적 가치는 물론, 그가 담당하고 있는 연구와 관련된 세세한 윤리적 가치도 감당을 해야 한다. 상황이 이렇다면 과학자는 오히려 능동적으로 이러한 윤리적 가치에 대응할 수 있어야 한다. 자신이 속한 사회 전체에 관심을 가지고 그 속에서 자신이 행할 것을 찾아야 한다. 또한 자신의 연구가 미칠 긍정적, 부정적 영향 모두에 대해서도 늘 관심을 가져야 한다. 과학자는 실험실과 연구실에 있을 때 가장 과학자답다. 그러나 그 실험실과 연구실 또한 사회의 일부라는 사실을 알고 그에 맞게 행동할 때 진정한 과학자가 될 수 있을 것이다.

결론의 앞부분에서는 본론에서 언급되었을 '과학자에게 왜 윤리적 가치가 요구되는가, 어떤 윤리적 가치가 요구되는가, 이에 어떻게 대응할 것인가'를 요약하고 있다. 또한 뒷부분에서는 덧붙이는 말을 통해 여운을 남기고 더 생각해 볼 과제를 제시하고 있다.

결론을 쓸 때 주의해야 할 점 중의 하나가 '결론'이란 단어에 현혹되어 논의의 핵심을 결론 부분에 써서는 안 된다는 것이다. 마무리는 어디까지나 어떤 일이 거의 끝날 무렵 끝맺음을 하는 것을 의미한다. 즉 마무리 단계에서 뭔가 중요한 일을 새로 시작할 수는 없는 것이다. 따라서 글을 쓸 때에도 주어진 문제에 대한 논증과 설명은 본론에서 모두 이루어져야 한다. 어떤 글이 논증적인 글일지라도 그 논증의 '결론'은 본론의 마지막에서 내려져야 하고 결론에서는 본론의 내용 전체를 종합해야 한다.

Key Point

결론을 효과적으로 쓰려면?

본론의 내용을 집약하고 필요한 내용을 덧붙이라.

예제 4-12

'과학실험'을 주제로 작성된 다음 서론에 맞게 결론을 완성하시오.

실험은, 갈릴레오에게는 진리를 향한 도구였지만 이야기를 꾸며내기 좋아하는 사람들에게는 허구를 위한 소재였다. 갈릴레오가 열여덟 살 때 성당의 샹들리에가 흔들리는 주기를 자신의 맥박수로 측정해 진자의 등시성을 발견했다고 알려져 있지만 이는 허구일 가능성이 높다. 이 시점에 샹들리에는 설치 전이었고, 일정치 않은 맥박수로 측정했다는 것도 믿기 어렵다. 물체는 무게와 상관없이 낙하속도가 일정하다는 것을 보이기 위해 피사의 사탑에서 했다는 실험도 믿기가 어렵다. 이 실험이 성공하려면 진공상태여야 하고 떨어뜨리는 시점과 떨어지는 시점을 완벽하게 제어하고 측정하는 장치가 있어야 한다. 이 이야기가 사실이라면 갈릴레오는 실험 도구, 실험 환경, 측정 장비도 없이 실험을 한 엉터리 과학자이거나 실험과는 관계없이 진리만을 추론해 내는 천재여야 한다. 이야기꾼은 허구를 만들지만 과학도는 이 허구 속에서 진리를 발견할 수도 있다. 바로 과학실험에서 반드시 갖추어야 할 요소들에 대해 다시금 생각해 볼 수 있는 것이다. 정확한 결과를 위해서 실험 도구는 어떻게 준비해야 하는가, 실험 환경은 또 어떻게 조성해야 하는가, 실험과정은 어떻게 제어하고, 결과의 측정은 어떻게 해야 하는가?

(본론 생략)

현재는 갈릴레오가 살았던 시기보다 과학 실험의 모든 조건이 나아졌다. 그리고 미래에는 더 나아질 것이란 점도 확실하다. 따라서 지속적인 최선의 실험 조건을 갖추려는 노력이 필요하다.

풀이

주제와 미리 작성된 서론을 보고 결론을 완성해 보는 문제이다. 서론이 잘 작성되면 본론의 내용을 충분히 예측할 수 있고 이 서론에 맞춰 결론을 작성할 수도 있다. 주어진 글의 서론에는 본론에서 다룰 내용이 분명히 제시되어 있다. 따라서 이 문제제기에 맞춰 작성되었을 본론의 내용을 추론하여 요약하고 덧붙이는 말을 추가하여 결론을 완성해 본다.

답 과학 실험에서 각종 실험 도구는 실험의 성패를 결정짓는 요소이므로 충분하게 준비되어 철저하게 관리되어야 한다. 또한 실험 환경은 결과를 왜곡시킬 수 있으므로 완벽하게 제어하여야 한다. 이렇게 실험 도구와 환경이 갖추어진 상태에 정확한 측정 도구와 방법까지 갖추어진다면 비로소 신뢰성 있는 결과를 얻어낼 수 있을 것이다. 현재는 갈릴레오가 살았던 시기보다 과학 실험의 모든 조건이 나아졌다. 그리고 미래에는 더 나아질 것이란 점도 확실하다. 따라서 지속적인 최선의 실험 조건을 갖추려는 노력이 필요하다.

제시된 서론의 마지막 부분이 문제제기부인데 이 부분을 보면 본론에서 실험 도구, 실험 환경, 시험과정 제어, 결과 측정에 대해 다룰 것임을 알 수 있다. 따라서 본론에서 이 네 가지에 대해 다루었을 것을 추론할 수 있고 이 추론에 바탕을 두어 본론의 내용을 요약하였다. 서론의 문제제기와 짝을 이루도록 결론이 적절히 작성되었다. 이와 일치되게 쓰지는 못하더라도 예시 답안을 참조해 결론의 전개 방법을 훈련할 수 있다.

연습 4-12

다음에 제시되는 주제와 서론에 맞게 결론을 완성하시오.

① 과학 이야기

'역사'는 사실이라고 믿고 있거나 믿는 것에 대한 기록이지만 '이야기'는 거짓이지만 사실로 믿고 싶거나 믿게 하고 싶은 것에 대한 기록이다. 과학 분야에서도 '과학사'는 사실에 대한 기록이지만 '과학 이야기'는 허구에 대한 기록이다. 과연 아르키메데스가 '유레카'를 외치며 벌거벗은 채로 달렸을까? 과연 로마네스크 성당의 샹들리에가 갈릴레오의 눈에 뜨일 만큼 많이 불안하게 흔들렸을까? 과연 뉴턴이 사과밭에 앉아 있지 않았다면 만유인력의 법칙은 발견되지 않았을까? 과학의 엄밀성과는 반대로 과학 이야기는 허점투성이이지만 이런 이야기가 만들어지고 사람들 사이에서 퍼져 나가는 데에는 그만한 이유가 있다. 아르키메데스의 이야기는 과학자의 '완전한 몰입'을, 갈릴레이의 이야기는 과학자의 '사소한 것에 대한 관심'을, 뉴턴의 이야기는 과학자의 '추론적 능력'을 이야기하고자 하는 것이다. 그렇다면 다양한 과학 이야기를 통하여 과학자에게 필요한 덕목들이 무엇인지 차례로 살펴보자.

(본론 생략)

아르키메데스가 자신이 해결해야 할 문제에 몰입하지 않았다면 욕조에서 넘쳐나는 물은 흔한 물에 지나지 않았을 것이다. 갈릴레오가 모든 사실과 사물에 관심을 가지고 있지 않았다면 샹들리에의 작은 움직임은 눈에 띄지 않았을 것이다. 그리고 뉴턴이 전 우주를 움직이는 보편적인 원리에 관심을 가지지 않았다면 뉴턴이 본 사과는 그저 땅에 떨어져 못 먹는 사과에 불과했을 것이다. ....

....

....

....

....

② **예술과 외설**

땅거미가 질 무렵은 낮인가 밤인가? 지친 몸을 편히 쉬게 할 집을 찾아들어가는 농부에게는 땅거미가 질 무렵은 밤일 테지만, 시간 가는 줄 모르고 놀이에 열중해 있는 아이에게는 낮일 것이다. 동이 틀 무렵은 밤인가 낮인가? 소풍날 아침의 초등학생에게는 훤한 대낮이지만, 일하기 싫은 농부에게는 한밤중으로 보일 것이다. 모든 일이 다 이렇다. 같은 대상을 두고도 어느 쪽에서 어떻게 바라보느냐에 따라 얼마든지 달라 보이는 것이다. 예술과 외설을 둘러 싼 논쟁도 어느 쪽에 서서 무엇을 바라보느냐의 문제이다. 예술 영화에서 어두컴컴한 침실 장면만 찾는 사람에게는 모든 것이 외설이고, 온통 살색에 신음으로만 가득 찬 영화에서 인간과 인생의 아름다움을 찾는 사람에게는 모든 것이 예술이다. 그런데 왜 서로 반대쪽에 서서 서로를 욕하기만 하는 것인가? 이 싸움에서 우리는 어디에 서야 하는 것인가?

(본론 생략)

예술성이 높은 영화든 외설에 가까운 영화든 영화는 앞으로도 계속 만들어질 것이다. 그리고 영화를 둘러 싼 예술과 외설 논쟁도 끝이 없을 것이다. 따라서 영화를 없애는 것도, 이와 관련된 논쟁을 없애는 것도 불가능하다. ....

....

....

....

.... 성직자처럼 고매한 인격의 소유자가 아닌, 그렇다고 음란과 퇴폐에 빠진 성도착자가 아닌 보통의 사람들이라면 자신이 좋아하는 영화를 마음껏 즐길 권리가 있다.

실습과제

예제 다음에 제시되는 개요에 따라 한 편의 글을 완성하시오.

- 제목 : 매뉴얼 작성을 위한 매뉴얼
- 주제 : 제품 사용설명서를 작성할 때 반드시 알아야 할 내용
- 글의 구성과 세부 내용

1. 서론
   - 사용설명서의 중요성 강조
   - 사용설명서의 필요성, 필수 항목, 작성 원칙 소개
2. 사용설명서의 필요성
   - 사용자의 안전
   - 제품의 효율적인 사용
   - A/S 비용 절감
3. 사용설명서의 필수 항목
   - 안전을 위한 유의사항
   - 제품 사용법
   - 응급조치 및 A/S 신청 방법
4. 사용설명서 작성 원칙
   - 사용자의 입장에서
   - 일목요연하게
   - 찾아보기 쉽게
5. 결론
   - 필요성을 명심하고 꼭 필요한 항목을 사용자의 입장에서 서술하는 것이 필요
   - 잘 작성된 사용설명서는 궁극적으로 회사에 이익이 된다는 점 강조

매뉴얼 작성을 위한 매뉴얼

'눈빛만 봐도 서로 통한다.' 이 표현은 오랫동안 호흡을 맞춰서 굳이 말을 하지 않아도 상대가 무엇을 원하는지 알고 각자가 자신의 역할을 충실히 한다는 의미에서 나왔다. 이 표현을 제품을 설계하고 제조하는 사람들에게 적용하면 무엇이 될까? '척 보면 안다.' 제품의 구조와 동작이 지극히 직관적으로 되어 있어 굳이 설명하지 않아도 어떻게 작동시키는지 알아 안전하게 사용할 수 있는 제품이야말로 최선의 제품일 수 있다. 그러나 현실은 그렇지 않아서 모든 제품에는 의무적으로 항상 두툼한 사용설명서가 첨부되어야 한다. 제품을 안전하고도 효과적으로 사용할 수 있도록 하기 위해 법으로 규정되어 있을 뿐만 아니라 제조사의 입장에서도 사용설명서가 궁극적으로 도움이 될 수 있기 때문이다. ....

....

....

....

....

....

....

제품을 아무리 잘 만들어도 제품에는 각종 위험 요소가 포함되어 있다. 따라서 사용설명서를 통해 예상 가능한 모든 위험요소를 철저히 설명하면 사용자의 안전을 도모할 수 있다. 또한 제품의 작동법 및 사용법을 체계적으로 정확하게 설명하면 제품의 손상 없이 오래 사용할 수 있다. 그 결과 제품의 파손 및 잔 고장을 줄일 수 있어 제조자 입장에서는 A/S 비용을 줄일 수 있게 된다. 잘 만들어진 사용설명서는 사용자는 물론 제조사 모두에게 꼭 필요한 것이다.

....

.... 무엇보다도 사용자의 안전이 최우선이므로 설명서의 가장 앞부분에 자세하게 각종 유의사항을 써야 한다. 이런 유의사항이 충분히 숙지되도록 한 다음에는 제품의 사용 방법을 체계적으로 설명해야 한다. 이뿐만 아니라 제품에 이상이 나타났을 경우에 사용자가 간단히 해결할 수 있는 방법을 제시하고 이로써도 해결이 안 되면 A/S를 의뢰하는 방법을 정확히 안내해야 한다. 이 모든 요소가 사용자의 안전과 효율적인 사용을 위한 것이니 어느 하나도 빠지면 안 된다.

....

.... 제품 설계자나 제조자는 그 제품에 대해 잘 알고 있지만 사용자는 이에 대한 전문적인 정보가 없다. 따라서 비전문가인 사용자의 입장에서 쉽고도 정확하게 설명해야 한다. 사용법 또한 사용자가 실제로 사용하는 상황을 가정해 정확한 순서에 따라 제시해야 한다. 그리고 사용설명서를 처음부터 끝까지 모두 읽는 경우보다는 필요한 부분만 찾아서 보는 경우가 더 많으므로 목차를 체계적으로 작성하고 색인을 붙여서 필요한 것은 언제든지 찾을 수 있도록 해야 한다.

척 보면 바로 쓸 수 있는 제품을 만들기는 어렵지만 척 보면 바로 알 수 있는 사용설명서는 얼마든지 만들 수 있다. ....

....

.... 척 보면 바로 쓸 수 있는 사용설명서를 만들기 위해 제품의 설계, 제조, 판매와 관련된 모든 부서의 사람들이 눈빛만 봐도 통할 수 있도록 노력한다면 그 회사는 계속해서 발전할 수 있을 것이다.

풀이

개요를 보고 글 전체를 완성해 보는 문제이다. 개요에는 글을 쓰기 위한 계획이 잘 제시되어 있는데 이 개요를 바탕으로 단락의 전개 방법, 서론과 결론의 작성 방법에 따라 글이 어느 정도 작성이 되어 있다. 빈 줄 부분은 문제제기와 각 단락의 화제문, 결론의 요약 부분이다. 개요와 나머지 부분을 참조해 완성한다.

답

매뉴얼 작성을 위한 매뉴얼

'눈빛만 봐도 서로 통한다.' 이 표현은 오랫동안 호흡을 맞춰서 굳이 말을 하지 않아도 상대가 무엇을 원하는지 알고 각자가 자신의 역할을 충실히 한다는 의미에서 나왔다. 이 표현을 제품을 설계하고 제조하는 사람들에게 적용하면 무엇이 될까? '척 보면 안다.' 제품의 구조와 동작이 지극히 직관적으로 되어 있어 굳이 설명하지 않아도 어떻게 작동시키는지 알아 안전하게 사용할 수 있는 제품이야말로 최선의 제품일 수 있다. 그러나 현실은 그렇지 않아서 모든 제품에는 의무적으로 항상 두툼한 사용설명서가 첨부되어야 한다. 제품을 안전하고도 효과적으로 사용할 수 있도록 하기 위해 법으로 규정되어 있을 뿐만 아니라 제조사의 입장에서도 사용설명서가 궁극적으로 도움이 될 수 있기 때문이다. 그렇다면 사용설명서는 어떻게 작성해야 할까? 척 보면 바로 알 수 있는 사용설명서를 만들기 위해서는 그 필요성을 정확히 파악하여 필수적인 항목을 빠짐없이 포함시키되 알기 쉽게 작성해야 한다. 이러한 사용설명서를 쓰기 위한 방법을 알아보자.

사용설명서는 사용자의 안전과 제품의 효율적인 활용을 위해서 꼭 필요하며 이것을 통해 기업은 A/S 비용을 절감할 수 있다. 제품을 아무리 잘 만들어도 제품에는 각종 위험 요소가 포함되어 있다. 따라서 사용설명서를 통해 예상 가능한 모든 위험요소를 철저히 설명하면 사용자의 안전을 도모할 수 있다. 또한 제품의 작동법 및 사용법을 체계적으로 정확하게 설명하면 제품의 손상 없이 오래 사용할 수 있다. 그 결과 제품의 파손 및 잔 고장을 줄일 수 있어 제조자 입장에서는 A/S 비용을 줄일 수 있게 된다. 잘 만들어진 사용설명서는 사용자는 물론 제조사 모두에게 꼭 필요한 것이다.

사용설명서가 이러한 목적을 달성하기 위해서는 안전을 위한 유의사항, 제품 사용법, 응급조치 및 A/S 신청 방법이 반드시 포함되어야 한다. 무엇보다도 사용자의 안전이 최우선이므로 설명서의 가장 앞부분에 자세하게 각종 유의사항을 써야 한다. 이런 유의사항이 충분히 숙지되도록 한 다음에는 제품의 사용 방법을 체계적으로 설명해야 한다. 이뿐만 아니라 제품에 이상이 나타났을 경우에 사용자가 간단히 해결할 수 있는 방법을 제시하고 이로써도 해결이 안 되면 A/S를 의뢰하는 방법을 정확히 안내해야 한다. 이 모든 요소가 사용자의 안전과 효율적인 사용을 위한 것이니 어느 하나도 빠지면 안 된다.

사용설명서를 작성할 때는 모든 정보를 사용자의 입장에서 일목요연하게 제시해야 하고 필요한 내용은 손쉽게 찾아볼 수 있도록 해야 한다. 제품 설계자나 제조자는 그 제품에 대해 잘 알고 있지만 사용자는 이에 대한 전문적인 정보가 없다. 따라서 비전문가인 사용자의 입장에서 쉽고도 정확하게 설명해야 한다. 사용법 또한 사용자가 실제로 사용하는 상황을 가정해 정확한 순서에 따라 제시해야 한다. 그리고 사용설명서를 처음부터 끝까지 모두 읽는 경우보다는 필요한 부분만 찾아서 보는 경우가 더 많으므로 목차를 체계적으로 작성하고 색인을 붙여서 필요한 것은 언제든지 찾을 수 있도록 해야 한다.

척 보면 바로 쓸 수 있는 제품을 만들기는 어렵지만 척 보면 바로 알 수 있는 사용설명서는 얼마든지 만들 수 있다. 사용설명서는 사용자뿐만 아니라 제조자를 위해서도 반드시 필요한 것임을 명심하고 필요한 정보가 빠짐없이 체계적으로 기록될 수 있도록 신경을 써야 한다. 그리고 사용설명서는 제조자가 아닌 사용자가 보는 것이므로 이들의 요구에 맞춰야 한다. 척 보면 바로 쓸 수 있는 사용설명서를 만들기 위해 제품의 설계, 제조, 판매와 관련된 모든 부서의 사람들이 눈빛만 봐도 통할 수 있도록 노력한다면 그 회사는 계속해서 발전할 수 있을 것이다.

예시 답안은 이제까지 살펴본 단락의 전개 방법 및 서론과 결론의 작성 방법에 맞게 충실히 작성되었다. 서론의 문제제기부에서는 사용설명서 작성과 관련된 문제제기가 분명히 이루어졌고 본론에서는 이 문제제기에 따라 차례로 한 단락씩 전개하였다. 또한 결론에서는 본론의 내용을 요약하고 필요한 내용을 덧붙였다. 이와 일치되는 답안을 쓸 수는 없을지라도 글 전체의 전개 과정을 확인하여 다른 글을 쓸 때 참고할 수 있다.

연습 **다음에 제시되는 개요에 따라 한 편의 글을 완성하시오.**

■ 제목 : 표준화와 자율화
■ 주제 : 표준화와 자율화 간의 조화의 필요성
■ 글의 구성과 세부 내용
1. 서론
 – 휴대폰 한글 입력 방식 때문에 초래되는 불편
 – 표준화와 자율화의 장단점과 조화 방안 필요
2. 표준화의 장단점
 – 장점 : 생산자와 소비자의 편리함
 – 단점 : 기술 발전 장애, 선택권 제한
3. 자율화의 장단점
 – 장점 : 자유로운 기술 개발과 활용, 선택의 폭 확대
 – 단점 : 혼란 초래, 생산비용 증가
4. 표준화와 자율화의 조화
 – 시장 원리에 따른 조화
 – 생산자 및 정부에 의한 조화
5. 결론
 – 표준화 및 자율화와 인간의 속성
 – 표준화와 자율화의 조화의 필요성

표준화와 자율화

휴대폰을 바꾸게 되면 불편한 게 한두 가지가 아니다. 전화번호를 모두 다시 입력해야 하고, 새로운 기능도 꼼꼼하게 익혀야 한다. 다행히 요즘에는 이전 휴대폰의 전화번호를 한꺼번에 옮기는 방법이 개발되었고, 대부분의 기능이 직관적으로 되어 있어서 새로운 기능도 금세 익힐 수 있다. 그러나 휴대폰 제조사마다 한글 입력 방식이 다른 데서 오는 고충은 여전하다. 한글 입력 방식이 하나만 개발되었다면 이러한 문제가 없을 텐데, 여러 방식이 개발되었더라도 하나로 통일하면 될 텐데 왜 이런 문제를 그대로 방치하는 것일까? 이러한 문제는 비단 휴대폰의 한글 입력 방식에만 국한된 것이 아니다. 이 문제는 궁극적으로 표준화와 자율화의 문제이기도 하다. ....

....

....

....

.... 휴대폰의 한글 입력 방식이 하나로 정해지면 생산자는 이 방식으로만 휴대폰을 만들면 되고 소비자 또한 하나의 방식만 익혀도 된다. 새로운 모델을 만들더라도, 기기를 바꾸더라도 적어도 한글 입력 방식에 대해 고민할 필요가 없는 것이다. 그러나 표준화는 더 좋은 입력 방식을 발전시킬 여지를 없애 버릴 수 있다. 누군가가 훨씬 더 빠르고 편리한 한글 입력 방식을 고안했는데 표준이 아니라는 이유만으로 배척을 받는다면 좋은 기술이 사장

되는 것일 뿐 아니라 소비자의 선택권도 제한을 받게 되는 것이다.

....

.... 생산자가 새로운 한글 입력 방식을 개발하여 제품에 적용한다면 비싼 사용료를 지불하지 않을 수 있을 뿐만 아니라 다양한 방식을 채용한 제품을 만들 수 있다. 소비자 또한 자신이 원하는 한글 입력 방식을 선택할 수 있다. 이렇게 자유롭게 경쟁을 벌이는 가운데 기술이 발달할 수 있게 되고 소비자의 선택의 폭이 넓어지는 것이다. 그러나 기종이 달라질 때마다 한글 입력 방식이 달라지면 매번 혼란스러울 수밖에 없다. 생산자 또한 한 기종에 모든 입력 방식을 채용하거나 입력 방식별로 별도의 모델을 생산해야 하는 부담이 있을 수 있다.

....

.... 자율적인 시장의 원리에 맡겨 둔다면 다양한 기술이 개발되어 채용되고 소비자의 선택에 의해 우위를 점하는 기술이 드러나게 될 것이다. 이런 상황에서는 비록 복수일 수도 있지만 자연스럽게 우위를 점한 방식이 표준으로 자리를 잡을 수 있을 것이다. 만약 자율성이 도가 지나쳐 혼란의 상황이 초래된다면 생산자들의 합의나 정부의 개입에 의해 어느 정도의 표준화를 이룰 수 있을 것이다. 결국 자율과 표준의 상호작용 속에서 생산자와 소비자 모두가 만족할 수 있는 방안을 찾을 수밖에 없다.

익숙한 것을 좋아하는 것도 인간의 속성이고, 새로운 것을 좋아하는 것도 인간의 속성이다. 익숙한 것은 표준화를 통해 만들어지고, 새로운 것은 자율화를 통해 만들어진다. 인간의 이러한 두 가지 속성을 모두 만족시키는 길은 결국 표준화와 자율화의 조화밖에 없다. ....

....

5장
설명과 논증

5.1 이해와 설득

5.2 설명

5.3 논증

"너에게 가라, 나의 모든 지식을 받으라.
나에게 오라, 나의 뜻을 따르라."

5.1 이해와 설득

지식과 정보가 축적되면 글을 통해 표현되어야 한다. 또한 주장이 있으면 선명하게 제시되어야 한다. 지식과 정보를 효과적으로 표현하여 이해시키는 방법은 무엇인가? 주장의 설득력을 높이는 방법은 또 무엇인가? 실용문을 쓰는 대표적인 방법인 설명과 논증을 통해 이해와 설득을 꾀하는 방법에 대해 알아보자.

문제가 뭐야?	어떻게 해야 하지?	이렇게 해결해 봐!	더 깊게! 더 넓게!
지식과 사고가 넘쳐나는데 어떻게 공유하지?	설명을 통한 이해, 논증을 통한 설득에 대해 파악하라.	설명과 논증의 유형과 방법을 효과적으로 익히라.	설명과 논증을 활용하여 다양한 실용문을 작성하라.

실용문의 목적과 유형

우리가 일상에서 접하는 글의 종류는 매우 다양하지만 모든 글의 목적은 감동, 이해, 설득의 세 가지로 단순화할 수 있다. 이 중에서 감동을 목적으로 하는 문학적인 글은 실용문에서 제외되므로 실용문의 목적은 이해와 설득으로 압축할 수 있다. 즉, 정보의 전달을 통한 이해와 의견의 주장을 통한 설득이 실용문의 두 가지 목적이라 할 수 있다.

실용문의 목적인 이해와 설득은 글 전체에 적용될 수도 있고 단락 단위에 적용될 수도 있다. 정보의 전달을 통한 이해를 목적으로 하는 글은 설명문이라 하고, 의견의 주장을 통한 설득을 목적으로 하는 글은 논설문이라 한다. 그런데 이 목적을 단락 단위에 적용하게 되면 이해와 설득은 단락을 전개하는 방법이 될 수 있다. 특정한 한 단락이 정보의 전달을 통한 이해를 목적으로 한다면 이 단락은 설명의 방법에 의한 단락이 된다. 또한 특정한 한 단락이 의견의 주장을 통한 설득을 목적으로 한다면 이 단락은 논증에 의한 단락이 된다.

설명

거대한 석상으로 유명한 이스터 섬의 신비를 풀기 위해 많은 이론이 제기되었다. 섬 주변의 여러 흔적들을 외계인이 방문한 흔적 또는 태평양으로 가라앉아버린 문명의 흔적이고 섬에 흩어져 있는 석상은 이들의 작품이라는 주장은 제기하기는 손쉽지만 확실한 증거를 대기도 어렵고 믿기는 더더욱 어렵다. 노르웨이의 고고학자 하이어달은 남아메리카 제국 사람들이 이곳에 건너와 문명을 건설하고 석상을 만들어오다가 또 다른 정착민과 전쟁을 벌이다 멸망했다고 주장했지만 그리 많은 지지를 얻지 못했다. 최근에 제기된 가장 믿을 만한 이론은 기원후 500년경에 폴리네시아인들이 이곳에 정착한 이후 인구 7000명에 이르는 고도의 사회를 건설하고 거대한 석상을 제작하는 과정에서 환경을 파괴하여 결국 멸망에 이르렀다는 이론이다.

논증

인구의 증가와 종교의식에 대한 집착이 환경을 파괴해 결국 이스터 섬은 종말을 맞게 됐다. 기원후 600년 무렵에 소수의 폴리네시아 인들이 이곳에 정착해 1550년경에는 7000명에 이르는 거대 사회로 성장했다. 이 과정에서 무성하던 삼림이 벌채되어 목재와 땔감으로 사용되었다. 또한 종교적 의식의 하나로 거대한 석상을 만들기 위해 이들은 큰 돌을 필요로 했다. 이들에게는 수레를 끌 동물이 없었기 때문에 나무 둥치를 롤러로 삼아 사람의 힘으로 섬을 가로질러 돌을 운반했다. 석상을 운반하기 위해 수없이 많은 나무가 베어졌고 결국은 섬 전체의 나무가 사라지게 되었다. 결국 사람들은 집을 지을 나무조차 없어 동굴이나 갈대로 만든 집에서 원시적인 생활을 하게 되었고 석상들은 만들다 만 채 방치되었다.

위의 예문에서 설명 단락은 '이스터 섬의 신비를 풀기 위한 많은 이론'이 화제이다. 이는 객관적인 사실이며 이 단락은 객관적인 사실을 전달하는 데 초점을 맞추고 있다. 이에 반해 논증 단락은 '이스터 섬의 몰락 원인'이 화제이다. 이 섬의 몰락에 대해서는 많은 이론이 있는데 그 중의 하나를 주장하고 있는 것이다. 그런데 두 단락은 서로 구별되기는 하지만 그 경계가 분명한 것은 아니다. 누군가가 이스터 섬의 몰락 원인에 대한 이론이 많다는 것을 주장한다면 설명이 아닌 논증 단락이 될 수 있다. 또한 환경 파괴가 이스터 섬의 몰락을 초래한 결정적 원인이라고 많은 사람이 동의를 하게 되면 이 단락은 논증이 아닌 설득 단락으로 볼 수도 있다.

따라서 실제 단락을 전개할 때는 설명과 논증의 방법이 모두 사용될 수 있다. 특히 논증에서는 추론의 과정에서 설명을 통한 이해가 필수적이다. 설명의 방법에 대한 이해는 논증을 위해서 필수적이기도 하고 실제 단락을 전개할 때도 효과적으로 활용할 수 있어야 한다.

Key Point

실용문을 효과적으로 쓰려면?
설명의 방법으로 이해시키고 논증의 방법으로 설득시키라.

예제 5-1

다음에 제시되는 글을 분석하여 빈칸을 채우시오.

현재는 인터넷 실명제 시행 이후 불법 게시물이 의미 있게 감소하지 않았고 오히려 이용자들이 국외 사이트로 도피한 점, 국내외 사업자 간 역차별 문제가 발생한 점 등을 고려하면 실명제가 공익을 달성한다고 보기 어렵다고 판단했다. 실제로 실명제 적용을 받지 않는 소셜네트워크서비스(SNS) 같은 새로운 통신수단의 등장으로 인터넷의 입지가 미약해진데다, 실명제를 피해 누리꾼들이 국외 사이트로 몰려감으로써 인터넷 실명제는 사실상 무용지물로 전락했다. 또 본인 인증 과정에서 개인정보가 대량 유출되는 일이 잦고, 외국인들은 본인 인증 자체가 불가능해 국내 사이트에 게시물 게재가 원천적으로 차단되는 폐단도 있었다.

화제	
설명 vs. 논증	설명적 요소 ← → 논증적 요소 10 9 8 7 6 5 4 3 2 1 1 2 3 4 5 6 7 8 9 10

풀이

주어진 단락이 설명을 위한 글인지 논증을 위한 글인지 판단해 보는 문제이다. 설명문과 논설문은 대표적인 실용문이며 그 성격이 다소 다르다. 그러나 우리가 흔히 보는 글에는 이 두 가지 요소가 같이 있는 경우가 많다. 따라서 객관적인 사실에 대한 전달을 목적으로 하는 부분과 주장을 펼치고 이것을 논증하려고 하는 부분을 비교해 본다. 주어진 단락의 화제를 먼저 분석해 본 후 두 가지 요소의 정도를 표시해 본다. [연습 5-1]까지 포함하여 한 편의 글이므로 전체적인 맥락 속에서 살펴볼 수도 있다.

답

화제	인터넷 실명제의 무용성에 대한 현재의 판결
설명 vs. 논증	설명적 요소 ← → 논증적 요소 10 9 8 **7 6 5 4 3 2 1** **1 2 3** 4 5 6 7 8 9 10

제시된 글의 화제는 인터넷 실명제의 폐단인데 여기에는 설명적 요소와 논증적 요소가 모두 포함되어 있다. 현재의 판단에 관련된 보도는 객관적인 사실에 대한 전달이므로 설명적 요소에 가깝다. 그런데 '~전락했다', '~폐단도 있었다'는 필자의 판단도 약간 개입되어 있다. 따라서 전체적으로는 설명적 요소가 강하지만 약간은 논증적 요소도 포함되어 있음을 알 수 있다.

연습 5-1

다음에 제시되는 글을 분석하여 빈칸을 채우시오.

① 헌법재판소가 인터넷 실명제에 대해 표현의 자유와 평등권을 침해한다며 재판관 8명 전원일치로 위헌 결정을 내렸다. 인터넷 실명제는 사이버상에서 익명으로 거짓말이나 악의적 비방글을 올리는 것을 막는다는 명목으로 2007년 도입된 본인 인증 제도다. 그러나 처음부터 표현의 자유를 가로막을 뿐 아니라 실효성은 없고 되레 부작용만 낳는다는 비판을 받아왔다. 헌재의 결정으로 누리꾼들은 물론 인터넷 사업자들의 원성을 샀던 인터넷 실명제가 역사의 유물로 사라지게 됐다.

화제	
설명 vs. 논증	설명적 요소 ← → 논증적 요소 10 9 8 7 6 5 4 3 2 1 1 2 3 4 5 6 7 8 9 10

② 인터넷 실명제 폐지가 익명의 비방이나 루머를 용인한다는 뜻은 물론 아니며 그러한 폐해를 어떻게 줄일지에 대한 고민은 필요하다. 올해는 대통령 선거까지 있어 부작용을 최소화할 수 있는 규제책을 마련해야 한다는 주장도 나온다. 하지만 태생이 자유로운 인터넷에는 되도록 개입하지 않는 게 좋다. 온라인에서 많은 문제가 발생하는 건 사실이지만 그것은 현실세계에서도 마찬가지이며, 익명성이 모든 문제의 원인이라고 할 수도 없다. 인터넷을 통한 명예훼손은 현행법에도 처벌 규정이 있으며 불법 정보의 삭제 · 제한 명령 등 차단 시스템도 구축돼 있다. 헌재도 불법 정보 게시를 억제하고 피해 발생 시 가해자를 가려낸다는 입법 목적은 인터넷 주소 추적과 형사처벌, 손해배상 등으로 충분히 실현될 수 있다고 봤다.

화제	
설명 vs. 논증	설명적 요소 ← → 논증적 요소 10 9 8 7 6 5 4 3 2 1 1 2 3 4 5 6 7 8 9 10

③ 익명 표현의 자유는 정치적 반대나 내부 비리 고발에 필수적이다. 편의적인 규제는 인터넷 실명제처럼 실패할 수밖에 없는 만큼 실생활의 일부가 된 사이버 세상에서도 예의와 배려가 몸에 배도록 문화를 가꿔나가는 게 중요하다. 인터넷 사업자의 개인정보 보호와 자정 노력을 북돋울 필요도 있다.

화제	
설명 vs. 논증	설명적 요소 ← → 논증적 요소 10 9 8 7 6 5 4 3 2 1 1 2 3 4 5 6 7 8 9 10

설명의 유형과 방법

설명은 실용문에서 가장 많이 쓰이는 단락의 전개 방법이다. 따라서 설명을 통한 단락의 전개 방법은 다음과 같이 매우 다양하다.

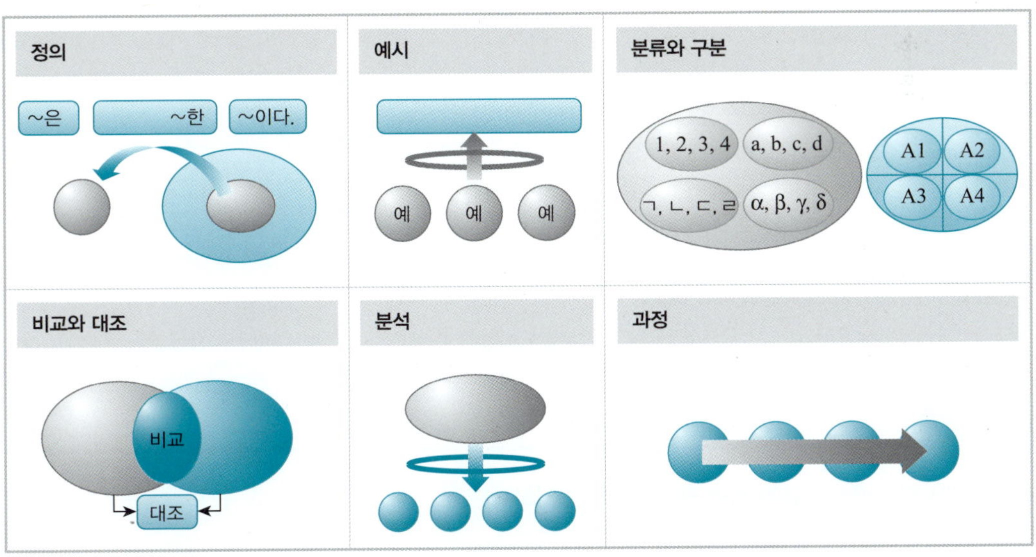

설명 방법을 활용해 단락을 전개할 때에도 궁극적으로 관심을 가져야 할 문제는 단락 자체의 전개 방법이다. 설명 방법이 아무리 다양할지라도 단락은 주어진 화제에 대해 화제문과 뒷받침문으로 전개해 나가는 것이기 때문이다. 따라서 주어진 화제에 따라 단락의 전개 방법이 결정되면 각각의 방법에 따라 화제문을 적절한 방법으로 쓰고 뒷받침문으로써 화제 및 화제문을 구체화해 나가면 된다. 구체적인 단락의 전개 방법은 정의, 예시, 분류와 구분, 비교와 대조, 분석, 과정과 인과 등이 있다. 따라서 각각의 방법에 대한 철저한 훈련이 필요하다.

Key Point **설명을 효과적으로 하려면?**
화제에 따라 다양한 설명 방법을 활용하라.

예제 5-2

다음 '포도상구균'에 대한 글에 사용된 설명 방법을 모두 표시하시오.

포도상구균은 작은 구균이 포도송이 모양으로 밀집한 모양을 나타내는 그람양성균의 하나이다. 원구는 1μm 미만인데 고형배지에서 생장한 콜로니를 염색하면, 개개의 세균이 포도송이 모양으로 밀집한 배열을 나타낸다. 액체배양이나 병소(病巢) 안의 균은 산재성 배열을 나타내는 일이 많다. 포자 · 편모 · 협막(莢膜)은 없다. 황색 포도상구균과 표피 포도상구균으로 나누는데, 병소에서 분리되는 포도상구균의 대부분은 황색 포도상구균에 속한다. 여러 가지 염증을 일으키는데 봉와직염(蜂窩織炎) · 림프관염 · 표저 · 중이염 · 폐렴 등의 화농성 염증을 일으키며, 때로는 패혈증의 원인균이 되는 경우도 있다.

☐ 정의 ☐ 예시 ☐ 분류와 구분 ☐ 비교와 대조 ☐ 분석 ☐ 과정

풀이

주어진 글에 쓰인 다양한 설명 방법을 파악해 보는 문제이다. 설명을 하는 방법은 매우 다양한데 이 방법 중 하나의 방법만 활용하여 설명을 할 수도 있고 여러 가지 방법을 같이 활용할 수도 있다. 주어진 글의 화제를 파악해 보고 이 화제에 적합한 다른 설명 방식을 생각해 볼 수도 있다.

답 ☑ 정의 ☑ 예시 ☑ 분류와 구분 ☐ 비교와 대조 ☐ 분석 ☐ 과정

다음에 제시되는 것에서 정의, 예시, 분류와 구분의 방법을 확인할 수 있다.

- 정의 : 작은 구균이 포도송이 모양으로 밀집한 모양을 나타내는 그람양성균의 하나
- 예시 : 봉와직염 · 림프관염 · 표저 · 중이염 · 폐렴 등의 화농성 염증을 일으키는 균, 패혈증의 원인균
- 분류와 구분 : 황색 포도상구균과 표피 포도상구균

연습 5-2

다음에 제시되는 글에 사용된 설명 방법을 모두 표시하시오.

① **엘니뇨**

엘니뇨는 남아메리카 페루 및 에콰도르의 서부 열대 해상에서 수온이 평년보다 높아지는 현상이다. '엘니뇨'라는 단어는 스페인어로 남자 아이 또는 아기 예수를 의미하는데, 이는 크리스마스를 전후하여 나타나기 때문에 붙여졌다. 남미 연안은 평상시 연중 수온이 낮으나 알 수 없는 원인에 의해 무역풍이 약해지게 될 때

가 있는데, 이로 인해 용승이 줄어들며 페루 연안에서 엘니뇨가 발생하게 된다. 높아진 수온에 의해 영양염류와 용존 산소의 감소로 어획량이 줄어 어장이 황폐화되고, 상승기류가 일어나 중남미 지역에 폭우나 홍수의 기상이변이 일어난다. 이는 태평양 반대쪽인 호주 일대에 가뭄을 가져와 태평양 양쪽 모두에 이상 기상을 초래하고 농업과 수산업 전반에 큰 피해를 입히는 원인이 된다.

□ 정의 □ 예시 □ 분류와 구분 □ 비교와 대조 □ 분석 □ 과정

② 중간기술

중간기술은 과거의 원시적인 기술보다는 훨씬 우수하지만 선진국의 거대 기술(super technology)에 비하면 소박한 기술이다. 대단위 자본을 기반으로 대량의 제품을 생산하는 거대 기술과 달리, 중간기술은 현지의 재료와 적은 자본, 비교적 간단한 기술을 활용하여 그 지역의 사람들에 의해 이루어지는 소규모의 생산 활동을 지향하는 기술이다. 따라서 중간기술은 훨씬 값싸고 제약이 적은 기술이며, 기술이 사용되는 과정에서 인간이 소외되지 않고 노동을 통해 기쁨과 보람을 느낄 수 있는 '인간의 얼굴을 한 기술'인 것이다. 그런데 중간기술이라는 용어는 자칫 기술적으로 미완의 단계를 의미하거나 첨단 기술보다 열등하다는 느낌을 줄 수 있다. 이후 중간기술보다는 적정기술이라는 용어가 더 많이 쓰이게 되었다.

□ 정의 □ 예시 □ 분류와 구분 □ 비교와 대조 □ 분석 □ 과정

논증의 유형과 방법

논증 방법 또한 실용문의 단락을 전개할 때 매우 중요하게 활용된다. 논증 방법으로 단락을 전개할 때 꼭 필요한 요소는 주장과 논거이다. 주장은 글쓴이가 자신의 의견을 펼쳐서 읽는 이가 자신과 같은 생각을 가지기를 바라는 바로서 단락에 명시적으로 드러나야 한다. 그런데 자신의 주장이 옳다는 것을 입증하기 위해서는 반드시 근거가 필요한데 이 근거를 논증에서는 논거라고 한다. 따라서 논증을 할 때는 주장을 선명하게 제시하고 이를 입증할 만한 타당한 근거를 들어 단락을 전개한다.

논증에서 타당한 근거를 들어 자신의 주장이 옳다는 것을 입증하는 과정을 추론이라고 한다. 추론 과정에서는 이미 옳다고 알려진 것을 적절한 방법으로 배치하거나, 옳다는 것을 입증할 만한 권위를 가진 사람의 견해를 인용하는데 이러한 다양한 논거를 들어 자신의 주장을 입증하기 위해서는 고도의 기술이 필요하다. 추론 방법에 따라 논증의 유형은 다음과 같이 구분될 수 있다.

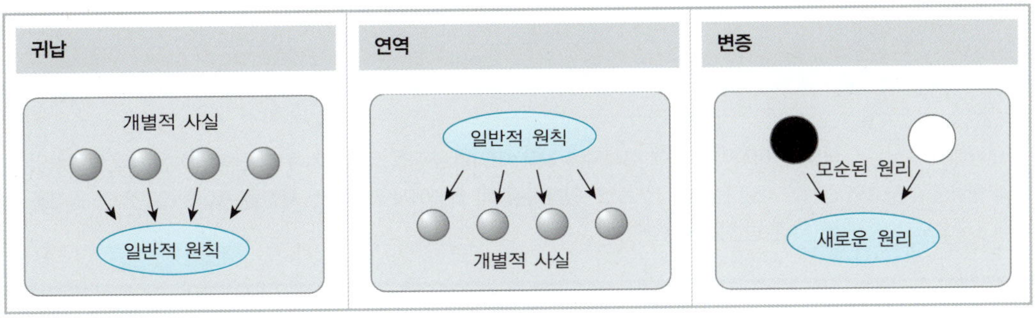

논증 방법으로 단락을 전개할 때도 단락의 전개와 관련된 일반적인 원칙이 잘 지켜져야 한다. 논증의 방법으로 단락을 전개할 때는 주장과 핵심논거를 분명히 드러내어 화제문을 써야 한다. 그리고 타당한 논거를 들되 다양한 추론 방법을 활용하여 뒷받침을 해 나가야 한다. 주장과 논거를 통한 논증 역시 구체적인 단락의 전개 방법이 있다. 따라서 각각의 방법에 대한 철저한 훈련이 필요하다.

Key Point

논증을 효과적으로 하려면?

주장을 선명하게 펼치고 적절한 추론 방법을 활용해 논증하라.

예제 5-3

다음에 제시되는 글을 분석해 빈칸을 채우시오.

에너지 불변의 법칙이라고 불리는 열역학 제1법칙과 엔트로피의 법칙이라고 불리는 제2법칙을 합쳐서 한마디로 묘사해 본다면 우주에 존재하는 에너지의 총량은 변하지 않는데 비해서, 시간이 경과하면서 사용가능한 에너지, 즉 일을 할 수 있는 에너지가 모두 일을 할 수 없는 쓸모없는 에너지로 바뀌고 있다고 말할 수 있다. 질서 있는 상태를 유지하기 위해서는 항상 에너지의 투입이 필요하다는 점을 고려해 본다면, 더 이상 창조되지 않고 있는 우주의 에너지가 계속해서 쓸모없는 에너지로 바뀌고 있다고 열역학의 법칙이 말하는 바는 진화론의 질서의 증가라는 생각과 정면으로 배치되고 있는 것이다. 그렇기 때문에 진화론적 사고는 가장 기본적인 과학의 법칙과 근본적으로 어긋나고 있다.

주장	
논거	
추론 방법	☐ 귀납　　☐ 연역　　☐ 변증

풀이

논증을 하기 위한 단락을 분석해 주장, 논거, 추론 방법 등을 알아보는 문제이다. 논증을 위한 글에는 주장과 이 주장을 뒷받침하기 위한 근거가 포함되어 있다. 또한 이 주장을 뒷받침하기 위해 적절한 추론 방법이 사용된다. 이러한 것을 파악해 논증을 위한 단락이 어떻게 전개되는가를 이해해 본다.

답	
주장	진화론적 사고는 가장 기본적인 과학의 법칙과 근본적으로 어긋난다.
논거	열역학의 법칙과 진화론의 질서의 증가라는 설명은 배치된다.
추론 방법	☑ 귀납　　☐ 연역　　☐ 변증

이 단락에서 주장은 단락의 맨 마지막 부분에 제시되어 있다. 이러한 주장을 입증하기 위해 단락의 처음부터 열역학의 법칙과 진화론적 사고의 관계에 대한 논거를 제시하고 있다. 논증의 과정에서 개별적인 사실을 종합해 일반적인 원리를 끌어내고 있으므로 귀납적인 추론 방법을 사용했다.

연습 5-3

다음에 제시되는 글을 분석해 빈칸을 채우시오.

① 좀 더 쉽게 설명해 보자. 인간이 공을 들여 만들어 놓은 건축물이나 기계들을 보더라도 계속 공을 들여 유지 보수를 하지 않는 한 자꾸 낡아지고 부서지고 무질서해지는 것이 법칙이다. 방치해 두는데 점점 질서가 잡히고 새로워지고 정교해지는 것은 이 세상에 결코 없다. 바로 이러한 현상을 지배하는 것이 열역학 제2법칙이다. 자연의 모든 과정은 엔트로피라는 열역학적인 양이 증가하는 방향으로 자발적으로 진행하고 있다는 것이다. 그런데 이러한 엔트로피의 법칙은 에너지의 투입에 의하여 부분적으로는 역전될 수도 있다. 바로 생명체가 성장하며 생명체 내부의 질서를 유지해 가는 과정에서 그 예를 찾아볼 수 있다. 생명체는 주변 환경으로부터 끊임없이 에너지와 물질을 공급받음으로써 그를 희생으로 삼아서 자신의 내부적 질서를 유지 발전시킬 수가 있는 것이다.

주장			
논거			
추론 방법	□ 귀납	□ 연역	□ 변증

② 그런데 주변으로부터 에너지를 받아들인다고 하더라도, 생명체에서처럼 그 에너지를 적절하게 일할 수 있는 에너지로 바꾸어줄 수 있는 장치가 없다면, 그러한 식의 에너지 투입은 오히려 더 큰 무질서를 산출할 뿐이다. 예를 들면, 어떤 건물에 폭탄이 떨어졌을 경우 매우 많은 양의 에너지가 건물에 주어지는 것이지만, 실상은 폭발의 결과 그 건물은 엄청나게 더 무질서한 상태가 될 수밖에 없는 것이다. 그런데 진화론에서는 대폭발이론이라는 폭발이 일어나 거기서 지금 우리가 보는 아름다운 우주가 생겨났다고 주장하고 있다. 최초의 폭발이 일어났던 우주에 질서를 산출하는 데 필요한 에너지 변환장치가 있었을 리 만무하다. 따라서 이러한 논리는 어떤 인쇄소에서 폭탄이 터진 결과 브리태니커 백과사전이 완벽하게 인쇄되고 제본되어 나왔다고 설명하는 것만큼이나 불합리한 이론이다.

주장			
논거			
추론 방법	□ 귀납	□ 연역	□ 변증

실습과제

예제 다음에 제시되는 글을 분석하여 빈칸을 완성하시오.

① '삶의 목적이 무엇인지 모르겠다.' '개인들에게는 선택의 여지가 없다.' '공부를 하다 보면 로봇이 된 기분을 느낀다.' '이 세상엔 나만 혼자라는 기분을 느낀다.' 이러저런 경로로 소외도 테스트를 할 때가 있는데 결과를 확인하고 깜짝 놀랄 때가 많다. 생각보다 많은 친구들이 의미상실, 무기력, 학업소외, 고립감 등을 호소하기 때문이다. 아니나 다를까, 최근 5년 사이 청소년 우울증이 15.3%나 증가했고 우울증 증세 중 하나인 수면장애는 56.4%나 늘었다고 한다.

'늘 외롭고 혼자라는 기분'을 요즘은 보통 우울증이라고 표현하는 것 같다. 그도 그럴 것이 또래관계나 애정관계에 성공하지 못하는 한, 마음 둘 곳 하나 없는 존재가 바로 10대 아니던가. 부모가 맞벌이라거나 여타 가정사라도 있으면 삶을 지탱해줄 끈은 지극히 제한적인 셈이다. 아이돌에 열광하거나 게임에 몰입하며 '가면'이라도 쓰지 않는다면 터널은 끝이 없다. 어쩌면 교과서의 '질풍노도 시기'란 말은 이제 '긴 터널의 시기'라고 고쳐야 할지 모르겠다.

화제	
서술 방법	

② 그런데 최근 들어 왜 10대의 우울증이 주목받는 걸까. 명시적인 이유는 두 가지다. 첫째는 우울증이 자살 시도로 이어진다는 점이다. 곤란한 문제가 아닐 수 없다. 둘째는 대개의 경우 '가면성 우울증'(Masked Depression)이어서 증세를 포착하기 어렵고 그 때문에 우울한 상태가 방치될 가능성이 높다는 점이다. 실제로 전문가들은 무단결석, 게임 · 인터넷 중독, 비행, 학업부진 같은 문제에도 우울증이 원인인 경우가 많다고 지적한다.

화제	
서술 방법	

③ 어쨌든 여기서 놀라운 사실 하나를 발견하게 된다. 과거와 달리 청소년 문제에 대한 접근이 요즘은 정신의학 지식을 동원한다는 점이다. 그중에서도 우울증은 '요즘 애들'이라는 블랙박스를 열 때 일종의 만능열쇠 구실을 한다. 삶의 의미를 잃어버렸다면 그건 우울증 때문이고, 좌절하고 있다면 그건 우울증 때문이며, 심지어 공부에 흥미를 잃었더라도 그것 역시 우울증 때문이다.

이 열쇠가 예전의 만능열쇠들(가령 발랑까짐, 말세, 스트레스 등)과 다른 점은 구체적인 처방전을 작성하기 쉽다는 데 있다. 우울증은 병이니까 상담이나 약물을 통해 얼마든지 치료가 가능하다는 것이다. 치유 절차는 비교적 어렵지 않다. 돈을 내서 전문가 상담을 받고, 거기서 유년기 시절의 트라우마를 확인한 뒤 아버지나 어머니에 대한 욕망을 깨닫고, 이를 극복하려고 또래와 수다를 떨거나 운동을 즐기며 긍정적 에너지를 회복하는 것이다.

여기에 불편한 진실이 하나 있다. 적잖은 10대들이 공통적으로 경험하는 심리 상태가 우울증으로 진단되는 순간, 이 사회적 문제가 개인 문제로 둔갑하게 된다는 사실이다. 경제 공황(Depression)에 준할 정도로 사회구조적 문제라 할 수 있는 우울증(Depression)은 정신의학 지식에 의해 개인적 치료 대상이 된다. 자살을 하고 무단결석을 하고 인터넷에 중독되고 비행을 일삼고 학업이 부진한 문제가 있다면 그것은 치유의 문제일 뿐이지 가족과 학교, 그리고 경제구조를 포함한 사회변동 문제로 상상되지 않는다.

좀 더 강한 해석을 해본다면, 우울한 심리 상태를 우울증이라 명명하는 것은 정치적으로 중요한 문제라고 비판할 수도 있다. 병으로 진단되기 이전의 우울(Melancholy)이라는 정서는 기본적으로 내가 진정 바라는 '욕구'와 사회가 나에게 강압하는 '요구'가 불일치함으로써 나타나는 일종의 불만족 상태다. 달리 말해, 의미 상실 · 무기력 · 소외감 · 고립감 등은 10대를 포함해 어떤 사회인이든지 간에 어떤 변화를 '욕망'하는 계기일 수도 있다는 것이다.

화제	
서술 방법	

④ 그런데도 오늘날 정신의학 전문가들은 10대들의 잠재화된 어떤 정치성을 우울증이라는 과학적 언어로 축소하고 변환해버린다. 공부로 인해 로봇이 된 기분이 든다면 그건 네 잘못이 아니니까 마땅히 책을 찢어버리고 책상을 밟고 일어나 시를 노래하라고 권유할 만도 한데, 수다를 떨든 운동을 하든 (물론 따뜻한 말로) 로봇이 되어 견디라고 '재-요구'하는 것이다. 그건 네 잘못이 아니지만 그래도 네가 이해하고 알아서 견뎌야 해, 라고 말이다.

화제	
서술 방법	

풀이

한 편의 완성된 글을 분석해 설명과 논증의 방법을 확인하는 문제이다. 한 편의 글에서도 설명과 논증의 방법은 같이 사용될 수 있다. 따라서 각 단락의 화제를 먼저 분석해 본 후 각각의 화제에 대해 사용된 방법을 찾아본다.

답

①	화제	우울증의 증가
	서술 방법	설명

②	화제	우울증이 주목받는 이유
	서술 방법	논증

③	화제	청소년 문제에 대한 접근 방식의 변화
	서술 방법	설명

④	화제	정신의학 전문가들에 대한 비판
	서술 방법	논증

① 우울증의 증가에 대한 객관적인 자료를 제시하고 있으므로 설명의 방식이 사용되었다.
② 우울증이 주목받는 이유 두 가지에 대해 자신의 주장을 펼치고 있으므로 논증의 방식이 사용되었다.
③ 청소년 문제에 대한 접근 방식의 변화라는 객관적인 사실을 제시하고 있으므로 설명의 방식이 사용되었다.
④ 올바른 해법을 제시하지 못하는 정신의학 전문가들에 대한 비판이므로 논증의 방식이 사용되었다.

연습 다음에 제시되는 글을 분석하여 빈칸을 완성하시오.

① 멸종된 네안데르탈인과 현생 인류 호모 사피엔스는 유전적으로 전혀 다른 특성을 갖고 있으며 아마도 서로 다른 종(種)이었을 것이라는 데 학자들의 의견이 강한 합치를 보였다. 최근 뉴욕대학에서 사흘간 열린 네안데르탈인에 관한 심포지엄에 참석한 학자들은 지난 1856년 독일 네안데르 계곡(네안데르탈)에서 인류 화석이 처음 발견된 이래 지금까지 계속돼 온 의문, 즉 오랜 옛날 한 조상에서 퍼져 나와 유사한 특성을 공유하는 두 영장류가 교배를 했을 가능성에 논의의 초점을 맞췄다.

화제	
서술 방법	

② 논의의 핵심은 오늘날 유럽인에게 네안데르탈인의 유전자가 남아 있느냐 하는 것이다. 이 문제는 종(種)의 정의를 내리는 것부터가 쉽지 않다는 본질적인 논란을 일으켰다. 종의 전통적 의미는 생식 측면에서 다른 무리로부터 고립돼 내부적으로만 교배하는 무리를 뜻한다. 이런 맥락에서 포유동물의 이종교배는 매우 드물며 기껏해야 암말과 수탕나귀 사이에서 태어나 생식력이 없는 노새 정도를 들 수 있을 뿐이다.

화제	
서술 방법	

③ 현생인류의 조상이 15만년 전 아프리카에서 유럽으로 건너와 남아있던 원시인류를 몰아냈다는 학설에 따르면 네안데르탈인보다도 유사성이 적은 종과 현생 인류도 교배해 잡종을 낳을 수 있다. 반면 인류의 유전자 패턴과 네안데르탈인 및 초기 현생 인류의 화석에서 채취한 DNA 분석 결과 두 종 사이의 교배 증거를 보이지 않는다. DNA를 분석한 결과 네안데르탈인과 호모 사피엔스 이 두 종은 '생물학적으로 서로 다른 종'이라는 결론을 내릴 수 있다.

화제	
서술 방법	

5.2 설명

자신이 알고 있는 것, 알아낸 것은 다른 사람과 공유해야 더 큰 인류의 지식으로 발전할 수 있다. 자신의 지식을 효과적으로 전달하기 위한 방법에는 무엇이 있는가? 그리고 어떻게 그것을 적용할 것인가? 설명의 다양한 유형과 방법에 대해 알아보자.

문제가 뭐야?
어떻게 설명해서 이해시키지?

어떻게 해야 하지?
설명의 다양한 유형을 파악하라.

이렇게 해결해 봐!
설명의 유형에 따라 화제문을 쓰고 뒷받침하라.

더 깊게! 더 넓게!
다양한 설명 방법으로 단락을 전개하라.

목차 정의와 예시 분류와 구분 및 분석 비교와 대조 과정

정의와 예시

정의란 어떤 사물이나 개념에 대하여 자신이 의도하고 있는 의미와 범위를 규정하는 설명 방식이다. 어떤 개념이나 사물이 가진 본질적인 속성, 또는 가장 중요한 속성 등을 알기 쉽게 풀이하면 이것이 정의의 방법을 사용한 설명이 된다. 정의문은 피정의항과 정의항으로 구성되고 정의항은 다시 종개념과 유개념으로 구성된다. 정의되어야 할 대상은 피정의항이 되고 이에 대해 정의하는 부분은 정의항이 된다. 유개념은 정의되어야 할 대상이 속한 바로 위의 개념이고 종개념은 정의되어야 할 대상이 가진 고유의 속성으로서 유개념의 여러 원소 중에서 정의되어야 할 대상과 다른 대상이 구별되는 속성이다. 정의를 할 때는 반드시 이러한 형식으로 해야 한다.

정의

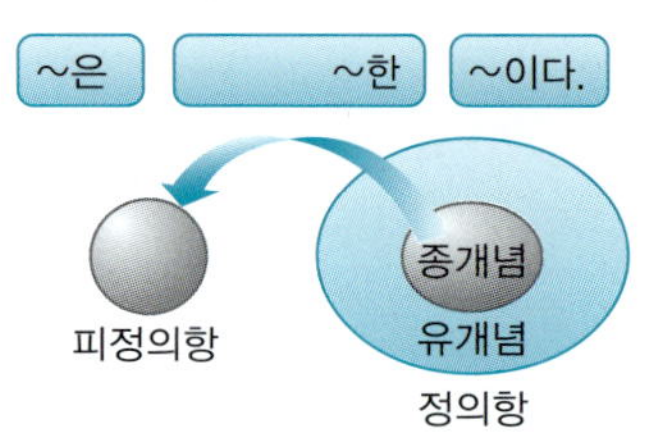

정의문

원소는	더 이상 분해되거나 변환 또는 합성될 수 없는	물질이다
	종개념	유개념
피정의항	정의항	

정의는 서론이나 각 구성요소의 앞부분에 자주 사용된다. 서론에서 어떤 사물이나 개념에 대해 의미와 범위를 분명하게 규정하면 글쓴이와 읽는 이 모두 그 의미와 범위에 의거해 글을 쓰고 이해할 수 있다. 또한 각 구성요소의 앞부분에도 정의를 적절하게 사용하면 개념과 범위의 혼동이 없어져 글이 명료하게 된다. 한 단락을 정의의 방법으로 전개하고자 할 경우에는 화제문을 정의하는 문장으로 쓰면 된다. 뒷받침문은 정의항의 내용, 특히 종개념에 대해 자세히 서술하면 된다.

정의의 방법을 활용한 단락 전개

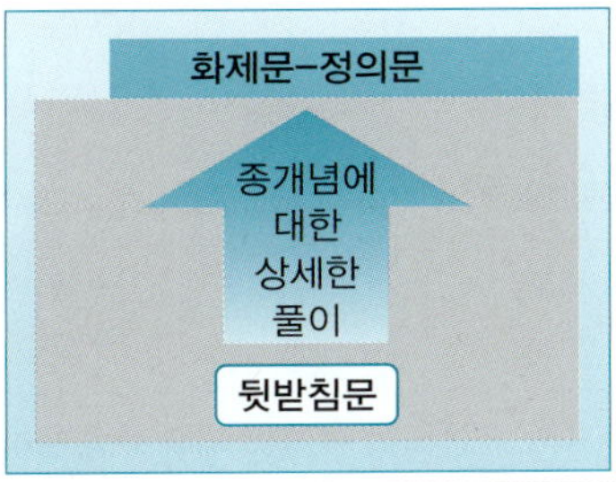

렌즈는 유리와 같이 투명한 물질의 면을 구면(球面)으로 곱게 갈아 물체로부터 오는 빛을 모으거나 발산시켜 광학적 상(像)을 맺게 하는 물체이다. 유리나 투명 플라스틱 같은 물질은 빛을 통과시키는데 표면이 구면으로 되어 있으면 빛이 직진하지 않고 굴절된다. 따라서 곡면을 일정하게 깎으면 빛이 한 지점에 모일 수도 있고 빛이 여러 방향으로 발산될 수 있다. 가운데를 두껍게 만든 렌즈인 볼록렌즈는 빛을 모으는 작용을 하고, 주변 쪽이 두꺼운 오목렌즈는 빛을 발산시키는 역할을 한다.

예시는 추상적 개념을 구체적으로 이해시키기 위해 예를 들어 설명하는 방식이다. 단락에서 화제문은 다소 추상적이기 때문에 추상적인 화제문을 보다 잘 이해시키기 위해서는 이에 대한 구체적인 설명이 필요하다. 따라서 주어진 화제와 관련해 가능한 친숙한 사례를 들어 화제를 구체화시키는 방식이 예시이다. 예시는 본론을 전개할 때 매우 유용하다. 글 전체의 구성에서 핵심 단락을 구체화시킬 필요가 있을 때 별도의 예시 단락을 쓸 수도 있다. 또한 본론의 한 단락을 전개할 때도 화제와 화제문의 내용을 구체화시키기 위해 예시를 쓸 수도 있다. 어떤 경우이든 화제에 부합되는 동시에 화제를 구체적으로 이해할 수 있는 예시를 들어야 한다.

예시의 방법을 활용한 단락 전개

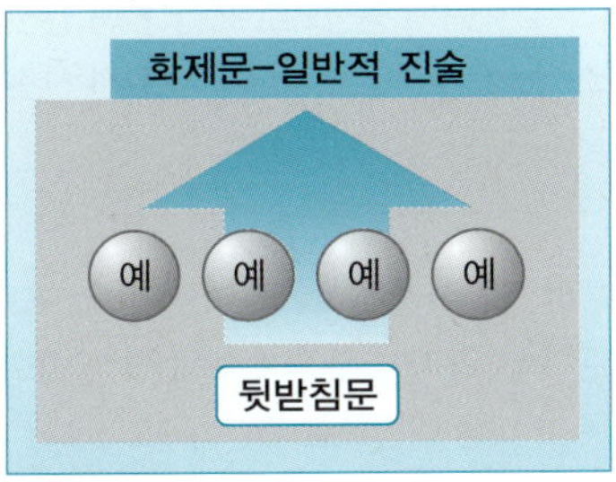

렌즈 설계의 요점은 수차와 광량의 손실을 줄이는 것이다. 재질이나 초점거리가 다른 각각의 렌즈를 조합하면 상이 한 점에 또렷이 맺히지 않아 수차가 나타나는데 이를 없애기 위해 많은 방법이 동원된다. 예를 들면, 망원경의 대물렌즈는 색수차 · 구면수차 · 코마를 제거하도록 보통 크라운 유리와 플린트 유리로 만들어진 두 개의 렌즈로 되어 있다. 렌즈면의 반사에 의해 광량의 감소가 나타나는데 이를 방지하기 위한 방법도 개발되어 있다. 예를 들면 반사율을 줄이는 반사를 방지하기 위하여 박막(薄膜)을 증착(蒸着)하여 한 개의 렌즈에 의한 빛의 반사가 약 2%가 되게 하는 것이 대표적인 방법이다.

예시를 할 때는 '선발'과 '분류' 두 가지 방법을 주로 사용한다. '선발'은 여러 예시 후보 중에서 가장 좋은 보기 몇 가지를 대표로 제시하는 방법이고, '분류'는 여러 예시 후보를 적당한 기준으로 묶은 후 각 묶음에서 하나씩 보기를 드는 방법이다.

Key Point

정의라는 방법으로 단락을 전개하려면?
정의문으로 화제문을 쓰고 종개념을 상세화해 뒷받침하라.

예시라는 방법으로 단락을 전개하려면?
일반적인 진술로 화제문을 쓰고 구체적인 사례로 뒷받침하라.

예제 5-4

다음 '제트 엔진'에 대한 정의를 바탕으로 단락을 완성하시오.

정의	기관 내부에서 연소시킨 고온의 가스를 제트 노즐에서 분출시켜 그 반동력을 추진력으로 사용하는 열기관

....

.... 제트 엔진은 고효율의 연료를 사용하여 빨아들인 공기를 압축한다. ....

.... 이 강력한 반동력은 항공기에 적합해 주로 항공기 엔진으로 쓰인다. 이 엔진은 공기 중의 산소를 필요로 하기 때문에 대기권에서만 쓰일 수 있다. ....

....

....

풀이

주어진 화제를 정의의 방식을 써서 한 단락으로 전개해 보는 문제이다. 정의의 방식으로 단락을 쓸 때는 정의문을 화제문으로 쓰고 종개념의 각 부분을 뒷받침문을 통해 구체화시키면 된다.

> 답 제트 엔진은 기관 내부에서 연소시킨 고온의 가스를 제트 노즐에서 분출시켜 그 반동력을 추진력으로 사용하는 엔진이다. 제트 엔진은 고효율의 연료를 사용하여 빨아들인 공기를 압축한다. 이렇게 압축된 공기를 노즐에서 분출시키면 강한 반동력이 발생한다. 이 강력한 반동력은 항공기에 적합해 주로 항공기 엔진으로 쓰인다. 이 엔진은 공기 중의 산소를 필요로 하기 때문에 대기권에서만 쓰일 수 있다. 넓은 의미에서는 연료의 연소에 필요한 산소원을 내장하고 있는 로켓 엔진도 제트 엔진에 포함된다.

첫 번째 문장은 화제문으로서 정의문을 쓰는 방법에 따라 썼다. 정의문에 압축한 가스의 분출에 대한 내용이 있으므로 첫 번째 빈 줄에는 이에 대한 뒷받침문을 썼다. 또한 마지막 문장에서는 보다 넓은 의미의 제트 엔진에 대해 썼다. 반드시 이러한 내용으로 쓰지 않아도 되니 필요한 자료를 수집해 정의문을 화제문으로 쓰고 다른 방법으로 뒷받침해도 된다.

연습 5-4

다음 '오아시스'에 대한 정의를 바탕으로 단락을 완성하시오.

정의	사막과 같은 건조지역의 특정한 위치에서 물 공급이 지속적으로 일어나 외부와 단절된 하나의 식생을 이루는 곳

....

.... 일반적인 오아시스는 샘 오아시스로 사막 안에 있는 낮은 웅덩이에 지하수가 솟아나와 물이 괸 것을 일컬으며 그 규모가 다양하다. ....

....

.... 이밖에도 사막 한가운데이지만 하천이나 산록과 연결되어 물이 지속적으로 공급되는 지역

이 있는데 이런 지역도 넓은 의미의 오아시스에 포함된다. 오아시스 지역에는 물이 공급되기 때문에 풀과 나무가 자랄 수 있으며 사람들도 이 물을 생활용수로 사용할 수 있다. 따라서 ....

....

예제 5-5

다음 '휴대폰의 한글 입력 방식'에 대한 사례를 바탕으로 단락을 완성하시오.

예시	천지인, 나랏글

....

.... 핸드폰만 쓰던 시기에는 영어 자판과 마찬가지로 한글의 자모를 순서대로 배열하는 방식이 가장 먼저 사용되었다. 그러나 한글의 과학성 때문에 빠르고 정확하게 한글을 입력할 수 있는 다양한 방식이 개발되었다. ....

.... 스마트폰이 일반화되고 난 뒤에는 한글 입력방식이 더 다양화되었다. 터치 수는 줄이되 손가락의 움직임에 따라 원하는 문자가 입력되는 방식을 비롯하여 수십 가지의 한글 입력 방식이 개발되었다.

풀이

주어진 자료를 바탕으로 예시의 방식으로 단락을 전개시켜 보는 문제이다. 예시의 방식으로 단락을 전개할 때는 다소 추상적으로 화제문을 쓰고 구체적인 사례를 들어 뒷받침하면 된다. 이때 분류 및 선발의 방식도 활용될 수 있으므로 앞의 설명을 참고한다.

답 스마트폰에서 한글을 입력하는 방식은 다른 문자에 비해 매우 다양하다. 핸드폰만 쓰던 시기에는 영어 자판과 마찬가지로 한글의 자모를 순서대로 배열하는 방식이 가장 먼저 사용되었다. 그러나 한글의 과학성 때문에 빠르고 정확하게 한글을 입력할 수 있는 다양한 방식이 개발되었다. 삼성전자의 천지인은 모음 부분이 특화된 입력 방식으로서 점, 가로선, 세로선 세 가지만으로 모든 모음을 입력할 수 있다. LG전자의 나랏글은 자소의 겹침이라는 한글의 특성을 가장 잘 활용한 입력 방식이다. 스마트폰이 일반화되고 난 뒤에는 한글 입력 방식이 더 다양화되었다. 터치 수는 줄이되 손가락의 움직임에 따라 원하는 문자가 입력되는 방식을 비롯하여 수십 가지의 한글 입력 방식이 개발되었다.

화제문은 스마트폰의 다양한 한글 입력 방식에 대해 다소 추상적으로 썼다. 뒷받침문에서는 구체적인 사례를 나열하고 있는데 예시에 천지인과 나랏글이 제시되어 있으므로 이에 대해 구체화하였다. 이 외에도 다양한 방법으로 예시를 할 수 있으므로 적절한 방법을 찾아서 직접 써 보는 것도 좋다.

연습 5-5

다음 '전자매체와 글쓰기 방식'에 대한 사례를 바탕으로 단락을 완성하시오.

예시	스마트폰, 테블릿 PC

……………………………………………………………………………………………

……………………………………………. 붓, 펜, 연필, 볼펜, 사인펜, 타자기, 워드 프로세서, 컴퓨터, 스마트폰 등으로 변화해 온 글쓰기 도구를 생각해 보면 그 변화를 짐작하고 있다. 워드 프로세서 이전의 글쓰기 도구는 큰 변화를 초래하지 않았다. 그러나 워드 프로세서는 글을 쉽게 쓸 수 있는 것은 물론 같은 글을 여러 장 손쉽게 인쇄할 수 있게 해 주었다. ……………………………………………

……………………………………………… 앞으로 어떤 전자매체가 등장해 글쓰기 방식을 바꾸어 놓을지 기대가 된다.

분류와 구분 및 분석

분류와 구분은 여러 대상들을 일정한 원리에 따라 나누어 대상들 상호간의 관계나 각 대상이 전체에서 차지하는 위치를 드러내는 설명 방식이다. 분류와 구분은 본래 서로 구별되는 방식으로서 상위의 집합을 하위의 집합으로 나누어 나가는 방식을 구분이라 하고 하위의 원소나 집합을 상위의 집합으로 묶어 나가는 방식을 분류라고 한다. 그러나 글쓰기에서는 이 두 가지를 명확하게 구별하지 않아도 무방하다.

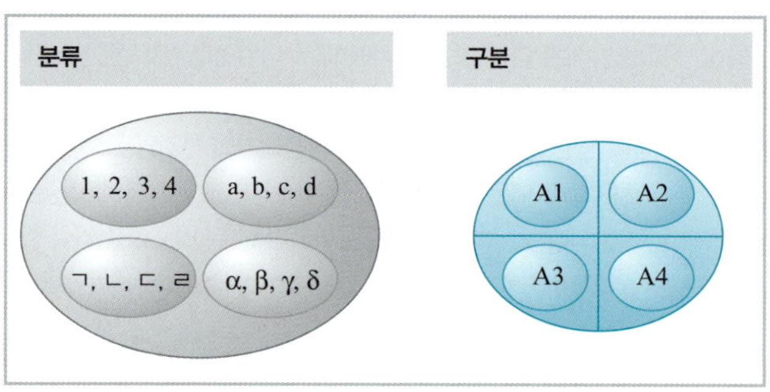

분류와 구분을 적절히 하기 위해서는 그 기준이 분명하게 제시되어야 한다. 분류나 구분의 대상이 전체를 위하여 기능하는 유기체인 경우에는 각각의 구성 부분으로 나누거나 묶어야 한다. 또한 분류나 구분의 대상이 특정한 구조를 갖지 않는 혼합체일 경우에는 각각의 공통성을 중심으로 나누거나 묶어 나가야 한다. 단락을 전개할 때는 분류와 구분의 기준과 그에 따라 나누어진 항목을 중심으로 화제문을 쓰고 이 기준에 따라 나누어지거나 묶인 내용을 차례로 서술해 주면 된다.

분류와 구분의 방법을 활용한 단락 전개

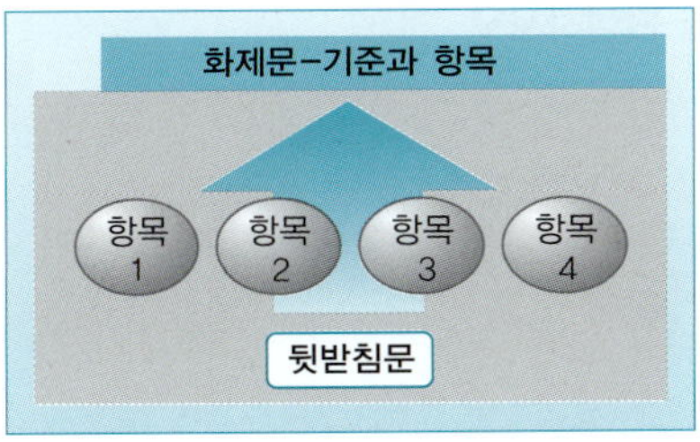

렌즈는 형태에 따라 볼록렌즈와 오목렌즈로 나눌 수 있다. 렌즈는 일정한 방향으로 빛을 굴절시켜야 한다. 렌즈의 가운데를 볼록하게 만들면 이 렌즈를 통과한 빛은 한 곳에 모인다. 반면에 렌즈의 가운데를 오목하게 만들면 이 렌즈를 통과한 빛은 분산된다. 이러한 특성 때문에 두 가지 렌즈는 모양에서만 차이가 있는 것이 아니라 용도에서도 차이가 난다.

분석은 하나의 개체 또는 통일체를 어떤 특정한 관점에 따라 나누어 그 내용을 드러내어 밝히는 설명 방식이다. 분류와 구분에 의한 각 항목은 상위 항목과 집단 및 개념의 크기에만 차이가 있을 뿐 독립적인 지위를 가질 수 있으나 분석에 의한 각 항목은 상위 항목의 일부로서의 지위만 갖는다.

예를 들어 시계를 용도에 따라 '벽걸이 시계, 탁상 시계, 손목 시계' 등으로 나누는 것은 각각의 시계가 독립적인 지위를 가질 수 있으므로 이 방법은 분류나 구분이다. 반면에 시계를 기능에 따라 '동력부, 전달부, 표시부' 등으로 나누면 더 이상 시계로서는 기능을 할 수 없으므로 이 방법은 분석이다.

각 단락을 분석의 방법으로 전개하고자 할 때에는 시간, 개념, 물리적 구조, 기능, 인과관계 등을 명확히 제시하는 내용으로 화제문을 작성하고 이 기준에 따라 차례로 서술하면 된다.

분석

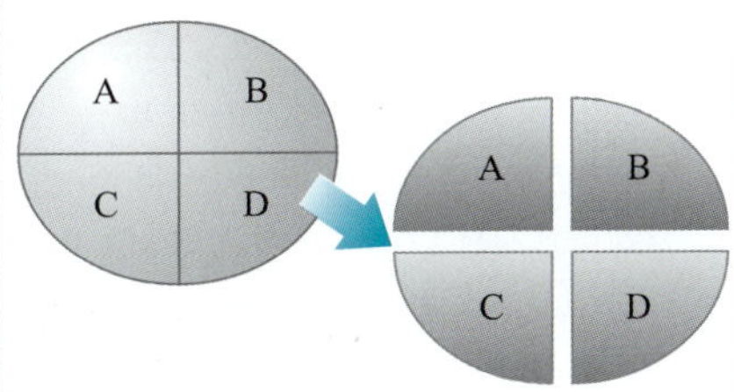

분석의 방법을 활용한 단락 전개

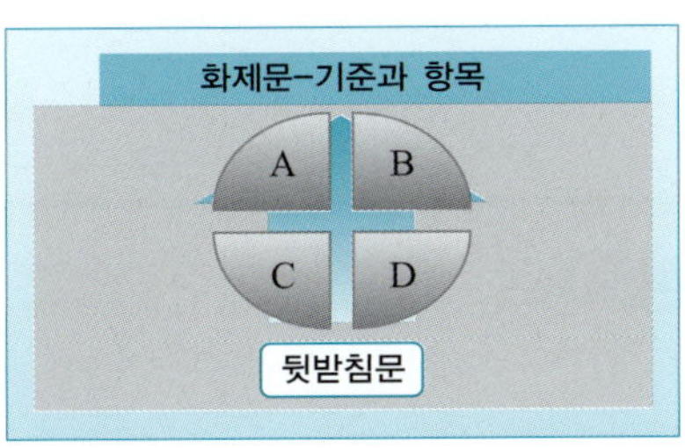

사진의 초점이 뚜렷하지 않거나 색상의 경계에서 번짐 현상이 나타나는 원인은 렌즈의 수차 때문이다. 사진의 초점이 뚜렷하지 않은 것은 렌즈의 곡면 수차 때문이다. 렌즈의 중심을 통과한 빛과 주변을 통과한 빛의 굴절 각도에 차이가 있기 때문에 이러한 현상이 나타난다. 색상의 경계가 불분명하거나 색 번짐이 나타나는 현상은 색수차라고 한다. 빛을 구성하는 여러 색마다 렌즈를 통과하면서 서로 다른 각도로 굴절되기 때문에 이러한 현상이 나타난다. 이밖에 곡률에 따른 수차, 혜성 꼬리 현상, 기하학적 왜곡도 사진의 질을 떨어뜨리는 원인인데 모두 렌즈의 특성 때문에 나타난다.

Key Point

분류와 구분, 분석의 방법으로 단락을 전개하려면?

기준과 항목으로 화제문을 쓰고 각각의 항목을 구체적으로 뒷받침하라.

예제 5-6

다음 '스피커'에 대한 기준을 활용해 '분류와 구분' 방식으로 단락을 완성하시오.

기준	진동판의 종류 → 복사형 스피커, 혼(horn)형 스피커

....
.... 스피커는 전기신호를 진동판의 진동으로 바꾸어 우리가 들을 수 있는 소리를 만들어내기 때문에 진동판이 중요한 역할을 한다. ....
.... 복사형 스피커는 보통 라디오, 스테레오 장치에 많이 쓰이는 콘(cone)형 스피커가 대부분이며 금속 진동판을 사용한 것도 있다. ....
.... 혼형 스피커는 역이나 운동장 등 옥외에 많이 사용된다.

풀이

주어진 자료를 활용해 분류와 구분의 방법으로 단락을 전개해 보는 문제이다. 분류와 구분으로 단락을 전개하기 위해서는 명확한 기준이 있어야 한다. 따라서 이 기준에 따라 화제문을 쓰고 뒷받침문에서는 각각의 항목에 대해 상세하게 기술하면 된다. 다소 전문적인 정보가 필요하므로 검색을 통해 필요한 자료를 수집해 쓸 수 있다.

답 스피커는 진동판의 종류에 따라 복사형 스피커와 혼(horn)형 스피커로 나눌 수 있다. 스피커는 전기신호를 진동판의 진동으로 바꾸어 우리가 들을 수 있는 소리를 만들어내기 때문에 진동판이 중요한 역할을 한다. 진동판이 공기 중에 직접 놓이는 스피커를 복사형 스피커라 한다. 복사형 스피커는 보통 라디오, 스테레오 장치에 많이 쓰이는 콘(cone)형 스피커가 대부분이며 금속 진동판을 사용한 것도 있다. 진동판이 혼 속에 놓이는 종류를 혼형 스피커라고 한다. 혼형 스피커는 역이나 운동장 등 옥외에 많이 사용된다.

화제문은 주어진 기준과 이 기준에 따른 분류 항목을 엮어서 썼다. 뒷받침문은 각각의 분류 항목에 대해 전개해 나가면 되는데 복사형 스피커, 혼형 스피커에 대해 구체화시켰다.

연습 5-6

다음에 제시되는 화제와 기준을 활용해 정해진 방식으로 단락을 완성하시오.

① 염색체 / 분류와 구분

기준	성 결정의 관여 여부 → 성염색체, 상염색체

....
.... 성염색체는 종에 따라 또는 암수에 따라 차이가 있는데 사람의 경우 여자는 X염색체 두 개를, 남자는 X염색체와

Y염색체를 가진다. 보통염색체는 암수 모두 각각의 보통염색체마다 동일한 것이 1쌍씩 있다. 예컨대 사람의 경우에는 부모 양 편으로부터 성염색체와 상염색체를 각각 하나씩을 물려받아 모두 23쌍(46개)의 염색체를 갖게 된다. 따라서 크기와 모양이 똑같은 염색체가 2개씩 쌍을 이루어 존재하는데, 이중 1번부터 22번째 쌍까지의 염색체를 상염색체라고 한다.

② **공학 글쓰기 교육 / 분석**

기준	부진 원인 → 학생, 교수, 교재

....

.... 교육을 담당하는 교수들도 이런 생각을 가지고 있기 때문에 글쓰기 교육에 소홀하기 쉽다. 따라서 공학 계열의 정규과정에 글쓰기 과목이 편성되지 않는 경우도 많고 편성되더라도 학생들로부터 외면을 받기 쉽다. ....

.... 이러한 원인이 복합되어 공학 글쓰기 교육은 더 어려워진다.

비교와 대조

비교는 둘 이상의 대상들 간에 존재하는 공통점을, 대조는 그 차이점을 드러내어 양자의 본질을 밝히고자 하는 설명 방식이다. 비교와 대조가 가능하기 위해서는 비교와 대조가 되는 두 대상이 공유하고 있는 공통점이 있어야 한다. 즉 아무런 공통성이 없는 것은 비교해 보았자 의미가 없고, 모든 것이 다른데 대조해 보았자 더더욱 의미가 없다. 따라서 비교와 대조는 확연히 구분되어 쓰이기보다는 같이 사용되는 경우가 많다. 그리고 비교와 대조를 하기 위해서는 분명한 기준이 있어야 하므로 공통점과 차이점을 무작정 나열하기보다는 명확한 기준을 먼저 세워야 한다.

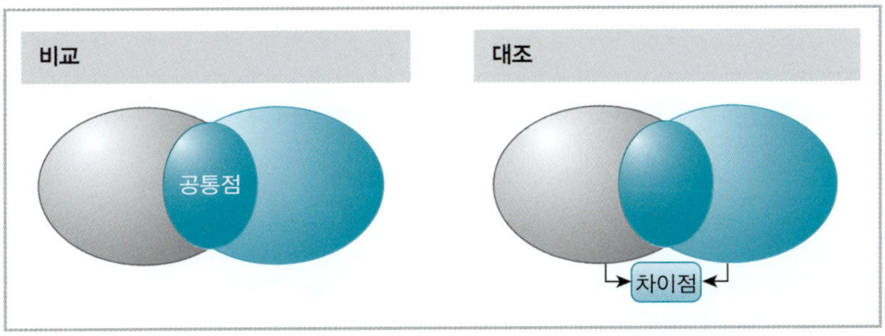

비교와 대조의 방법으로 단락을 전개할 때는 기준과 그 기준에 따른 핵심적 공통점과 차이점을 화제문으로 제시한 뒤 이를 뒷받침해 나가면 된다. 비교와 대조는 글의 본론을 전개할 때 매우 자주 쓰인다. 문제해결을 위한 글쓰기에서는 상반된 입장에 대해 면밀히 검토해야 경우가 많이 있는데 이 때 적절한 기준을 세워 비교와 대조를 할 수 있다.

비교와 대조의 방법을 활용한 단락 전개

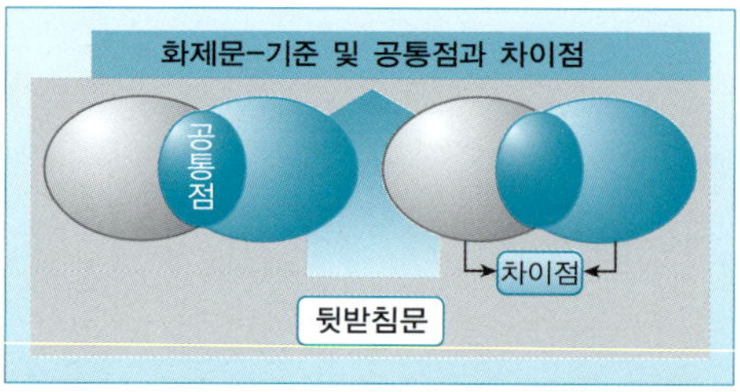

대물렌즈와 접안렌즈는 망원경이나 현미경에 쓰이는 렌즈라는 공통점이 있지만 위치와 제조 방법에서는 차이가 있다. 멀리 있는 물체를 가까이 있는 것처럼 보여주는 망원경이나 작은 물체를 확대해서 보여주는 현미경은 원통의 양끝에 서로 다른 특성을 가진 렌즈를 사용한다. 보고자 하는 물체 쪽에 있는 렌즈를 대물렌즈라고 하는데 이 렌즈는 물체의 상을 맺게 하는 역할을 한다. 보통은 크라운유리로 만든 볼록렌즈와 플린트유리로 만든 오목렌즈를 합쳐서 만든다. 눈 쪽에 있는 렌즈는 접안렌즈라고 하는데 이 렌즈는 대물렌즈에 의해 형성된 상을 확대하여 눈으로 볼 수 있게 하는 역할을 한다. 보통 두 장의 단렌즈로 구성되어 있다.

Key Point

비교와 대조의 방법으로 단락을 전개하려면?

기준과 이에 따른 핵심적 공통점 및 차이점을 밝혀 화제문을 쓰고 공통점과 차이점을 상세하게 뒷받침하라.

예제 5-7

다음 '지진파'에 대한 기준을 활용해 비교와 대조의 방법으로 단락을 완성하시오.

기준	진행 형태 → P파, S파

…………………………………………………………………………………………

…………………………………………………………………………………………. 종을 치면 종소리가 모든 방향으로 퍼지는 것처럼 지진이 발생하면 그 진동이 지진파의 형태로 사방으로 퍼져나간다. 이 중에서 실체파는 지각 내부를 통과해 전달되는 파로 파의 진행방향과 매질의 이동방향이 같은 P파(primary wave)와 파의 진행방향과 매질의 이동방향이 수직인 S파(secondary wave)의 두 가지가 있다. ……………

…………………………………………………………………………………………

…………………………………………………………………. 지진이 일어나 S파가 발생한다 해도 S파는 액체로 이루어진 외핵을 통과하지 못한다.

풀이

주어진 화제에 대해 정해진 기준을 활용해 비교와 대조의 방법으로 단락을 전개해 보는 문제이다. 비교와 대조의 방법으로 단락을 전개할 때에도 기준의 설정이 중요하다. 따라서 기준과 이에 따른 차이점 또는 공통점을 바탕으로 화제문을 쓴다. 뒷받침문은 각각의 차이점 또는 공통점을 구체화한다. 전문적인 정보가 필요할 수도 있으므로 검색을 통해 자료를 수집하여 쓴다.

답 지진이 발생하면 파동이 발생하여 사방으로 퍼져나가는데 지각 내부를 통과해 전달되는 P파와 S파는 진행 형태에 차이가 있다. 종을 치면 종소리가 모든 방향으로 퍼지는 것처럼 지진이 발생하면 그 진동이 지진파의 형태로 사방으로 퍼져나간다. 이 중에서 실체파는 지각 내부를 통과해 전달되는 파로 파의 진행방향과 매질의 이동방향이 같은 P파(primary wave)와 파의 진행방향과 매질의 이동방향이 수직인 S파(secondary wave)의 두 가지가 있다. P파는 파의 진행방향으로 물질이 이동하며 힘을 전달하는데 물질의 밀도를 변화시키며 파가 이동한다. S파의 경우 파의 진행방향에 수직으로 전달물질이 이동한다. 지진이 일어나 S파가 발생한다 해도 S파는 액체로 이루어진 외핵을 통과하지 못한다.

화제문은 주어진 기준 및 이에 따른 차이점을 엮어서 썼다. 뒷받침문은 P파와 S파가 구체적으로 어떻게 다른지에 대해 쓰고 있다. 이 단락에서는 비교와 대조와 함께 분류와 구분의 방법도 사용되었다. 자료를 더 확보해 예시 답안과 다른 단락도 써 볼 수 있다.

연습 5-7

다음 '붓과 펜'에 대한 기준을 활용해 과정의 방법으로 단락을 완성하시오.

기준	재료 – 펜(딱딱한 재료), 붓(부드러운 재료)

....

.... 모든 필기구는 종이나 천 등에 흔적을 남겨야 한다. 이를 위해 잉크나 먹과 같은 액성 재료와 이를 머금었다가 다시 흔적을 남기는 도구가 필요하다. 서양에서는 펜에 잉크를 묻혀 글씨를 썼고 동양에서는 붓에 먹을 묻혀 글씨를 썼다. ....

....

.... 새의 깃털을 깎아 사용하다가 후대에는 금속으로 펜촉을 만들어 펜대에 끼워 사용했다. ....

....

.... 이러한 특성 때문에 글씨체도 달라진다. 펜으로 쓴 글씨는 가늘고 날카로운 특징이 있는 데 반해 붓으로 쓴 글씨는 다소 두껍고 부드러운 특징이 있다.

과정

과정은 일정한 시간적 순서에 따라 진행되는 일이나 일정하지는 않지만 정해진 단계를 거쳐 일어나는 사건을 설명하는 방식이다. 자연 현상이든 인간의 인위적인 작업이든 순차적으로 진행되는 일이 많다. 이러한 일을 효과적으로 설명하려면 그것을 잘 관찰해 몇 개의 단계로 나눈 후 차례대로 설명하면 효과적이다. 따라서 이때에도 각각의 단계를 나누기 위한 기준이 필요하다.

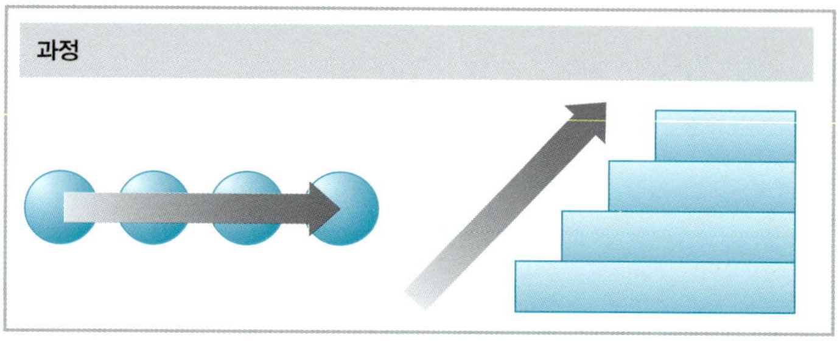

이공계열 글쓰기에서 과정은 매우 중요한 설명 방법이다. 어떠한 사건이 한 번만 일어나는 경우도 있지만 몇 개의 사건이 순차적으로 일어날 수도 있다. 또한 실험을 할 때에는 몇 개의 단계를 거쳐야 하며, 기계를 작동할 때도 일정한 순서를 따라야 한다. 이렇듯 이공계열에서 다루는 대상이 순서나 단계를 따르는 경우가 많기 때문에 이를 효과적으로 활용한다.

과정의 방법을 활용한 단락 전개

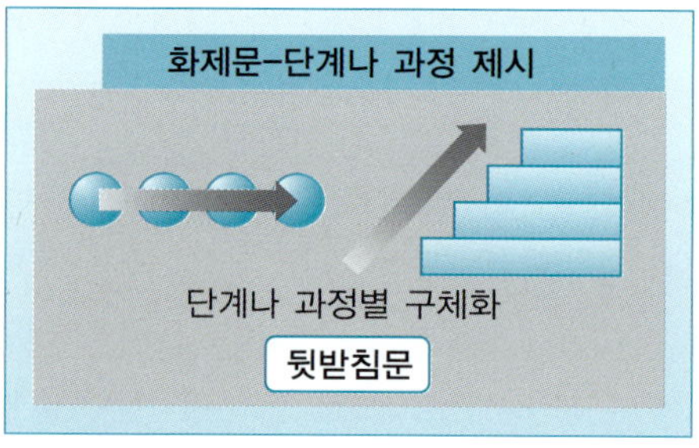

렌즈를 만드는 과정은 크게 재료의 준비, 연마와 접합, 후처리 과정으로 나눌 수 있다. 렌즈의 설계가 끝나면 재료를 준비해야 한다. 이 단계에서는 유리를 적당한 크기로 자른 뒤 다시 원기둥 모양으로 깎는다. 이렇게 준비된 재료를 여러 단계를 거쳐 깎고 연마한 후 접합을 시킨다. 이렇게 만들어진 렌즈도 기본적인 기능을 할 수는 있지만 수차를 줄이기 위해 박막증착 등의 후처리를 거친다. 그리고 엄격한 검사를 통과하면 비로소 렌즈의 자격을 얻어 다른 기구의 부품으로 사용된다.

Key Point

과정의 방법으로 단락을 전개하려면?

기준에 따라 단계를 나눠 화제문을 쓰고 각각의 단계를 상세하게 뒷받침하라.

예제 5-8

다음 '자동차 엔진의 행정'에 대한 단계를 활용해 과정의 방법으로 단락을 완성하시오.

단계	4행정 : 흡입 – 압축 – 폭발 – 배기

....

.... 흡입 행정은 연소실에서 연료와 공기를 혼합할 수 있도록 피스톤을 아래로 움직인다. ....

.... 마지막 배기 행정에서는 사용된 연료를 배기 밸브를 통해 배출하기 위해 피스톤을 위로 움직인다.

풀이

제시된 단계를 바탕으로 과정의 방법으로 단락을 전개해 보는 문제이다. 과정의 방법으로 단락을 전개할 때 가장 먼저 해야 할 작업은 단계를 적절히 나누는 것이다. 문제에 이미 단계가 제시되어 있으므로 각 단계를 전개하는 데 필요한 정보를 수집하여 단락을 완성한다.

답 자동차 엔진은 주로 흡입, 압축, 폭발, 배기라는 행정을 반복하면서 동력을 만들어낸다. 흡입 행정은 연소실에서 연료와 공기를 혼합할 수 있도록 피스톤을 아래로 움직인다. 압축 행정은 가스를 압축하기 위해 피스톤을 위로 움직인다. 폭발 행정에서는 불꽃으로 연료에 불을 붙이고 피스톤을 다시 아래로 움직인다. 마지막 배기 행정에서는 사용된 연료를 배기 밸브를 통해 배출하기 위해 피스톤을 위로 움직인다.

과정의 방법으로 단락을 전개할 때 화제문은 핵심적인 단계를 나열하여 쓴다. 또한 뒷받침문은 각 단계를 상세화한다. 첫 번째 문장의 화제문은 자동차 엔진 중 4행정 엔진의 각 단계를 나열하여 썼다. 뒷받침문 중에는 압축 행정이 빠져 있으므로 이를 상세화하였다.

연습 5-8

다음에 제시되는 화제와 기준을 활용해 비교와 대조의 방법으로 단락을 완성하시오.

① 벤처기업의 몰락

단계	연구 및 개발 소홀 — 기술 경쟁력 격감 — 시장 지배 실패 — 신규 투자 중단 — 로비 및 검은 거래 — 몰락

....

.... 벤처기업의 장점은 뛰어난 기술력인데 초기 기술만 믿고 연구 및 개발에 소홀하게 되면 곧 기술 경쟁력이 떨어지게 된다. ....

....

.... 물건을 내다 팔아 이익을 창출하거나 새로운 투자를 받아

연구와 개발에 투자해야 하지만 그렇지 못한 상황에 직면한 것이다. ....

.... 이러한 방법이 통할리가 없어 결국 이 기업은 몰락의 길을 걷게 된다.

② 현미경 사용 순서

단계	현미경 설치 – 접안렌즈 조정 – 반사경 조정 – 관찰 대상 설치 – 대물렌즈 조정

....

.... 먼저 현미경을 직사광선이 들지 않는 곳에 설치한다. 너무 어두우면 조명을 이용한다. ....

.... 접안렌즈를 보며 반사경을 잘 조정하여 빛이 렌즈로 잘 들어오도록 한다. 다음으로 현미경으로 관찰할 대상을 재물대 위에 올려놓는다. 대상에 따라 유리에 올려 놓거나 물이 든 샬레에 담아서 올려 놓는다. ....

....

실습과제

예제 다음에 제시되는 단락의 화제와 단락에 적용된 설명 방법을 쓰시오.

인간의 유전자 지도와 그 기능에 대한 정보가 어떻게 이용되느냐에 따라 그에 대한 윤리적 · 사회적 파장은 전혀 달라질 것이다. 예를 들어 갑이란 사람이 모 대학 병원에서 유전자 검사를 받은 결과, 갑에게 간암 유발 유전 물질이 있음이 밝혀졌다고 하자. 담당 의사는 유전 상담을 통해 이 사실을 갑에게 알려 줄 것이다. 여기서부터 윤리적 문제가 발생한다. 사실 간암 유발 유전자를 보유하고 있다고 해서 그 사람이 미래에 언젠가 필연적으로 간암에 걸린다는 법은 없다. 왜냐하면 유전인자는 단지 하나의 잠재성(潛在性)에 불과하기 때문이다. 그러나 실제로 이런 유전자 검사는 자기충족적 예언의 성격을 지닌다. 자기충족적 예언이란 예언을 함으로써 실제로 그 일이 일어날 확률이 높아지게 되는 현상을 말한다.

화제	
설명 방법	

풀이

주어진 단락을 보고 어떤 설명 방법으로 전개한 것인지를 확인해 보는 문제이다. 한 단락을 전개할 때 하나의 설명 방법만 쓸 수도 있고 몇 가지를 같이 쓸 수도 있다. 제시된 단락 또한 여러 가지의 설명 방법이 같이 쓰였을 수도 있지만 대표적인 방법을 찾아본다.

답

화제	유전자 지도와 기능에 대한 정보가 초래할 파장
설명 방법	예시

주어진 단락의 화제는 유전자 지도와 기능에 대한 정보가 초래할 파장인데 이에 대한 구체적인 예를 들어 단락을 전개했다.

연습 다음에 제시되는 단락의 화제와 단락에 적용된 설명 방법을 쓰시오.

① 폭포수와 분수는 동양과 서양의 각기 다른 두 문화의 원천이 되었다고 해도 지나친 말은 아니다. 대체 그것이 어떻게 다른가를 보자. 무엇보다도 폭포수는 자연이 만든 물줄기이며, 분수는 인공적인 힘으로 만든 물줄기이다. 그래서 폭포수는 심산유곡에 들어가야 볼 수 있고, 분수는 도시의 가장 번화한 곳에 가야 구경할 수 있다. 폭포수는 자연의 물이요, 분수는 도시의 물, 문명의 물인 것이다. 장소만 그런 것은 아니다. 물줄기가 정반대이다. 가만히 관찰해 보자. 폭포수의 물줄기는 높은 데서 낮은 곳으로 낙하한다. 만유인력, 그 중력의 거대한 자연의 힘 그대로 폭포수는 하늘에서 땅으로 떨어지는 물이다. 그러나 분수는 그렇지가 않다. 서구의 도시에서 볼 수 있는 분수는 대개가 다 하늘을 향해 솟구치는 분수들이다. 화산이 불을 뿜듯이, 혹은 로켓이 치솟아 오르듯이, 땅에서 하늘로 뻗쳐 올라가는 힘이다. 분수는 대지의 중력을 거슬러 역류하는 물이다.

화제	
설명 방법	

② 많은 사람들이 인간 게놈 프로젝트를 의미심장하게 받아들이는 이유는 간단하다. 인간 게놈 프로젝트는 인간이라는 생명체의 비밀을 해독하는 열쇠를 쥐고 있다는 것이다. 우선 생각해 볼 수 있는 것이 불치병의 치료 및 질병의 원천적 예방이다. 대개 암이나 당뇨를 위시한 여러 질병들은 유전적 요소와 밀접한 관련이 있는 것으로 알려져 있다. 그런데 유전자의 비밀을 해독하여 의학적으로 활용한다면, 이러한 질환들은 쉽게 고칠 수 있으며 아예 발생까지 방지할 수 있다는 것이다. 좀 더 멀리 본다면, 인간 게놈 프로젝트의 진전이 가져다줄 혜택은 비단 의학 분야에만 국한되는 것은 아니다. 인간의 유전자 정보는 질병 같은 신체적 결함에 대한 정보만을 담고 있는 것이 아니라, 그 사람의 지적 잠재력이나 성격적 특징의 원천을 제시하기도 한다. 바꿔 말해 유전자 정보를 활용하면, 모두를 아인슈타인과 같은 사람으로 만들 수도 있으며, 공격적 본성을 사전에 제거함으로써 범죄를 미연에 방지할 수도 있다는 것이다.

화제	
설명 방법	

③ 한국 민요 중에서 가장 널리 알려져 있어서 누구나 부를 줄 아는 노래가 '아리랑'이다. '아리랑'이 무슨 뜻이며 언제부터 불리게 되었는지에 대해서는 여러 가지 설이 있다. 가령, '아리랑'이 근래에 불려진 노래라는 설은 대원군의 경복궁 공사에서 그 유래를 찾고 있다. 경복궁을 짓는 큰 역사를 위해서 나라에서는 많은 백성들을 부역에 동원했으며 공사 비용이 모자라자 원납전이라는 강제 기부금도 거둬갔다. 이런 시대 상황 속에서 반가운 말은 없고 괴로운 말만 들려오므로 '차라리 내 귀가 먹었으면 좋겠다.'는 뜻의 '아이농(我耳聾)'이란 말이 유행했는데, 여기에서 '아리랑'이 나왔다는 것이다. 또 쇄국 정책을 썼지만 러시아, 미국, 일본, 영국 등 외세가 들어오자, 이를 경계하라는 뜻에서 유생들을 중심으로 '아미일영(俄美日英)'이라고 부르던 것이 '아리랑'으로 전음되었다는 설도 있다. 이 밖에 '아랑전설'에서 나왔다느니 신라의 혁거세의 아내 알영부인의 '알영'에서 '아리랑'으로 변했다느니 고려 '청산별곡'의 후렴 '얄라리 얄라'에서 '아리랑'이란 말이 나왔다느니 하는 여러 설이 구구하다.

화제	
설명 방법	

④ 컴퓨터가 개발되기 시작하던 무렵 해커(hacker)라는 말은 컴퓨터에 능숙한 사람이라는 말과도 통하였다. 그러나 컴퓨터와 컴퓨터를 연결하는 네트워크 기술이 발달하면서 해커의 의미도 변하기 시작했다. 이때까지 주로 복잡하게 얽힌 프로그램의 문제점을 찾아내거나 컴퓨터 사이의 신호 전달에서 발생하는 문제를 해결하던 해커들이 네트워크를 이용하여 다른 시스템에 침입할 수 있게 됨으로써 다른 사람의 정보를 임의로 이용 · 조작하거나, 시스템을 파괴하기 시작한 것이다. 1980년대 이후 해킹(hacking)을 범죄에 이용하는 경우가 늘어나면서 해커라는 말에는 '컴퓨터 범죄자'라는 의미가 덧붙여지게 되었다. 이렇게 해커의 의미가 점점 변질되자 시스템 파괴나 금전적 이익을 노리는 악의적인 침입자를 크래커(cracker)라고 하여 본래적 의미의 해커와 구별하기도 한다. 정보의 개방과 공유라는 원칙을 앞세워 해킹을 사회적 저항 운동으로 보는 사람들은, 저작권 보호라는 명분을 내세우며 폐쇄적으로 정보를 독점하는 기업들에 강한 반감을 드러낸다.

화제	
설명 방법	

5.3 논증

자신만이 가지고 있는 고유한 생각은 다른 사람에게 전달되고 수용되어야 비로소 의미가 있다. 또한 자신의 주장에 남들이 동조해야 자신이 원하는 바를 이루어낼 수 있다. 자신의 주장을 펼치기 위해서는 어떻게 해야 하는가? 논증의 구체적인 방법을 알아보자.

문제가 뭐야?	어떻게 해야 하지?	이렇게 해결해 봐!	더 깊게! 더 넓게!
어떻게 주장해서 설득시키지?	논증의 방법을 이해하라.	선명하게 주장하고 논거를 통해 뒷받침하라.	다양한 논증 방법으로 단락을 전개하라.

목차 주장과 명제 논거와 추론 논증을 통한 단락의 전개

주장과 명제

논증에서의 핵심은 주장이므로 논증의 방식으로 글을 쓸 때는 주장이 선명하게 제시되어야 한다. 따라서 논증을 할 때의 주장은 명제의 형식으로 제시된다. 명제에는 다음과 같은 세 가지 유형이 있다.

사실 명제	가치 명제	정책 명제
사실 ~은 ~이다.	가치 ~은 ~하다.	당위 ~해야 한다.
• 사실 또는 사실이라고 믿는 것에 대한 진술 • 학술적인 글에서 주로 사용	• 자신의 가치 판단에 대한 진술 • 학술적인 글 이외의 글에서 많이 사용	• 자신의 의견에 대한 강력한 진술 • 요구, 동의, 동참 등을 요구하는 글에서 많이 사용

첫 번째 명제와 같이 사실에 대해서 있는 그대로를 말하는 명제를 사실 명제라고 한다. 이는 어떠한 사안이 진실이라고 알려져 있거나 필자가 진실이라고 믿는 것 자체에 대해 있는 그대로 쓰는 명제이다. 이 명제가 사실인지 아닌지는 실제의 자료를 검토해 보면 된다. 이렇게 객관적인 증거로써 참과 거짓을 밝힐 수 있는 사안에 대한 진술을 사실 명제라고 한다.

두 번째 명제와 같이 어떤 사실에 대해 가치 판단을 내리는 명제를 가치 명제라고 한다. 이는 어떠한 사안에 대해 필자가 나름대로의 기준을 가지고 판단을 내린 후 그 판단을 그대로 쓰는 명제이다. 그 사안의 의의를 말하든, 옳고 그름을 말하든 가치에 대한 판단이 들어간 경우는 모두 가치 명제가 된다. 이 명제의 옳고 그름을 밝히기 위해서도 여러 사실들을 나열할 수 있다.

세 번째 명제와 같이 어떤 사실에 대해 강하게 의견을 피력해 동의나 동참을 요구하는 명제를 정책 명제라고 한다. 어떤 사안에 대한 판단이 내려지면 필자는 판단을 내리는 것에 그치는 것이 아니라 다

른 사람에게 알려 같이 문제를 해결하는 것을 시도할 수 있다. 이렇듯 적극적으로 행동을 유발하고자 하는 명제가 정책 명제이다. 이 명제가 옳다는 것을 밝히기 위해서는 이러한 행동을 해야 하는 당위성들을 적절히 선택해 나열해야 한다.

동일한 사안이라도 주장은 위의 세 가지 유형으로 모두 쓸 수가 있다.

힉스	사실 명제	입자의 표준모형에 의하면 세상은 기본입자 12개, 매개입자 4개, 그리고 힉스입자 하나로 구성되어 있다.
	가치 명제	힉스가 존재할 확률이 99.99994%(5시그마)에서 99.9999999998%(5.9시그마)로 높아진 것은 획기적인 진전이다.
	정책 명제	힉스가 존재할 확률이 5.9시그마로 높아졌다 하더라도 "힉스가 존재한다."라는 단정을 내리는 데는 신중을 기해야 한다.

이와 같은 세 가지 유형 중 사실 명제는 학술적인 글에서 주장을 피력할 때 많이 사용된다. 특히 이공계열의 학술적인 글은 사실에 대한 주장과 이에 대한 증명이 많으므로 대부분 사실 명제 형식으로 주장이 제시된다. 가치 명제나 정책 명제는 학술적인 글보다는 독자에게 자신의 의견을 피력하여 설득하거나 동참을 요구하는 글에 많이 사용된다.

> **Key Point**
> **주장을 선명하게 펼치려면?**
> 명제의 형식으로 자신의 주장을 쓰라.

예제 5-9

'원자력 발전'에 대해 논증의 방법으로 단락을 전개한다고 할 때 적절한 화제문을 쓰시오.

사실 명제	
가치 명제	
정책 명제	

풀이

주어진 화제에 대하여 명제 형식으로 주장을 써 보는 문제이다. 논증의 방법으로 단락을 전개할 때 주장을 분명하게 제시해야 하는데 이 때 주장은 사실 명제, 가치 명제, 정책 명제의 세 가지 형식으로 쓸 수 있다. 각각의 명제의 내용과 형식을 확인하여 써 본다.

답

사실 명제	후쿠시마 원전 사고 이후 일본에서는 원전 전면 폐쇄를 검토하고 있다.
가치 명제	원자력 발전은 비용이 적게 든다는 주장은 일면적인 진실만을 담고 있다.
정책 명제	원자력 발전의 지속 여부는 보다 장기적인 관점에 따라 결정해야 한다.

사실 명제는 있는 그대로의 객관적인 사실에 대한 진술이다. 제시된 답안은 신문 보도에 나옴직한 내용으로서 사실 명제의 전형이다. 가치 명제는 어떤 사안에 대한 자신의 판단을 담고 있는 진술이다. 원자력 발전의 비용이 적게 든다는 주장에 대해 자신의 판단을 드러내고 있으므로 가치 명제에 해당된다. 정책 명제는 어떤 사안에 대한 당위성에 대한 진술이다. 원자력 발전의 지속 여부에 대해 어떻게 해야 하는가에 대한 주장을 담고 있으므로 정책 명제이다. 이상의 세 명제는 내용과 형식상 구별을 할 수 있지만 실제로 글을 쓸 때는 그 경계가 불분명할 수 있다. 특히 사실 명제와 가치 명제의 경계가 불분명할 수 있다. 따라서 주장이 어떤 형식의 명제로 제시되는가보다 이것을 어떻게 논증해 나갈 것인가가 논증 단락에서는 더 중요하다.

연습 5-9

다음에 제시되는 화제에 대해 논증의 방법으로 단락을 전개한다고 할 때 적절한 화제문을 쓰시오.

① 공학인증

사실 명제	
가치 명제	
정책 명제	

② 알츠하이머병

사실 명제	
가치 명제	
정책 명제	

논거와 추론

논증의 방법으로 글을 쓰기 위해서는 주장이 옳다는 것을 증명해야 하는데 주장이 옳다는 것을 증명할 수 있는 타당한 근거를 논거라고 한다. 즉, 사실에 대해 말한 것이든, 가치판단을 내린 것이든, 당위성에 대해 말한 것이든 읽는 사람이 이 명제에 동의하게 하는 타당한 여러 사실이 논거가 된다. 주장을 제시하고 적절한 논거로써 이 주장이 옳다는 결론을 내리기까지는 몇 단계의 과정을 거쳐야 하는데 이 과정을 추론이라고 한다. 추론의 방법으로는 귀납법, 연역법, 변증법이 있다. 귀납법은 구체적인 사실을 나열한 후 이를 종합해 결론을 유도해 내는 추론 방식이다. 연역법은 일반적인 법칙을 먼저 제시한 후 이를 구체적인 문제에 제시하여 결론을 내리는 추론 방식이다. 변증법은 모순되는 원리들을 제시한 후 양자를 초월하여 결론을 내리는 방식이다.

귀납적 추론

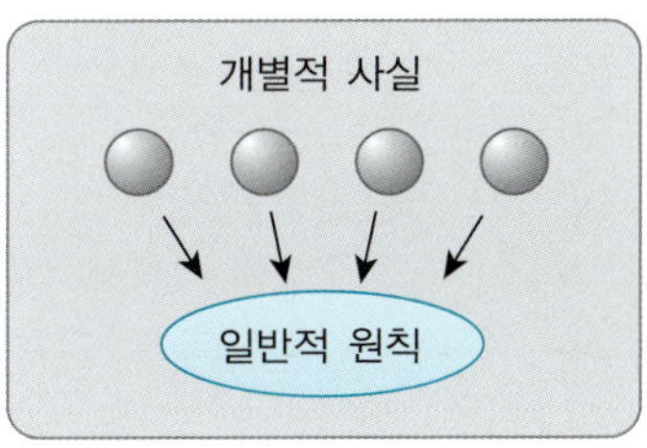

화제 : 자막 사용량의 급증

- 1분당 자막 면 수 변화 : 2(1995년) → 3.5(2000년) → 7.4(2005년)
- 자막 1면당 글자 수 변화 : 10.3(1995년) → 15(2000년) → 18(2005년)
- 90년대 중반에는 보도 분야에서만 자막이 사용되다가 2000년부터는 연예, 오락 프로그램으로 확대되었다.

⇓

90년대 후반 이후 텔레비전에서 자막의 사용량이 급증하였다.

연역적 추론

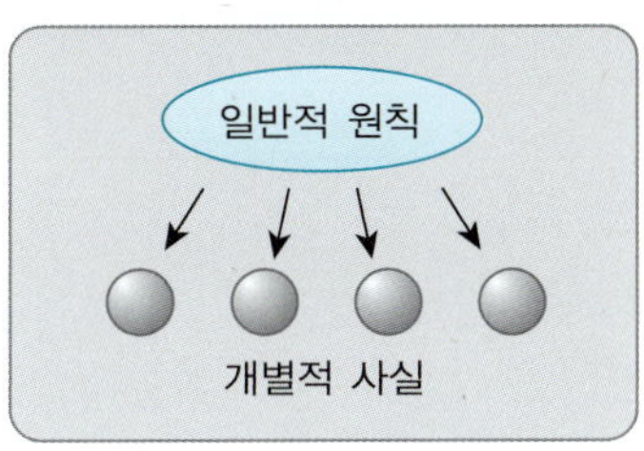

화제 : 텔레비전이 언어생활에 미치는 악영향

오늘날 텔레비전은 영향력이 매우 크기 때문에
언어생활에도 막대한 악영향을 끼친다.

⇓

- 텔레비전에 나오는 잘못된 표현을 아이들이 무분별하게 따라한다.
- 맞춤법에 맞지 않는 텔레비전 자막을 따라해 맞춤법을 틀리는 일이 나타난다.
- 텔레비전에 사투리가 자주 노출되어 표준어 교육이 제대로 이루어지지 않는다.

변증법적 추론

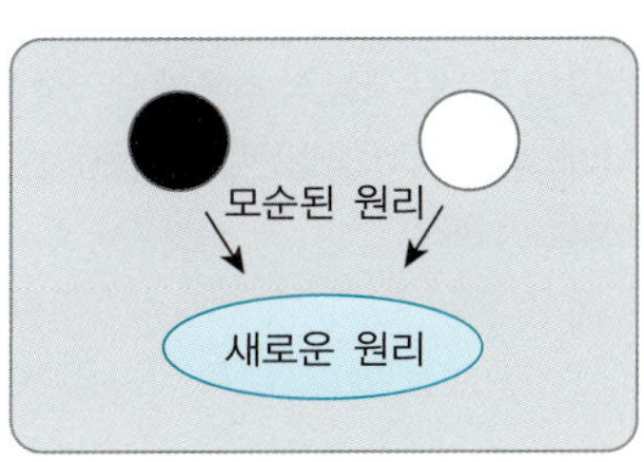

화제 : 텔레비전 영향력을 언어에 긍정적으로 활용할 방안

- 텔레비전의 부정적인 영향이 많이 나타나는 것은 텔레비전의 영향력이 크다는 것을 의미한다.
- 국내의 한 방송사에서는 세대 간의 언어차이를 극복할 수 있는 프로그램을 만들어 많은 호응을 얻었고 국어 발전에 많은 도움을 주었다고 평가된다.

⇓ ⇓

텔레비전의 영향력을 긍정적으로 활용하여 국어 발전에
도움이 될 방안을 적극적으로 모색해야 한다.

첫 번째 예의 핵심적인 주장은 '자막 사용량의 급증'인데 이러한 주장이 타당하다는 것을 밝히기 위해 세 가지의 구체적인 예를 들었다. 이렇듯 개별적인 사안을 먼저 제시한 후 이를 일반화시키는 것을 귀납적 추론이라고 한다. 두 번째 예의 핵심적인 주장은 '텔레비전이 언어생활에 미치는 막대한 영향'인데 일반적인 사실을 먼저 제시한 후 이것을 개별적인 사례에 적용하고 있다. 이처럼 일반적인 원리를 바탕으로 개별적인 사실에 대해 주장을 확대해 나가는 것을 연역적 추론이라고 한다. 세 번째 예의 핵심적인 주장은 '텔레비전 영향력의 긍정적 활용'이다. 이러한 주장을 펼치기 위해 먼저 상반된 두 가지 사실을 차례로 제시한 후 양자를 종합하여 발전적인 견해를 제시하고 있으므로 변증법적 추론에 해당된다.

추론의 방식 중 이공계열의 글에서 가장 많이 쓰이는 것은 귀납적 추론이다. 이공계열의 글은 실험과 관찰 결과 등의 객관적 사실을 바탕으로 결론을 내리는 경우가 많은데 이에 가장 적합한 방식이 귀납적 추론이다. 반면에 아직 증명되지는 않았지만 이미 알려진 사실이나 일반적인 원칙에 바탕을 두고 개별적인 사안을 예측할 때는 연역적 추론을 활용할 수 있다. 변증법적 추론은 그리 자주 쓰이는 방법은 아니다.

Key Point

주장을 확실하게 뒷받침하려면?
주장에 맞는 추론의 방법을 적용하라.

예제 5-10

다음에 제시되는 추론의 과정을 완성하시오.

귀납적 추론	화제 : 악성 댓글에 대한 대책 필요

– 악성 댓글로 인해 자살하는 연예인이 있다.
– ....
– 신문기사에 대한 건설적인 토론보다는 악성 댓글이 많아 여론 형성이 제대로 되지 않는다.
– ....

⇓

악성 댓글의 폐해를 막기 위한 제도적 장치가 필요하다.

풀이

정해진 추론 방식에 따라 추론의 각 단계를 써 보는 문제이다. 흔히 사용되는 추론의 방식은 귀납적 추론과 연역적 추론 두 가지이다. 각각의 추론 방식은 개별적인 진술과 일반적인 진술을 어떻게 배치하느냐에 따라 구별된다. 이 문제는 개별적인 진술을 먼저 하는 것이므로 다른 진술과 동등한 가치를 지니는 개별적인 내용을 써 본다.

답 귀납적 추론	화제 : 악성댓글에 대한 대책 필요

- 악성 댓글로 인해 자살하는 연예인이 있다.
- 학생들 사이에서 악성 댓글로 왕따를 시킨다.
- 신문기사에 대한 건설적인 토론보다는 악성 댓글이 많아 여론 형성이 제대로 되지 않는다.
- 포탈 관리자는 방문자 수를 늘리기 위해 악성 댓글을 방치하는 일이 많다.

⇓

악성 댓글의 폐해를 막기 위한 제도적 장치가 필요하다.

이 추론의 결론은 악성 댓글의 폐해를 막기 위한 제도적 장치의 필요성이다. 이러한 주장을 펼치기 위해서는 악성 댓글로 인한 문제점이 제시되어야 한다. 예시 답안의 두 가지 사안은 다른 것과 대등한 지위의 것으로서 악성 댓글로 인한 문제점을 구체적으로 제시하고 있다. 반드시 이것이 아니어도 다른 사례를 찾아서 쓸 수도 있다.

연습 5-10

다음에 제시되는 추론의 과정을 완성하시오.

① 정품 소프트웨어

연역적 추론	화제 : 프로그래머 스스로가 정품 소프트웨어를 사용해야 한다.

프로그래머가 자신이 개발한 소프트웨어의 저작권을 주장하려면 스스로가 정품 소프트웨어를 사용해야 한다.

⇓

- 남의 권리를 보장해 줄 때 스스로의 권리도 주장할 수 있다.
- ....
- ....
- 다른 사람이 개발한 소스코드가 공개된 것이 아니라면 반드시 허락을 받거나 대가를 지불해야 한다.

② 선거

귀납적 추론	화제 : 선거의 딜레마

- 최다득표제는 대부분의 민주주의 국가에서 가장 오랫동안 채택해 온 선거 방식이지만 민심을 왜곡할 우려가 있다.
- 왜냐하면 ....
- 최다득표제의 한계를 극복하기 위한 대안으로 행해지는 결선 투표제 또한 문제가 있다.
- 왜냐하면 ....

⇓

어떤 투표제를 택하든 투표를 통한 선거는 허점이 있을 수밖에 없다.

논증을 통한 단락의 전개

논증은 주장을 펼치는 글 전체를 구성할 때 매우 유용하다. 논증의 방법으로 글 전체를 구성할 때는 핵심 주장을 담은 단락을 앞에 배치한 후 논거 단락을 뒤에 배치하여 주장을 뒷받침한다. 또한 제기될 반론에 대한 논박을 이어서 배치하여 주장의 정당성을 강화한다. 한 단락을 논증의 방법으로 전개하고자 할 경우에는 주장과 핵심 논거를 결합하여 화제문을 쓰고 뒷받침문에서 논거를 들어 주장을 입증한다.

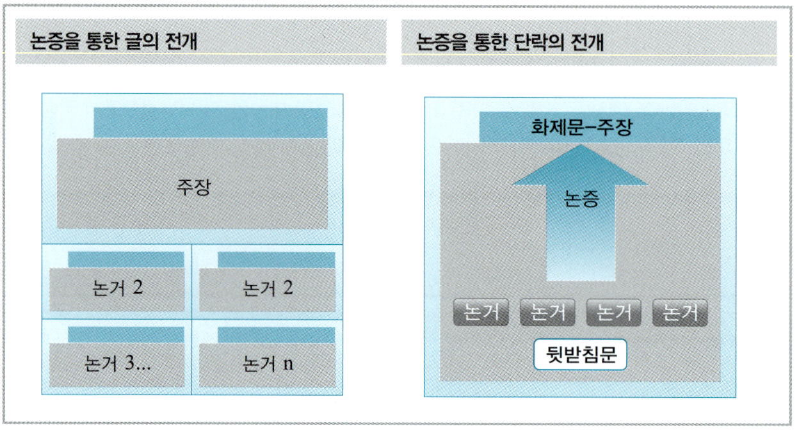

논증의 방법으로 단락을 전개할 화제문은 주장이 분명히 드러나게 써야 하고 여기에 핵심 논거나 세부 논거를 일반화하여 결합시키면 좋다. 뒷받침문장은 화제문에 드러난 주장을 입증하기에 적절한 논거들을 중심으로 쓰면 되는데 이때 적절한 추론 방식을 적용할 수 있다. 주장을 뒷받침하는 논거는 대개 설명의 방식으로 전개되므로 여러 가지 설명 방식을 적절히 원용할 수 있다. 논증의 방법으로 한 단락을 전개한 예는 다음과 같다.

귀납적 추론에 의한 단락 전개

자막 사용량과 양상에 대한 객관적인 지표를 보면 90년대 후반 이후 텔레비전의 자막 사용량이 급증하였음을 알 수 있다. 1995년에 1분당 자막은 2면밖에 쓰이지 않았으나 2000년의 3.5면을 거쳐 2005년에는 7.4면에 이르렀다. 자막 1면당 글자 수도 1995년의 10.3자에서 2005년에는 18자로 급격히 증가하였다. 양뿐만 아니라 사용되는 영역도 넓어져서 애초에는 보도 분야에서만 조금씩 사용되던 자막이 2000년부터는 연예, 오락 프로그램으로 확대되었다. 이처럼 예전에 비해 요즘은 텔레비전을 켜기만 하면 수없이 많은 자막을 어떤 프로그램에서건 늘 볼 수 있게 되었다.

연역적 추론에 의한 단락 전개

오늘날 텔레비전은 영향력이 매우 크기 때문에 언어생활에도 막대한 악영향을 끼친다. 텔레비전은 오늘날 대표적인 매체이기 때문에 텔레비전의 영향력이 미치지 않는 데가 없다. 언어 또한 이 영향에서 자유롭지 못하다. 아이들은 텔레비전에서 나오는 표현은 모두 옳은 표현인 줄 알고 잘못된 표현도 무분별하게 따라한다. 또한 텔레비전에 나오는 잘못된 자막 때문에 맞춤법을 틀리는 일도 자주 나타난다. 게다가 텔레비전에는 사투리가 자주 등장하는데 그것이 사투리인 줄 모르는 시청자는 그 말을 그대로 따라 해서 표준어 교육의 효과가 떨어지기도 한다.

귀납적 추론에 의해 전개된 단락에서의 핵심 주장은 '자막 사용량의 급증'인데 이는 핵심인 논거와 함께 화제문을 이루고 있다. 그리고 뒷받침문은 모두 이를 증명할 구체적인 사례들이다. 연역적 추론에 의해 전개된 단락에서의 핵심적인 주장은 '텔레비전이 언어생활에 미치는 악영향'인데 이것이 화제문에 명확하게 나타나 있다. 그리고 뒷받침문은 그 악영향이 언어 생활에 나타나는 사례들이다.

이상의 단락들은 논증의 방법을 이용하여 효과적으로 단락을 전개하고 있으나 실제로 단락을 쓸 때는 명제, 논거, 추론 등의 용어에 크게 얽매일 필요가 없다. 이러한 개념과 활용 방안은 매우 유용하기는 하지만 절대적인 것은 아니다. 어떠한 추론 방식으로 논거를 들어 어떠한 명제를 증명했는가가 중요한 것이 아니라 어떻게 효과적으로 주장을 뒷받침하고 있는가가 중요하다.

따라서 논증의 방법으로 단락을 전개할 때는 핵심 주장과 핵심 논거를 적절히 결합해 명료한 화제문을 먼저 쓰고 이를 차분히 뒷받침하면 된다. 명제에 대한 이해는 주장을 명확하게 하는 데 필요할 뿐이고, 논거와 추론에 대한 이해는 뒷받침을 철저하게 하는 데 필요할 뿐이다. 그리고 경우에 따라서는 다양한 설명 방식을 쓸 수도 있고 여러 추론 방식을 섞어 쓸 수도 있다.

Key Point

논증 단락을 효과적으로 쓰려면?
핵심 주장과 논거를 화제문으로 쓰고 적절한 추론 방식으로 뒷받침하라.

예제 5-11

다음에 제시되는 화제와 추론 방식에 따라 논증 단락을 완성하시오.

귀납적 추론	화제 : 악성 댓글에 대한 대책 필요

.... 쓴 사람은 장난으로 썼을지 모르지만 당사자에게는 엄청난 상처가 될 수 있다. 학생들 사이에서도 댓글로 왕따를 시키는 일이 많이 있다. .... 인터넷상의 기사에도 악성 댓글이 많이 달려 문제가 된다. 악성 댓글이 달리다 보면 기사 자체에 대한 관심보다는 댓글에 대한 상호비방이 이어져 기사가 올바로 전달되지 않는다. 이렇듯 악성 댓글로 인해 여러 가지 문제가 발생하는 데도 관리를 맡은 포털 업체는 두 손을 놓고 있는 실정이다. .... 악성 댓글로 인한 문제는 이용자 스스로의 자정 작용이나 포탈 업체의 자발적인 노력을 기대하기 어려운 실정이다. 따라서 ....

풀이

정해진 추론 방식에 따라 논증 단락을 써 보는 문제이다. 제시된 주제는 앞에서 추론의 과정을 모두 밟아보았다. 따라서 앞에서 제시된 구체적 진술들을 뒷받침문으로 쓰고 이를 일반화한 명제를 화제문으로 쓰면 된다.

답 최근 들어 악성 댓글로 상처를 받은 연예인들의 자살 소식을 심심찮게 접하게 된다. 쓴 사람은 장난으로 썼을지 모르지만 당사자에게는 엄청난 상처가 될 수 있다. 학생들 사이에서도 댓글로 왕따를 시키는 일이 많이 있다. 댓글로 욕을 하거나 비방하는 내용을 써서 소외를 당하게 하는 일이 많은데 이로 인해 교내 왕따 문제가 더 심각해지고 있다. 인터넷상의 기사에도 악성 댓글이 많이 달려 문제가 된다. 악성 댓글이 달리다 보면 기사 자체에 대한 관심보다는 댓글에 대한 상호비방이 이어져 기사가 올바로 전달되지 않는다. 이렇듯 악성 댓글로 인해 여러 가지 문제가 발생하는 데도 관리를 맡은 포털 업체는 두 손을 놓고 있는 실정이다. 악생 댓글이든 뭐든 이로 인해 방문자가 많이 생기면 자신들에게 이익이기 때문이다. 악성 댓글로 인한 문제는 이용자 스스로의 자정 작용이나 포탈 업체의 자발적인 노력을 기대하기 어려운 실정이다. 따라서 악성 댓글로 인한 막대한 피해를 막기 위한 대책이 절실하게 필요하다.

예시 답안의 앞부분은 개별적인 사례를 나열하고 있다. 각각 악성 댓글로 인한 연예인 자살, 학교에서의 왕따, 포털의 관리 문제 등이 그것인데 이러한 개별적인 사례를 바탕으로 악성 댓글의 폐해를 막기 위한 대책의 필요성을 제시하고 있다. 개별적인 사례와 이를 일반화한 주장이 잘 조화를 이루도록 단락이 전개되었다. 반드시 이러한 내용으로 전개하지 않아도 좋으니 사례와 결론이 잘 조화가 되도록 써 본다.

연습 5-11

다음에 제시되는 화제와 추론 방식에 따라 논증 단락을 완성하시오.

① 정품 소프트웨어

연역적 추론	**화제 : 프로그래머 스스로가 정품 소프트웨어를 사용해야 한다.**

....

.... 컴퓨터는 운영체제를 비롯하여 각종 프로그램이 있어야 사용할 수 있다. 그런데 우리나라에서는 이러한 프로그램들을 정품으로 구입해서 쓰는 사용자들이 매우 드물다. 프로그래머들도 예외는 아니다. ....

.... 특히 ....

....

.... 이뿐만 아니라 ....

....

....

② 선거

귀납적 추론	화제 : 선거의 딜레마

최다득표제는 민주주의 국가에서 가장 오랫동안 채택해 행하여 온 선거 방식이지만 이것이 최선은 아니다. 왜냐하면 ....

....

.... 만약 어떤 후보가 30%의 지지율로 최다득표를 하여 당선이 됐다면 이 후보를 지지하지 않는 나머지 70%의 의사는 반영할 수 없기 때문에 민의를 왜곡할 우려가 있다. 최다득표제의 한계를 극복하기 위한 대안으로 행해지는 결선 투표제 또한 문제가 있다. ....

....

....

실습과제

예제 다음에 제시되는 단락의 화제와 단락에 적용된 논증의 방법을 분석하시오.

> 인간의 유전자 지도와 그 기능에 대한 정보는 과학 연구를 위해 꼭 필요하지만 악용될 소지가 매우 많다. 누군가가 유전자 검사 결과 암에 걸릴 확률이 높은 유전자가 발견되었을 때 이를 예방과 치료에 활용하는 것은 아무런 문제가 없다. 그런데 이 결과가 유출되면 이 사람은 결혼, 취업 등에 제약을 받을 수 있다. 암에 걸릴 확률이 높은 사람과 결혼을 꺼린다든지 그런 사람을 취업시키는 것을 거부할 수 있기 때문이다. 만약 이 사람이 유명 정치인이고 대통령 후보로 거론된다고 하자. 누군가는 이 정보로 이 사람을 협박할 것이고, 경쟁상대가 이 정보를 입수하게 되면 이 사실을 폭로할 것이다. 유전자 정보는 개인의 정보이지만 이것이 유출되었을 경우에 그 파장은 사회 전체로까지 미칠 수 있는 것이다.

화제	
주장	
추론 방식	

풀이

논증에 대해 학습한 내용을 종합해 논증으로 전개된 단락을 분석해 보는 문제이다. 논증으로 단락을 전개할 때는 분명한 주장이 명제의 형식으로 제시되어야 하고 이 주장을 적절한 추론의 과정을 거쳐 뒷받침해야 한다. 각각의 요소들이 단락에 어떻게 나타나 있나 분석해 보고 제시된 단락을 예문으로도 활용해 본다.

답 화제	유전자 정보 이용의 문제점
주장	유전자 정보가 잘못 활용되면 많은 문제가 나타날 수 있다.
추론 방식	연역법

제시된 단락 전체는 유전자 정보가 잘못 이용되었을 경우의 문제점에 대한 것이므로 화제는 '유전자 정보 이용의 문제점'이다. 논증의 방법으로 단락을 전개할 때는 화제문에 주장을 담는 것이 일반적이므로 첫 문장에서 주장을 찾을 수 있다. 또한 일반적인 진술을 먼저 하고 개별적인 사안에 대해 적용해 나가고 있으므로 연역적 추론의 방식이 사용되었다.

연습 다음에 제시되는 단락의 화제와 단락에 적용된 논증의 방법을 분석하시오.

① 자살의 원인은 다양할 수 있지만, 아무래도 경제적 빈곤의 심화와 사회안전망 부족을 핵심 이유로 꼽지 않을 수 없다. 100여일 새 7명이 자살한 영구임대아파트의 경우가 단적인 사례다. 이들 가운데 4명은 기초생활보장 수급자였고, 6명은 자신이나 세대주가 무직이었다고 한다. 변변한 일자리를 구하지 못해 수입이 없는 상태에서 정부와 민간의 지원마저 보잘것없어 삶이 벼랑 끝으로 내몰린 사람들이다. 서울(24.3명)이나 울산(24.6명)에 견줘 강원(36.8명), 충남(36.9명) 등의 자살률이 높은 것도 소득 격차 등 사회적 박탈과 연관됐을 가능성이 크다.

화제	
주장	
추론 방식	

② 해커는 많은 문제를 야기한다. 이들은 네트워크상을 자유롭게 넘나들면서 불법으로 자료를 파괴하거나 훔치는 일을 자행한다. 또한 시스템을 마비시켜 큰 혼란을 초래하기도 한다. 이들을 막기 위한 각종 프로그램과 관리시스템이 마련되어 있어도 해커들은 이를 뛰어넘을 최신의 방법을 끊임없이 개발해 내기 때문에 완전히 막기는 불가능하다. 더욱이 뛰는 놈 위에 나는 놈처럼 이들의 공격 능력이 방어 능력을 앞서는 경우가 더 많다는 것이 문제이다. 해커들의 이러한 능력은 관리자에게 골칫거리이기는 하지만 이들이 시스템 보안에 도움이 될 수도 있다. 도둑의 심리는 도둑이 제일 잘 알고, 도둑질 방법도 도둑이 제일 잘 안다. 따라서 해커를 무조건 처벌만 할 것이 아니라 그들의 능력을 활용할 수 있도록 유도하면 다른 해커들의 공격을 막아낼 수 있다. 해커 중에는 천재적인 능력을 가지고 있으나 그 능력을 쓸 수 있는 방법을 모르는 이들도 많기 때문에 이들의 능력을 어둠이 아닌 양지에서 사용하게 한다면 모두에게 도움이 될 수 있을 것이다.

화제	
주장	
추론 방식	

6장
대학에서의 글쓰기

6.1 리포트와 논문

6.2 실험보고서와 설계보고서

"논술문으로 대학문을 열고, 자기소개서로 대학문을 닫는다.
글은 대학의 시작과 끝이다."

6.1 리포트와 논문

학기마다, 과목마다 쏟아지는 리포트를 잘 써내야 좋은 학점을 받을 수 있다. 대학 졸업장을 받기 위해서 졸업논문을 써야 하는 경우도 많다. 수업 시간에 배운 내용, 대학 4년 동안에 배운 내용을 충실하게 반영하되 자신만의 새로운 아이디어를 담아 리포트와 논문을 쓰는 구체적인 방법을 알아보자.

문제가 뭐야?	어떻게 해야 하지?	이렇게 해결해 봐!	더 깊게! 더 넓게!
수업에서 배운 내용을 어떻게 나의 글로 만들지?	리포트와 논문의 내용과 형식을 이해하라.	주석과 참고문헌을 충실하게 작성하라.	형식에 맞게 다양한 리포트와 논문을 쓰라.

리포트와 논문의 내용과 형식

대학에서 쓰게 되는 글 중 고등학교까지의 과정이나 졸업 후 사회에서 쓰게 되는 글과 구별되는 글이 리포트와 논문이다. 리포트는 보통 보고서로 번역되어 쓰이기도 하는데 대학에서의 리포트는 일반적인 보고서와 다르게 특정 수업을 수강하면서 쓰게 되는 소논문 형식의 글이라는 좁은 의미로 쓰인다. 대개는 중간고사 혹은 기말고사 등의 시험을 대체하여 쓰기도 하고 시험과는 별도로 쓰기도 한다. 논문은 교수나 연구원 등이 주로 쓰지만 졸업논문을 비롯한 각종 소논문을 대학 과정에서 쓰기도 한다. 학생들이 쓸 경우에는 내용과 형식 면에서 리포트와 논문은 크게 다르지 않다.

리포트와 논문은 대학에서 쓰이는 공식적인 글이기 때문에 내용과 형식은 대부분 정해진 틀이 있다. 리포트와 논문은 어떤 과목을 수강하는가, 어떤 학과에서 공부하는가에 따라 큰 틀에서의 내용은 미리 결정된다. 특정한 과목을 수강하게 되면 그 과목에서 다루는 세부 주제가 이미 담당교수에 의해 제시된다. 또한 특정 학과에서 공부를 하게 되면 그 학과에서 주로 다루는 범위가 미리 정해져 있다. 따라서 자신이 수강하는 과목 또는 자신이 속한 학과에 따라 내용의 범위가 결정되게 마련이다.

리포트와 논문은 일반적인 글과는 달리 형식이 엄격하게 정해져 있다. 리포트의 경우 표지에는 제목과 작성자 등의 정보가 담겨 있어야 한다. 또한 리포트와 논문 모두 서론, 본론, 결론의 형식으로 구성하고 주석과 참고문헌은 반드시 갖추어야 한다. 특히 주석과 참고문헌은 학문 분야에 따라 그 형식이 엄격하게 정해져 있으므로 이를 따라야 한다. 이러한 이유 때문에 리포트와 논문은 일반적으로 다음과 같은 요건을 갖추어야 한다.

구체적인 주제	하나의 주제에 집중한다.
뚜렷한 주장	정해진 주제에 대한 자신의 주장을 뚜렷하게 서술한다.
충분한 논증	주장을 입증할 충분한 근거를 제시하고 적절한 추론의 과정을 거쳐 논증한다.
자신의 말	자신의 생각을 자신의 문장으로 쓴다.

리포트와 논문은 구체적인 하나의 주제에 집중되어야 한다. 일반론, 포괄적인 주제 등은 리포트와 논문의 주제가 될 수 없으므로 최대한 주제를 좁혀야 한다. 구체적인 주제가 정해지면 이 주제에 대한 자신의 주장을 분명히 제시해야 하며 이 주장이 타당하다는 것을 충분하게 논증해야 한다. 그리고 무엇보다도 리포트와 논문은 자신의 고유한 글이 되어야 한다. 모든 내용을 자신만의 문장으로 써야 하고 인용을 할 경우에는 정해진 원칙에 따라 출처를 정확히 밝혀야 한다.

리포트와 논문은 일반적인 글쓰기의 과정을 따르되 그 특성을 고려해 순차적으로 준비하고 집필해 나가면 된다. 리포트와 논문을 쓰는 과정은 일반적으로 다음과 같다.

주제의 설정
리포트와 논문의 주제를 정한다.

▶ **자료의 수집과 정리**
주제에 적합한 자료를 수집하고 정리한다.

▶ **구성**
서론, 본론, 결론의 3단 구성을 기본으로 하되 본론을 세분한다.

▶ **전개**
단락의 전개 방법 및 주석과 참고문헌 작성 방법에 따라 전개한다.

▶ **퇴고**
내용, 구성, 문장, 어문규범 등을 꼼꼼하게 살펴 수정한다.

▶ **상호작용**
리포트의 첨삭 결과에 따라 수정하고 논문의 심사 결과에 따라 수정한다.

Key Point

리포트와 논문을 잘 쓰려면?
정해진 형식을 지켜 정해진 절차에 따라 쓰라.

예제 6-1

다음에 제시되는 목차를 보고 각각의 특성이 더 잘 드러나는 쪽에 표시를 하시오.

리포트

인간공학 연구

I. 인간공학과 피복인간공학
(1) 인간공학
(2) 피복인간공학
II. 인간공학 관련 사례 및 분석
(1) 인간공학 관련 제품 사례
① 마우스
② 키보드
③ 베개
④ 리모컨
(2) 피복인간공학 관련 사례
① 역도화
② 단거리화
③ 중 · 장거리화
④ 전신수영복
III. 결론
[참고문헌]

논문

한국인 인체 측정 데이터를 이용한 사무용 의자의 인간공학적 설계

1. 서론
2. 연구 방법
2.1. 인체 측정 데이터 및 의자 설계 요소
2.2. 인체 측정 변수 및 의자 설계 요소와의 상관성 분석
3. 결과 및 토의
3.1. 의자 설계 변수와 관련된 인체 측정 데이터 결정
3.2. 의자 설계 치수 결정
4. 결론
[참고문헌]

주제의 전문성	□ 리포트	□ 논문
구성의 엄밀성	□ 리포트	□ 논문
형식의 규정성	□ 리포트	□ 논문

풀이

리포트와 논문은 공통성도 많지만 차이점도 있으므로 그 차이점을 살펴보는 문제이다. 양자 간에 구분이 어려울 수도 있으나 논문은 전문적인 연구자의 글이므로 전문성, 엄밀성, 규정성 모두가 높다는 점에 착안한다.

답 주제의 전문성	☐ 리포트	☑ 논문
구성의 엄밀성	☐ 리포트	☑ 논문
형식의 규정성	☐ 리포트	☑ 논문

제시된 목차를 보면 리포트는 다소 포괄적이고 추상적인 주제를 다룬 반면 논문은 구체적으로 세분화된 주제에 대해 다루었다. 구성이나 형식 또한 리포트는 다소 자유롭지만 논문은 분야나 학술지에 따라 매우 엄밀한 편이고 규정도 반드시 따라야 한다. 이러한 특성은 일반적인 것이므로 모든 것에 반드시 적용되는 것은 아니라는 점에 유의해야 한다. 그리고 논문의 특성을 더 많이 띤 리포트가 더 좋은 리포트이므로 논문의 특성을 잘 파악해 리포트를 쓸 때에 활용할 수 있도록 한다.

연습 6-1

다음에 제시되는 제목을 보고 각각의 특성이 더 잘 드러나는 쪽에 표시를 하시오.

리포트

- 해양생명공학관점에서의 해양환경공학 현황 분석과 전망
- 컴퓨터를 접목한 산업공학과 발전 분야
- 경영학과에서 배우는 생산관리와 산업공학과에서 배우는 생산관리의 차이점
- 환경정책의 수립, 집행에서의 환경공학(환경과학기술)의 역할

논문

- 건축공학 분야에서 탄산칼슘형성세균의 응용과 전망
- 다양한 환경조건을 가진 토양의 메탄산화세균 군집 특성
- 정수 계획법을 이용한 설비할당 계획 생성 –후공정 생산계획을 만족하는 현 공정 설비할당 계획 생성
- 생물생산시설 및 환경공학은 나노 콜로이드를 이용한 돼지분뇨의 악취 저감 효과

구체적인 주제	☐ 리포트	☐ 논문
뚜렷한 주장	☐ 리포트	☐ 논문
충분한 논증	☐ 리포트	☐ 논문
자신의 말	☐ 리포트	☐ 논문

리포트와 논문의 자료

리포트와 논문을 쓸 때 자료의 수집과 활용은 특히 중요하다. 리포트와 논문이 자신의 새로운 주장을 펼치기 위한 것인데 새로운 주장을 펼치기 위해서는 자신이 선정한 주제와 관련된 다양한 자료를 섭렵해야 한다. 리포트와 논문이 기존의 학문적 성과 위에 자신의 새로운 성과를 보태는 것이기 때문에 자신이 쓰고자 하는 주제로 발표된 글이 없다는 것도 확인해야 하며 이전에 발표된 것에 오류가 있다는 것을 확인하는 작업이 필요하다. 또한 자신의 주장을 입증하기 위해서는 다양한 논거가 필요한데 이러한 논거가 될 만한 자료를 충분히 확보해야 한다.

리포트와 논문에 필요한 자료는 다음과 같이 분류할 수 있다.

1차 자료는 리포트와 논문을 쓰는 사람이 스스로의 노력으로 직접 모은 자료를 뜻한다. 스스로 실험을 하거나 현지를 답사해 관찰하여 모은 자료가 여기에 속한다. 또한 설문지를 작성하여 직접 자료를 수집하거나 자료를 제공할 수 있는 사람을 만나서 수집한 자료도 1차 자료에 속한다. 2차 자료는 누군가에 의해 조사되고 연구되어 이미 발표된 자료를 뜻한다. 연구 결과를 담은 책이나 논문이 여기에 속한다. 또한 정부나 기관의 각종 간행물과 보고서도 2차 자료에 속한다.

리포트와 논문을 쓸 때 1차 자료의 비중이 높을수록 글의 가치와 신뢰도가 높아진다. 실험이나 현지조사가 이루어진 적이 없다면 실험과 조사 결과를 발표하는 것만으로도 의의를 가질 수 있다. 또한 설문조사와 면접조사는 시간과 비용이 많이 들기는 하지만 직접적인 자료를 수집할 수 있다는 점에서 신뢰도를 높일 수 있다. 이에 비해 2차 자료는 간접 자료라는 점에서 가치와 신뢰도가 떨어질 수 있다. 이미 공개된 자료를 통해 새로운 사실을 밝혀낼 수도 있지만 대개는 기존 논의의 재확인에 그칠 가능성이 높다. 따라서 리포트와 논문의 가치를 높이기 위해서는 2차 자료보다는 1차 자료의 비중을 높이기 위해 노력해야 한다.

리포트와 논문에 활용될 수 있는 자료는 어떤 형태로 간행되느냐에 따라 두 가지 유형으로 나눌 수 있다.

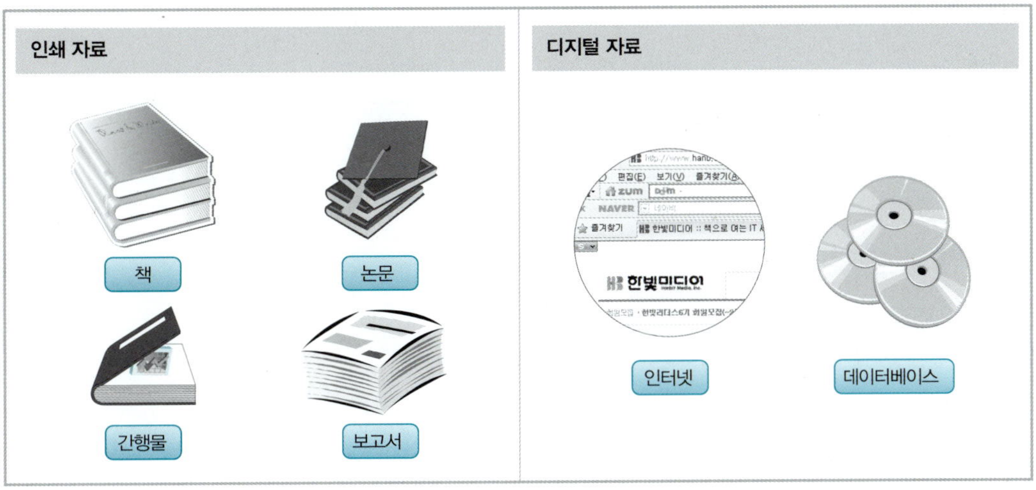

인쇄자료는 전통적인 자료로서 종이에 인쇄된 책, 학술지의 논문, 간행물, 보고서 등이 여기에 속한다. 과거에는 인쇄자료밖에 없었으므로 오래된 자료를 찾으려면 인쇄자료를 확인해야 한다. 디지털 자료는 인터넷을 통해 제공되는 자료나 디지털 매체에 데이터베이스 형태로 저장된 자료를 뜻한다. 디지털 자료는 검색과 자료 받기가 손쉽다는 장점이 있다. 또한 과거에 인쇄된 자료도 최근에는 디지털 자료로 서비스되는 경우가 많으므로 인쇄자료를 대체할 수도 있다.

이공계열의 경우 디지털 자료의 효율적인 이용은 리포트와 논문에서 매우 중요하다. 이공계열의 경우 정보의 생산 및 개신 주기가 매우 짧기 때문에 최근에는 디지털 자료로 많이 제공되고 있다. 따라서 자신이 쓰고자 하는 주제와 관련된 각종 디지털 자료에 대해 미리 알고 효과적으로 활용해야 한다. 최근에는 대학 도서관에서도 웬만한 데이터베이스는 모두 제공하므로 도서관을 통해 자료를 확보할 수도 있다.

Key Point

리포트와 논문의 자료를 충실히 모으려면?

1차 자료와 2차 자료, 인쇄자료와 디지털 자료를 적절히 활용하라.

예제 6-2

다음에 제시되는 주제로 리포트나 논문을 쓸 때 필요한 자료를 써 보시오.

주제		공학과 과학의 차이
1차 자료		
2차 자료	인쇄자료	
	디지털 자료	

풀이

어떤 주제에 대해 리포트나 논문을 쓸 때 필요한 자료를 모아보는 문제이다. 리포트나 논문을 쓰기 위해서는 자신이 직접 자료를 수집하거나 이전에 비슷한 주제에 대해 발표된 자료를 충실히 모아야 한다. 요즘은 온라인 자료나 디지털 자료를 많이 활용하지만 여전히 인쇄자료는 매우 중요하다. 권위가 있는 사람의 저서 또는 논문을 반드시 찾아보고 각 분야에서 대표적인 업적으로 인정되는 논저도 반드시 확인해 본다. 그리고 인터넷에 게시된 자료를 활용할 때는 본래의 출처를 반드시 확인한다.

답

주제		공학과 과학의 차이
1차 자료		공학도와 과학도를 대상으로 한 설문조사, 인터뷰, 각종 테스트
2차 자료	인쇄자료	헨리 페트로스키, 『이 세상을 다시 만들자』, 최용준 옮김, 지호, 1998. 위비 바이커 · 존 로, 토마스 휴즈, 『과학 기술은 사회적으로 어떻게 구성되는가』, 송성수 편역, 새물결, 1999. 엘머 E. 루이스, 『테크놀로지의 걸작들』, 김은영 옮김, 생각의 나무, 2006. ......
	디지털 자료	기술과 미래 : http://www.kotef.or.kr/pds/edition_list.asp 한국과학기술인 연합 : http://www.scieng.net/v2/index.php 한국과학기술인 연합 대문글 모음 : http://www.scieng.net/zero/zboard.php?id=headline ......

1차 자료는 자신의 힘으로 모아야 하므로 설문조사, 인터뷰, 스스로 설계한 테스트 등을 통해서 자료를 얻을 수 있다. 인쇄자료와 디지털 자료는 도서관이나 인터넷 등을 활용해 다양하게 모을 수 있다. 주어진 자료 외에 훨씬 더 풍부한 자료를 모을 수 있다.

연습 6-2

다음에 제시되는 주제로 리포트나 논문을 쓸 때 필요한 자료를 써 보시오.

① 주제		LTE(long term evolution)
1차 자료		
2차 자료	인쇄자료	
	디지털 자료	

② 주제		특허권 분쟁
1차 자료		
2차 자료	인쇄자료	
	디지털 자료	

③ 주제		악플과 선플
1차 자료		
2차 자료	인쇄자료	
	디지털 자료	

리포트와 논문의 구성

리포트나 논문은 형식이 정해져 있으므로 반드시 이 형식을 따라야 한다. 리포트와 논문의 본문은 큰 틀은 같으며 본론이 세분화되어 여러 부분으로 구성될 수 있다는 것도 같다. 그러나 본문을 제외한 외적 체제는 조금씩 차이가 있다.

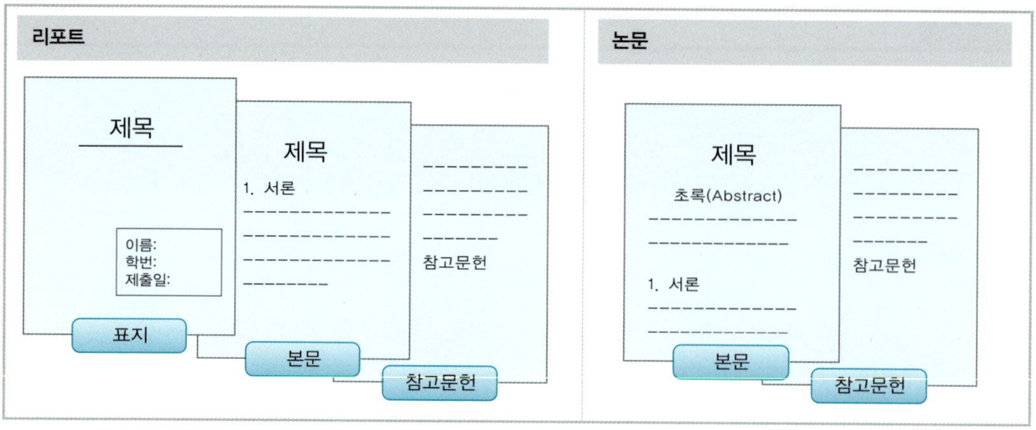

리포트는 담당교수에게 제출되어 평가를 받아야 하므로 앞부분에 표지가 필요하다. 표지에는 제목과 작성자의 정보가 기본적으로 필요하고 과목명, 학기 등도 쓰면 좋다. 논문은 별도의 표지가 없이 바로 제목으로 시작되는데 리포트와는 달리 제목 바로 아래에 초록(Abstract)이 놓인다. 초록은 논문 전체의 핵심내용을 요약한 것으로서 다른 연구자들이 논문의 내용을 손쉽게 파악하거나 검색할 수 있도록 하기 위한 것이다. 초록의 작성방법을 비롯한 논문의 세부적인 구성과 집필 방법은 학문분야나 학회지마다 별도의 규정을 두고 있다. 따라서 학회지의 투고규정이나 이전의 논문을 보면서 그 형식을 반드시 지켜야 한다.

서론 이하의 본문 부분은 리포트나 논문이 기본적으로 같지만 분야에 따라 조금씩 차이가 있다. 리포트와 논문이 속한 일반적인 실용문은 서론, 본론, 결론의 3단 구성을 취하고 글의 길이가 길어질 경우 적절한 소제목을 붙인다. 리포트와 논문 역시 서론, 본론, 결론으로 구성되고 본론이 다시 몇 개의 부분으로 나뉜다. 이 중에서 서론은 논문의 구성상 매우 중요하다. 서론에는 연구 목적, 연구의 배경과 필요성, 연구의 관점과 방법, 연구사, 연구 의의, 본론의 구성 등을 밝히는데 분야에 따라 내용이 조금씩 다르다. 결론에는 본론의 내용을 종합한다.

본론은 일반적으로 주제에 따라 자유롭게 결정되지만 이공계열의 리포트와 논문의 구성을 보이면 다음과 같다.

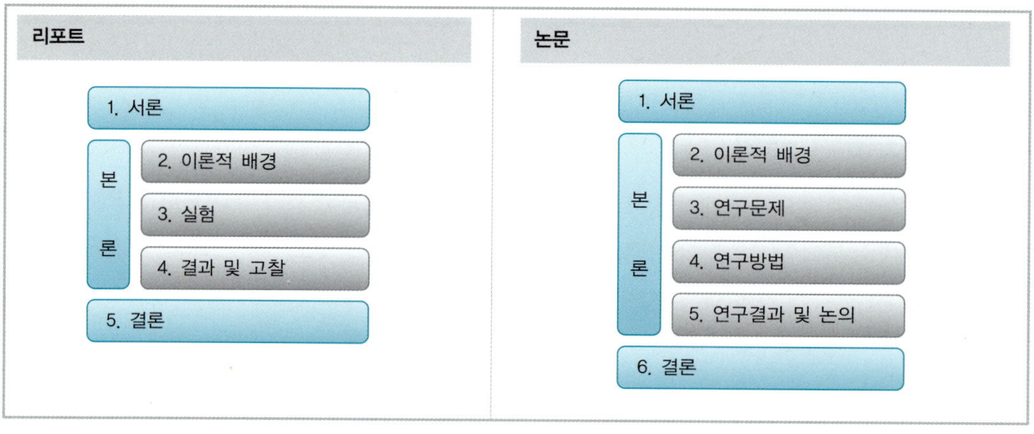

인문계열의 리포트나 논문에서는 본론의 각 부분의 내용을 압축적으로 제시하는 소제목을 쓰지만 이공계열의 논문에서는 위와 같이 구성한 후 소제목을 쓴다. 그러나 이러한 세부적인 구성도 학문 분야에 따라 다르므로 선정한 주제가 속한 분야의 다른 논문을 참고해서 구성하는 것이 좋다.

학위논문과 같이 글의 길이가 긴 경우에는 본론의 각 부분이 더 세분화될 수 있고 이럴 경우에는 적절한 방법으로 번호를 매겨야 한다. 소제목의 번호를 매기는 방법은 대개 다음과 같다.

숫자	숫자와 문자 혼용	계층식 숫자
Ⅰ.	Ⅰ.	Ⅰ.
Ⅱ.	Ⅱ.	Ⅱ.
1.	A.	2.1.
1)	1.	2.1.1.
(1)	a.	2.1.1.1.
①	(1)	2.1.1.1.1.
(2)	b.	2.1.1.2.
2)	2.	2.1.2.
2.	B.	2.2.
....	....	....
Ⅲ.	Ⅲ.	Ⅲ.

위에 제시된 소제목 번호는 각각의 장점이 있으나 가장 선호되는 방식은 세 번째의 계층식 숫자 번호이다. 이 방식은 번호를 보고 그 위계를 직관적으로 알 수 있다. 소제목 번호를 쓰는 방법 또한 분야에 따라 조금씩 다르므로 해당 분야의 논문을 참고하는 것이 좋다.

Key Point

리포트와 논문의 구성을 잘 하려면?
분야별로 정해진 형식을 따르되 내용에 따라 적절히 세부 구성을 하라.

예제 6-3

다음에 제시되는 주제에 대해 리포트의 목차를 완성해 보시오.

주제	케이팝
목차	

풀이

주어진 주제에 대해 리포트나 논문의 목차를 작성해 보는 문제이다. 주어진 주제에 대해 쓸 수 있는 리포트나 논문은 매우 다양하며 그 목차 또한 여러 가지로 작성할 수 있다. 리포트는 논문에 비해 내용과 형식이 다소 자유로울 수 있다. 앞에서 학습한 구성의 원리를 활용해 글 전체를 구성한 후 각 부분에 적절한 소제목을 붙여 목차를 짜 본다.

답 주제	케이팝
목차	제목 : 케이팝의 식물학 1. 들어가는 말 – 케이팝의 전성시대 2. 케이팝의 역사 2.1. 싹이 돋다 2.2. 떡잎을 펼치다 2.3. 줄기가 뻗다 2.4. 뿌리를 내리다 2.5. 열매를 맺다 3. 케이팝의 성공 비결 3.1. 땅을 일구는 자 3.2. 씨를 뿌리는 자 3.3. 양분을 섭취하는 자 3.4. 광합성을 하는 자 3.5. 스스로 커 나가는 자 4. 지속가능한 케이팝을 위하여 4.1. 풍부한 거름 4.2. 다양한 종 4.3. 온실이 아닌 노지(露地) 5. 맺는 말 – 케이팝이여 영원하라

예시 답안의 목차는 제목부터 소제목까지 식물에 대한 간단한 지식을 활용하였다. 리포트도 실용문이므로 서론과 결론을 반드시 갖추어야 하는데 '서론'과 '결론'이란 소제목 대신 '들어가는 말'과 '맺는 말' 뒤에 제목을 붙여서 서론과 결론으로 삼았다. 2절에서는 식물의 한살이를 끌어들여 케이팝의 역사를 서술했고, 3절에서는 식물이 커나가는 데 필요한 요소들로써 케이팝의 성공 비결을 썼다. 4절에서는 식물이 지속적으로 성장하기 위해 필요한 요소를 제시하여 케이팝이 영원한 발전을 할 수 있게 되기를 바라는 마음을 담았다. 정해진 답안이 있는 것이 아니므로 예시 답안의 목차를 참고하여 다양한 목차를 작성할 수 있다.

연습 6-3

다음에 제시되는 주제에 대한 리포트나 논문의 목차를 완성해 보시오.

① 논문

주제	대륙 간 탄도 미사일
목차	제목 :

② 리포트

주제	화석연료
목차	제목 :

③ 논문

주제	액정표시장치
목차	제목 :

주석과 참고문헌

리포트와 논문의 집필은 일반적인 글쓰기의 집필 방법과 큰 차이는 없다. 그러나 리포트와 논문의 속성상 주석과 참고문헌의 작성에 유의해야 한다. 리포트와 논문은 자신이 수집하고 조사한 자료로만 쓸 수도 있지만 다른 자료에서 인용을 해야 하는 경우가 많다. 그리고 인용을 했으면 출처를 밝혀야 하는데 이때 유용한 것이 주석이다. 주석은 인용 자료의 출처를 밝히거나 본문 내용을 보충하기 위해 쓰는 본문 이외의 부분을 뜻하는데 그 목적에 따라 세 가지 유형으로 나눌 수 있다.

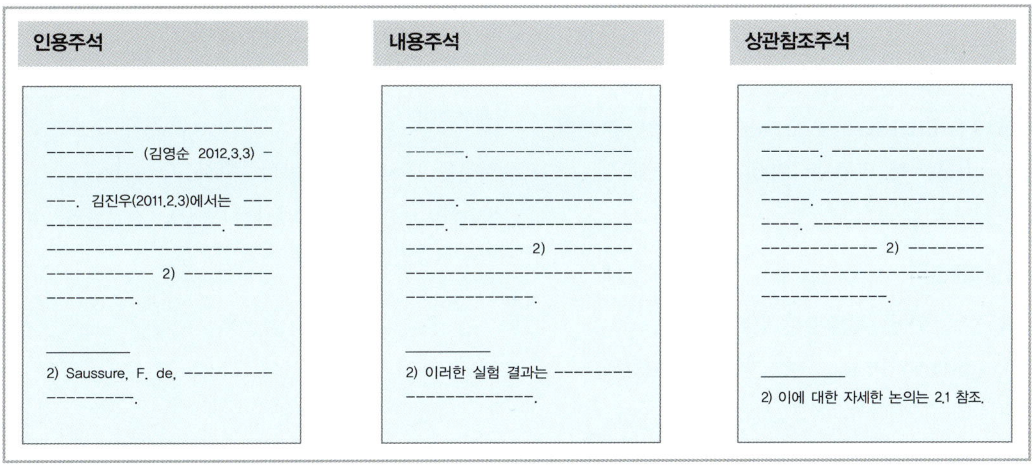

인용주석은 인용한 글의 출처를 밝히기 위한 주석으로서 정해진 형식에 따라 작성해야 한다. 내용주석은 본문에는 넣을 수 없으나 논의의 전개를 위해 꼭 필요한 내용을 덧붙이기 위한 것이고, 상관참조주석은 글 전체의 내용 중에서 서로 관련이 있는 내용을 연결지어 이해를 돕기 위한 것이다.

리포트와 논문에서 가장 흔하게 쓰이는 주석이 인용주석인데 인용주석은 쓰는 방식에 따라 내각주와 외각주 두 유형으로 나눌 수 있다. 각주는 본래 모두 외각주 형식으로 작성되었으나 빈번하게 나타나는 인용주석을 간략하게 표시하기 위해 내각주 형식이 개발되었다. 인용주석은 두 가지 유형 중 하나만 써야지 같은 글에서 혼용하면 안 된다. 또한 어떤 각주를 쓰느냐에 따라 참고문헌의 형식도 결정되므로 각주의 형식과 참고문헌의 형식을 통일시켜야 한다. 다음은 인문학 분야의 일반적인 각주와 참고문헌이다.

외각주

[각주]

형식 : 각주번호, 필자, 제목, 출판사, 간행연도,
인용 페이지.

예시 : 김진우,『언어』, 탑출판사, 1985, p. 15.

[참고문헌]

형식 : 각주번호, 필자, 제목, 출판사, 간행연도.

예시 : 김진우,『언어』, 탑출판사, 1985.

언어의 자의성, 사회성, 역사성은 언어의 가장 중요한 속성이다.[3] 이 중에서 언어 기호의 내용과 형식이 필연적으로 결합되어 있지 않다는 언어의 자의성(恣意性)은 이미 소쉬르(Saussure)가 지적한 바 있다.[4] 물론 의성어나 의태어는 부분적으로 언어의 자의성을 어기는 듯이 보이기도 한다.[5]

---

3) 김진우,『언어』, 탑출판사, 1985, p. 15.
4) Ferdinand de Saussure,『일반언어학강의』, 최승언 역, 민음사, 1990, pp. 20–35
5) ibid., p. 47.

[참고문헌]

김진우,『언어』, 탑출판사, 1985.
Ferdinand de Saussure,『일반언어학강의』, 최승언 역, 민음사, 1990.

내각주

[각주]

형식 : 필자(간행연도 : 인용 페이지)
or (필자, 간행년도 : 인용페이지)

예시 : 김진우(1985:15) 또는 (김진우, 1985:15)

[참고문헌]

형식 : 필자(간행연도), 제목, 출판사.

예시 : 김진우(1985),『언어』, 탑출판사.

언어의 자의성, 사회성, 역사성은 언어의 가장 중요한 속성이다.(김진우, 1985:15) 이 중에서 언어 기호의 내용과 형식이 필연적으로 결합되어 있지 않다는 자의성(恣意性)은 Saussure(1990:20–35)에 의해서 이미 지적한 바 있다. 물론 의성어나 의태어는 부분적으로 언어의 자의성을 어기는 듯이 보이기도 한다.(Saussure, 1990:47)

[참고문헌]

김진우(1985),『언어』, 탑출판사
Saussure, Ferdinand de(1990),『일반언어학강의』, 최승언 역, 민음사

이공계열 논문에서의 인용주석은 모두 내각주 형식으로 쓰인다. 그러나 내각주와 참고문헌을 쓰는 방식은 분야나 학술지에 따라 조금씩 다르다. 따라서 논문을 쓸 때는 학술지의 투고규정을 미리 확인해 정해진 방식대로 써야 한다. 다음은 이공계열 논문의 주석과 참고문헌 형식 중 하나이다.

공액 고분자(conjugated polymer)와 풀러렌(Fullerene)의 벌크 이종접합(bulk-heterojunction)을 근간으로 하는 고분자 태양전지는 경제성, 경량성, 제작용이성에서 타 태양전지에 비해 우수하며, 특히 인쇄가 가능하고 휘어질 수 있으므로 유연한 차세대 에너지원으로 큰 기대를 모으고 있다. 단일 접합 구조와 달리, 기본적인 벌크 이종접합은 전자 주개(electron donor)와 전자 받개(electron acceptor) 물질의 자발적인 상분리(phase separation)를 통한 이종접합들의 자기조립(self-assembly)을 수반한다. 그리고 이러한 자발적인 상분리에 의해서 나노 규모의 이종접합이 활성물질 전체에 걸쳐 형성된다.[1-3]

[참고문헌]

1. N. S. Sariciftci, L. Smilowitz, A. J. Heeger, and F. Wudl., *Science*, **258**, 1474(1992)
2. G. Yu, J. Gao, J. C. Hemmelen, F. Wudl, and A. J. Heeger, *Science*, **270**, 1789(1995)
3. J. J. Halls et al., *Nature*, **376**, 498(1995)

Key Point

자료의 출처를 명확히 밝히려면?

규정에 맞게 참고문헌을 작성하라.

예제 6-4

다음과 같이 자료를 참조했을 때 인용주석과 참고문헌을 정해진 형식에 맞게 쓰시오.

① 홍욱희가 지은 '3조원의 환경 논쟁, 새만금'의 일부분이다. 이 책은 2004년 지성사에서 출판되었으며, 인용된 부분은 이 책의 88면에 실려 있다.

② 클라이브 폰팅이 지은 '녹색세계사 Ⅰ'의 일부분이다. 이 책은 이진아가 번역하였고, 1995년에 '심지'에서 출판되었다. 인용한 부분은 이 책의 231면에서 233면에 실려 있다.

③ 데이비드 페퍼가 지은 '현대환경론'의 72면에 실린 글이다. 이 책은 1989년에 '한길사'에서 출판되었다.

(1) 외각주

새만금사업을 바라보는 관점의 핵심은 바로 갯벌과 논 중에서 어느 것의 가치가 더 높은가 하는 데로 모아진다. ① 만약 갯벌과 논 중에서 어느 하나가 다른 하나의 가치보다 월등하다면 두말할 필요 없이 사업을 중지하든가 아니면 지속하든가 하는 결정을 명쾌하게 내릴 수 있다. ② 시민환경단체의 입장은 새만금사업으로 사라지는 갯벌이 각종 생물이 풍부한 자연생태계의 일환으로서, 그리고 조개류와 갑각류 등 갯벌에서 잡아들이는 수산자원의 생산지로서 더할 수 없이 귀중하기 때문에 새만금 방조제가 아직 완성되지 못한 상태에 있는 지금 바로 공사를 중지해서 갯벌을 살려야 한다는 주장이다. ③

[각주]

[참고문헌]

(2) 내각주

새만금사업을 바라보는 관점의 핵심은 바로 갯벌과 논 중에서 어느 것의 가치가 더 높은가 하는 데로 모아진다(①). (②)에 따르면 만약 갯벌과 논 중에서 어느 하나가 다른 하나의 가치보다 월등하다면 두말할 필요 없이 사업을 중지하든가 아니면 지속하든가 하는 결정을 명쾌하게 내릴 수 있다. 시민환경단체의 입장은 새만금사업으로 사라지는 갯벌이 각종 생물이 풍부한 자연생태계의 일환으로서, 그리고 조개류와 갑각류 등 갯벌에서 잡아들이는 수산자원의 생산지로서 더할 수 없이 귀중하기 때문에 새만금 방조제가 아직 완성되지 못한 상태에 있는 지금 바로 공사를 중지해서 갯벌을 살려야 한다는 주장이다(③).

[참고문헌]

풀이

주석과 참고문헌을 외각주와 내각주 형식으로 각각 써 보는 문제이다. 같은 문헌을 인용했더라도 외각주와 내각주는 주석을 쓰는 방식이 다르고 참고문헌도 다르게 써야 한다. 따라서 두 가지 유형의 주석을 쓰는 방법을 다시 확인해서 하나하나 빠짐없이 쓴다. 또한 이공계열에서는 분야나 학술지마다 주석을 쓰는 방법이 다르므로 여기에서는 일반적인 형식에 따라서 쓴다.

답 (1) 외각주

[각주]

1) 홍욱희, 3조원의 환경 논쟁 새만금, 지성사, 2004, p. 88.
2) 클라이브 폰팅, 이진아 역, 녹색세계사 I, 심지, 1995, pp. 231-233.
3) 데이비드 페퍼, 현대환경론, 한길사, 1989, p. 72.

[참고문헌]

데이비드 페퍼, 현대환경론, 한길사, 1989.
클라이브 폰팅, 이진아 역, 녹색세계사 I, 심지, 1995.
홍욱희, 3조원의 환경 논쟁 새만금, 지성사, 2004.

(2) 내각주

[각주]

……가치가 더 높은가 하는 데로 모아진다(홍욱희, 2004:88). 클라이브 폰팅(1995:231-233)에 따르면 만약 갯벌과 논 중에서……갯벌을 살려야 한다는 주장이다(데이비드 페퍼, 1989:72).

[참고문헌]

데이비드 페퍼(1989), 현대환경론, 한길사.
클라이브 폰팅(1995), 이진아 역, 녹색세계사 I, 심지.
홍욱희(2004), 3조원의 환경 논쟁 새만금, 지성사.

외각주는 각주를 달 위치에 각주번호를 쓰고 각 페이지의 하단에 '각주번호, 필자, 제목, 출판사, 간행연도, 인용 페이지.' 순으로 쓴다. 그리고 참고문헌에는 인용 페이지를 뺀 나머지를 쓰고 가나다순으로 정렬한다. 내각주는 각주를 달 위치에 '필자(간행연도: 인용 페이지) 또는 (필자, 간행년도: 인용 페이지)'와 같이 쓰고 참고문헌은 '필자(간행연도), 제목, 출판사.'와 같이 쓴다. 이때 쉼표나 마침표도 정확하게 찍어야 한다.

연습 6-4

다음과 같이 자료를 참조했을 때 인용주석과 참고문헌을 정해진 형식에 맞게 쓰시오.

① 허광, 이동희가 지은 '인간과 자연 · 환경 그리고 생태(환경윤리)'의 일부분이다. 이 책은 2000년 동일출판사에서 출판되었으며, 인용된 부분은 이 책의 37면에 실려 있다.

② 강재규의 논문 '환경윤리사상의 역사적 전개'의 64면에 실린 내용이다. 이 논문은 2001년 지산출판사에서 출판한 '자연과 인간의 공생을 위한 환경사상'이라는 책에 수록되어 있다.

③ 니콜라 윌로 재단 환경감시위원회에서 펴내고 김선미가 번역한 '자연과 사람을 생각하는 환경 선언문'의 17면에 실린 글이다. 이 책은 2002년에 북갤럽에서 출판하였다.

(1) 외각주

최근 20여 년 동안 심각하게 증가한 실업과 사회 폭력은 정책 방향과 결정에 큰 영향을 미쳤다. ① 고용 창출과 지역 사회의 안전 강화 같은 문제는 정치 지도자뿐 아니라 시민들에게도 주요한 정치적 이슈가 되었으며, 이러한 요구와 목적을 우리 역시 과소평가하지 않았다. 하지만 정치인들은 그보다 더 중요한 문제, 즉 사회 경제적인 문제보다 여러 모로 더 심각한 위협이 될 수 있는 환경 문제에 대해서는 너무도 오랫동안 진실을 숨겨왔다. ② 환경의 파괴, 물이나 맑은 공기 같은 중요한 자연자원의 오염, 생물 종 수의 급격한 감소, 그리고 이러한 위협이 야기하는 모든 위험한 결과가 그것이다. ③

[각주]

[참고문헌]

(2) 내각주

최근 20여 년 동안 심각하게 증가한 실업과 사회 폭력은 정책 방향과 결정에 큰 영향을 미쳤다(①). 고용 창출과 지역 사회의 안전 강화 같은 문제는 정치 지도자뿐 아니라 시민들에게도 주요한 정치적 이슈가 되었으며, 이러한 요구와 목적을 우리 역시 과소평가하지 않았다. 하지만 (②)에 따르면 정치인들은 그보다 더 중요한 문제, 즉 사회 경제적인 문제보다 여러 모로 더 심각한 위협이 될 수 있는 환경 문제에 대해서는 너무도 오랫동안 진실을 숨겨왔음을 알 수 있다. 환경의 파괴, 물이나 맑은 공기 같은 중요한 자연자원의 오염, 생물 종 수의 급격한 감소, 그리고 이러한 위협이 야기하는 모든 위험한 결과가 그것이다(③).

[참고문헌]

실습과제

예제 **다음에 제시되는 주제를 구체화하여 리포트나 논문을 쓰시오.**

① 한글과 정보통신 산업

② 조선시대의 과학적 업적에 대한 현대적 평가

③ 소프트웨어에 대한 지적 재산권 보장

풀이

이 절에서 배운 리포트 및 논문에 관련된 내용을 종합하여 실제로 리포트나 논문을 써 보는 문제이다. 대학에서의 여러 수업을 통해 리포트를 작성할 기회가 많이 있었으므로 그 경험과 이 절에서 배운 내용을 종합하여 리포트를 써 본다. 또한 졸업 자격으로서 논문을 요구하는 경우도 있으므로 논문 형식으로도 발전시켜 본다. 주어진 주제는 다소 추상적이므로 이를 세분하여 보다 구체적인 주제를 정해야 한다. ①번은 한글의 우수성과 관련하여 컴퓨터, 휴대용 통신기기 등에서 한글이 어떻게 활용되는가에 초점을 맞춰본다. ②번은 조선시대의 과학기술 중 자신의 분야와 관련이 있는 것 하나를 찾아 현대적인 기준을 세우고 그것을 평가해 본다. ③번은 학습용, 업무용, 산업용 등의 각종 프로그램들의 저작권이 어떻게 침해되고 있는가를 알아보고 이를 막을 방법에 대해 서술해 본다.

답 생략

연습 다음에 제시되는 주제를 구체화하여 리포트나 논문을 쓰시오.

① 대체 에너지

② 미래 산업

③ 인공위성

6.2 실험보고서와 설계보고서

실험보고서와 설계보고서는 이공계열에서만 쓰는 독특한 보고서이다. 실험과 설계 자체가 목적이다 보니 정작 보고서의 내용과 형식을 어떻게 해야 하는지에 대한 체계적인 교육과 이해가 부족한 편이다. 실험보고서 및 설계보고서의 작성 과정 및 방법을 구체적으로 알아보자.

문제가 뭐야?	어떻게 해야 하지?	이렇게 해결해 봐!	더 깊게! 더 넓게!
실험과 설계 결과를 어떻게 보고하지?	실험보고서와 설계보고서의 내용과 형식을 익히라.	보고서의 각 부분을 형식에 맞게 충실하게 작성하라.	다양한 주제에 따라 실험보고서와 설계보고서를 작성하라.

실험보고서

이공계열의 연구에서 실험은 매우 중요하기 때문에 대학 과정에서 실제로 실험을 하고 이에 대한 보고서를 작성해야 할 경우가 많다. 중고등학교 과정에서도 실험을 해도 본격적인 보고서는 쓰지 않아도 되지만 대학 과정에서는 실험의 시종일관을 정확하게 기록한 실험보고서가 필수적이다. 실험보고서는 보통 다음의 과정에 따라 작성된다.

실험 설계 ▶ 예비보고서 작성 ▶ 실험 기록 ▶ 결과보고서 작성

실험이 성공적으로 이루어지고 보고서가 충실히 작성되기 위해서는 실험이 잘 설계되어야 하고 그 과정이 세밀히 기록되어야 한다. 독자적으로 기획한 연구라면 스스로 실험설계도 해야 하지만 수업에서의 실험은 대개 담당교수에 의해서 전체적인 설계가 이루어져 있으므로 그 설계를 충실히 따르면 된다.

실험에 대한 설계가 끝나면 예비보고서를 작성해야 한다. 예비보고서는 실험을 하기 전에 실험에 대한 전체적인 설계 및 이와 관련된 지식들을 정리한 보고서로서 최종 보고서의 기초가 된다. 예비보고서의 내용과 형식은 다음과 같다.

표지
실험 예비보고서 실험 제목 : 과목명 : 담당교수 : 제출자 : 제출일 :

본문		
실험 제목 실험 목적	실험 도구 및 장비	
관련 이론	실험 방법	참고문헌

표지는 보고서 전반 및 제출과 관련된 정보가 모두 포함이 되어 있어야 한다. 보고서를 작성하는 사람은 각각이지만 담당교수는 각각의 보고서를 모두 받아 평가해야 하므로 보고서가 어떤 보고서이고 누가 작성한 것인지를 분명히 알 수 있도록 표지를 작성해야 한다. 위에 제시된 내용은 필수적인 것이고 필요에 따라 더 자세한 정보를 제공할 수도 있다.

본문에는 실험 제목, 실험 목적, 관련 이론, 실험 도구 및 장비, 실험 방법, 참고문헌 등이 제시되어야 한다. 실험 제목은 표지의 제목과 일치되게 다시 한 번 써 준다. 실험 목적은 최대한 명시적으로 제시해야 한다. 실험 전체의 목적이 있고 이 목적을 달성하기 위한 하위 목표가 있으면 그 위계가 잘 드러나도록 상세하게 밝혀 준다. 관련 이론, 실험 도구 및 장비, 실험 방법 등도 실험의 설계에 따라 상세하게 기록한다. 특히 관련 이론은 실험을 효과적으로 하고 그 결과를 정확하게 분석하는 데 꼭 필요하므로 철저하게 조사하여 제시한다. 마지막으로 실험과 관련된 참고문헌을 제시한다.

보고서와 함께 반드시 작성되어야 할 것이 실험노트이다. 실험노트는 실험의 계획단계부터 완료단계까지 모든 과정을 충실하게 기록한 것으로서 실험보고서 작성의 기초가 된다. 실험보고서는 단순한 기록이 아닌 실험자의 의도와 이에 대한 분석과 평가도 포함이 되어야 하는데 이를 위해서는 충실한 기록이 필요하다. 실험노트에 반드시 포함되어야 하는 내용을 정리하면 다음과 같다.

- 실험자
- 실험 과정과 결과
- 실험 장소
- 결과 분석, 결론
- 실험 환경
- 실험 결과표, 그래프
- 실험 목적
- 의문점, 문제점

이밖에도 실험의 종류와 성격에 따라 다양한 내용이 추가될 수 있다. 이러한 실험노트는 실험의 정확성과 결과의 타당성을 증명하는 데 매우 중요하다. 따라서 모든 내용은 있는 그대로 기록해야 한다. 실험과정에서 나타난 실수나 실패도 정확하게 기록해야 추후에 같은 문제를 반복해서 일으키지 않을 수 있다.

실험이 행해지고 과정과 결과에 대한 충실한 기록이 완료되었으면 실험 결과보고서를 작성해야 한다. 실험 결과보고서는 실험 결과 및 이에 대한 분석과 논의를 담은 최종적인 보고서이다. 결과보고서의 내용과 형식은 다음과 같다.

표지
실험 결과보고서 실험 제목 : 과목명 : 담당교수 : 제출자 : 제출일 :

본문		
실험 제목	실험 결과	토의
실험 목적		
실험 도구 및 장비	결과 분석	결론
실험 과정		참고문헌

결과보고서에 담기는 내용은 예비보고서와 대체로 비슷하지만 실험 결과 및 분석, 이에 대한 토의와 결론이 주를 이룬다. 실험 결과는 있는 실험을 통해 얻은 사실 자체를 충실히 기록하되 도표와 그래프를 활용해 일목요연하게 정리하는 것이 좋다. 보고서는 사실에 대한 기록에서 그치는 것이 아니라 이 기록을 바탕으로 한 실험자의 판단과 의견이 포함되어야 하므로 정리된 결과에 대해 분석을 해 보고 실험 참여자들과 토의를 한 후 종합적인 결론을 제시한다.

> Key Point
> **실험보고서를 잘 작성하려면?**
> 실험을 잘 설계한 후 충실히 기록하고 정해진 형식으로 보고서를 작성하라.

예제 6-5

다음에 제시되는 '충격 실험 결과보고서'의 일부를 평가한 후 다시 쓰시오.

▪ 실험의 목적

충격시험은 시험편의 충격저항을 시험하는 데 있다. 시험편을 충격적으로 파단시켜 파단될 때까지 흡수되어 에너지의 많고 적음으로써 재료의 인성(toughness) 및 취성(brittleness)을 판정하기 위한 것이다. 재료의 이러한 성질은 가해지는 하중의 속도에 영향을 받는데 인성은 인장시험, 즉 정적인 시험을 통해서 어느 정도 결정을 할 수 있으나 인장시험만으로는 구별이 안 된다. 그러므로 이러한 재료의 특성을 정확히 판정하기 위해서는 정적인 시험 외에 동적인 충격시험이 필요하다. 또 일반적으로 건축물 구조물에는 충격하중이 가해지는 경우가 많은데, 이러한 재료의 시험에 있어서는 인장시험보다는 충격시험이 더욱 중요함을 알 수 있다. 실제로 사용되는 기계부품, 구조물에 대한 충격시험에서는 하중이 작용하는 방식에 따라 충격인장, 충격압축, 충격굽힘, 충격비틀림 등으로 구별한다. 그러나 공업적으로 행해지고 있는 것은 노치(notch)가 주어진 시험편을 사용하는 충격굽힘시험이다.

평가 요소	평가				
	잘함 ←				→ 못함
실험의 목적이 분명히 제시되었는가?					
긴밀성이 있는 글인가?					
완결성이 있는 글인가?					

풀이

모든 실험보고서에는 실험의 목적 부분이 포함되어 있는데 이에 대해 평가해 보는 문제이다. 실험의 목적을 밝히는 부분에서는 무엇보다도 그 목적이 명시적으로 드러나는 것이 중요하다. 또한 목적을 밝히는 글도 긴밀성과 완결성을 갖추어야 한다. 이러한 점을 감안하여 주어진 글을 평가하고 수정한다.

답

평가 요소	평가				
	잘함 ←				→ 못함
실험의 목적이 분명히 제시되었는가?				✓	
긴밀성이 있는 글인가?				✓	
완결성이 있는 글인가?				✓	

이 실험은 시험편에 충격을 가해 파단될 때 흡수되는 에너지의 양을 측정하여 재료의 인성(toughness) 및 취성(brittleness)을 판정하고 이를 바탕으로 시험편의 충격저항을 알아보는 데 목적이 있다. 재료의 인성 및 취성은 이 재료에 가해지는 하중의 속도에 영향을 받는다. 이 중 인성은 정적인 시험인 인장시험을 통해 어느 정도 측정할 수는 있으나 완벽하지는 않다. 따라서 이러한 특성을 정확하게 판정하기 위해서는 동적인 충격시험이 필요하다. 실제로 건축물이나 기계부품, 구조물 등에 대한 평가에서 충격시험이 훨씬 더 중요한 경우가 많다. 따라서 하중이 작용하는 방식에 따라 충격인장, 충격압축, 충격굽힘, 충격비틀림 등으로 구별하여 실험을 진행한다.

제시된 실험보고서에는 목적이 분명하게 제시되어 있지 않으므로 목적을 정확하게 밝히되 맨 앞에 써 줘 읽는 이가 그것을 분명히 파악할 수 있도록 한다. 또한 문장과 문장의 연결이 매끄럽지 않아 내용이 분명히 드러나지 않으므로 적절히 접속하여 내용이 잘 드러나도록 했다.

연습 6-5

다음에 제시되는 '충격 실험 결과보고서'의 일부를 평가한 후 다시 쓰시오.

▪ 실험의 결론 및 고찰

공학실험의 의미는 이론과 실제를 이어주는 조그마한 교량의 역할을 하고 있다고 나는 생각한다. 그림으로만 보았던 실제 기계를 직접 조작해 보고 왜 그러한지에 대해서도 이론적인 바탕 하에 이해를 도와준다고 생각한다.

충격 및 경도 시험을 하는 데 있어서 무엇보다 중요한 것은 일단 안정이라 생각한다. 특히 충격시험을 하는 데 있어서는 자칫 실수를 할 경우에는 큰 안전사고를 유발할 수도 있기에 좀 더 안전에 신경을 써야 하겠다. 그리고 시험 측정을 하는데 충격부위를 정확히 타겟에 맞추기가 어려웠는데, 차라리 충격 시험기에 그러한 표식이 되어 있다면 좀 더 정확한 결과치를 얻을 수 있지 않았을까 하는 생각도 있다. 다음에 혹시라도 이러한 시험을 할 기회가 있다면 조금 더 많은 시험과 결과를 토대로 더욱 정밀한 결과를 얻을 수 있을 것이라 생각한다.

평가 요소	평가				
	잘함 ←				→ 못함
실험의 목적이 분명히 제시되었는가?					
긴밀성이 있는 글인가?					
완결성이 있는 글인가?					

설계보고서

어떤 제품을 생산하기 위해서는 이용자의 요구를 파악하고 시장을 조사한 후 이에 적합한 제품을 디자인하고 최종적인 제품이 나오기까지의 생산과정과 방법에 대한 일관된 자료가 필요하다. 이러한 목적을 달성하기 위해 작성되는 것이 설계보고서이다. 특히 최근의 공학인증제도와 관련해 대학의 공학계열에서도 설계보고서가 매우 중요하게 교육되고 있으며, 개인의 취업에서도 직접 작성한 설계보고서가 유용하게 활용되고 있다.

대학에서 설계에 대한 교육은 기초 설계, 요소 설계, 종합 설계의 세 단계를 거쳐 이루어진다. 이 중에서 종합 설계는 학부과정 동안 배운 이론과 이전 단계의 설계 교육을 바탕으로 작품을 기획, 설계, 제작하는 전 과정을 경험토록 하는 과목인데 이 과목의 보고서로서 종합 설계보고서를 작성한다. 또한 이러한 과목을 수강하지 않더라도 졸업논문을 대체하는 보고서로서 종합 설계보고서를 작성하기도 한다.

설계보고서는 일반적인 보고서와 큰 틀에서는 같으나 제품의 기획, 설계, 생산에 관계된 구체적인 내용이 담긴다는 점에서 약간의 차이가 있다. 설계보고서는 보통 다음과 같은 과정을 거쳐 작성된다.

설계보고서 작성 과정

기획과 구상 → 설계 노트 작성 → 설계보고서 작성

기획과 구상 단계에서는 창의성과 실용성의 조화가 중요하다. 대학에서의 설계 과목은 대개 '창의적 공학설계'라는 과목명으로 개설되는 만큼 창의성을 중시한다. 그러나 창의성이 더 잘 발현되려면 생산이 효율적으로 이루어져야 하고 사용자가 만족할 수 있어야 한다. 따라서 창의적인 아이디어에 바탕을 두되 그것을 현실화할 수 있도록 치밀하게 기획하고 구상을 하는 것이 필요하다.

기획과 구상이 이루어지는 과정부터 설계 노트는 필수적이다. 제품에 대한 자신의 아이디어는 물론 소비자의 요구까지 파악해야 기획과 구상이 이루어질 수 있는데 이에 대한 꼼꼼한 기록이 필요하다. 이러한 기록이 상세할수록 최종적인 보고서를 충실히 작성할 수 있을 뿐만 아니라 이후의 생산 및 저작권, 지적재산권과 관련된 문제도 잘 해결해 나갈 수 있다. 설계 노트를 작성할 때 유의해야 할 것을 정리하면 다음과 같다.

- 제본이 된 노트에 일련번호를 매긴 후 기록한다.
- 프로젝트 이름, 작성자, 날짜 등의 정보를 빠짐없이 기록한다.
- 기획, 실험, 회의 등에 대한 정보를 상세히 기록한다.
- 추가 정보를 기입할 수 있도록 각 부분의 공간을 여유 있게 준비한다.

최종적인 보고서를 작성하기 위해서는 노트 외에도 수행 계획서, 제안서, 활동 보고서 등을 작성하면 효과적이다. 설계에 필요한 모든 과정이 끝나고 이러한 문건이 충실하게 준비되면 비로소 최종 보고서를 작성할 수 있다. 설계보고서는 프로젝트의 성격에 따라 그 구성이 조금씩 달라질 수 있지만 일반적으로는 다음과 같은 내용과 형식을 따른다.

표지

종합 설계보고서

프로젝트명 :

수행분야 :
지도교수 :
참여자 :

본문

목차
1. 서론
2. 작품의 설계
3. 결론 및 향후 과제

본문

부록

표지는 정해진 형식을 따르면 되는데 필수적인 정보는 빠짐없이 정확하게 기록해야 한다. 목차는 프로젝트의 성격에 따라 달라질 수 있는데 설계의 과정과 요소가 분명히 보일 수 있도록 체계적으로 작성한다. 본문은 목차에 따라 순차적으로 서술하되 도면, 도표 등을 적절히 활용한다. 마지막으로 부록에는 참고한 문헌, 관련 사이트, 프로그램 소스 등을 제시한다. 보고서의 목차를 예시로 보이면 다음과 같다. 대부분의 설계보고서는 이와 같은 목차로 구성되는데 프로젝트의 성격에 따라 일정 부분 가감이 있을 수 있다.

목차

1. 서론
   - 1.1. 개발 배경
   - 1.2. 작품 개요
   - 1.3. 선행 연구 및 관련 제품 조사
   - 1.4. 작품의 목표
   - 1.5. 작품의 특징 및 기대효과
   - 1.6. 개발 참여자

2. 작품의 설계
   - 2.1. 설계 개요
   - 2.2. 이론적 기초
   - 2.3. 구성부 상세 설계
   - 2.4. 제어부 및 회로 설계
   - 2.5. 소프트웨어 설계
   - 2.6. 조립도 및 제작도
   - 2.7. 부품리스트 및 재료비 산출

3. 결론 및 향후 과제
   - 3.1. 목표 대비 성과
   - 3.2. 설계 보완점
   - 3.3. 설계 시 활용한 공학적 도구
   - 3.4. 향후 작업 일정

부록

참고문헌

참고 사이트

프로그램 소스

Key Point **설계보고서를 잘 쓰려면?**
창의성과 실용성을 조화시킨 기획을 정해진 형식의 보고서에 충실히 담으라.

예제 6-6

다음에 제시되는 중간 설계보고서의 목차를 기준에 따라 분석하시오.

1. 프로젝트 개요 및 목표
2. 프로젝트 수행 내용
3. 프로젝트 향후 수행 계획
   - 추진 방법 및 전략
   - 추진 체계
   - 추진 일정
4. 프로젝트 수행 과정 및 결과의 분석
5. 프로젝트 중간 성과
6. 참고문헌

평가 요소	평가				
	잘함 ←				→ 못함
빠진 구성 요소는 없는가?					
목차가 체계적인가?					
하위분류가 잘 되어 있는가?					

풀이

중간 설계보고서의 목차를 통해 설계보고서의 체계 및 요소를 재확인하는 문제이다. 프로젝트의 종류에 따라 설계보고서의 구성과 세부 목차는 달라질 수 있다. 그러나 일반적인 구성요소를 모두 갖추어야 좋은 평가를 받을 수 있으므로 앞에서 살펴본 일반적인 구성을 참고해 분석해 본다. 그리고 문제가 있다면 이러한 형식의 보고서를 작성하지 않도록 노력한다.

답

평가 요소	평가				
	잘함 ←				→ 못함
빠진 구성 요소는 없는가?				✓	
목차가 체계적인가?				✓	
하위분류가 잘 되어 있는가?				✓	

제시된 설계보고서는 최소한도의 형식은 갖추었지만 전체적인 구성을 살펴볼 때 빠진 요소가 많다. 특히 프로젝트의 수행 내용에 대해 구체적인 서술이 필요한데 이에 대한 하위분류도 되어 있지 않다. 설계보고서를 작성하기 이전에 각 부분의 하위에 어떤 내용을 쓸 것인가도 미리 정해 놓는 것이 좋다. 또한 목차가 순차적으로 구성되어야 하고 각 부분 간에 위계가 일정해야 하므로 이런 부분에도 신경을 많이 써야 한다.

연습 6-6

다음에 제시되는 최종 설계보고서의 목차를 기준에 따라 분석하시오.

1. 팀원 구성
2. 설계과제의 개발 필요성
3. 설계과제의 내용
4. 설계과제의 수행방법
5. 과제 수행 결과
6. 기대효과
7. 소감

평가 요소	**평가**				
	잘함 ←				→ 못함
빠진 구성 요소는 없는가?					
목차가 체계적인가?					
하위분류가 잘 되어 있는가?					

예제 다음에 제시되는 실험 결과보고서를 분석하여 체크리스트에 따라 평가하시오.

충격 실험 결과보고서

▪ 실험의 목적

충격시험은 시험편의 충격저항을 시험하는 데 있다. 시험편을 충격적으로 파단시켜 파단될 때 까지 흡수되어 에너지의 많고 적음으로써 재료의 인성(toughness) 및 취성(brittleness)을 판정하기 위한 것이다. 재료의 이러한 성질은 가해지는 하중의 속도에 영향을 받는데 인성은 인장시험, 즉 정적인 시험을 통해서 어느 정도 결정을 할 수 있으나 인장 시험만으로는 구별이 안 된다. 그러므로 이러한 재료의 특성을 정확히 판정하기 위해서는 정적인 시험 외에 동적인 충격시험이 필요하다. 또, 일반적으로 건축물 구조물에는 충격하중이 가해지는 경우가 많은데, 이러한 재료의 시험에 있어서는 인장시험보다는 충격시험이 더욱 중요함을 알 수 있다. 실제로 사용되는 기계부품, 구조물에 대한 충격시험에서는 하중이 작용하는 방식에 따라 충격인장, 충격압축, 충격굽힘, 충격비틀림 등으로 구별한다. 그러나 공업적으로 행해지고 있는 것은 노치(notch)가 주어진 시험편을 사용하는 충격굽힘시험이다.

▪ 샤르피(Charpy) 충격 실험 순서

① 표준시험편과 조에서 직접 제작한 시험편을 이용한다.

② 기어를 맞물린 다음 바늘을 0°에 맞추고 해머를 소정의 위치(145°)까지 들어올린다.

③ 시험편을 위치에 올려놓는다.

④ 해머를 낙하시킨다. 이때 브레이크가 해머에 접촉하지 않도록 한다.

⑤ 시험편이 전달된 후 해머가 회전 상승한 각(β)을 위치계에 의해 읽는다.

⑥ 해머를 브레이크로 정지시킨다.

▪ 샤르피(Charpy) 충격기 충격에너지 계산법

에너지의 계산에는 처음 낙하각 α와 파괴 후 상승각 β를 측정한다.

α와 β는 회전체 부분에 장착되어 있는 각도 지시원판과 지침으로 쉽게 알 수 있다.시험편이 파단될 때 흡수한 에너지는 α와 β에 해당되는 에너지의 차로 알 수 있다.

▪ 샤르피(Charpy) 충격 실험 결과

첫 번째 실험의 β값은 62.5, 두 번째 실험 β값은 106.5, 세 번째 실험 β값은 70, 네 번째 실험 β값은 64가 나왔다. 가장 알맞은 값은 첫 번째와 네 번째 실험값인 62.5와 64이므로 두개의 값으로만 시험편에 흡수된 에너지 E와 충격치 U를 구해보겠다.

실험	면적(㎟)	β	E(J)	U(kg · m/㎠)
1	5500	62.5	242	4.4
2	5500	64	235	4.27

▪ 실험의 결론 및 고찰

공학실험의 의미는 이론과 실제를 이어주는 조그마한 교량의 역할을 하고 있다고 나는 생각한다. 그림으로만 보았던 실제 기계를 직접 조작해 보고 왜 그러한지에 대해서도 이론적인 바탕 하에 이해를 도와준다고 생각한다.

충격 및 경도 시험을 하는데 있어서 무엇보다 중요한 것은 일단 안정이라 생각한다. 특히 충격시험을 하는데 있어서는 자칫 실수를 할 경우에는 큰 안전사고를 유발할 수도 있기에 좀 더 안전에 신경을 써야 하겠다. 그리고 시험 측정을 하는데 충격부위를 정확히 타겟에 맞추기가 어려웠는데, 차라리 충격 시험기에 그러한 표식이 되어 있다면 좀 더 정확한 결과 치를 얻을 수 있지 않았을까 하는 생각도 있다. 다음에 혹시라도 이러한 시험을 할 기회가 있다면 조금 더 많은 시험과 결과를 토대로 더욱 정밀한 결과를 얻을 수 있을 것이라 생각한다.

평가 요소	유무		평가					평가 요소	유무		평가				
	있음	없음	잘함←				→못함		있음	없음	잘함←				→못함
표지	☐	☐						실험 결과	☐	☐					
실험 제목	☐	☐						결과 분석	☐	☐					
실험 목적	☐	☐						토의	☐	☐					
실험 도구 및 장비	☐	☐						결론	☐	☐					
실험 제목	☐	☐						참고문헌	☐	☐					

풀이

실험보고서는 분야 및 실험의 종류에 따라 다르기는 하지만 갖추어야 할 필수 요소가 있다. 체크리스트에 있는 것이 일반적인 필수 요소이므로 각각의 요소에 따라 평가를 해 본다.

답

평가 요소	유무		평가					평가 요소	유무		평가				
	있음	없음	잘함 ←				→ 못함		있음	없음	잘함 ←				→ 못함
표지	☐	☐						실험 결과	☐	☐			✓		
실험 제목	☐	☐		✓				결과 분석	☐	☐			✓		
실험 목적	☐	☐				✓		토의	☐	☐					
실험 도구 및 장비	☐	☐						결론	☐	☐			✓		
실험 제목	☐	☐			✓			참고문헌	☐	☐					

제시된 실험보고서는 비교적 충실하게 작성된 실험보고서이다. 제목은 미리 주어진 것이 아니라면 보다 구체적으로 써 주는 것이 좋다. 실험 도구 및 장비와 실험 과정을 엮어서 썼는데 둘을 분리해서 쓰는 것이 좋다. 실험 결과가 너무 간략하게 작성되었고 이에 대한 분석과 결론이 묶여 있는 것도 좋지 않다. 참고한 문헌도 반드시 써야 한다.

연습 **다음에 제시되는 실험 결과보고서를 분석하여 체크리스트에 따라 평가하시오.**

▪ 회로구성

실험내용 : 7404, 7400 게이트를 Power Supply에 연결하여 각각의 Input에 대해 어떤 출력값(Hihg or Low)을 보이는지 다루어 보았다.

① TTL 7402 와 7400 을 각각 브레드보드에 연결한다.

② 각 칩의 7, 14번 리드선에 브레드보드 −극(GND)과 +극(Vcc)을 연결한다.

③ 4,5번 리드선을 브레드보드의 입력부 1, 2번과 연결한다.

④ 6번을 브레드보드 출력부에 연결한다.

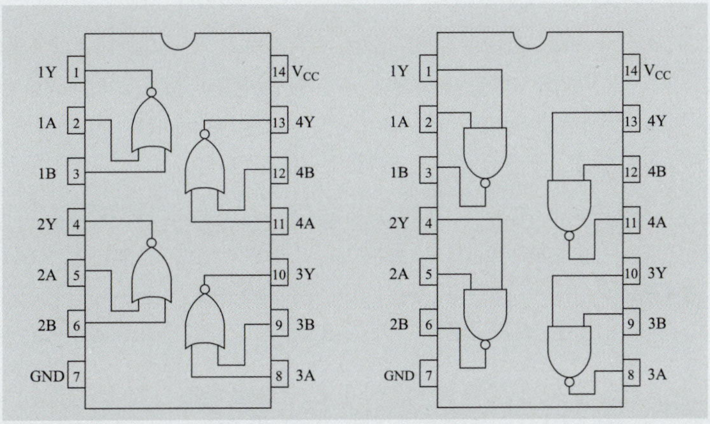

− 7400은 NAND Gate를 나타내고, 7402는 NOR Gate를 나타낸다.

⑤ 두 개의 Input Signal을 Power Supply에 연결하여(혹은 Power Supply로부터 브레드보드에 연결된 전원부로 연결하여 신호를 보내는 것도 상관없다.) High값과 Low값을 각각 번갈아 입력하며, 각각의 신호를 받아들여 Output이 어떻게 나오는지 확인해 본다.

⑥ 각각의 Input에 대한 Output값을 진리표로 작성한다.

⑦ 7400과 7402 모두 두 개의 입력신호는 X와 Y로 정하고 출력값을 Z로 두고 진리값을 표기하도록 한다. 이 때 신호의 High값을 '1'로, 신호의 Low 값을 '0'으로 표기한다.

▪ Orcad Simulation

중략

▪ 실험 후 결과 고찰

- 우리는 NAND Gate(TTL 7400)와 NOR Gate(TTL 7402)의 진리표를 작성해 보면서 각각의 논리 게이트가 갖는 특성이 AND Gate(TTL 7408)와 OR Gate(TTL 7432)의 결과값의 반대값을 갖는다는 사실을 확인할 수 있었다. 즉 AND Gate의 Output이 High값이 나온다면 NAND Gate의 Output은 Low값이 나오는 식이다.
- 이러한 회로는 NAND Gate가 [AND Gate]와 인버터가 합쳐진 논리를 의미하며, 두 가지 논리 게이트가 하나로 묶여 좀더 단순화 – 집적화 – 되었다는 사실을 나타낸다.
- 게다가 우리가 사용한 TTL 칩 두 가지(7400과 7402)는 TTL=Transistor & Transistor Logic의 약자로서, 각각의 논리 게이트를 한 칩에 4개 씩 가지고 있다. 우리는 그 중 단 하나의 논리 게이트만을 사용했으며, 이러한 방식의 TTL은 회로의 집적도를 높이는 데 기여할 것이라는 생각이다.

평가 요소	유무		평가					평가 요소	유무		평가				
	있음	없음	잘함 ←				→ 못함		있음	없음	잘함 ←				→ 못함
표지	☐	☐						실험 도구 및 장비	☐	☐					
실험 제목	☐	☐						실험 방법	☐	☐					
실험 목적	☐	☐						참고문헌	☐	☐					
관련 이론	☐	☐													

7장
사회에서의 글쓰기

"펜대를 굴리든, 키보드를 두드리든 사회에서의 실질적인 리더는 글로써 기관과 기업을 이끌어간다."

7.1 자기소개서와 이력서

취업과 진학을 위해서 자기소개서는 필수적이다. 그러나 자신에 대한 소개를 하면서 남의 글을 베끼거나 짜깁기를 하는 경우가 많다. 이러한 자기소개서 대신 자신의 모든 것을 효과적으로 드러내기 위한 자기소개서를 작성하는 방법은 없을까? 다양한 유형의 자기소개서와 꼼꼼한 이력서를 작성하는 방법을 알아보자.

문제가 뭐야?	어떻게 해야 하지?	이렇게 해결해 봐!	더 깊게! 더 넓게!
취업과 진학을 위해 나를 어떻게 알리지?	자기소개서와 이력서의 작성 방법을 파악하라.	자신에게 적합한 자기소개서의 유형을 찾아 효과적으로 구성하라.	목적에 맞는 자기소개서와 이력서를 실제로 작성해 보라.

목차 자기소개서 작성 방법 자기소개서의 구성과 유형 이력서 작성 방법

자기소개서 작성 방법

자기소개서는 자신을 잘 알려서 선발이 되는 것을 목적으로 하는 글로서 진학이나 취업 시 꼭 필요한 글이다. 자기소개서는 단순히 자신에 대해 알리는 소극적인 글이 아니라 인사담당자나 선발담당자의 마음을 움직여 자신을 선발하도록 하는 적극적인 글이어야 한다. 이를 위해서 자기소개서는 다음과 같은 목적을 달성할 수 있어야 한다.

- **상세한 정보 제공** : 이력서에는 담을 수 없는 상세한 정보
- **논리적 설득** : 객관적 정보 외에 논리적인 내용으로 취업의 당위성 피력
- **감성 자극** : 담당자의 감성을 자극하여 관심을 유도하고 마음을 움직임
- **문서 작성 능력 과시** : 기업 업무의 핵심인 문서 작성 능력을 간접적으로 보임

자기소개서를 통해 전달하는 정보는 담당자가 궁금해 하거나 자신을 선발하는 데 꼭 필요한 정보에 한정해야 한다. 모든 글이 독자를 고려해야 하듯이 자기소개서 또한 그것을 읽는 담당자를 기준으로 써야 한다. 자기소개서는 한 편의 완성된 글이기 때문에 이성과 감성을 모두 자극할 수 있어야 하고 이를 통해서 자신을 선발하는 것의 당위성을 제공할 수 있어야 한다. 또한 기업의 활동이 대부분 문서를 기반으로 해서 움직인다는 것을 감안하면 자기소개서는 자신의 글쓰기 능력을 보일 수 있는 좋은 기회로 활용할 수 있다.

다음은 대학 입학을 위한 자기소개서의 일부인데 양자를 비교해 보자.

① 저희 아버지께서는 제가 중학교 3학년 때 돌아가셨습니다. 이후 저는 홀어머니의 보살핌을 받으며 열심히 공부해 왔습니다. 어머니께서는 늘 제게 의대 진학을 권유하셨고 저도 자연스럽게 어머니의 뜻을 따르게 되었습니다.	② **차고 검의 손의 권유** 중학교 3학년 어느 날, 싸늘하게 식어 검게 변한 아버지의 손을 잡고 의대를 지원할 결심을 하게 되었습니다. 심장마비를 일으켜 쓰러지신 아버지의 손을 잡고 저는 아무것도 할 수 없었습니다. 아버지는 비록 이 세상 사람이 아니었지만 의사가 되어 저와 같은 고통을 당하는 사람이 없도록 하라고 말씀하시는 것 같았습니다.

담겨 있는 정보는 둘 사이에 별 차이가 없으나 ②번이 훨씬 더 효과적이다. 아버지가 일찍 돌아가신 것은 진학과 아무런 관련이 없을 수도 있지만 그 사건을 계기로 의대 진학을 결심했다는 점을 논리적, 감성적으로 전달하고 있다. 또한 적절한 소제목을 붙여 글에 대한 이해를 높이고 있다.

효과적인 자기소개서를 쓰려면 다음과 같은 과정을 거쳐는 것이 좋다.

지원할 곳 결정
자신의 적성과 능력에 따라 지원할 곳을 정한다.

▶ **지원할 곳의 정보 수집**
회사 홈페이지, 홍보자료, 기사 등을 검색해 지원할 곳의 정보를 수집한다.

▶ **자신에 대한 정보 정리**
지원할 곳에 적합한 자신의 정보를 정리한다.

▶ **자기소개서 집필**
정리한 자료를 바탕으로 개성 있는 자기소개서를 작성한다.

▶ **수정**
내용, 구성, 문장, 어문규범 등을 꼼꼼하게 살펴 수정한다.

위의 과정 중 두 번째 과정과 세 번째 과정이 매우 중요한데 소홀히 하는 경우가 많다. 자기소개서는 지원하고자 하는 곳과 자신의 맞춤형 글이 되어야 한다. 따라서 지원하고자 하는 곳에 대해 정확히 파악한 후 자신에 대한 정보 중 필요한 것만 선별해서 자기소개서에 담을 수 있어야 한다.

Key Point **자기소개서를 잘 쓰려면?**
지원하고자 하는 곳과 자신에 대한 맞춤형 자기소개서를 쓰라.

예제 7-1

다음에 제시되는 자기소개서 일부의 문제점을 파악해 본 후 고쳐 쓰시오.

사실 저는 처음에 아버지를 따라 법조인이 되어 판사로 활동하는 것이 목표였습니다. 그래서 방학숙제로 진로체험소감문을 써오라는 과제가 나올 때마다 아버지께서 근무하시는 검찰청을 찾았고, 학교에서 직업체험학습 프로그램이 제공될 때에도 법원을 견학하여 여태껏 법학과에 가기 위한 준비에 심혈을 기울였습니다. 그런데 고3때가 되어 정치과목 내신준비도 해 보고 판사라는 직업에 대해서도 심각하게 고민하게 되면서 제가 법학과에 맞지 않을 수도 있다는 생각을 했습니다. 우선 무엇보다도 정치과목이 경제과목보다 흥미도가 떨어졌기 때문입니다. 또한 판사라는 직업이 현상 분석뿐만 아니라 현명한 판단을 요구하는 데 비해 저는 우유부단한 성격이라

판사로서의 자질이 조금 떨어진다고 생각한 것도 법학과를 포기한 이유입니다. 그래서 다른 학과를 물색하던 중 마침 인터넷 상에서 경제학과에서 요구하는 학생 자질이 '수학적 사고를 하고 현상을 분석하는 데 소질이 있는 학생'이라는 글귀를 발견했습니다. 저는 그것이 바로 제 모습이라고 생각했고 경제학과에 관심을 가지게 되었습니다. 무엇보다 결정적으로 이 학과를 선택한 이유는 경제학과가 순수학문이라는 점입니다. 저는 저의 학자다운 면모가 경제학과에서 빛을 발할 수 있으리라 판단을 내렸습니다. 그래서 저는 결국 경제학과에 지원하게 되었습니다.

풀이

대학진학을 원하는 고등학생이 쓴 자기소개서의 문제점을 파악해 고쳐보는 문제이다. 대학진학을 위한 자기소개서를 써 본 경험이 대부분 있으므로 그 경험을 되살려 고쳐쓸 수 있다. 자기소개서도 글의 일종이므로 글쓰기의 일반적인 원리에 따라 고쳐 쓸 수 있다. 또한 자기소개서 작성 방법에 입각해 문제점들을 수정해 보도록 한다.

답 학자로서의 삶을 살아가고자 하는 저의 목표와 분석적 사고에서 강점을 나타내는 저의 능력을 고려해 경제학과를 지원하게 되었습니다. 저는 법조인인 아버지의 영향으로 법학을 전공해 법을 연구하는 학자가 되거나 법조인이 것을 당연시했었습니다. 그러나 고3이 된 후 법이나 정치보다는 경제에 훨씬 더 많은 관심을 가지게 되었습니다. 또한 판검사 혹은 변호사라는 직업에서 요구되는 즉각적인 판단력이 저의 우유부단한 성격과는 맞지 않는다는 것을 느꼈습니다. 그래서 다른 학과를 물색하던 중 마침 인터넷 상에서 경제학을 전공하기에 적합한 학생이 '수학적 사고에 강하고 현상을 분석하는 데 소질이 있는 학생'이라는 글귀를 발견했습니다. 저는 그것이 바로 제 모습이라고 생각했고 경제학을 전공해 경제학자가 되겠다고 결심했습니다.

본래의 자기소개서는 목표를 분명하게 제시하지 못한 채 주변인물에 대한 언급부터 하고 있다. 이 부분은 지원 목적을 쓰는 부분이므로 지원 목적이 분명하게 드러나도록 고쳤다. 또한 주변 인물에 대해 서술을 하더라도 주변 인물 자체에 대해서 쓸 것이 아니라 자신이 목표를 정하는 데 어떤 도움을 주었는가를 중심으로 서술했다. 그리고 중복되는 내용, 필요없는 내용 등을 바로잡아 지원 목표가 분명하게 드러나도록 고쳤다.

연습 7-1

다음에 제시되는 자기소개서 일부의 문제점을 파악해 본 후 고쳐 쓰시오.

저는 경기도 산본에서 출생한 이후, 줄곧 그곳에서 성장했습니다. 저희 아버님은 늘 자신한테 엄격하며 인내하는 인간이 되라고 가르치셨고, 그와 같은 교육 철학 때문인지 저는 성장 시절 목표를 향한 참을성을 배울 수 있었습니다. 어머니는 정이 많고 매사 다정다감한 분이시며, 두 분은 모두 공통적으로 자식들에게 절대적 신뢰를 보내주셨습니다. 부모님들의 신뢰는 때론 버거운 짐이 되기도 했지만, 그러나 책임감 있는 인간으로 성장하는 데에, 큰 자양분이 되었다고 생각합니다.

저는 고등학교 때 그리 열심히 공부하지 않았던 결과, 전문대학교 기계설계학과로 진학했습니다. 또한 대학진학과 함께, 어려서부터 꿈꾸어 온 영어 교사의 꿈을 접을 수밖에 없었습니다. 그러나 대학을 마치고 막상 직장생활을 하면서, 단지 수능성적 때문에 제 꿈을 접기에는 아직 저는 너무 젊을 뿐 아니라, 결코 좋은 선택이 아니었다는 결론을 내렸습니다. 그래서 편입시험을 공부했고, 그 결과 ㅇㅇ대학교 영어영문학과에 진학할 수 있었습니다. 영문학을 공부하면서 저는 공부하는 일이 신이 났습니다. 제가 그토록 원하던 공부를 하게 되었다는 사실이, 무엇보다 제게 강한 동기를 부여했던 것 같습니다.

대학을 졸업하고 저는 학원에서 아이들에게 영어를 가르치게 되었습니다. 그리고 그 경험은 교단에서 영어를 가르치는 교사가 되고 싶다는 저의 오랜 꿈을 다시 일깨웠고, 그 꿈을 이루기 위해 대학원 진학을 결심하게 되었습니다.

자기소개서의 구성과 유형

자기소개서는 담당자들이 궁금해 할 만한 것이나 선발에 참고가 될 것을 중심으로 작성해야 하기 때문에 그 내용이 어느 정도 정해져 있다. 자기소개에 일반적으로 포함되는 항목을 정리하면 다음과 같다.

- **성장과정** : 가정환경, 가족관계, 출신학교, 교우관계
- **능력과 경력** : 자격증, 외국어, 봉사활동
- **성격** : 일반적 성격, 리더십, 사교성, 책임감
- **지원동기** : 자신의 전공, 적성, 지원할 곳에 대한 관심
- **입사 후 포부** : 분야, 업무, 미래

성장과정은 지원자에 대해 보다 정확히 파악하는 데 도움이 되기 때문에 필수적으로 포함되는 내용이다. 그러나 일대기식의 성장과정이나, 가족에 대한 일반적 소개, 이력서에도 있는 학력을 나열하는 것은 피해야 한다. 담당자가 궁금해 하는 것은 성장과정 자체가 아니라 지원자의 성장과정이 자신들이 뽑고자 하는 인재를 어떻게 만들어갔는가이다. 따라서 성장과정 중 지원하는 곳이나 지원하는 업무와 관련되는 것 중심으로 서술해야 한다.

능력과 경력, 그리고 성격 또한 일반적인 사실에 대한 나열은 피해야 한다. 지원자의 능력과 경력이 일하게 될 분야나 맡게 될 업무에 얼마나 도움이 되는가를 잘 보일 수 있어야 한다. 성격 또한 원만한 대인관계 속에서 리더십을 잘 발휘할 수 있음을 보여야 한다.

자기소개서에서 핵심이 되는 부분은 지원동기와 입사 후 포부 등이다. 지원동기를 밝히는 부분에서는 자신의 꿈을 펼치기 위해 지원했다는 등의 추상적인 동기가 아닌 구체화된 동기를 밝히는 것이 좋다. 입사 후의 포부를 밝힐 때에도 일하고자 하는 분야와 맡고 싶은 업무를 구체적으로 밝히고 그것을 위해 충분한 준비를 갖춘 인재임을 보이는 것이 좋다.

이상의 내용을 담되 어느 부분에 초점을 맞추어 어떤 형식으로 쓰느냐에 따라 자기소개서의 유형은 매우 다양해진다. 먼저 내용에 따른 자기소개서의 유형은 다음과 같이 정리할 수 있다.

좋은 자기소개서는 자신의 일대기를 밝히는 것이 아닌 자신의 현재를 만든 결정적 사건을 중심으로 서술한 것이어야 한다. 주변의 사람들 역시 모두가 좋았다가 아니라 현재의 나를 만든 사람들에 대해 집중적으로 써야 한다. 내용을 서술할 때는 잡다한 내용을 늘어놓지 말고 담당자가 궁금해 할 사안이나 담당자에게 꼭 알리고 싶은 사안을 선별해야 한다. 마지막으로 자신의 능력을 밝힐 때는 무엇이나 다 할 수 있는 사람이 아닌 특정 분야에 전문적인 능력을 가진 사람임을 잘 보여야 한다.

형식면에서도 자기소개서는 다양하게 쓸 수 있다. 자기소개서에 활용할 수 있는 형식은 다음과 같다.

서술형은 가장 일반적인 형식으로서 자신을 소개하는 내용을 순차적으로 제시하는 방식이다. 인쇄해서 제출하는 자기소개서에도 많이 쓰이지만 요즘처럼 온라인으로 자기소개서를 쓰는 경우에는 거의 대부분 이런 형식으로 쓰게 된다. 그러나 서술형으로 쓰더라도 자기소개서를 몇 부분으로 나누어 적절한 소제목을 붙여 읽기 쉽게 쓰는 것이 좋다.

나머지 형식은 다소 자유로운 형식으로서 눈에 띄는 자기소개서를 작성하고 싶거나 창의력을 중시하는 곳에 지원할 때 활용할 수 있다. 편지형은 자신에 대해 차분히 소개하되 담당자의 감성을 자극하는 데 유용하다. 카탈로그형과 광고형은 꼭 알리고 싶은 내용만 선별해서 인상적으로 전달하고자 할 때 유용하다. 프레젠테이션형은 자신에 대한 소개를 PPT로 만들거나 PPT 형식으로 만드는 것으로서 구두로 자기를 소개할 때 유용하다. 또한 만화 스토리를 구성할 수 있고 그릴 수 있는 능력도 있다면 만화 형식의 독특한 자기소개서를 작성할 수도 있다.

Key Point

자기소개서를 잘 쓰려면?
내용에 따라 다양한 형식을 활용하라.

예제 7-2

다음에 제시되는 자기소개서에서 상투적인 부분, 필요 없는 정보, 기타 문제가 있다고 생각되는 부분을 찾아 보시오.

(주)○○자동차 지원서

시작하며

"세상에서 제일 즐겁고 훌륭한 일은 일생을 통해 일관된 일을 가지는 일이다."라는 말이 있습니다. 자신이 원하는 일을 할 수 있는 사람보다 더 행복한 사람은 없을 것입니다. 그리고 그 일을 평생토록 할 수 있는 사람은 어떻게 보면 행운아일 것입니다. 일 속에서 자신만의 행복과 기쁨을 찾는 일, 그것이야말로 제가 인생에서 추구하는 제일 큰 행복입니다.

성장 환경

저의 고향은 전북 정읍입니다. 내장산 국립공원 주변의 수려한 자연과 100여 년 전 새 역사를 열기 위해 민초들이 일어섰던 동학혁명의 역사가 숨 쉬는 곳입니다. 저는 역사와 자연이 함께 숨 쉬는 고장 정읍을 사랑합니다.

성실한 모습으로 한평생 자식들 뒷바라지에 전념하신 부모님의 모습 속에서 저 역시 제 인생에 있어서 만큼은 스스로 책임지는 인생을 살고자 노력하였습니다. 부모님께서는 인생이 그렇게 쉽지는 않지만 남에게 의존하지 말고 스스로 인생을 개척하라는 말씀을 종종 하곤 하셨습니다. 그렇게 넉넉한 환경 속에서 살아오지 못했음에도 불구하고 그동안의 삶에 대해서 제가 부족함을 느끼지 못한 것은 바로 이와 같은 스스로의 깨달음과 부모님의 가르침이 있었기 때문입니다.

성격 및 인생관

제가 스스로 경험하고 판단하지 않은 일에 대해서는 함부로 이야기하지 않는 게 옳다는 생각을 가지고 있습니다. 사람들이 타인이나 세상에 대해서 책임성 없이 이러저러한 이야기를 할 때, 저는 그런 태도가 자칫 경솔한 행동으로 이어질 수 있다는 우려를 가지고 있습니다 .

그리고 매사 일을 함에 있어서 무작정 시작하기보다는 일의 결과를 예상하고 그 결과가 만족스럽게 나올 것을 기대하며 일을 하는 편입니다. 일을 함에 있어서 행복한 상상이 일을 열심히 추진할 수 있는 큰 동기가 된다고 생각하며, 일을 하는 과정 역시 덜 힘겨워진다는 사실을 지난 경험을 통해서 알고 있습니다.

하지만 좀 우직스러운 면이 있다는 느낌도 들긴 합니다. 모든 걸 직접 체험으로 판단해야 하므로 작업시간이 길어지는 단점도 있습니다. 직접 경험과 간접 경험을 적절히 조화시키는 능력을 배양하기 위한 노력이 좀 더 필요하다고 생각합니다.

그리고 사회생활 초년에는 다소 내성적인 성격 탓에 제 생각이나 느낌을 적시에 적절하게 표현하지 못하는 경우가 있었습니다. 직장 생활을 하면서 이런 성격에도 변화가 생겨 지금은 예전에 비하면 한층 자연스러워졌습니다만 아직도 개선해야 할 부분은 있다고 생각합니다.

고정관념처럼 사람을 병들게 만들고 발전을 가로막는 적은 없다고 생각을 가지고 있습니다. 열린 사고의 중요성을 생활의 신조로 삼아서 새로운 가치관과 환경에 대응하기 위해 노력하고 있습니다. 또한 남들이 하는 만큼 해서는 저에게 발전은 없다는 신념으로 매사를 부지런하게, 창의적으로 살려고 노력하는 편입니다.

학창 시절

고등학교는 가정형편상 실업계고등학교인 부산공업고등학교에서 화공을 전공하였습니다. 그 후 방위산업체인 (주)삼양화학에 입사하여 91년 4월 특례보충역에 편입하였습니다. 이때 전기에 대한 관심이 생겨 주경야독의 결심을 가지고서 부산정보대학 입학하였습니다.

직장 생활과 학업을 병행하는 생활은 힘겨운 것이었으나 그만큼 보람된 생활이었습니다. 그리고 병역도 겸하는 것이어서 저에겐 더 없는 행운이라고 여겨졌습니다. 94년 4월 특례보충역을 마치고 95년1월 부산정보대학 전기과를 졸업하였습니다.

지원 동기 및 비전

저는 지난 10여 년 간 전기 분야에서 다양한 활동을 해왔습니다. 그 기간은 저에게 있어 새로운 도전 영역이었던 전기 분야를 이론적으로 공부하고 실무적 경험에 접목하는 시간이었습니다. 그 시간 동안 미숙했던 점들이 보완되었고, 그만큼 시행착오를 겪기도 하였습니다. 또 그 과정에서 제가 몸담은 조직에서 나름대로 인정받아왔습니다.

저에게 흡족한 경험이었지만, 그만큼 안주의 꿈을 심어주기도 하였습니다. 이런 때일수록 안주보다는 도전이 필요하다고 생각합니다. (주)ㅇㅇ자동차를 제 도전과 이상을 펼칠 곳으로 선택한 것은 우리나라의 그 어느 회사보다 국가의 경제 발전에 큰 몫을 차지하고 있기 때문입니다. 그리고 전기 설비의 중요성이 그 어느 곳보다 큰 몫을 하는 곳이 자동차 산업이라고 판단했기 때문입니다.

맺으며

희망이라는 것은 인간에겐 땅과 같은 것이라고 생각합니다. 노력하는 만큼 땅은 정직하게 되돌려 주기 때문입니다. 저는 제가 희망을 위해 투자하는 노력의 가치를 믿습니다. 그러므로 귀사에 제 자신의 참 가치를 알리기 위해 컴퓨터 앞에서 앉아 이 글을 쓰고 있는 이 시간마저 저에게는 희망의 시간입니다.

긴 글 읽어 주셔서 감사합니다.

상투적인 부분	
필요없는 정보	
기타	

풀이

주어진 자기소개서는 흔히 볼 수 있는 너무 상투적이고 중복되는 부분이 내용이 많은 자기소개서이다. 모든 자기소개서에서 흔히 볼 수 있는 내용은 아무런 설득력도 없고 효과도 없다. 정답이 있는 문제는 아니므로 지시대로 문제가 있다고 생각되는 부분을 표시해 본다.

답

상투적인 부분	• "세상에서 제일 즐겁고 훌륭한 일은 일생을 통해 일관된 일을 가지는 일이다." • 일 속에서 자신만의 행복과 기쁨을 찾는 일, 그것이야말로 제가 인생에서 추구하는 제일 큰 행복입니다. • 성실한 모습으로 한평생 자식들 뒷바라지에 전념하신 부모님의~ • 제가 스스로 경험하고 판단하지 않은 일에 대해서는 함부로 이야기하지 않는 게 옳다는 생각을 가지고 있습니다. • 열린 사고의 중요성을 생활의 신조로 삼아서 새로운 가치관과 환경에 대응하기 위해 노력하고 있습니다. • 주경야독의 결심을 가지고서~
필요없는 정보	• 자신이 원하는 일을 할 수 있는 사람보다 더 행복한 사람은 없을 것입니다. 그리고 그 일을 평생토록 할 수 있는 사람은 어떻게 보면 행운아일 것입니다. • 저의 고향은 전북 정읍입니다. 내장산 국립공원 주변의 수려한 자연과 100 여 년 전 새 역사를 열기 위해 민초들이 일어섰던 동학혁명의 역사가 숨 쉬는 곳입니다. 저는 역사와 자연이 함께 숨 쉬는 고장 정읍을 사랑합니다. • 사람들이 타인이나 세상에 대해서 책임성 없이 이러저러한 이야기를 할 때, 저는 그런 태도가 자칫 경솔한 행동으로 이어질 수 있다는 우려를 가지고 있습니다. • 그러므로 귀사에 제 자신의 참 가치를 알리기 위해 컴퓨터 앞에서 앉아 이 글을 쓰고 있는 이 시간마저 저에게는 희망의 시간입니다.
기타	• 제목과 소제목이 아무런 정보도 제공하지 못한다. 자기소개서 전체의 내용에 맞춰 전체의 제목을 붙이고 소제목도 적절하게 변형을 시키는 것이 좋다.

자기소개서에 상투적인 내용이나 필요 없는 정보가 포함되면 인사담당자는 자기소개서를 아예 읽지 않는다. 지원하고자 하는 곳의 성격에 맞지 않는 일반적인 정보는 가급적 피하는 것이 좋다. 또한 자신이 지원하는 곳과 맞지 않는 개인적인 이력이나 특성 또한 굳이 밝힐 필요가 없다. 그리고 제목이나 소제목은 자기소개서의 개성을 드러낼 수 있는 중요한 요소이다. 온라인 자기소개서가 아니라면 제목이나 소제목을 매력적으로 써서 인사 담당자의 관심을 끌 필요가 있다.

연습 7-2

다음에 제시되는 자기소개서에서 상투적인 부분, 필요 없는 정보, 기타 문제가 있다고 생각되는 부분을 찾아 보시오.

한국○○공사 지원서

성격, 생활신조 등 자기소개

서울의 어느 평범한 가정의 장남으로 커 온 생활환경은 비교적 이른 시기부터 많은 것을 깨닫게 했습니다. 장남으로서 부모님이 요구하시는 기대 수준도 수준이었지만, 동생에게 항상 모범이 되고 그에게 많은 것을 양보하면서 살아야 한다는 조건은 매사에 성실과 겸손, 배려와 같은 미덕을 요구하였습니다. 그러나 그만큼의 부담 못지 않게 부모님으로부터 받은 지극한 사랑과 관심은 제가 두려움 없이 인생을 개척할 수 있는 튼튼한 지지대가 되었습니다. 그리고 그런 격려 속에서도 그분들은 타인과 함께 공존하고, 그 속에서 제가 인정받을 수 있는 방법이 무엇인지 가르쳐 주시기를 잊지 않으셨습니다.

공적인 책임으로 저에게 돌아오는 일에 대해서는 안락한 휴식이나 개인적 행복을 잠시 미뤄놓고서라도 반드시 해내는 성실함을, 타인의 의견에 대해서는 성의 있는 비판과 너그러운 포용의 자세로 수용할 줄 아는 겸손과 배려를 길러왔습니다. 그리고 제가 원하는 일에 대해서는 가혹할 정도로 저 스스로를 채찍질할 만큼 냉정한 편이기도 합니다.

이와 같은 저의 여러 가지 면모는 사람들에게 긍정적으로 받아들여졌고, 원만한 성격과 배려의 마음은 제가 항상 사람들이 모인 자리에서 제 자리를 발견할 수 있게 한 큰 힘이라고 생각합니다. 그런 면에서 어린 시절부터 장남으로서 자립심과 책임, 배려를 강조하신 부모님의 가르침에 충심으로 감사하는 마음을 가지고 있습니다.

어려서부터 과학과 기계, 공작에 남다른 호기심을 가지고 있던 저는 대학에서 기계공학을 전공하게 되었고, 카투사 군복무 시절 희귀 보직의 하나인 총기수리를 담당하게 되었습니다. 대개의 군대 총기 수리 업무는 고장 부분만을 수리하는 경우가 많았습니다. 그러나 저는 기계의 특성상 부분과 전체가 서로 유기적으로 맞물리지 않을 때 성능상의 문제가 발생할 수 있다는 점을 염두에 두고 세심하게 점검하였습니다. 특히 총기는 치명적 사고와 연관될 개연성이 큰 위험한 기계인지라 저는 한층 예민한 신경으로 섬세한 작업을 수행할 수밖에 없었습니다. 이런 철두철미함에 미군들이 혀를 내두를 정도였습니다.

지원동기 및 향후계획 등 입사포부

처음부터 뛰어난 일꾼은 있을 수 없지만, 오랫동안 준비된 일꾼은 있을 수 있다고 생각합니다. 과학과 기계 공작, 기기 작동 원리에 대해 진한 호기심을 가지고 있었던 초등학교 시절부터 저는 과학 영재라는 이야기를 자주 들었습니다. 그런 이야기에 고무되었던지 어떤 기기를 보더라도 한번쯤 뜯어보지 않고서는 못 견디는 습성이 있었습니다. 뭔지도 모르고 뜯었다가 부모님께 야단을 맞은 적도 한두 번이 아니지만, 기계는 항상 저에게 형언할 수 없는 매력으로 다가왔습니다.

대학에서 기계공학을 전공하면서 새로운 깨달음을 얻었습니다. 에너지라 불리는 신비한 매개체가 없으면 기계란 단지 죽은 물건에 불과하다는 사실을 말입니다. 그런 생각을 기반으로 각종 기계를 움직이는 '에너지'라는 개념에 대해서 주목하게 되었습니다.

현대 사회를 움직이며, 우리가 상상도 하지 못한 전혀 새로운 차원의 미래 사회를 건설하는 데 있어서 기계와 에너지가 2대 핵심 요소이라고 생각합니다. 풍요로운 미래 사회, 상상이 현실이 되는 사회를 건설하는 현장에 몸담고자 합니다. 그리고 미래를 향해 자신을 채찍질하는 태도를 가진 진정한 프로로 되고자 합니다. 귀사에서도 그런 사람을 요구할 것이라고 저는 확신합니다. 안정과 현재를 중시하는 사람이 아니라 도전과 미래 속으로 자신을 열어놓고 그곳을 향해 도전하는 사람을 말입니다.

시작하는 입장에 선 사람으로서 저에겐 귀사를 만족시킬 만한 경력이 없습니다. 그것은 시작하는 사람만이 갖게 되는 부족함일 것입니다. 하지만 저에게는 오랜 시간을 투자하며 가꾸어 온 호기심과 상상력, 배움이 있습니다. 그리고 사회의 변화를 읽어내려는 의지와 열정이 있습니다.

지금 당장은 단지 4년제 대학을 졸업한 남들과 별반 다를 것 없는 일개 졸업생일지 모르지만, 저에게는 귀사를 지금보다 더 생동감 넘치고 우수한 기업으로 만들 주역이 되겠다는 의지가 있습니다. 지나온 과거의 제 모습 속에서 희망과 가능성을 보아주시기 바랍니다. 긴 호흡으로 제게 주어진 일부터 시작하겠습니다. 지켜봐 주십시오.

상투적인 부분	
필요없는 정보	
기타	

이력서 작성 방법

취업을 할 때 가장 먼저 떠올리는 것이 이력서일 만큼 이력서는 지원자가 자신에 대한 객관적인 정보를 정해진 형식에 따라 제시하는 문서를 뜻한다. 인사 담당자들은 수많은 지원자들 중에 면접 대상자를 선발해야 하는데 이 때 활용할 수 있는 객관적인 자료가 바로 이력서이다.

이력서에는 일반적으로 다음과 같은 내용들이 포함된다.

- **기초정보** : 이름, 주민등록번호, 생년월일, 주소, 연락처, 호적관계
- **학력** : 고등학교 과정부터의 입학과 졸업 일시와 학교
- **경력** : 유사 직종 근무 경력, 인턴 경력, 아르바이트 경력, 봉사 경력 등
- **자격** : 각종 자격증, 외국어시험 성적 증 등
- **수상** : 국가, 학교, 단체, 기업 등의 상을 수상한 경력

기초정보는 개인에 대한 대략적인 정보뿐만 아니라 연락처까지 반드시 기입해야 한다. 학력은 고등학교 이전 과정은 큰 의미가 없으므로 특별한 경우가 아니면 고등학교 이후 과정만 기록한다. 경력, 자격, 수상 등의 내용은 지원하고자 하는 분야나 업무와 관련된 것 위주로 적는다. 학력이나 경력을 적을 때는 오래된 것부터 적을 수도 있고 최근 것부터 역순으로 적을 수도 있는데 요즘은 최근 것부터

적는 것이 일반적인 추세이다. 자격과 수상 내역은 시간 순으로 적을 수도 있지만 중요한 것부터 적는 것이 더 좋다.

이력서는 그 형식이 정해져 있는 경우가 많은데 인쇄되어 판매되는 이력서나 워드 프로세서로 작성하는 일반적인 이력서의 형식은 다음과 같다.

<table>
<tr><td rowspan="4" colspan="3">사 진</td><td colspan="6">이 력 서</td></tr>
<tr><td rowspan="2">성 명</td><td rowspan="2" colspan="3"></td><td colspan="2">주 민 등 록 번 호</td></tr>
<tr><td colspan="2"></td></tr>
<tr><td>생년월일</td><td colspan="5">19 년 월 일생 (만 세)</td></tr>
<tr><td colspan="3">주 소</td><td colspan="6"></td></tr>
<tr><td rowspan="2" colspan="3">연 락 처</td><td>집</td><td colspan="2"></td><td rowspan="2">전 자 우 편</td><td rowspan="2" colspan="2"></td></tr>
<tr><td>핸드폰</td><td colspan="2"></td></tr>
<tr><td colspan="3">호 적 관 계</td><td colspan="2">호주와의 관계</td><td></td><td>호 주 성 명</td><td colspan="2"></td></tr>
<tr><td colspan="3">년 월 일</td><td colspan="5">학 력 및 경 력 사 항</td><td>발 령 청</td></tr>
<tr><td></td><td></td><td></td><td colspan="5"></td><td></td></tr>
<tr><td></td><td></td><td></td><td colspan="5"></td><td></td></tr>
<tr><td></td><td></td><td></td><td colspan="5"></td><td></td></tr>
<tr><td></td><td></td><td></td><td colspan="5"></td><td></td></tr>
<tr><td></td><td></td><td></td><td colspan="5"></td><td></td></tr>
<tr><td></td><td></td><td></td><td colspan="5"></td><td></td></tr>
</table>

큰 기업이나 기관 등에서는 대규모의 지원자를 효율적으로 관리하기 위해 온라인 이력서를 요구하기도 한다. 온라인 이력서는 일반적인 이력서에 포함되는 내용은 물론 각종 증빙자료도 함께 요구하는 경우도 있다. 즉 학력, 논문, 자격증, 시험 성적 등의 증빙 자료를 공식적인 문서 형식으로 올릴 것을 요구하므로 해당되는 항목은 빠짐없이 준비하여 탑재해야 한다.

이력서를 작성할 때는 있는 그대로의 사실을 충실하게 기록해야 한다는 점을 명심해야 한다. 학력과 경력 등을 속이는 것은 범죄행위일 뿐만 아니라 입사 과정에서 발각이 되지 않더라도 언젠가는 들통이 날 수밖에 없다.

Key Point

이력서를 잘 쓰려면?

정해진 형식에 따라 있는 그대로의 사실만 기록하라.

예제 7-3

다음에 제시된 일반적인 이력서 양식에 자신의 이력을 써 보시오.

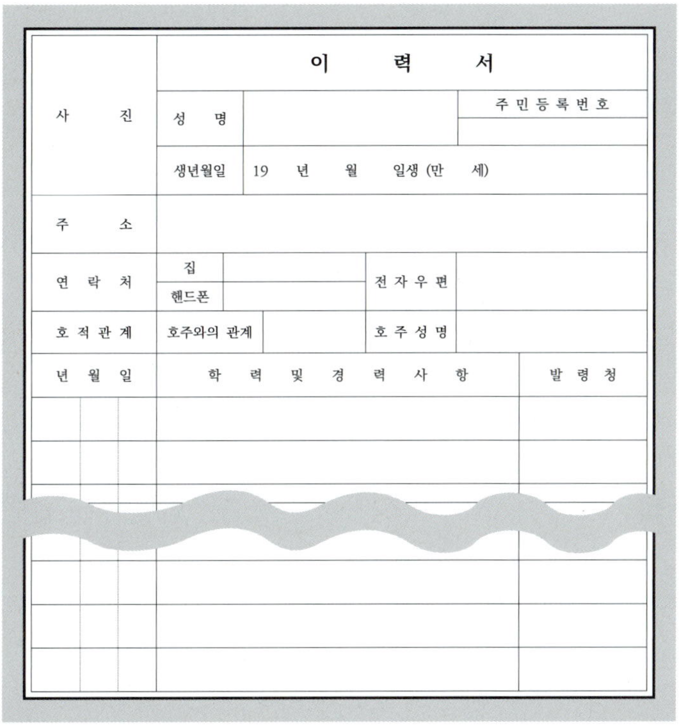

사 진	이 력 서			
	성 명		주 민 등 록 번 호	
	생년월일	19 년 월 일생 (만 세)		
주 소				
연 락 처	집 / 핸드폰		전 자 우 편	
호 적 관 계	호주와의 관계		호 주 성 명	
년 월 일	학 력 및 경 력 사 항			발 령 청

풀이

흔히 접하게 되는 인쇄된 이력서이다. 직접 작성해 보며 이력서에 채울 내용을 더 만들어가도록 노력해 본다.

연습 7-3

다음에 제시되는 이력서를 참조해 자신만의 이력서를 만들어 보시오.

인적사항

성명	하정민 河政珉 / Ha Jung Min
주민번호	870110-1000000
주소	서울시 강남구 개포동 아파트 1423동 302호
자택전화	02.0000.0000
휴대전화	010.3521.0000
SNS	twitter@ab1234
E-mail	ad1234@xxx.com

학력사항

2007.03 – 2011.02

단군대학교 언론정보대학 [서울]

광고홍보학부 졸업 / 시각디자인 부전공 졸업 / 학점 3.9/4.5

2004.03 – 2007.02

경기고등학교 졸업

주요활동

기간	2006.07 – 2006.09
장소	(주)센돌커뮤니케이션
활동내용	여름방학 인턴
⋮	⋮
기간	2007.05 – 2007.07
장소	서울 디자인센터
활동내용	〈디자인 1230〉 인턴

실습과제

예제 다음에 제시되는 자기소개서 일부의 문제점을 파악하여 지원하는 곳의 성격에 맞도록 고쳐 쓰시오.

자동차회사 설계직 / 입사 후 포부

저는 1970년 서울에서 정보통신회사에 근무하시는 아버지와 구청 공무원이신 어머니의 1남 2녀 가운데 장남으로 태어났습니다. 두 분이 모두 사회 활동을 하셨기 때문에 저는 비교적 어린 시절부터 자립심을 키울 수 있었으며, 아버지의 영향으로 과학기술 분야에 대한 관심을 가질 수 있었습니다. 특히 저는 자동차에 대한 관심이 남다른 편이었고 그래서 대학도 자동차에 관한 공부를 할 수 있는 현대대학의 자동차공학과를 선택하였으며 성실하게 학교생활을 하여 비교적 좋은 성적을 받았습니다.

저의 적성과 대학에서의 전공을 사회생활로 이어가는 것이 제 자신은 물론이고 기업이나 사회에 유익한 일이라는 소신을 가지고 귀사에 지원하게 되었습니다. 귀사는 뛰어난 기술력을 바탕으로 최근 5년간 매년 매출이 30% 이상 꾸준히 증가하고 있는 유망한 자동차 부품업체인 것으로 알고 있습니다. 이는 기술 개발에 대한 투자를 아끼지 않는 귀사의 방침에 기인한 결과인 것으로 생각됩니다.

제가 귀사에 입사하게 된다면 기술 개발 부문에서 근무하게 되기를 원하며, 여건이 된다면 환경친화적인 자동차 생산을 위한 부품 개발에 저의 열정과 지식을 투자해 보고 싶습니다. 기능적인 우수성만으로는 앞으로의 자동차 시장에서 살아남을 수 없으며 환경친화적인 자동차만이 세계 시장을 석권할 수 있다고 생각되기 때문입니다.

풀이

자기소개서에서 입사 후 포부는 매우 중요한 부분이다. 이 부분에는 지원하고자 하는 곳에 대해 구체적인 정보를 수집한 후 이에 부합되는 내용을 써야 한다. 상투적인 내용이나 뭐든지 열심히 하겠다는 등의 내용은 아무런 도움이 되지 않는다. 내용뿐만 아니라 글쓰기의 일반적인 원리도 함께 적용하여 고쳐 본다.

답 제가 귀사에 입사하게 되어 어렸을 적부터 키워온 꿈을 이루게 된다면 귀사의 기술 개발 부문에서 환경친화적인 자동차 생산에 일조하면서 더 큰 꿈을 키워나가고자 합니다. 저희 아버지는 정보통신회사에 오래도록 근무해 오셨는데 늘 연구하는 자세로 당신의 일에 최선을 다하는 모습을 보며 저는 자연스럽게 과학자로서, 더 성장해서는 엔지니어로서의 꿈을 꾸게 되었습니다. 특히 자동차에 관심이 많아 △△대학의 자동차공학과에 진학하여 성실하게 학교생활을 하였습니다.

제가 귀사에 입사하게 되면 부품 개발부에 소속되어 저의 열정과 지식을 투자해 보고 싶습니다. 귀사는 뛰어난 기술력을 바탕으로 최근 5년간 매년 매출이 30% 이상 꾸준히 증가하고 있는 유망한 자동차 부품업체인 것으로 알고 있습니다. 이는 기술 개발에 대한 투자를 아끼지 않는 귀사의 방침에 기인한 결과인 것으로 생각됩니다. 이제 기술뿐만 아니라 기술을 개발해 낼 수 있는 인재에 투자해 주십시오. 저에게 기회가 주어진다면 세계적 관심사인 친환경적 자동차를 만드는 데 동참하여 최선을 다하도록 하겠습니다.

이 부분은 입사 후 포부에 대해 쓰는 부분이므로 자신의 출생과 성장과정에 대해 쓰는 것은 좋지 않다. 또한 가족관계, 어머니의 직업 등도 별 도움이 되지 않는다. 자립심은 포부보다는 개인의 성품이나 가치관에 도움이 되는 요소이므로 이 부분에 적절하지 않다. 따라서 이렇게 필요 없는 부분들은 모두 빼고 지원하고자 하는 곳과 관련된 정보만으로 재구성했다. 단락도 두 단락으로 줄이되 단락의 맨 앞에 핵심적인 내용을 배치했다.

연습 **다음에 제시되는 자기소개서 일부의 문제점을 파악하여 지원하는 곳의 성격에 맞도록 고쳐 쓰시오.**

① 제약회사 사무직 지원 / 성장과정

나는 1976년 청주 근처의 작은 시골에서 태어나 농사를 지으시는 부모님 슬하에서 2남 2녀 중 맏딸로 자랐다. 바로 이웃에는 친척들이 많이 살고 있었는데 우리집은 항렬이 높은 편이라 주위에는 사촌, 육촌, 팔촌 동생들이 많이 있었고 집에도 동생이 셋이나 있어 내 임무는 언제나 거의 동생들 돌보기였다. 특히 농번기가 되면 어머니는 주로 밭에서 사셨기 때문에 나는 동생들 밥 차려 주고 숙제 시키고 어떤 날은 새참까지 준비해서 밭으로 이고 갔다.

그런 틈틈이 공부하여 학교에서 성적도 늘 수위를 달렸고 주말이나 방학에는 동화책이며 소설책을 읽기에 열중하였다. '소공녀', '키다리 아저씨', '제인에어', '폭풍의 언덕' 등은 초등학교 고학년 시절부터 중학교 시절까지 몇 번씩이나 읽어 지금까지도 잊을 수 없는 책이다. 나는 주로 강인한 여성이 주인공인 소설을 즐겨 읽었던 것 같은데 그것이 내 처지와 잘 맞아떨어진다고 생각하여 거기서 위로도 받고 다짐도 할 수 있어 그랬던 것 같다. 고등학교 시절에 읽은 '오만과 편견'이나 '바람과 함께 사라지다' 등도 이런 맥락에서 내게 많은 교훈을 주었다.

② 건설회사 설계직 / 가치관

"자신의 삶을 긍정적으로 바라보고 가치있는 인생을 살자."라는 것이 제가 추구하는 바입니다. 어느 날 자신의 삶을 부정적, 비관적으로 바라보는 자신을 발견하였습니다. 이유를 알 수 없는 우울함이나 외로움에 빠져 스스로의 삶을 쓸모없다고 비관하는 자신에 대해 더 이상 이렇게 살 수는 없다는 생각을 하였습니다. 이런 생각을 하게 된 배경에는 종교의 힘이 컸던 것 같습니다. 성경책을 읽고 묵상을 하면서 제 존재에 대해 많은 생각을 하게 되었습니다. 결국 제 인생이 얼마나 소중한 것인가를 깨닫고 인생관을 바꾸기로 결심했습니다. 이러한 가치관은 다른 사람의 삶에 대해서도 긍정적으로 바라볼 수 있는 여유를 주었습니다. 또한 공부를 하고 미래를 생각하는 면에 있어서도 긍정적인 시각을 가지게 되었습니다. 자신의 삶을 긍정적으로 보기 위해서는 자신이 맡은 일에 최선을 다할 수밖에 없기 때문이었습니다.

③ 제과회사 영업직 / 성격

안녕하십니까?

저는 어려서부터 사람들을 좋아하는 성격이어서 어른, 아이 할 것 없이 누구에게나 말을 잘 하고 인사도 잘 해서 칭찬을 많이 받았습니다. 저는 1974년 인천에서 태어나 지금까지 인천에서 살고 있습니다. 초, 중, 고등학교를 인천에서 다녔고 대학도 집에서 가까운 인천대학교를 선택하였습니다. 부모님은 작은 중국음식점을 운영하고 계십니다. 어렸을 때에는 음식점 안에 있는 방에서 생활했기 때문에 늘 손님들이 많이 들락거리는 환경에서 자랐습니다. 초등학교에 다닐 때에도 사교적인 성격의 덕을 한몫 보았습니다. 동네 아이들을 다 잘 사귀고 있었기 때문에 1학년 첫 반장 선거에서 아이들이 저를 추천해 주어 반장직을 맡게 되었습니다.

④ 건설회사 관리직 / 직업관

저는 평소에 "모든 일에 쓸모 있는 사람이 되자."라는 생각을 가지고 있습니다. 이런 생각을 하게 된 것은 고등학교 1학년 때의 담임선생님의 영향이 컸습니다. 담임선생님께서는 시간이 있을 때마다 이 사회에 필요한 사람이 될 것을 강조하시고 그러기 위해 주어진 시간에서 최선을 다하는 것이 필요하다고 말씀하셨습니다. 선생님의 말씀은 그 당시의 저에게 커다란 영향을 미치게 되었고 이것이 저의 좌우명이 되었고 이제는 직업을 선택함에 있어서도 하나의 지침이 되었습니다.

⑤ 출판사 기획직 / 경험

나는 3남 중 차남으로 태어났다. 어려서부터 집안에서는 형과 동생 사이에 끼어 별다른 주목을 받지 못했기에 자연히 나만이 할 수 있는 일을 찾는 것에 열중하게 되었다. 이런 성향은 초등학교나 중 · 고등학교에서도 남에게 지기 싫어하는 것으로 나타났고 다행히 타고난 머리가 나쁜 편은 아니어서 대체로 좋은 결과를 얻을 수 있었다. 반에서 늘 반장이나 부반장의 직함을 가졌으며 고등학교 3학년 때는 전교회장까지 지냈다. 그리고 입시 준비에도 최선을 다하여 원하는 대학, 원하는 학과에 입학하였다. 대학에 입학한 후에도 동아리에서 직책을 맡아 축제 때나 농활 같은 때에는 주도적인 역할을 하였고 전공 공부도 열심히 하여 전공 관련 자격증은 대체로 다 취득하였다. 영어 사용 능력을 향상시키기 위해 수시로 토익이나 토플 시험을 보는 한편, 지난 학기에는 7개월간 미국으로 어학연수도 다녀왔다.

7.2 기획서

기관과 기업 등 일반 사회에서의 업무 중 꽃은 역시 기획이다. 기획에 따라 기관과 기업의 새로운 영역이 개척되고 구성원들 모두가 움직인다. 프로젝트의 처음과 끝을 완벽하게 장악하는 기획서, 읽는 이의 마음을 움직이는 기획서를 쓰는 구체적인 방법을 알아보자.

문제가 뭐야?	어떻게 해야 하지?	이렇게 해결해 봐!	더 깊게! 더 넓게!
기관과 기업의 새로운 프로젝트를 어떻게 추진하지?	기획과 기획서에 대해 이해하라.	기획서의 작성 방법에 따라 효과적으로 구성하라.	프로젝트의 성격에 맞는 다양한 기획서를 실제로 작성하라.

기획과 기획서

기획은 어떠한 목적을 달성하기 위해 필요한 것을 설계하는 것을 의미하고 기획서는 이러한 설계를 문서로 작성해 놓은 것을 뜻한다. 기업이나 기관의 업무에서 가장 창의적인 업무이자 핵심적인 업무가 바로 기획이고 이를 문서화할 수 있는 능력은 기업이나 기관의 업무를 주도해 나가는 데 필수적인 능력이 되기도 한다.

기획은 과거나 현재가 아닌 미래에 대한 것이므로 창의성이 필수적이지만 창의성과 함께 철저한 사전 준비가 필요하다. 참신한 기획을 하고 이것을 철저한 기획안으로 발전시키는 과정은 일반적인 문제해결 과정과 유사한데 여기에 기업이나 기관의 특성을 잘 반영해서 구체화시키면 된다.

문제해결 과정
문제의 발견
↓
문제해결을 위한 준비
↓
문제해결
↓
보완과 예방

기획 및 기획서 작성 과정	
프로젝트의 발견	이익과 가치를 창출할 프로젝트를 발견한다.
↓	
기획을 위한 준비	프로젝트를 위해 탐색하고 기획을 구체화한다.
↓	
가기획서 작성	프로젝트의 실현을 위한 가기획서를 작성한다.
↓	
수정과 보완	검증을 통해 가기획서를 수정, 보완하여 최종기획서를 작성한다.

문제해결 과정에서는 '문제'를 발견하는 것이 첫 번째 단계에서 할 일이지만 기획 과정에서는 기획할 대상, 즉 새로운 프로젝트를 발견하는 것이 맨 처음 할 일이다. 기업은 일반적으로 이익을 창출해 내기 위해 존재하고 기관은 그 기관의 존재가치를 입증하기 위해 활동을 한다. 따라서 이익과 가치를

창출할 수 있는 새로운 제품, 사업, 활동 등을 구현할 수 있는 프로젝트를 스스로 발견해 내려는 노력이 필요하다.

기획을 위한 준비 단계는 새롭게 발견한 프로젝트에 대한 아이디어를 스스로 발전시켜 나가는 단계이다. 떠오른 아이디어를 점차 확대해 보고 스스로 검증도 해 보아 보다 구체적인 안을 마련해 나간다. 이러한 준비가 끝나면 대략적인 기초기획서를 만들 수 있다. 이 과정에서는 글쓰기의 일반적인 구성 원리가 유용하게 적용될 수 있다. 가기획서는 동료나 상사, 소비자나 서비스 대상자들의 검증을 거쳐 수정, 보완하여 최종기획서를 완성한다.

기획서를 작성할 때는 다음과 같은 점에 유의해야 한다.

- **분명한 목적** : 프로젝트의 추진 배경, 목적, 기대효과 등을 분명하게 제시해야 한다.
- **정연한 논리** : 프로젝트의 정당성, 필요성을 논리적으로 제시해 읽는 이를 설득해야 한다.
- **충분한 설명** : 객관적 자료, 통계 등을 충분히 제공해 읽는 이를 이해시켜야 한다.
- **체계적 구성** : 기획서 전체의 구성과 목차를 체계적으로 작성해야 한다.
- **직관적 편집** : 프로젝트 전체를 직관적으로 한눈에 파악할 수 있도록 효과적으로 편집해야 한다.

기획은 이제까지 없던 제품이나 서비스를 시작하기 위한 것이므로 프로젝트의 목적이 분명하게 제시되어야 하고 이것이 정연한 논리와 충분한 자료로서 뒷받침되어야 한다. 이때 프로젝트의 성공에 대한 긍정적인 상황뿐만 아니라 부정적인 상황도 같이 제시하되 이에 대한 충분한 대비책이 있음을 보여 읽는 이를 이해시키고 설득해야 한다.

기획서는 누가 보더라도 프로젝트 전체의 얼개를 쉽게 파악하되 필요한 정보는 충분히 제공할 수 있도록 설계되어야 한다. 이는 기획서의 구성 및 편집과 관련된 문제이다. 이는 다음과 같은 피라미드식 구성과 편집으로 해결할 수 있다.

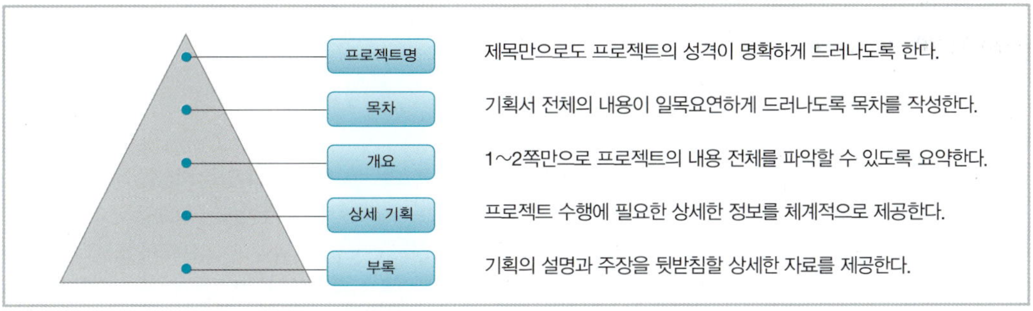

기획서를 구성하는 각 요소는 위로 갈수록 짤막하고도 추상적이며 아래로 갈수록 길고 구체적이다. 기획서에서 프로젝트의 제목은 단순한 제목 이상의 역할을 하는 것으로서 제목만 보고도 프로젝트의 내용과 성격이 파악되도록 해야 한다. 목차는 어느 글에서나 마찬가지로 기획서 전체의 구조와 세부적인 내용을 한눈에 파악할 수 있도록 작성해야 한다. 기획서의 개요는 무엇보다도 중요한 부분인데 읽는 이가 개요만 보고도 기획서 전체의 내용을 모두 파악할 수 있도록 요령 있게 작성해야 한다. 그리고 상세 기획과 부록은 기획의 세세한 내용을 파악하는 데 도움이 되도록 자세하게 작성해야 한다.

Key Point

기획서를 잘 쓰려면?

프로젝트의 목적을 분명히 하고 논리적, 체계적, 직관적으로 작성하라.

예제 7-4

다음에 제시되는 '공대생을 위한 인문학 캠프' 기획서 개요의 빈칸을 완성하시오.

20△△년 한국공학교육인증원 여름 캠프의 성공적 개최를 위한 기획서

구분	내용	비고	
행사명	공대생, 인문학적 공학자 세종대왕을 만나다	가칭	What
	공대생의 인문학적 감성 향상과 한글의 공학적 활용 모색	연차별 주제	
일시	20△△년 7월 21일 ~ 24일	3박 4일	When
장소	ㅁㅁ대학교 ○○캠퍼스 중강당 및 생활관	행사장, 숙소	Where
	세종대왕의 인문학적 감성과 공학적 실현 결과 탐구 및 응용 – 인문학자 세종대왕과 공학자 세종대왕(강연) – 한글의 과학성과 상업성(강연 및 체험) – 한글의 공학적 활용 모색(모둠 활동)	세부내역 별첨 운영안 참조	
행사 운영	주체 : 한국공학교육인증원 주관 : ㅁㅁ대학교 공학교육혁신센터 후원 : ☆☆전자, ◇◇자동차	운영본부 구성 별첨 세부내역 참조	Who
소요 예산	00000000원	인증원 자체 예산 및 후원사 협찬	How much

풀이

잘 작성된 기획안 개요를 보고 기획안의 구성 및 개요의 중요성을 파악해 보는 문제이다. 기획안을 작성할 때 세부적인 내용을 충실하게 작성하는 것도 중요하지만 기획안 전체를 한 페이지 정도로 압축한 개요가 반드시 필요하다. 이 개요에는 예시와 같이 5W2H의 항목이 포함되도록 하여 기획안 전체의 내용을 일목요연하게 파악할 수 있도록 해야 한다. 제시된 개요는 매우 체계적이고 충실하게 작성된 개요이므로 이 개요를 참조해 다른 기획서의 개요를 작성해 볼 수 있도록 노력한다.

답

구분	내용	비고	
행사명	공대생, 인문적 공학자 세종대왕을 만나다	가칭	What
시행 배경	공대생의 인문학적 감성 향상과 한글의 공학적 활용 모색	연차별 주제	Why
일시	20△△년 7월 21일 ~ 24일	3박 4일	When
장소	ㅁㅁ대학교 ○○캠퍼스 중강당 및 생활관	행사장, 숙소	Where
행사 내용	세종대왕의 인문학적 감성과 공학적 실현 결과 탐구 및 응용 – 인문학자 세종대왕과 공학자 세종대왕(강연) – 한글의 과학성과 상업성(강연 및 체험) – 한글의 공학적 활용 모색(모둠 활동)	세부내역 별첨 운영안 참조	How
행사 운영	주체 : 한국공학교육인증원 주관 : ㅁㅁ대학교 공학교육혁신센터 후원 : ☆☆전자, ◇◇자동차	운영본부 구성 별첨 세부내역 참조	Who
소요 예산	00000000원	인증원 자체 예산 및 후원사 협찬	How much

일반적인 신문기사는 6하원칙(5W1H)에 의거해 써야 하지만 기획서는 여기에 비용까지 포함해 5W2H에 의거해 써야 한다. 제시된 기획서 개요에는 배경(목적)과 내용이 빠져 있으므로 이 부분을 채워 넣어야 한다. 이 기획서 개요에는 핵심적인 내용이 모두 담겨 있으며 필요에 따라서는 세부 내용을 참조할 수 있도록 하였다. 기획서 개요는 세부 내용을 미리 작성한 후 그것을 요약하는 방식으로 작성할 수도 있지만 이와 같은 개요를 먼저 작성한 후 세부 내용을 작성할 수도 있다.

연습 7-4

다음에 제시되는 기획서 개요를 완성하시오.

① 20△△년 ㅁㅁ동아리 1년 결산 및 임원 선출과 향후 계획 수립

구분	내용	비고	
행사명			What
시행 배경			Why
일시			When
장소			Where
행사 내용			How
행사 운영			Who
소요 예산			How much

② 신제품 개발 기획

구분	내용	비고	
제품명			What
개발 배경			Why
개발 일정			When
개발 및 생산			Where
개발 내용			How
개발 주체			Who
소요 예산			How much

기획서 작성 방법

기획서는 프로젝트의 성격에 따라 여러 유형이 있는데 가장 많이 작성되는 기획서로는 다음과 같은 것들이 있다.

연구 기획서	사업 기획서	광고 기획서	행사 기획서

• 연구자의 학술적 연구 • 기업의 제품 연구 • 기관의 서비스 연구	• 기업의 새로운 사업 기획 • 기관의 새로운 서비스 기획 • 개인의 새로운 사업 기획	• 기업의 제품 광고 기획 • 기업과 기관의 홍보 기획 • 기업과 기관의 캠페인 기획	• 기업과 기관의 행사 기획

연구 기획서는 학술적인 목적으로 작성하는 기획서로서 기업이나 기관의 연구비를 지원받거나 연구의 승인을 받기 위해 작성하는 기획서이다. 연구 기획서는 대개 다음과 같은 내용과 형식으로 구성된다. 이러한 내용을 담아서 기획서를 작성하되 제목은 연구 프로젝트의 내용과 성격이 정확하게 드러나야 한다. 필요에 따라서는 부제를 쓸 수 있다. 기획서 전체에 걸쳐 이 연구가 왜 필요한지, 기획 주체가 왜 이 연구를 담당해야 하는지에 대해 분명히 드러나도록 써야 한다.

- **기본 정보** : 과제명, 기간, 연구비, 연구자 인적사항 등
- **목적과 의의** : 필요성, 독창성, 배경, 효과 등
- **방법 및 내용** : 새로운 연구 방법과 결과, 단계별 연구 내용 등
- **활용 방안** : 의의, 기여도, 활용처, 기대 효과 등
- **추진 계획** : 단계별 연구 일정, 인력 및 예산 활용 등
- **부록** : 각종 보조 자료

사업 기획서는 새로운 제품을 생산하거나 서비스를 개발하고자 할 때 이에 대한 계획을 밝힌 기획서이다. 사업 기획서는 보통 다음과 같은 내용과 형식으로 구성된다. 사업 기획서에서 가장 초점을 맞춰야 할 것은 사업의 타당성으로서 왜 이 사업을 해야 하는지, 이 사업을 누가 담당해야 하는지에 대해 명쾌하게 설명해야 한다. 또한 사업과 관련된 여러 가지 상황을 면밀히 분석하여 이에 대한 충분한 대비가 되어 있음을 보일 수 있어야 한다. 또한 투자를 이끌어내야 하는 경우가 많으므로 투자자를 움직일 수 있는 요소가 반드시 갖춰져 있어야 한다.

- **사업 개요** : 기획서 전체의 내용에 대한 압축적 제시
- **회사 현황** : 회사 개요, 연혁, 조직과 기구도, 경영진 및 기술진, 재정 상황 등
- **시장 분석** : 사업성, 목표시장, 소비자, 경쟁자 분석 등

- **마케팅 계획** : 제품 전략, 가격 전략, 촉진 전략, 유통 전략
- **기술 및 연구 개발 계획** : 기술적 특성과 장점, 연구 성과 및 연구 능력
- **설비, 인력, 예산 계획** : 생산 설비, 인력의 확충 · 교육 · 활용 방안, 자본의 구축 · 활용 · 회수 방안 등
- **부록** : 각종 보조 자료

광고 기획서는 제품이나 서비스에 대해 광고를 통해 알리거나 홍보, 캠페인을 통해 기관과 기업의 이미지를 제고하는 활동을 위한 기획서이다. 광고 기획서는 통상 다음과 같은 내용과 형식을 갖는다. 광고에서 가장 중요한 것 중의 하나는 다른 회사나 브랜드와의 차별화 전략이다. 따라서 기획서 전체를 통해 이러한 차별화가 분명히 드러나도록 기획을 해야 한다.

- **배경** : 기업 및 브랜드의 이미지, 시장 상황, 경쟁사의 광고 전략 분석을 통해 광고 배경 추출
- **대상 및 목표** : 성별, 연령, 지역, 계층, 직업, 소득 수준, 정서, 취미, 기호 등의 변인에 따른 대상 설정
- **매체** : 광고 매체, 시기, 효과, 비용 등에 대한 종합적 분석 등
- **기본 콘셉트** : 제품 및 회사의 특장점, 차별화 요소, 효과적인 광고 방안 등
- **표현과 디자인** : 감성적 · 이성적 호소, 규제에 따른 표현 수위, 시각 및 청각을 활용한 디자인 등
- **부록** : 각종 보조 자료

마지막으로 행사 기획서는 기업과 기관의 각종 행사의 원활한 개최를 위한 기획서이다. 행사 기획서에는 다음과 같은 내용이 포함되어야 한다. 행사에서 가장 중요한 것은 원활한 진행이다. 따라서 행사의 준비 단계부터 마무리까지 행사가 차질 없이 진행이 될 수 있도록 예상되는 모든 문제에 대한 만반의 준비가 기획서에 포함되어 있어야 한다.

- **취지 및 목적** : 행사의 필요성, 목적 등
- **개요** : 행사에 대한 전반적인 내용
- **구성** : 주관, 조직도, 행사장, 인력, 규모 등에 대한 제반 정보 등
- **프로그램** : 세부적인 진행 일정 및 준비된 프로그램 등
- **추진 계획** : 인력 동원, 경비 조달, 홍보 방법 등
- **부록** : 각종 보조 자료

Key Point

여러 종류의 기획서를 잘 쓰려면?
유형별 구성에 따라 충실하게 작성하라.

예제 7-5

다음에 제시되는 분야와 주제에 따라 가상 기획서의 개요를 작성하시오.

연구 기획서 / 이공대생의 글쓰기 능력 향상을 위한 연구 기획서

구분	내용	비고
	이공대생의 글쓰기 능력 향상을 위한 맞춤 교재 및 교수방안 연구	공시 주제
연구 목적과 의의		세부 목적 상세 기획서 참조
	사례 분석 및 실험을 통한 교재와 교수법 도출 – 기존 교재 및 교수법 분석 – 기존 교재 및 교수법에 대한 설문조사 – 교재 및 교수법 실험 – 새로운 교재 집필 및 교수법 고안	
	대학에서의 공학교육 인증 교육과정에 활용 이공계열 종사자들의 재교육	세부 활용 방안 참조
연구 인력	연구책임자 △△△외 공동연구원 3인 연구보조원 5인 보조원 3인	연구 인력별 연구 계획 별첨 기획서 참조
	20△△년 1월 ~ 12월	1년 간
소요 예산	00000000원	예산 활용 계획 참조

풀이

잘 작성된 기획안 개요를 보고 기획안의 종류에 따라 구성 및 내용이 어떻게 다른가에 대해 확인해 보는 문제이다. 기획서의 기본적인 내용과 형식은 유형에 따라 조금씩 달라진다. 따라서 각 유형에 따라 필수적인 구성요소가 무엇인지 미리 확인한 후 필요에 따라 적당히 가감해야 한다. 제시된 기획서 개요는 매우 충실하고도 체계적으로 작성된 것이므로 이를 참조해 다른 기획서의 개요를 작성해 볼 수 있도록 노력한다.

답

구분	내용	비고
과제명	이공대생의 글쓰기 능력 향상을 위한 맞춤 교재 및 교수방안 연구	공시 주제
연구 목적과 의의	이공대생이 쉽게 접근할 수 있는 교재의 개발과 현실에 맞춘 교수 방법 개발을 통한 이공대생의 글쓰기 능력 향상	세부 목적 상세 기획서 참조
연구 방법 및 내용	사례 분석 및 실험을 통한 교재와 교수법 도출 – 기존 교재 및 교수법 분석 – 기존 교재 및 교수법에 대한 설문조사 – 교재 및 교수법 실험 – 새로운 교재 집필 및 교수법 고안	
활용 방안	대학에서의 공학교육 인증 교육과정에 활용 이공계열 종사자들의 재교육	세부 활용 방안 참조
연구 인력	연구책임자 △△△외 공동연구원 3인 연구보조원 5인 보조원 3인	연구 인력별 연구계획 별첨 기획서 참조
추진 계획	20△△년 1월 ~ 12월	1년 간
소요 예산	00000000원	예산 활용 계획 참조

연구 기획서에는 기본 정보, 목적과 의의, 방법 및 내용, 활용 방안, 추진 계획 등이 담겨야 한다. 따라서 이에 따라 각각의 분류항목을 제시하고 세부적인 내용을 작성했다. 대부분의 기획서는 그 사안에 대해 잘 아는 사람이 작성해야 하므로 핵심 담당자 외에는 그 내용을 완벽하게 채우기가 어렵다. 따라서 예시 답안의 내용과 형식을 참조해 자신이 잘 알고 있는 분야의 기획서에 적용해 보도록 한다.

연습 7-5

다음에 제시되는 분야와 주제에 따라 가상 기획서의 개요를 작성하시오.

① 사업 기획서 / 발명 동아리 발명품 시제품 개발 계획

구분	내용	비고
프로젝트명		
회사 현황		
시장 분석		
마케팅 계획		
기술 및 연구 개발 계획		
설비, 인력, 예산 계획		

② 광고 기획서 / 동아리원 배가를 위한 동아리 홍보 계획

구분	내용	비고
배경		
대상 및 목표		
매체		
기본 콘셉트		
표현과 디자인		

실습과제

예제 **다음은 대학 내 한 부서의 활동 보고 및 제안과 관련된 일종의 기획서이다. 이를 참조해 '자아에 대한 회고와 미래를 위한 제안'이라는 주제 하에 가상의 기획서를 작성하시오.**

○○대학교 언론4사 업무 보고 및 제안

[개요]

▪ 1년 간 중점 사업

- 소통 강화 : 언론4사 국원 – 주간 – 행정팀의 의사소통 활성화
- 협력 강화 : 언론4사 간 협력 활성화 / 국원 – 주간 – 행정직원의 협력 활성화
- 역량 강화 : 언론4사 국원 역량 강화 / 사설 및 논단 집필진 역량 강화

▪ 1년 간 성과

- 소통 강화 : 매주 1회 전체 회의로 원활한 소통 달성
- 협력 강화 : 언론4사 연합 MT, 언론4사 공동사업, 언론4사 국장단 연수 등으로 충분한 협력체제 구축
- 역량 강화 : 열정과 능력을 갖춘 국원 선발 미흡 / 집필진 보완 미흡

▪ **제안 및 요구 사항**

- 인력 : 국원 확대, 운영위원 전문화, 행정직원 전문화
- 복지 : 국장 및 국원의 장학금 명칭 변경 및 증액
- 예산 : 4년 간 동결된 예산 대비 0000만 원 증액 요청, 예산 내 합리적 전용 허용

[세부 내용]

1. 소통 강화

▪ 목적

- 언론4사 국원 – 주간 – 행정팀 간의 원활한 의사소통 도모
- 3자 간의 신뢰 관계 구축

▪ 추진 사업

- 정기회의 신설 : 매주 목요일 언론4사 국장, 주간, 행정팀장 회의
- 간담회 정례화 : 매 학기 언론사별 간부와 주간교수의 간담회

▪ 성과

- 주간교수와 언론4사 국원 간의 신뢰 관계 구축
- 언론4사와 행정팀 간의 원활한 소통으로 행정지원 극대화
- 언론4사 간 협력으로 학내외 현안에 공동 대처

▪ 향후 보완 사항

• 행정팀의 잦은 교체 지양

• 행정팀장과 주간 교수 교체 주기 이원화 ※현재는 모두 9월로 행정 공백 우려

2. 협력 강화

중략

3. 역량 강화

중략

4. 제안 및 요구사항

▪ 인력

• 언론4사의 국원 및 수습국원 인원 확대

→ 봉사장학금 혜택 대상자 확대, 국내외 연수 지원 확대

• 운영위원 전문화 및 실질적 참여를 위한 제도 마련

→ 운영위원의 수를 현 8명에서 4명으로 축소, 사설 원고료 현실화

• 행정 직원의 잦은 교체 지양

→ 최소 2년 간 보장

• 주간 교수와 행정 직원의 교체 주기 이원화로 행정공백 최소화

→ 주간교수의 교체시기를 3월로 조정

▪ 예산

중략

풀이

주어진 자료를 참조해 가상의 기획서를 써 보는 문제이다. 기획서는 자신이 잘 알고 있거나 관심이 있는 주제에 대해서만 작성이 가능하다. 자신에 대해 가장 잘 알고 있는 사람은 자기 자신이므로 자신의 삶을 돌아보고 미래의 모습을 그려보는 기획서를 작성해 볼 수 있다. 기업이나 기관에서 실제로 작성되는 기획서와는 거리가 있을지라도 스스로 내용과 형식으로 기획서를 써 본다.

답 생략

연습 다음에 제시되는 주제 및 유형에 따라 가상의 기획서를 작성하시오.

① 학과, 학부, 단과대학의 교육과 관련된 학생 입장의 기획서

② 동아리, 소모임 등과 관련된 구성원의 기획서

③ 진학이나 취업 등 자신의 진로와 관련된 기획서

7.3 사용설명서

모든 제품에는 사용설명서가 반드시 첨부되어야 한다. 이 사용설명서는 사용자를 위한 것이기도 하지만 생산자와 판매자를 위한 것이기도 하다. 또한 이공계열 출신에게 가장 가까운 글이기도 하다. 테크니컬라이팅의 대표격인 사용설명서를 효과적으로 작성하는 방법을 알아보자.

문제가 뭐야?	어떻게 해야 하지?	이렇게 해결해 봐!	더 깊게! 더 넓게!
사용설명서를 어떻게 작성하지?	사용설명서의 중요성을 파악하라.	사용설명서의 구성과 작성 방법에 따라 작성하라.	다양한 유형의 사용설명서를 직접 작성하라.

사용설명서의 중요성

사용설명서는 특정 제품을 사용하는 사람들에게 제품에 대한 정보 및 사용법을 정확하게 제시하기 위해 작성된 일종의 설명문이다. 하드웨어든 소프트웨어든 원칙적으로 모든 제품에는 사용설명서가 포함되어 있어야 하고 사용자는 이 설명서를 참고해 제품을 사용해야 한다. 사용설명서는 단지 사용법에 대한 안내 역할만 한다고 생각하기 쉬우나 실제로는 이보다 훨씬 더 중요한 기능을 한다. 사용설명서는 보통 다음과 같은 기능을 한다.

- **안전 지침** : 안전을 위해 꼭 알아야 할 일반적인 사항 및 개별적인 사항 설명
- **설치 안내** : 제품의 안정적인 사용을 위한 설치 방법 안내
- **사용 안내** : 제품의 효율적인 사용을 위한 방법 안내
- **유지보수 안내** : 고장 없이 오래 사용하기 위한 방법 빛 간단한 사후조치 및 사후서비스를 받는 방법 안내

안전 지침은 사용자들은 간과하기 쉬우나 제조자나 판매자 입장에서는 매우 중요하다. 이 부분이 잘 되어 있어야 사용자는 제품을 효율적으로 사용할 뿐만 아니라 고장 없이 안전하게 쓸 수 있다. 설치 안내와 사용 안내는 사용설명서의 일반적인 역할인데 제품의 설치와 사용 방법에 대한 자세한 안내를 하는 부분이다. 이 역시 제품의 신뢰도를 높이고 사후서비스 비용을 줄이는 데 꼭 필요하다. 유지보수 안내 부분은 제품을 고장 없이 쓸 수 있는 방법, 고장 시 조치 방법, 사후서비스 방법 등을 안내한다.

이러한 다양한 기능을 사용설명서는 단순한 작동법 설명서가 아니라 다음과 같이 사용자와 제조자 모두에게 이익이 된다. 사용설명서를 통해 사용자와 제조자가 얻게 되는 이득은 다음과 같다.

사용자	• 안전하게 사용하는 데 도움이 된다. • 기능을 효과적으로 사용하는 데 도움이 된다. • 고장 없이 오래 사용하는 데 도움이 된다.
제조자	• 사용자의 안전에 대한 책임을 경감시킬 수 있다. • 제품의 기능을 충분히 사용하도록 하여 제품 및 제조자의 위상을 높일 수 있다. • 사후서비스 비용을 줄일 수 있다.

제품을 안전하게 만드는 것이 최우선이기는 하지만 안전한 사용에 대해 충실히 안내가 되어 있으면 사용자의 피해와 제조자의 법적 책임을 면할 수 있게 되어 모두에게 이익이 된다. 특히 제조물 책임법(PL법)이 시행되면서 제조자의 책임이 더 무거워진 상황에서 안전에 대한 철저한 지침은 사용자의 안전을 보장할 수 있을 뿐만 아니라 제조자의 법적 책임을 경감시키는 효과도 있다. 또한 사용법을 정확하게 안내하면 고장 없이 사용할 수 있기 때문에 제품 및 제조자의 이미지가 높아진다. 아울러 사후서비스 요구가 줄어들게 되면 제조자 입장에서는 사후서비스 비용을 절감할 수 있어 궁극적으로 제조자에게 이익이 된다.

> **Key Point**
> **사용설명서는 왜 필요한가?**
> 사용자와 제조자 모두에게 이익이 된다.

예제 7-6

다음에 제시되는 냉장고의 간편 사용설명서(Quick Manual)를 보고 물음에 답하시오.

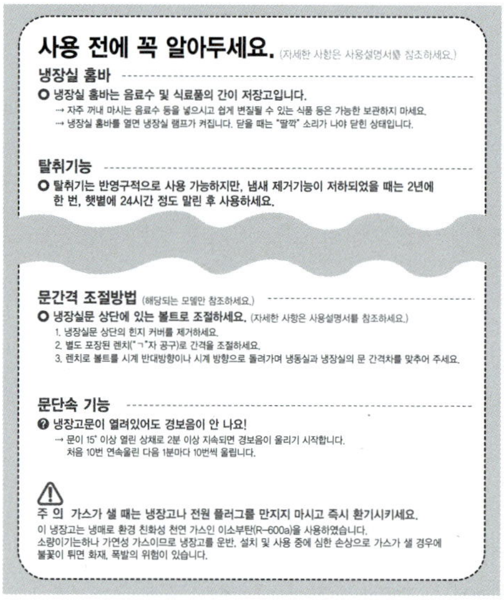

사용 전에 꼭 알아두세요. (자세한 사항은 사용설명서를 참조하세요.)

냉장실 홈바

○ 냉장실 홈바는 음료수 및 식료품의 간이 저장고입니다.

→ 자주 꺼내 마시는 음료수 등을 넣으시고 쉽게 변질될 수 있는 식품 등은 가능한 보관하지 마세요.

→ 냉장실 홈바를 열면 냉장실 램프가 켜집니다. 닫을 때는 "딸깍" 소리가 나야 닫힌 상태입니다.

탈취기능

○ 탈취기는 반영구적으로 사용 가능하지만, 냄새 제거기능이 저하되었을 때는 2년에 한 번, 햇볕에 24시간 정도 말린 후 사용하세요.

문간격 조절방법 (해당되는 모델만 참조하세요.)

○ 냉장실문 상단에 있는 볼트로 조절하세요. (자세한 사항은 사용설명서를 참조하세요.)

1. 냉장실문 상단의 힌지 커버를 제거하세요.
2. 별도 포장된 렌치("ㄱ"자 공구)로 간격을 조절하세요.
3. 렌치로 볼트를 시계 반대방향이나 시계 방향으로 돌려가며 냉동실과 냉장실의 문 간격차를 맞추어 주세요.

문단속 기능

? 냉장고문이 열려있어도 경보음이 안 나요!

→ 문이 15° 이상 열린 상채로 2분 이상 지속되면 경보음이 울리기 시작합니다.
처음 10번 연속울린 다음 1분마다 10번씩 울립니다.

주 의　가스가 샐 때는 냉장고나 전원 플러그를 만지지 마시고 즉시 환기시키세요.

이 냉장고는 냉매로 환경 친화성 천연 가스인 이소부탄(R-600a)을 사용하였습니다.
소량이기는하나 가연성 가스이므로 냉장고를 운반, 설치 및 사용 중에 심한 손상으로 가스가 샐 경우에 불꽃이 튀면 화재, 폭발의 위험이 있습니다.

① 간편 사용설명서의 각 항목이 각각 어떤 기능을 하는지 쓰시오.

- 냉장실 홈바 : 사용 안내
- 탈취 기능 :
- 문 간격 조절 방법 :
- 문단속 기능 :
- 주의 :

② 사용자 입장에서는 굳이 없어도 될 항목과 꼭 필요한데 없는 항목을 지적하시오.

풀이

사용설명서가 잘 갖추어진 제품에는 그림과 같이 사용자가 제품 전체의 사용과 관련된 사항을 한눈에 파악할 수 있도록 간편 사용설명서도 포함되어 있다. 여기에는 사용설명서 중 핵심적인 내용이 담기게 되는데 사용자는 이것을 보고 사용설명서 전체를 보지 않고도 제품을 어느 정도 사용할 수 있다. 간략한 사용설명서이지만 필수적인 내용이 대부분 포함되어 있으니 사용자의 입장에서 각각의 질문에 대해 판단을 해 본다.

답 ① ▪ 냉장실 홈바 : 사용 안내 ▪ 탈취 기능 : 사용 안내
▪ 문 간격 조절 방법 : 설치 안내 ▪ 문단속 기능 : 사용 안내
▪ 주의 : 안전 지침

② 없어도 될 항목은 문 간격 조절 방법이고, 없는 항목은 유지보수 안내이다.

제시된 간편 사용설명서는 주로 사용 안내 위주로 되어 있지만 설치와 안전을 위한 주의사항도 포함되어 있다. 이 중에서 문 간격 조절 방법과 같은 것은 사용자가 직접 조정하는 경우보다는 설치기사나 A/S기사가 조정하는 경우가 많기 때문에 굳이 간편 사용설명서에 넣을 필요가 없다. 반면에 간단한 고장 조치라든지 A/S센터 전화번호 등을 넣어 주는 것이 좋다.

연습 7-6

다음은 스마트폰의 안전을 위한 주의사항에 제시된 항목을 본래의 순서대로 나열한 것이다. 이것을 보고 다음의 물음에 답하시오.

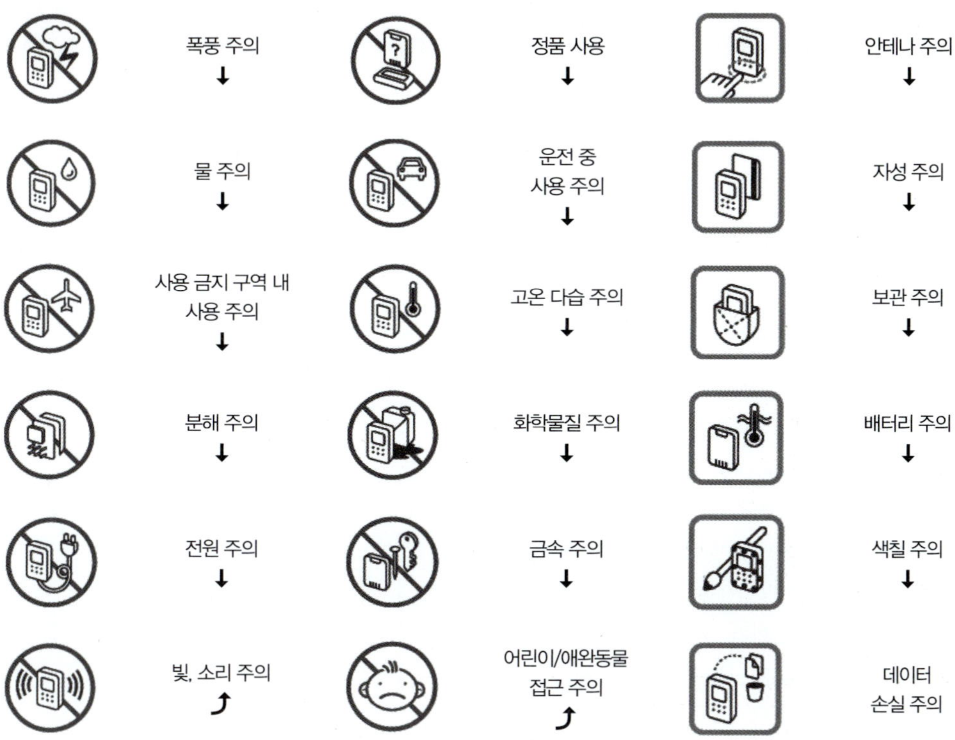

① 사용자 입장에서는 굳이 없어도 될 항목과 꼭 필요한데 없는 항목을 지적하시오.

② 안전을 위한 주의사항의 순서가 적절한지 평가하시오.

③ 각각의 항목을 몇 개의 그룹으로 묶고 소제목도 적절하게 바꾸어 보시오.

사용설명서 작성 방법

사용설명서가 가진 본래의 역할을 다하기 위해서는 정해진 과정에 따라 사용설명서를 작성할 필요가 있다. 사용설명서는 다음과 같은 과정을 거쳐 작성된다.

기획
제조자의 의도와 사용자의 요구를 분석해 사용설명서 전체를 기획한다.

▶ **설계**
사용설명서 전체를 구성하고 각 부분의 목차를 정한다.

▶ **집필**
사용설명서의 각 부분에 필요한 내용을 집필한다.

▶ **디자인**
설계 및 집필 내용에 따라 사진, 그림 등을 포함하여 사용설명서를 디자인한다.

▶ **검증**
집필과 디자인을 바탕으로 제품과 비교하여 검증한 후 수정할 것은 수정한다.

▶ **제작**
사용설명서를 인쇄하여 제품에 포함시키고 온라인상에서도 서비스한다.

사용설명서를 제작하는 단계는 일반적인 글쓰기 단계와 크게 다르지 않을 수 있다. 다만 사용설명서의 특성 상 사진과 그림이 많이 필요하므로 이것의 디자인에 신경을 많이 쓰면 된다. 그런데 다른 글과 달리 검증 과정은 반드시 필요하다. 작성된 글과 그림 등을 참고하여 직접 작동해 보고 어떤 문제점이 있는지 미리 파악해 보는 것이 좋다.

사용설명서의 일반적인 구성은 다음과 같다.

- **안전을 위한 주의 사항** : 경고, 주의, 안전한 사용을 위한 안내 등
- **제품의 구성** : 제품 전체의 구성, 세부 명칭 등
- **사용법** : 주요 기능, 사용 순서에 따른 작동법 등
- **유지, 관리, A/S** : 유지, 보관, 관리 및 사후서비스에 관한 정보 등
- **찾아보기** : 용어 및 기능별 인덱스 등
- **보증서** : 품질 보증서

사용설명서의 구성을 살펴보면 사용에 관한 설명 자체보다 부가적인 정보가 더 많음을 알 수 있다. 사용설명서의 맨 앞에는 반드시 안전을 위한 주의사항이 있어야 한다. 제품의 각 기능을 잘 사용하는 것도 중요하지만 안전하게 사용하는 것이 무엇보다 중요하기 때문에 가장 먼저 볼 수 있도록 해야 한다. 제품의 구성은 주로 그림을 활용해 제품 전체의 구성 및 세부 명칭 등이 제시된다. 유지, 관리, 사후서비스 등이 포함된다.

이러한 형식적 요건이 충실히 갖추어져 있다면 사용설명서는 다음과 같은 내용적 요건을 갖추어야 한다.

- **직관성** : 그림이나 간단한 설명을 통해 직관적으로 이해할 수 있도록 작성한다.
- **체계성** : 순차적으로 위계를 잘 갖추어서 작성한다.
- **사용자 위주** : 설계자, 작성자 위주가 아닌 사용자를 기준으로 해서 용어와 설명법을 쓴다.
- **작동 위주** : 기능 자체보다 사용자의 작동 과정을 중심으로 쓴다.
- **찾아보기 강화** : 필요한 것은 언제든 찾아볼 수 있도록 찾아보기 기능을 강화한다.

제품의 기능 및 작동에 대한 설명은 장황해서는 안 된다. 따라서 짤막한 설명만으로도 직관적으로 이해할 수 있도록 사용설명서가 작성되어야 한다. 사용자들은 손쉽게 작동할 수 있는 방법을 원하므로 전문적인 용어나 복잡한 작동 과정에 대한 설명이 아닌 쉽고도 체계적인 설명이 필요하다. 또한 사용자가 필요한 부분을 쉽게 찾을 수 있도록 사용설명서 전체가 체계적이어야 하고 찾아보기가 잘 갖추어져 있어야 한다.

> **Key Point**
> **사용설명서를 잘 만들려면?**
> 꼭 필요한 항목을 모두 포함시키되 사용자가 쉽게 작동할 수 있도록 직관적, 체계적으로 작성하라.

예제 7-7

다음에 제시되는 스마트폰 사용설명서의 한글 입력표를 보고 직관성, 체계성을 높이고 사용자의 동작에 더 초점을 맞출 수 있는 방안에 대해 쓰시오.

자음	버튼	자음	버튼	자음	버튼
ㄱ	[1ㄱ]	ㄹ	[4ㄹ]	ㅊ	[7ㅅ] [획추가] [획추가]
ㅋ	[1ㄱ] [획추가]	ㅁ	[5ㅁ]	ㅆ	[7ㅅ] [쌍자음]
ㄲ	[1ㄱ] [쌍자음]	ㅂ	[5ㅁ] [획추가]	ㅉ	[7ㅅ] [획추가] [쌍자음]
ㄴ	[2ㄴ]	ㅍ	[5ㅁ] [획추가] [획추가]	ㅇ	[8ㅇ]
ㄷ	[2ㄴ] [획추가]	ㅃ	[5ㅁ] [획추가] [쌍자음]	ㅎ	[8ㅇ] [획추가]
ㅌ	[2ㄴ] [획추가] [획추가]	ㅅ	[7ㅅ]		
ㄸ	[2ㄴ] [획추가] [쌍자음]	ㅈ	[7ㅅ] [획추가]		

모음	버튼	모음	버튼	모음	버튼
ㅏ	[3ㅓㅏ]	ㅠ	[6ㅗㅜ] [6ㅗㅜ] [획추가]	ㅘ	[6ㅗㅜ] [3ㅓㅏ]
ㅑ	[3ㅓㅏ] [획추가]	ㅡ	[0ㅡ]	ㅙ	[6ㅗㅜ] [3ㅓㅏ] [9ㅣ]
ㅓ	[3ㅓㅏ] [3ㅓㅏ]	ㅣ	[9ㅣ]	ㅚ	[6ㅗㅜ] [9ㅣ]
ㅕ	[3ㅓㅏ] [3ㅓㅏ] [획추가]	ㅐ	[3ㅓㅏ] [9ㅣ]	ㅝ	[6ㅗㅜ] [6ㅗㅜ] [3ㅓㅏ]
ㅗ	[6ㅗㅜ]	ㅒ	[3ㅓㅏ] [획추가] [9ㅣ]	ㅞ	[6ㅗㅜ] [6ㅗㅜ] [3ㅓㅏ] [9ㅣ]
ㅛ	[6ㅗㅜ] [획추가]	ㅔ	[3ㅓㅏ] [3ㅓㅏ] [9ㅣ]	ㅟ	[6ㅗㅜ] [6ㅗㅜ] [9ㅣ]
ㅜ	[6ㅗㅜ] [6ㅗㅜ]	ㅖ	[3ㅓㅏ] [3ㅓㅏ] [획추가] [9ㅣ]	ㅢ	[0ㅡ] [9ㅣ]

휴대전화의 버튼에 표시되어 있지 않은 모음은 [획추가](획 추가)와 [쌍자음](쌍자음) 버튼을 이용하여 입력하세요.

풀이

한글은 매우 과학적인 문자이기 때문에 스마트폰 시대에 들어 더욱 빛이 나고 있다. 한글 입력방식은 매우 다양한데 제시된 입력방식은 대표적인 입력방식의 하나이다. 널리 알려진 입력방식이라 많은 사용자들이 입력표 없이도 입력을 할 수 있으나 처음 사용하는 사람들이나 외국인을 위해서는 반드시 입력표가 있어야 한다. 익숙한 사용자 입장이 아니라 초심자 입장에서 판단해 보면 정확한 평가가 가능하다.

답 자판 배열 전체를 보여주는 그림이 있으면 훨씬 더 직관적으로 파악할 수 있다. 현재의 설명서는 입력표와 전화기의 자판 배열을 일일이 비교하며 보아야 하는 단점이 있다. 한 글자를 완성하는 방법, 즉 '공'자의 경우 "아래의 표를 참조해 'ㄱ ㅗ ㅇ'을 차례로 누르세요."라는 정도의 설명을 먼저 하는 것이 체계적이다. 현재의 설명서는 각각의 낱글자를 입력하는 방법은 제시되어 있지만 그것을 모아 글자를 완성하는 방법에 대한 설명이 없다. 제목 바로 밑에 제시되어 있는 '휴대전화의 버튼에 ~'의 위치도 사용자의 입장에서는 부적절하다. 이 부분에 대한 설명을 체계적으로 하든가 맨 뒤로 돌리는 것이 사용자의 입장에서는 더 이해하기 쉽다.

제시된 사용설명서는 꽤 잘 작성된 것이기는 하지만 직관성, 체계성, 사용자의 작동 위주 면에서 평가해 보면 부분적인 문제점이 나타난다. 설명해야 할 항목이 어느 정도 포함되어 있기는 하지만 항목을 추가하거나 삭제하고 배치를 달리하면 더 나은 설명이 될 수 있다. 예시 답안 이외의 방법으로도 개선할 수 있으므로 더 나은 개선 방법을 찾아본다.

연습 7-7

다음에 제시되는 TV 뒷면을 보고 직관성, 체계성을 높이고 사용자의 동작에 더 초점을 맞출 수 있는 방안에 대해 쓰시오.

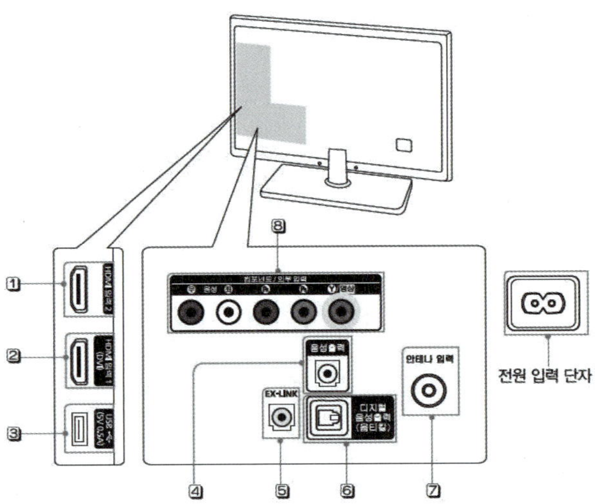

① 외부 기기의 HDMI 출력 단자와 연결
② 외부 기기의 HDMI 또는 DVI 출력 단자와 연결
③ USB 저장 장치 연결
④ 외부 기기의 음성 입력 단자와 연결
⑤ EX-LINK 연결 (서비스 전용 연결 단자)
⑥ DVD, 홈시어터, 또는 앰프의 디지털 음성 입력 단자와 연결
⑦ 안테나 케이블 연결
⑧ 외부 기기의 컴포넌트/외부 출력 단자와 연결

실습과제

예제 다음에 제시되는 커터 칼의 사용설명서를 작성한다고 할 때 사용설명서의 일반적인 구성에 따라 사용설명서의 목차를 완성하시오.

안전을 위한 주의 사항	■ 사용 관련 ■ .... ■ 보관 관련
제품의 구성	■ 몸체 – 칼날 가이드　　– 플라스틱 덮개 – ....　　– 칼날 레일 마개 겸 커팅 도구 ■ 교환 날
사용법	■ 준비 – 칼날 장착　　– .... – .... ■ 사용 – 자르기　　– .... ■ .... – 날 커팅　　– 날 교환

풀이

흔히 사용해서 잘 알고 있는 도구에 대해 사용설명서를 작성해 보는 문제이다. 사용법을 잘 알고 있는 것과 이것의 사용법을 체계적으로 설명하는 것은 별개의 문제이다. 따라서 사용설명서서의 일반적인 구성 및 다른 사용설명서를 참조해 사용설명서의 목차를 구성해 본다. 가능하면 세분화하는 것이 이후에 실제 사용설명서를 구성하는 데 도움이 된다.

답

안전을 위한 주의 사항	■ 사용 관련 ■ 날 교환 관련 ■ 보관 관련
제품의 구성	■ 몸체 – 칼날 가이드　　– 플라스틱 덮개 – 칼날 고정 버튼　　– 칼날 레일 마개 겸 커팅 도구 ■ 교환 날
사용법	■ 준비 – 칼날 장착　　– 칼날 길이 조정 – 칼날 고정 ■ 사용 – 자르기　　– 깎기 ■ 날 커팅과 교환 – 날 커팅　　– 날 교환

안전을 위한 주의 사항은 사용 및 보관에 관련된 것들이 주를 이룬다. 여기에 이 제품의 특성상 날 교환을 포함시켰다. 제품의 구성은 크게 먼저 나누고 각각의 부분을 다시 세밀하게 나누었다. 사용법 또한 단계별로 나누어서 설명하도록 목차를 구성하였다. 예시와 같은 목차 구성 이외에 다양한 방법으로 목차를 구성할 수 있으니 사용에 대한 경험을 살려 다른 방법으로도 목차를 구성해 본다.

연습 **다음에 제시되는 USB 메모리의 사용설명서를 작성하시오.**

7.4 업무용 문서

기관과 기업의 모든 업무는 문서를 기반으로 이루어진다. 업무의 성격에 맞는 다양한 유형의 문서를 효과적으로 작성할 수 있어야 업무 능력을 인정받을 수 있다. 수많은 업무용 문서 중 글쓰기 능력이 중시되는 이메일과 보도자료의 작성 방법을 구체적으로 알아보자.

문제가 뭐야?	어떻게 해야 하지?	이렇게 해결해 봐!	더 깊게! 더 넓게!
업무에 필요한 문서를 어떻게 작성하지?	형식에 맞춰 이메일을 작성하라.	핵심적인 내용을 잘 담아 보도자료를 작성하라.	업무에 필요한 이메일과 보도자료를 실제로 작성하라.

업무용 문서의 내용과 형식

기관이나 기업에서 공식적으로 일을 처리할 때에는 여러 종류의 문서를 작성해야 한다. 이때 작성되는 공식적인 문서는 관계자 간의 원활한 의사소통을 위해 내용과 형식이 어느 정도 정해져 있다. 또한 일이 추진되는 각각의 시점에서 작성해야 하는 문서가 정해져 있다. 따라서 이러한 문서의 작성방법은 기관이나 기업에 들어간 이후에 실무교육을 통해 구체적으로 익히게 된다. 이러한 문서에도 글쓰기의 일반적인 방법이 적용될 수 있지만 기관이나 기업에서 작성하는 업무용 문서는 일반적으로 다음과 같은 특성을 가진다.

- **간결성** : 간결한 문장으로 핵심적인 내용만 추려 작성한다.
- **전형성** : 정해진 형식에 따라 작성한다.
- **전문성** : 업무와 관련된 전문적인 내용이 담긴다.
- **공식성** : 대내외적으로 공식적인 효력을 갖는다.
- **보존성** : 일정 기간 동안 보존하여 증빙자료로 활용한다.

전형적인 형식에 간결한 문장으로 쓰는 것은 업무용 문서의 형식적인 특성이라 할 수 있다. 기관과 기업의 업무는 매우 신속하게 진행되어야 하므로 정해진 형식에 핵심적인 내용만 담아야 소통이 빠르고도 정확하게 될 수 있다. 간결성은 전문성과 함께 내용과 관련된 특성이기도 하다. 업무용 문서는 고유한 업무와 관련이 있으므로 전문적인 내용이 담기는 경우가 많지만 이러한 전문적인 내용은 담당자끼리 잘 공유하고 있으므로 간결하게 작성한 문서로도 소통이 가능하다. 업무용 문서가 공식적인 성격을 띠고 보존 연한이 있다는 것은 이 문서가 대내외적으로 법적 효력이 있음을 뜻한다. 업무의 추진 과정이나 이후에 발생한 공과에 대해 평가하거나 법적 책임을 가릴 때 매우 중요하게 활용되는 것이 바로 업무용 문서이다.

업무용 문서의 종류가 매우 다양하기 때문에 업무용 문서를 작성하는 방법을 일괄적으로 정하기는 어렵지만 위와 같은 특성을 잘 살리기 위해서는 다음과 같은 점에 유의해서 작성해야 한다.

압축하기	도드라지게 하기	뒷받침하기

일반적인 보고서와 달리 업무용 문서는 간결하게 핵심을 담아야 하므로 내용을 최대한 압축해서 작성해야 한다. 업무의 특성상 직급이 높을수록 많은 일을 처리해야 하므로 최종적인 결재를 위해서는 핵심적인 내용이 잘 압축되어 있는 것이 좋다. 또한 핵심적인 내용이 잘 드러나도록 작성하는 것이 좋다. 어쩔 수 없이 문서의 내용이 길어지더라도 핵심적인 부분이 어느 부분인지 금세 파악할 수 있으면 좋다. 적절한 제목을 쓰거나 밑줄, 굵은 글씨 등으로 강조하면 효과적이다. 그리고 내용이 간결하고 압축적이어도 이를 뒷받침할 만한 보조 자료는 충실하게 갖추어져 있어야 한다. 비록 문서상에는 이러한 내용이 다 담길 수는 없어도 충분한 보조자료를 바탕으로 핵심적인 내용이 잘 정리되어야 한다.

기관과 기업의 업무용 문서는 업무의 특성에 따라 실무교육을 통해 배워야 할 것들이 대부분이다. 따라서 여기에서는 모든 업무에서 공통이라고 할 수 있는 이메일과 보도자료 작성법에 대해서만 다룬다.

> Key Point
> **업무용 문서를 잘 쓰려면?**
> 간결하되 핵심적인 정보가 잘 드러나도록 작성하라.

예제 7-8

다음에 제시되는 공문서의 일부를 주어진 요건에 맞추어 고쳐 쓰시오.

한국자동차기술협회 추계학술대회 안내

1. 더운 여름 어떻게 보내고 계신지요. 다름이 아니오라 저희 협회에서는 회원들의 연구성과를 서로 나누고 널리 알리기 위해 다음과 같이 추계학술대회를 개최하고자 하오니 관심 있는 회원 여러분의 발표와 참여를 부탁합니다.
2. 학술대회의 원활한 진행을 위해 발표자와 참석자의 인원을 미리 파악해야 합니다. 바쁘시더라도 아래의 양식에 맞추어 신청서를 보내주시기 바랍니다. 참석하실 분께서는 다음 양식에 따라 9월 10일까지 신청하여 주시기 바랍니다. 신청은 이메일, 팩스 모두 가능합니다. 전화 신청은 받지 않습니다. 기일 내에 신청하지 않으신 분은 참석 의사가 없는 것으로 간주하겠습니다.

3. 학술대회

가. 일자 : 20△△년 10월 10일

나. 장소 : 한국자동차기술협회 회관

다. 발표 주제 : 자동차 기술의 현주소

4. 참가 신청서

성명	소속	휴대폰전화	사무실전화	비고

※ 연락처를 확실하게 기입하여 주십시오! 끝.

풀이

흔히 보게 되는 공문서를 요건에 맞추어 고쳐 보는 문제이다. 업무용 문서는 내용을 최대한 간결하게 쓰되 핵심적인 정보는 잘 드러나도록 해야 한다. 또한 필요한 정보는 빠짐없이 잘 뒷받침해야 한다. 주어진 공문서는 너무 장황하게 작성되었고 핵심적인 정보도 빠져 있다. 작성자의 입장이 아니라 이 공문을 받은 수신자의 입장에서 고쳐 써 보면 보다 효과적이다.

답

한국자동차기술협회 추계학술대회 안내

1. 본 협회에서 추계학술대회를 아래와 같이 개최하고자 하오니 회원 여러분의 많은 관심 바랍니다.

가. 일자 : 20△△년 10월 10일 10:00 ~ 17:00

나. 장소 : 한국자동차기술협회 회관(서울특별시 ○○동 11번지)

다. 발표 주제 : 자동차 기술의 현주소

2. 발표 및 참가를 원하시는 분은 아래의 양식에 맞게 신청서를 작성하셔서 9월 10일까지 팩스(02-2323-3434)나 이메일(carsociety@xxx. or.kr)로 보내주시기 바랍니다.

발표 신청서

성명	소속	휴대폰전화	사무실전화	발표 제목

참가 신청서

성명	소속	휴대폰전화	사무실전화	비고

끝.

공문은 공식적인 전달 사항만 분명하게 알리면 되므로 형식적인 인사말은 삭제하고 핵심적인 내용만 썼다. 또한 필요한 정보는 눈에 잘 띄도록 해야 하므로 정보의 위치도 바꾸었다. 신청서는 발표 신청서와 참가 신청서로 나누어 제시하였다.

연습 7-8

다음에 제시되는 기안문의 일부를 주어진 요건에 맞추어 고쳐 쓰시오.

> 연구 보조인력 채용의 건
>
> 저희 연구소에서는 연구의 활성화를 위해 아래와 같이 연구 보조인력을 채용하고자 하오니 검토 후 재가 바랍니다.
>
> ······························ 아 래 ······························
>
> 1. 인원 : 00명
> 2. 목적 : 연구 보조
> 3. 기간 : 20△△년 1월 부터 1년 간
> 4. 배치 부서 : 관련 연구 부서
> 5. 예산 : 3천만원
> 6. 사유 : 연구 마감 기한 대비 연구 인력 부족

이메일 작성 방법

이메일은 빠르고 편리해서 개인뿐 아니라 기관과 기업의 업무에서 매우 유용하다. 더 빠른 수단인 전화가 있지만 말로만 진행되는 전화상의 통화는 통화의 내용이 보존되지 않을 뿐만 아니라 문서, 그림 등의 보조 자료를 주고받을 수 없다. 팩스 또한 빠르기는 하지만 송수신 장치를 갖추어 보내고 받아야 하는 불편이 있고 문서의 해상도도 떨어지는 단점이 있다. 이에 비해 이메일은 다른 통신 수단에 비해 다음과 같은 특성을 가진다.

신속성	보존성	확장성

신속성은 이메일의 가장 큰 특징이자 장점으로서 서로가 인터넷으로 연결되어 있다면 보내는 즉시 받을 수 있어 편리함까지 준다. 보존성은 업무에서 매우 중요한 특성으로서 이메일의 내용뿐만 아니라 송수신과 관련된 모든 정보가 네트워크상에 기록이 된다는 특성이다. 이 특성 때문에 이메일은 공

식적인 문서의 역할을 할 수도 있다. 확장성은 단순한 텍스트뿐만 아니라 파일 형태로 된 모든 자료를 주고받을 수 있고 수신자도 원하는 만큼 늘릴 수 있는 특성이 있다. 이런 특성 때문에 업무에서의 이메일은 단순한 통신 수단뿐만 아니라 홍보 수단으로도 활용된다.

상황에 따라 조금씩 내용과 형식이 다르지만 일반적으로 이메일은 다음과 같이 구성된다.

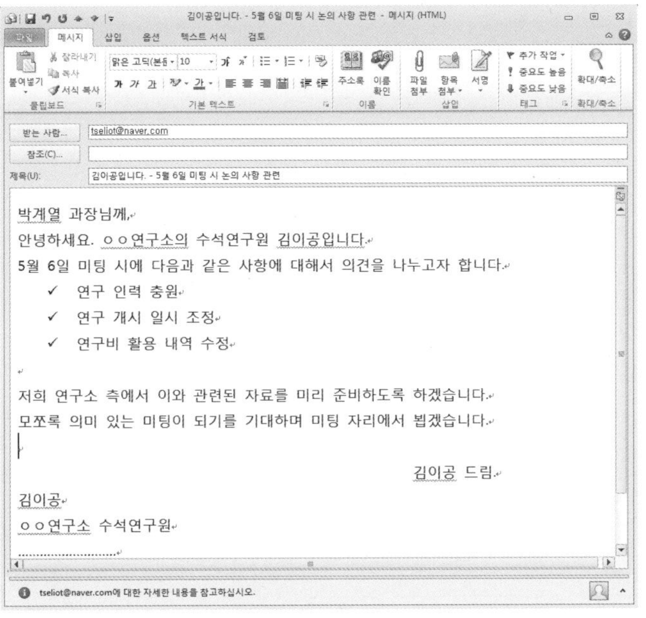

제목은 'ㅇㅇㅇ입니다'와 같이 이름만 쓰는 경우가 있는데 이렇게 쓰면 메일 내용에 대한 정보가 없기 때문에 수신자가 나중에 메일을 다시 찾거나 정리하는 데 불편하다. 따라서 제목에는 발신자와 메일의 핵심적인 정보를 담은 제목을 붙여 주는 것이 좋다. 본문의 앞에는 반드시 수신자를 써 줘야 하며 간단한 인사와 발신자가 누군지를 밝혀주는 것이 좋다. 잘 모르는 사이에 처음 메일을 쓸 때는 예의를 갖춰 인사말을 다소 길게 써야 하지만 잘 아는 사이에서는 굳이 긴 인사말을 쓸 필요가 없다.

본문은 핵심적인 내용만 추려서 간단하게 쓰고 강조해야 할 부분에는 강조를 해 주는 것도 좋다. 끝인사 역시 짤막하게 써 준다. 일반적인 편지에는 날짜를 반드시 써 줘야 하지만 이메일은 시스템 상에서 송수신 일시에 대한 정보를 제공하기 때문에 굳이 써 주지 않아도 된다. 마지막 부분은 서명파일을 미리 작성해서 늘 같은 정보가 메일 끝에 붙도록 해 놓는 것이 좋다.

이러한 기본적인 형식을 갖추고 이메일의 장점을 잘 살려 업무에 활용하기 위해서는 다음과 같은 점에 유의해야 한다.

- **간결하게 작성하라** : 제목, 본문 등이 핵심적인 내용을 담아 간결하게 작성해야 한다.
- **읽기 쉽게 작성하라** : 수신자의 입장에서 작성하여 수신자가 내용을 쉽게 파악할 수 있도록 작성해야 한다.
- **정확하게 작성하라** : 업무상 오해가 없도록 정확한 내용을 올바른 표현으로 작성해야 한다.

간결하게 작성해야 하는 것은 업무용 문서의 일반적인 특성이기도 하지만 업무상 빠른 의사소통의 도구인 이메일에서는 특히 중요하다. 모든 글은 독자를 염두에 두고 작성해야 하는데 이메일 또한 읽는 사람을 기준으로 정리해야 할 것은 말끔히 정리하고 강조해야 할 것은 확실히 강조해서 수신자가 그 내용을 분명히 파악하고 기억할 수 있도록 해야 한다. 또한 이메일은 공식적인 증빙자료로도 활용될 수 있으므로 모든 정보는 정확하게 기입되어야 한다.

Key Point

업무용 이메일을 잘 쓰려면?
간결하고, 읽기 쉽고, 정확하게 작성하라.

예제 7-9

다음에 제시되는 이메일을 요건에 맞게 고쳐 쓰시오.

공학용어 심의 위원회

선생님, 안녕하십니까? 선선한 바람이 부는 가을입니다. 건강히 지내시는지요?

저는 한국 공학연구센터에서 일하고 있는 연구원 황용국 박사입니다. 저희 한국 공학연구센터에서는 외래어 및 외국어 일색의 공학용어를 국어로 바꾸기 위한 사업을 진행하고 있습니다. 공학분야에서 우리말이 아닌 외국어가 난무하는 것은 공학교육을 하는 데에도 도움이 되지 않을 뿐만 아니라 엔지니어끼리 소통하는 데에도 문제를 초래하고 있습니다. 이에 저희 센터에서는 공학용어의 국어화 사업을 추진하고 있습니다. 이에 교수님을 저희 위원으로 위촉하여 심의를 맡기고자 합니다. 모쪼록 바쁘시더라도 아래의 내용을 보시고 수락해 주시기 바랍니다.

아 래

공학용어 심의위원 위촉

대상 : 현직 국어국문학관련 교수

업무 : 공학용어 국어화 작업 참여

보수 : 건당 0000원

기타 : 위원의 제반 규정은 본 연구센터의 것을 따름.

풀이

업무용 이메일을 여러 가지 요건에 맞도록 고치는 문제이다. 개인 간의 이메일은 자유롭게 작성할 수 있으나 업무용 이메일은 업무용 문서의 일반적인 성격을 따라야 한다. 또한 간결하고 읽기 쉽게 작성하되 수신자가 필요한 정보를 충분히 얻을 수 있도록 작성해야 한다. 이메일을 작성하는 사람이 아닌 수신하는 사람의 입장에서 분석해 보고 수정해 본다.

답 제목 : 공학용어 심의위원회 위원 위촉 건

○○○ 선생님께,

안녕하십니까? 풍성한 추수의 계절에 선생님께서 하시는 모든 일 또한 많은 성과가 있게 되기를 기원합니다. 저는 한국 공학연구센터에서 일하고 있는 연구원 황용국입니다. 저희 한국 공학연구센터에서는 효과적인 교육 및 엔지니어 간의 원활한 소통을 위해 외래어 및 외국어 일색의 공학용어를 국어로 바꾸기 위한 사업을 진행하고 있습니다. 이에 교수님을 저희 위원회의 위원으로 모셔 공학용어 국어화 작업의 자문을 구하고자 합니다. 연구와 교육 때문에 여러모로 바쁘시겠지만 아래의 내용을 보시고 뜻 깊은 사업에 함께해 주실 것을 간청 드립니다.

아 래

제목 : 공학용어 심의위원 위촉

목적 : 공학 용어의 국어화를 통한 효율적 교육 및 원활한 의사소통 도모

위촉 대상 : 현직 국어국문학관련 교수 ○○인

업무 : 연구진이 작성한 기본안에 대한 심의 및 수정을 통한 공학용어 국어화 최종 의결

위촉 기간 : 1년 간, 1년 추가 가능

보수 및 대우 : 월정 ○○○만원, 회의비 및 심의비 별도, 자세한 내역은 별첨 문서 참조

기타 : 위원회 및 위원의 활동에 관한 제반 규정은 본 연구센터의 것을 따름

첨부 : 공학용어 심의 위원회 규정

제목은 메일의 내용과 목적이 분명하게 드러나도록 고쳤다. 메일은 수신자가 분명히 밝혀져 있어야 수신자가 편안하게 읽을 수 있으므로 본문의 맨 앞에 수신자를 밝혔다. 본문에는 중복된 내용이 많으므로 불필요한 부분은 줄였고 '아래'에는 꼭 필요한 정보를 추가하였다. 또한 용어가 적절하지 않거나 예의에 어긋날 수도 있는 부분은 적절히 수정했다.

연습 7-9

다음에 제시되는 이메일을 요건에 맞게 고쳐 쓰시오.

제목 : 에너지 절감

안녕하십니까. 총무팀장 정준황입니다. 연일 강추위 속에 건강하게 지내시는지요.

다름이 아니오라 전기에너지 절감을 위한 PC 절전 프로그램 설치방법을 안내하오니 구성원 여러분께서는 한분도 빠짐없이 프로그램을 설치하시여 대기 시 PC절전이 가능하도록 협조하여 주시기 바랍니다. 절전 프로그램은 '그린터치 기업용'으로서 http://www.greentouch.kr/orgMain/main.do에서 내려받을 수 있습니다. 제작 및 배포는 환경부 그린스타트(http://www.greenstart.kr)에서 하고 있습니다. 설치를 하려면 PC는 Pentium4 2Hz, 1G Memory 이상 급의 컴퓨터가 있어야 합니다. 프로그램을 내려받을 때는 별도의 회원가입이 필요 없습니다만 기업용 그린터치 다운로드 및 설치 후 기업검색에 본사 사명 입력 후 검색하시기 바랍니다.

설치 및 사용방법은 http://www.greentouch.kr/company/manual.do를 참조하시기 바랍니다. 또한 국가 실시간 전력 사용 상황실은 http://www.powersave.or.kr입니다. 실시간 전력사용에 따른 상황별 대응에 참고하시기 바랍니다.

총무팀장 드림

보도자료 작성 방법

기관과 기업이 언론에 자주 노출되면 홍보효과가 매우 높다. 따라서 기관과 기업에서는 새로운 개발품, 실적, 성과, 목표 등을 신문과 방송 등의 언론에 알리고자 노력을 한다. 규모나 비중이 큰 기관이나 기업은 기자들이 직접적으로 취재를 해서 기사를 작성하지만 대개는 알리고자 하는 내용을 미리 작성해서 언론사에 배포하는데 이것이 바로 보도자료이다. 보도자료를 정확하고도 효과적으로 작성하면 자신들이 알리고 싶은 내용이 충분히 보도되도록 할 수 있기 때문에 기관과 기업의 활동에서 보도자료는 매우 중요하다.

보도자료는 대개 다음과 같이 구성된다.

<table>
<tr><td rowspan="2">자사 로고</td><td>보도자료</td><td rowspan="2">담당자 정보 담당부서, 이름, 주소, 전화번호, 이메일, Fax, 홈페이지 주소</td></tr>
<tr><td>보도일시</td></tr>
<tr><td colspan="3">제목(TITLE)
전문(리드 – lead)</td></tr>
<tr><td colspan="3">본문</td></tr>
</table>

제목
- 내용에 충실하면서도 정보제공의 가치가 있도록 작성
- 제목을 그대로 기사 제목으로 쓸 수 있게 작성

전문
- 전체 내용의 핵심적 내용으로 한 줄에서 두 줄로 작성
- 전문적 용어를 피해야 하며, 구어체로 작성

본문
- 사실만을 간단명료하게 표현
- 기사문의 일반적인 형식으로 작성

기관과 기업마다 미리 작성한 보도자료 형식이 있는데 여기에는 제공일자, 제공처, 담당자 및 연락처 등의 부가적인 정보가 기입된다. 중요한 것은 제목과 본문인데 이 부분은 일반적인 기사 형식으로 작성해야 한다. 즉 제목은 보도 내용을 정확하게 알리되 독자의 관심을 끌 수 있도록 신문의 표제형식으로 작성하는 것이 좋다. 필요에 따라서는 부제를 붙여도 좋다. 본문 역시 일반적인 보도기사처럼 육하원칙에 입각해 자신들이 알리고자 하는 바를 차근차근 써 나간다. 이때 분량은 일반적인 기사보다 다소 길게 작성한다. 이렇게 해야 기자들이 적당히 취사선택을 해서 최종적인 기사를 쓸 수 있다. 본문 외에 첨부 자료도 중요한데 기사 본문의 내용을 입증할 수 있는 자료, 도표, 그래프 등을 별도로 작성하여 함께 제공할 수 있다.

> Key Point
> **보도자료를 잘 쓰려면?**
> 전달하고자 하는 핵심정보를 완벽한 기사 형식으로 작성하라.

예제 7-10

다음에 제시되는 보도자료의 문제점을 지적한 후 고쳐 쓰시오.

> **'나누리', 출시 기대감 증폭**
>
> 정부가 오늘 X월 X일 선보인 '표준어 번역기 나누리(이하 통칭 나누리)'에 대한 관심이 급속도로 증가하고 있습니다. 베타테스터로 먼저 체험해본 최모씨는, 본래 이산가족이었는데 남북 언어차이로 인해 어려움을 느끼다가 '나누리'로 인해 불편한 점이 해소되었다고 합니다. "통일이 되고 나서는 북에 계시던 아버님과 재회한 것이 좋기만 하였는데, 막상 지내다 보니 언어와 관련한 부분에서 많은 문제가 발생하였습니다. 간단한 단어조차 의외로 서로 소통이 안 되는 부분이 많아서 서로 대화하는 데 어려움을 많이 겪었어요. 거기다가 아버님 연세가 많으시다보니 시력이 안 좋으셔서 일일이 사전 찾아보기도 힘들었고, 대략 말의 맥락에 있어서 유추하는 것이 전부였어요. 그런데 '나누리'를 통해선 글자를 쓰거나 읽을 필요도 없이 음성만으로도 번역이 되니까 서로 대화하는 데 훨씬 수월해 졌어요. 또한 신표준어로 번역되기 때문에 신표준어를 따로 배우지 않아도 저도 모르는 새에 자연스럽게 알게 되더라구요. 이젠 아이들도 할아버지가 들려주시는 이야기를 재미있게 듣게 되어 가족 간의 화목도 더 좋아졌어요." 이처럼 '나누리'를 통해 이산가족 내의 언어 소통 문제가 많이 해소되고 있는 모습을 보여 앞으로의 전망 또한 기대됩니다.
>
> 또한 '나누리'는 이산가족뿐만 아니라 남북 언어문제에 시달리고 있는 연구자들이나 기업체들, 방송업계, 학교에서도 큰 관심을 보이고 있기 때문에 '나누리'의 역할은 더 커질 것으로 보입니다. 표준어뿐만 아니라 외국어 번역기능이 첨가되어 외국계 기업도 큰 관심을 보이고 있고, 얼마 전 박람회에서 메이저급 여행사들이 '나누리' 렌탈 서비스기획에 관한 추진을 벌써부터 시작하고 있다고 하여 그 관심이 더 증폭되고 있습니다. 이를 통해 전 국민이 언어로 빚어지는 문제가 이전보다 훨씬 개선될 것으로 전망되어 오는 oo일에 출시되는 '나누리'에 대한 기대감이 증폭되고 있습니다.

풀이

작성된 보도자료를 분석해 빠진 것을 보충하고 형식에 맞춰 다시 써 보는 문제이다. 보도자료는 제목, 전문, 본문 등이 일반적인 보도문 형식으로 작성되어야 한다. 또한 제목과 전문은 핵심적인 내용을 전달할 수 있어야 하며 본문은 사실적이고도 정확해야 한다. 인쇄매체의 기사 형식과 방송의 보도 형식은 말투와 내용 여러 가지 면에서 차이가 있지만 보도자료는 일반적인 신문의 기사 형식으로 써야 한다.

답

휴대용 표준어 번역기 폭발적 반응
– 실사용자 중심으로 '나누리'에 대한 기대감 증폭 –

정부가 X월 X일에 선보인 '표준어 번역기 나누리(이하 나누리)'에 대한 반응이 가히 폭발적이다. 나누리는 방언을 표준어로, 표준어를 방언으로 바로 번역해 주는 휴대용 표준어 번역기이다. 교육과학기술부의 연구용역 사업으로 시작된 나누리 개발에 국어학자, 음성공학자, 컴퓨터전문가 30여명이 참여하여 지난 3년 동안 연구한 결과 드디어 세상에 빛을 보게 되었다.

나누리의 원리는 극히 간단하다. 표준어 사전과 지역별 방언사전을 내장한 번역기가 표준어와 방언을 자유롭게 넘나들며 번역을 해 준다. 휴대 또한 간편해서 한 손에 들어올 정도이지만 소형 마이크와 스피커까지 갖춘 고성능의 제품이다. 나누리에는 국내 최대의 사전 및 방대한 방언사전이 내장되어 있고 최첨단의 자동번역기가 채택되어 있다.

나누리를 접한 사용자들의 반응은 칭찬 일색이다. 베타테스터로 먼저 체험해본 최모씨는, 본래 이산가족이었는데 남북 언어차이로 인해 어려움을 느끼다가 '나누리'로 인해 불편한 점이 해소되었다고 한다. 또한 평생 제주도를 떠난 적이 없는 제주 토박이 양 모 할머니는 나누리 덕분에 뉴스를 처음으로 다 이해할 수 있게 되었다고 말했다.

나누리는 앞으로 여러 방면에서 활용될 수 있을 것으로 보인다. 따라서 언어 소통 면에서 문제를 겪고 있는 연구자, 기관, 기업, 방송, 학교에서도 큰 관심을 보이고 있다. 나아가 표준어뿐만 아니라 외국어 번역기능이 첨가되어 외국계 기업도 큰 관심을 보이고 있고, 얼마 전 박람회에서 메이저급 여행사들이 '나누리' 렌탈 서비스기획에 관한 추진을 벌써부터 시작하고 있다고 하여 그 관심이 더 증폭되고 있다. 이를 통해 전 국민이 언어로 빚어지는 문제가 이전보다 훨씬 개선될 것으로 전망된다.

제시된 보도 자료에는 제목이 있으나 보도 내용 전체를 아우르면서 독자의 관심을 끌기에는 부적절하므로 적절히 고쳤다. 또한 전문이 없으므로 전문을 통하여 기사의 내용을 대략적으로 파악할 수 있도록 하였다. 기사의 본문은 일반적인 기사의 내용과 형식을 따라 고쳤다. 본문은 여러 가지 방법으로 고칠 수 있으니 최선의 방향으로 각자 고쳐 보는 것이 좋다.

연습 7-10

다음에 제시되는 보도자료의 문제점을 지적한 후 고쳐 쓰시오.

정부 · 기업 · 지역사회 연계형 사회적 기업 탄생

– 청소년의 경제적 자립을 돕는 근로환경 개선 사업 시행 –

지난 11월 1일 오후 1시 인천시 남구 관교동에 위치한 사업 부지에서 모든 근로자를 청소년으로 구성한 복합상업시설 '유스플렉스(Youth Plex)'의 설립 기념식이 개최되었다. '유스플렉스' 사업은 복합상업시설 내에 입점할 업종의 모든 근로자를 청소년으로 구성하는 일자리 제공형 사회적 기업 인큐베이팅 모델이다. '유스플렉스'는 미래기획의 예비 사회적 기업으로서의 역할 수행을 위한 프로젝트로서, 교육과학기술부(3억 원), 사회투자지원재단(3.5억 원), 각 사업의 제휴업체(4.7억 원)가 공동 출자하여 2010년 11월에 설립되었다.

유스플렉스는 2011년 말까지 20억 원의 영업수익을 달성하고 청소년 근로자 50명까지 추가 고용할 계획이며, 근로자를 위한 교육프로그램을 운영하는 등 내년 상반기까지 사회적 기업 인증을 받는다는 목표를 제시하였다. '유스플렉스'는 지하 3층 및 지상 7층(옥상 포함) 규모의 상업시설로, 문화 · 체육시설부터 의류, 미용, 잡화, 오락, 음식, 영화상영관 등 다양한 업종이 입점하며, 근로자인 청소년들은 원활한 직업활동이 진행되도록 사전 교육을 통해 준비한다. '유스플렉스'는 다양한 기업과 파트너십을 맺음으로써 사회적 기업으로서의 성공가능성을 높인 모델로 평가된다.

사회적 기업으로서의 미래기획은 사회적 약자에 속하여 노동권을 보장받지 못하는 청소년들에게 일자리를 제공하고 정당한 대가를 받을 수 있도록 보장한다. 또한 각 분야별 전문 교육 시스템을 구축하여 근로자에게 체계적인 교육환경을 제공함으로써 향후 성인이 되어서도 취업이 가능하도록 보장한다. 이번 사업은 경기침체로 어려움을 겪고 있는 취약계층 청소년에게 안정된 근로환경을 제공하여 경제적으로 자립할 수 있게 함으로써 꿈과 희망을 나눌 수 있을 것으로 기대되고 있다. 뿐만 아니라 상업시설 내에 모든 근로자를 청소년으로 배치, 지속적으로 대중들에게 노출시킴으로써 사회 전반에 만연한 일하는 청소년에 대한 부정적 인식을 개선시킬 수 있는 기회가 될 것으로 기대된다. 일반기업의 목적이 이윤창출인 것과 달리, 취약계층에게 사회서비스 또는 일자리를 제공하여 지역주민들의 삶의 질을 높이는 등과 같은 사회적 목적을 추구한다. 재화 및 서비스의 생산 판매 등 영업활동을 수행하고 이윤극대화를 추구하기 보다는 우선적으로 사회적 목적을 추구하며 이 과정에서 창출된 이윤은 사업자체나 지역공동체에 재투자하여 지역 경제의 활성화를 도모하고자 한다.

이주호 교육과학기술부 장관은 이날 축사를 통하여 "성공적인 사회적기업 파트너십 모델의 탄생을 축하하고, '유스플렉스' 사업이 지속적으로 확산될 수 있도록 정부차원의 다양한 지원방안을 강구하겠다."고 약속했다. 이 날 기념식에는 교육과학기술부 장관, 노동부장관, 인천시장 등을 비롯하여 20여개의 중견우량기업 대표 등이 참석하여 '유스플렉스' 사업이 성공적인 사회적 기업 모델로 발전해 나갈 수 있도록 관심과 지원을 아끼지 않기로 하였다.

예제 다음과 같은 가상의 상황에서 필요한 업무용 문서를 지정된 내용과 형식으로 작성하시오.

보기 벤처 창업 동아리에서는 자신들이 개발하여 특허를 획득한 휴대용 동영상 플레이어 '플레이X'의 생산 및 판매를 위해 학내 벤처기업을 만들고자 한다. 학내 벤처기업을 만들려면 대학본부의 승인 및 학생회의 동의가 있어야 한다.

- 대학본부(수신자 총장)와 총학생회에 보내는 공식적인 메일

- 학내 벤처기업 창업을 널리 알리기 위한 보도자료

자사 로고	보도자료	담당자 정보 담당부서, 이름, 주소, 전화번호, 이메일, Fax, 홈페이지 주소
	보도일시	
제목(TITLE) 전문(리드-lead)		
본문		

풀이

공식적인 일을 처리할 때 필요한 업무용 문서를 직접 작성해 보는 문제이다. 공식적인 일을 진행하고자 할 때에는 관계 기관 및 관계자와 긴밀한 의사소통을 해야 한다. 또한 좋은 성과가 있거나 여러 사람에게 알려야 할 일이 있으면 신문과 방송을 통해 보도가 되도록 해야 한다. 이를 위해서는 공문서와 보도자료가 필수적이다. 가상의 상황이므로 스스로가 내용을 정해 공식적인 메일을 직접 작성해 본다. 또한 약간의 상상력을 동원해 보도자료의 내용을 고안한 뒤 이것을 보도문 형식으로 써 본다. 정해진 답이 있는 것이 아니므로 다양한 업무용 문서를 스스로 작성해 본다.

답 생략

연습 **다음과 같은 가상의 상황에서 필요한 업무용 문서를 지정된 내용과 형식으로 작성하시오.**

① 소외된 지역을 찾아다니며 여름 과학 캠프를 여는 대학교 봉사 동아리에서는 강원도 산골에 있는 초등학교의 전교생 10명 대상으로 여름 과학 캠프를 열고자 한다.

- 해당 지역의 군청, 학교에 보내는 공식적인 메일

- 자신들의 활동을 알리기 위한 보도자료

자사 로고	보도자료	담당자 정보 담당부서, 이름, 주소, 전화번호, 이메일, Fax, 홈페이지 주소
	보도일시	
제목(TITLE) 전문(리드-lead)		
본문		

② 제약회사의 신약 개발부서에서는 대학생들을 위해 맞춤으로 개발한 위장장애 개선제에 대한 임상실험을 실시하고자 한다.

■ ○○대학 학생 전체에게 임상실험에 지원할 것을 권유하는 메일

■ 임상실험 성공 후 제품의 시판에 대해 알리는 보도자료

자사 로고	보도자료	담당자 정보 담당부서, 이름, 주소, 전화번호, 이메일, Fax, 홈페이지 주소
	보도일시	
제목(TITLE) 전문(리드－lead)		
본문		

8장

말하기를 통한 문제해결

"말하라, 자신의 지식과 생각을.

들으라, 남의 지식과 생각을.

나누라, 문제에 대한 해결책을."

8.1 말하기의 목적과 유형

글쓰기가 문자를 통한 간접적인 의사소통 방식이라면, 말하기는 음성을 통한 직접적인 의사소통의 방식이다. 말하기는 얼굴을 맞대고 바로 즉시 서로의 의견을 주고받을 수 있기 때문에 매우 빠르고 효율적인 의사소통의 방법이다. 의사소통의 방법 중 하나로서의 말하기에 대한 일반적인 사항을 꼼꼼하게 이해해 보자.

문제가 뭐야?	어떻게 해야 하지?	이렇게 해결해 봐!	더 깊게! 더 넓게!
말로써 직접적인 의사소통을 해야 하는데 어떻게 하지?	글쓰기와 말하기의 공통점과 차이점을 이해하라.	말하기의 다양한 유형을 파악하라.	다양한 유형의 말하기 특성을 실제로 적용하라.

글쓰기와 말하기

글쓰기와 함께 말하기는 인간의 주요한 커뮤니케이션 수단이다. 오늘날 지적인 활동에서 글쓰기의 비중이 높아졌지만 인류가 먼저 발달시킨 커뮤니케이션의 수단은 말하기이고 지금도 여전히 중요한 위치를 차지하고 있는 것이 말하기이다. 말을 하는 목적은 글을 쓰는 그것과 크게 다르지 않다. 자신의 지식과 생각을 말과 글 중 어떤 것으로 표출하는가만 다를 뿐 상대를 이해시키거나 설득시키려는 목적은 결국 같기 때문이다. 또한 궁극적으로는 커뮤니케이션을 통해 문제를 해결하고자 하는 목적도 같다.

그러나 말하기는 다음과 같은 세 가지 면에서 큰 차이가 있다.

- **현장성** : 같은 시각, 같은 장소에 있는 사람끼리만 의사소통을 할 수 있다.
- **일회성** : 순차적으로 흘러가는 말을 되돌리거나 수정할 수 없다.
- **역동성** : 직접적이고 즉각적인 반응을 통한 의사소통이 가능하다.

말하기는 원칙적으로는 같은 시각, 같은 공간에 있는 사람끼리만 의사소통이 가능하다. 글은 쓰고 난 다음에 다른 사람들이 얼마든지 읽을 수 있으나 말은 그렇지 못하다. 녹음과 녹화가 가능하기는 하지만 이것은 보관이나 재생만 가능할 뿐 현장에서 직접적으로 주고받는 말과는 다르다. 또한 말은 입에서 나오게 되면 다시 돌이킬 수도 없고 수정을 할 수도 없다. 글은 쓰고 난 후 수정을 할 수도 있고 읽다가 앞의 것을 다시 확인할 수 있으나 말은 한번 지나가고 나면 말하는 사람이나 듣는 사람 모두 돌이킬 수 없다. 이러한 특성 때문에 말하기는 글쓰기에 비해 어렵게 느껴진다.

그러나 말하는 이와 듣는 이가 서로 마주대할 수 있기 때문에 즉각적으로 의사소통을 할 수 있다. 듣는 이의 반응에 따라 말하는 이가 적응할 수 있고 듣는 이는 말하는 이에게 즉시 질문을 하거나 의사를 표시할 수 있다. 이러한 점은 말하기가 가진 장점으로서 이러한 특성 때문에 빠르고도 정확한 의사소통이 가능하다. 또한 말하기의 어려움은 글을 통해 어느 정도 극복할 수 있다. 말은 즉석에서 생각나는 대로 할 수도 있으나 미리 준비된 원고를 읽거나 이를 바탕으로 말을 이어나갈 수 있다.

내용적인 면에서는 말하기와 글쓰기는 별 차이가 없다. 글을 쓰는 목적 중 가장 중요한 두 가지는 설명과 주장인데 말하기 또한 자신이 가진 정보를 설명하여 듣는 이를 이해시키거나 자신의 주장을 펼쳐 듣는 이를 설득하는 것을 목적으로 한다. 따라서 설명과 논증의 방법이 말하기에도 그대로 적용될 수 있다. 따라서 말하기의 여러 특성에 잘 맞춰 글쓰기의 방법을 활용하면 된다.

> Key Point
> **말하기를 효과적으로 하려면?**
> 글쓰기와 말하기의 차이를 분명하게 이해하라.

예제 8-1

아래의 만화를 보고 다음의 물음에 답하시오.

꽉 선생의 일기

아주대학교 의과대학 정민석 교수

제148편 : 추운 곳에서 살려면 몸이 커야

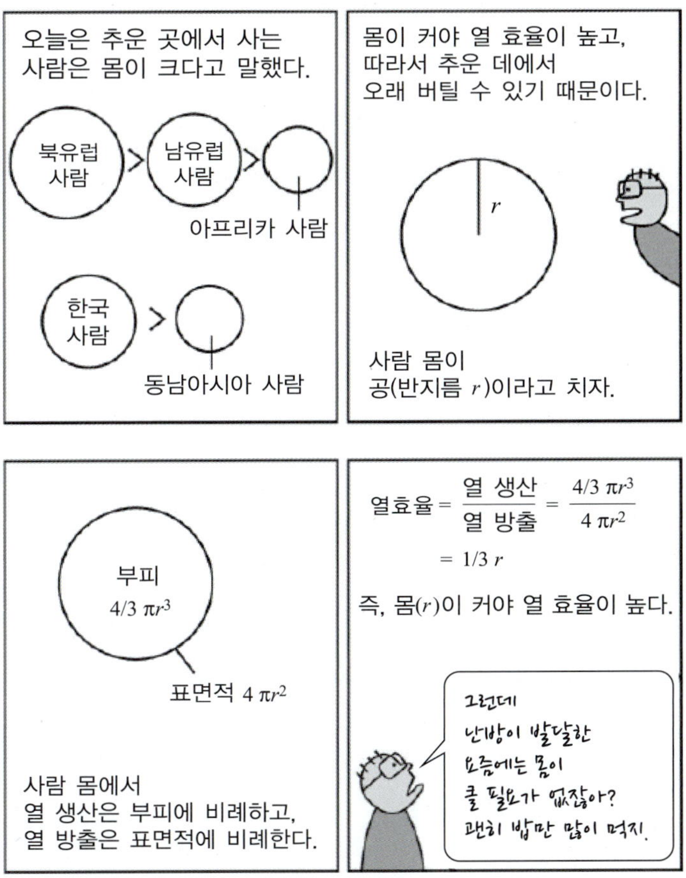

① 만화의 내용을 설명문으로 쓰시오.

② 만화의 내용을 강연 형식으로 말하시오.

③ 설명문으로 쓸 때와 비교해 강연을 할 때의 장단점을 쓰시오.

		설명문	강연
전달	장점	여러 번 검토해서 수정할 수 있다.	
	단점	독자의 반응을 확인해 바로 반영할 수 없다.	
수용	장점	반복해서 읽거나 필요한 부분을 다시 읽을 수 있다.	
	단점	지면을 통해 간접적인 정보를 수용할 수밖에 없다.	

풀이

같은 내용을 글로 쓸 때와 말을 할 때의 차이를 비교, 대조해 보는 문제이다. 글과 말은 장점과 단점을 모두 가지고 있기 때문에 상황에 따라 달리 활용된다. 설명문은 설명문을 쓰는 방법을 활용해 쓴다. 강연은 만화의 내용을 이해한 뒤 자연스럽게 강연 형식으로 해 본다. 양자의 차이는 평소의 경험을 되살려 써 본다.

답 ①, ② 생략

③

		설명문	강연
전달	장점	여러 번 검토해서 수정할 수 있다.	청중에 맞춰 다양한 형식과 방법으로 전달할 수 있다.
	단점	독자의 반응을 확인해 바로 반영할 수 없다.	한번 나온 말을 수정하기가 어렵다.
수용	장점	반복해서 읽거나 필요한 부분을 다시 읽을 수 있다.	강연 현장에서 생생한 정보를 얻을 수 있다.
	단점	지면을 통해 간접적인 정보를 수용할 수밖에 없다.	지나간 부분을 재확인하거나 이해가 어려운 부분을 반복해서 들을 수 없다.

주어진 자료를 바탕으로 글을 쓰거나 강연을 하는 것 자체가 목적이 아니고 양자를 비교하는 것이 목적이므로 ①, ②번의 답은 생략했으나 실제로 글을 쓰고 강연을 해 보고 비교하는 것이 좋다. ③번은 전달과 수용으로 나누었으므로 글을 쓰거나 강연을 하는 사람의 입장을 모두 반영했다. 또한 어느 한 쪽의 장단점은 다른 한 쪽과 반대의 속성이 되므로 각각이 짝을 맺도록 하였다. 양자의 차이를 아는 것 자체보다는 이런 차이를 알고 전달하거나 수용할 때 활용하는 것이 중요하다.

연습 8-1

아래의 사진을 보고 다음의 물음에 답하시오.

"사람의 머리카락은 하루에 36m가 자랍니다."

① 사진의 내용을 설명문으로 쓰시오.

② 사진의 내용을 강연 형식으로 말하시오.

③ 설명문으로 쓸 때와 강연을 할 때 어느 쪽이 쉬운지 그 이유와 함께 말해 보시오.

④ 글로 쓰는 것과 말로 하는 것을 서로 보완할 수 있는 방안에 대해 말해 보시오.

말하기의 유형

말하기는 목적과, 대상, 그리고 상황에 따라 다음과 같은 세 가지 유형으로 나눌 수 있다.

발표	토의/토론	면접

나의 말을 들으라.	함께 이야기하자.	너의 말을 듣고 싶다.

발표는 청중 앞에서 개인이나 집단의 지식이나 주장을 펼치는 말하기의 한 유형이다. 원칙적으로는 말하는 이만 일방적으로 말을 하고 청중은 듣기만 하는 방식이지만 청중의 질문에 응답을 하는 방

식으로 상호작용이 일어날 수도 있다. 발표는 강의, 프레젠테이션, 연설, 기자 회견 등 여러 가지 세부 유형으로 나눌 수 있는데 이공계열 학생들에게 가장 중요한 것은 프레젠테이션이다. 수업 중의 발표도 일종의 프레젠테이션이고, 기관과 기업에서 연구, 보고, 기획, 제안 등에서 하는 발표도 프레젠테이션의 일종이다. 오늘날 개인 및 단체의 활동에서 프레젠테이션은 매우 중요한 비중을 차지하기 때문에 프레젠테이션의 내용과 형식, 그리고 방법에 대해서 철저히 익혀 둘 필요가 있다.

토의나 토론은 어떤 문제에 대한 자신의 생각을 여러 사람과 함께 나누어 결론을 내거나 해결책을 찾아나가는 말하기의 한 유형이다. 토의나 토론에 참여한 사람들은 해당 주제와 밀접한 관련이 있거나 해당 주제의 전문가들로서 서로가 의견을 자유롭게 교환할 수 있다. 토의는 일반적으로 주어진 문제에 대해 여러 사람의 의견을 모아 최선의 방안을 찾고자 하는 것으로서 기관이나 기업의 통상적인 회의, 각종 아이디어 회의 등이 여기에 속한다. 이에 반해 토론은 어떤 문제에 대한 상반된 입장을 가진 사람들이 모여 자신들의 주장을 관철시키기 위해 하는 것으로서 정치적, 경제적 토론회가 여기에 속한다. 토의나 토론 모두가 최선의 방법, 옳은 길을 찾고자 하는 것이므로 개인과 집단의 활동에서 필수적이다.

면접은 기관이나 기업 등에 지원한 사람을 대상으로 인사 담당자가 묻는 방식으로 이루어지는 말하기의 한 유형이다. 지원자는 묻는 말에 수동적으로 답을 할 수도 있고 자신의 역량을 보여주기 위해 능동적으로 준비된 것을 말할 수도 있다. 기관이나 기업에서 사람을 채용할 때 마지막 단계에서 반드시 면접이 이루어진다. 면접을 통해서 지원자의 업무 능력뿐만 아니라 의사소통 능력, 성품까지 판단을 하므로 철저한 준비와 연습이 필요하다.

Key Point

상황에 맞는 말하기를 하려면?
말하기의 유형과 특성에 대해 정확하게 파악하라.

예제 8-2

다음에 제시되는 상황과 관련하여 세 가지 유형으로 말한다고 가정하고 물음에 답하시오.

청소년들의 이과 기피 현상이 늘고 있다. 이과 가운데에서도 의대, 치대, 약대 등의 소위 돈 잘 버는 학과에만 학생들이 몰리고 공대나 자연 과학 대학은 갈수록 인기가 떨어지고 있다. 청소년들이 과학 기술을 기피하는 것은 우리 사회에서 이미 과학 기술자가 더 이상 선망의 직업이 아니라는 것을 의미한다. 무엇보다도 벤처의 비정상적인 급성장과 극적인 몰락은 청소년들에게 과학 기술자라는 직업에 대한 커다란 실망을 안겨다 주었다. 이외에도 학부제 실시로 인한 인문학과 기초 과학의 붕괴, 신지식인의 변질, 고학력 실업 등은 모두 과학 기술자의 사회적 지위를 실추시키는 데 영향을 미쳤다. 과학 기술인의 처우와 불투명한 미래, 그리고 사회적 지위가 열악해지고, 이공계 고급 인력의 파격적인 대우는 옛말이 되었으며, 공직과 민간 기업에서 이공계 출신이 거의 등용되지 못하는 것이 현실이라는 사실을 청소년들은 잘 알고 있다. 청소년들의 눈에는 이공계가 '공부는 어렵고, 대우도 나쁘며, 불안한 직장 생활을 하는' 분야로 비쳐지고 있는 것이다.

① 위의 내용을 발표 형식으로 말해 보시오.

② 위의 내용을 토론 또는 토의장에서 하는 형식으로 말해 보시오.

③ 위의 내용과 관련하여 면접에서 "이공계 기피 현상에 대한 자신의 의견을 말해 보시오."란 질문에 답을 하는 형식으로 말해 보시오.

④ 다른 유형과 대비해 볼 때 각각의 말하기 유형의 특징 중 대표적인 것을 쓰시오.

풀이

말하기의 세 가지 유형의 차이에 대해 생각해 보는 문제이다. 글쓰기와 말하기는 모두 중요한 커뮤니케이션이기는 하지만 그 방법에서는 조금씩 차이가 있다. 이것을 확인하기 위해서는 각각의 유형에 따라 실제로 말을 해 보는 것이 좋다. 자신이 말하는 것, 혹은 다른 사람이 말하는 것 모두를 고려해 답을 해 본다.

답 ①, ②, ③ 생략

④ 발표 : 자신이 준비한 내용을 자신이 주도해서 계속적으로 말한다.

토의/토론 : 자신의 주장을 펼치되 다른 사람의 주장에 대해서는 반박하거나 수용한다.

면접 : 질문에 따라 미리 준비한 것이나 현장에서 생각한 것을 말한다.

세 가지 유형으로 실제 말을 해 봐야 하는 문제이므로 ①, ②, ③번의 예시 답안은 생략했다. ④번의 특징은 다른 것과 비교해서 두드러지게 나타나는 것 위주로 썼다. 말하기는 모두 현장에서 직접적인 커뮤니케이션이 이루어진다는 공통점이 있지만 커뮤니케이션의 양상에는 조금씩 차이가 있으므로 이 차이를 확인해 본다. 차이에 대한 이해보다는 이러한 차이를 알고 실제로 반영하는 것이 중요하다.

연습 8-2

다음에 제시되는 상황과 관련하여 세 가지 유형으로 말한다고 가정하고 물음에 답하시오.

유전자 조작 식품이란 생물체의 유전자 중 필요한 유전자를 인위적으로 분리 · 결합하여 병 · 해충 저항성, 저장성 향상, 고영양성분 함유 등의 특성을 갖도록 한 농산물과 식품을 말한다. 벼 · 감자 · 옥수수 · 콩 같은 농작물의 유전자를 조작하면 유전자변형 농작물이라 부르고, 이 농산물을 가공하면 유전자변형 식품이라고 한다. 유전자변형 농산물을 만드는 방법에는 인공적으로 세포를 두 개로 나누고 다른 핵을 집어넣는 핵병합 방법과, 특정 형질이 있는 유전자를 다른 농산물에 주입하는 형질변환 방법이 있다. 뿌리에는 감자가 달리고 줄기에는 토마토가 열리는 농작물이 있다면 이는 핵병합 방법에 의한 것이고, 병충해에 강한 식물의 유전자를 다른 식물에 주입하여 재배하는 것은 형질변환 방법이다. 유전자변형 농산물은 수량 증대와 품질 향상 등의 장점이 있으나, 소비자 · 환경단체 등을 중심으로 인체와 환경에 대한 잠재적 위해성 논란도 제기되고 있다.

① 위의 내용을 발표 형식으로 말해 보시오.

② 위의 내용을 토론 또는 토의에서 하는 형식으로 말해 보시오.

③ 위의 내용과 관련하여 면접에서 "유전자 조작에 대한 자신의 의견을 말해 보시오."란 질문에 답을 하는 형식으로 말해 보시오.

④ 각각의 말하기 유형 중 가장 어렵다고 생각되는 유형을 그 이유와 함께 말해 보시오.

실습과제

예제 **다음에 제시되는 주제에 대해 주어진 유형으로 말해 보시오.**

① 녹색기후 기금 / 발표

이산화탄소의 증가로 인한 지구온난화가 가속되면서 지구촌은 각 지역별로 폭우와 극심한 가뭄, 남북극의 빙하 면적 감소 등의 원인으로 인한 해수면 상승, 식생변화 등 다양한 기후변화로 인한 피해를 입고 있다. 이에 녹색기후 기금은 선진국들이 기금을 마련하여 개발도상국에 기후변화로 겪고 있는 피해를 줄이고 이에 적응할 수 있도록 지원하는 데 그 목적을 두고 조성된 기금을 관리하기 위해 설립하고자 하는 국제기구다. 이는 지구온난화 방지를 위해 모든 온실가스의 인위적 방출을 규제하기 위한 유엔기후변화협약(UNFCCC)의 목적과 일맥상통하며, 복합적으로 발생하며 많은 피해를 일으키는 기후변화에 전 세계가 협력하여 대응하고자 하는 것이다.

② 갯벌을 보존할 것인가, 간척 사업을 할 것인가? / 토론

간척 사업은 연안 간석지를 대상으로 방조제를 건설한 후 해안을 매립하여 육지화함으로써 농토나 기타 산업 부지를 조성하는 사업을 말한다. 우리나라는 삼면이 바다로 둘러싸여 있고 서해안과 남해안에 많은 섬이 산재하여 간석지가 발달되어 있으므로 간척 사업에 유리하다. 우리나라의 간석지는 약 40.2만ha에 달하며, 지금까지 약 6만ha의 간석지가 간척지로 조성되었고, 현재 약 10만ha의 간척지가 조성 중에 있다. 8 · 15 광복 후 대표적인 간척 사업으로는 계화도 간척 사업(1963~1968), 시화 지구 간척 사업(1987~1997), 서산 대호 지구 간척 사업(1980~1996) 등이 있으며, 현재 공사 중에 있는 대규모 간척 사업으로는 새만금 지구 간척 사업(1991~2004)을 들 수 있다. 이러한 간척 사업으로 인하여 1910년대 이후 우리나라의 서해안과 남해안의 해안선은 여러 곳에서 직선화되었기 때문에 급속히 단순화되고 짧아지고 있다. 간척지 조성은 농경지 · 택지 · 공장부지 등 용지 공급 면에서 경제적 효용 가치가 크다고 할 수 있지만, 자연 생태계의 파괴와 어민의 생존권 등의 문제가 뒤따르기 때문에 개발과 보존 사이에서 많은 갈등과 대립을 겪고 있다.

③ 노동생산성을 높이는 방안은? / 면접

노동생산성(Productivity of labour)은 일정 시간이 투입된 노동량과 그 성과인 생산량과의 비율로, 노동자 1인이 일정기간동안 산출하는 생산량 또는 부가가치를 나타낸다. 일반적으로 노동투입량에 대한 산출량의 비율을 나타내는 〈물적 노동생산성〉과 노동 투입량에 대한 부가가치의 비율을 나타내는 〈부가가치 노동생산성〉으로 대별된다. 물적 노동생산성은 생산효율이나 생산기술 수준 등을 파악하는데 적합하며 부가가치 생산성은 기업의 이익에 더 접근한 것으로 분배기준이나 임금지불능력 등 가치창출 효과를 평가하는데 적합한 지표이다. 노동생산성이 상승하면 상품의 가치가 하락하고, 따라서 자체 비용도 낮아지며, 가격을 그대로 두어도 기업의 이윤이 높아지게 된다.

풀이

주어진 기초자료를 바탕으로 정해진 유형으로 직접 말을 해 보는 문제이다. 글쓰기와 마찬가지로 말하기에서도 말할 내용을 미리 준비하고 구성해야 하지만 이러한 과정은 글쓰기를 통해 많은 훈련을 거쳤기 때문에 이 문제에서는 말하기 자체에 초점을 맞출 수 있도록 기초자료를 미리 제공했다. 발표는 자신이 발표자가 되었다고 생각하고 주어진 내용을 바탕으로 말을 해 본다. 토의/토론은 자신의 주장을 미리 정리해 보고 상반된 주장, 반박 등도 미리 생각해서 구성해 보거나 실제로 다른 사람과 토의/토론을 해 본다. 면접 또한 예상되는 질문을 미리 작성하여 해 보거나 다른 사람과 함께 모의면접을 해 본다.

답 생략

연습 다음에 제시되는 주제에 대해 주어진 유형으로 말해 보시오.

① 대체의학 / 발표

대체의학이란 병원의 표준화된 치료 이외에 환자들이 이용하는 요법을 말한다. 증명되지 않은, 비정통적 · 보조적인 요법으로 과학자나 임상의사의 평가에 근거하여 증명되지 않았거나 현재 권장되지 않는 예방 · 진단 · 치료에 사용되는 검사나 치료의 방침을 통틀어 지칭한다. 대체의학이 다루는 범위는 증상완화에서 치료를 목표로 하는 것, 특정한 의학적 문제에서 인간에 관한 전체적인 것, 가정의 쉬운 처방에서 복잡하고 제조된 것, 매우 효과적인 것에서부터 해악이 큰 것 등이다. 그러나 그 효과에 대한 객관적이고 과학적인 근거가 부족해 제도권 의료계에서는 정식으로 인정하지 않는 치료법이다. 미국의 국립위생연구소(NIH)가 분류한 대체의학은 식이 · 영양, 정신 · 신체기법, 생전자기장(bioelectromagnetics), 전통요법 및 민간요법, 약물 및 생리적 치료, 수지요법(manual healing methods), 약초요법 등이다.

② 뇌사의 판정 기준은? / 토론

뇌의 기능은 대뇌반구의 기능 이외에 뇌간(腦幹)의 기능도 포함한다. 뇌사는 인간의 죽음과 같은 뜻이 아니고, 보통은 뇌사 다음에 죽음이 온다. 심장이식 수술에는 가능한 한 신선한 심장이 필요하기 때문에 심장 제공자의 죽음을 판정함에 있어서 뇌사로 정하려는 움직임이 있었다. 1968년 8월 '세계 의사회 총회'에서 채택된 장기이식(臟器移植)에 관한 선언(시드니선언)에서는 첫째, 심장 제공자에 대한 죽음의 판정은 뇌파측정기상의 뇌파의 정지(뇌사)로 결정해야 한다. 둘째, 제공자의 죽음을 확인하는 데에는 2명 이상의 의사가 입회하여야 하며, 뇌사의 결정에 참여한 의사는 이식수술에 관여해서는 안 된다고 하였다. 그러나 뇌파측정만으로는 뇌간의 기능정지를 판정할 수 없고 뇌사의 판정도 질병의 종류나 진도(進度)에 따라 기준이 달라진다. 그러므로 판정기준(判定基準)의 검토가 필요하다.

③ **카리스마가 있는 리더가 되고자 하는가? / 면접**

카리스마(charisma)는 대중을 따르게 하는 초인적인 자질, 대중 또는 조직 구성원을 복종하게 만드는 강한 마력이나 능력을 의미한다. 그리스어 'kharisma'에서 유래되어 '신의 특별한 은총'이라는 뜻이다. 이를 독일 사회학자 베버가 지배의 3유형의 하나로 예시하면서 사회학적 개념으로 발전했다. 베버는 지배의 형태를 세 가지로 분류했는데 합법적 지배(법에 따른 지배), 전통적 지배(관습에 따른 지배)와 함께 카리스마적 지배가 그것이다. 베버는 '카리스마'에 대하여 보통사람과 구별되는 초자연적, 초인간적, 특수한 예외적인 힘이나 자질을 부여받은 개인적 인품의 특수한 자질이라 정의하고 있다. 카리스마가 클수록 조직의 역동성이 증가하지만 불안정하고 갑자기 파국을 맞는 경우도 많으며 히틀러나 나폴레옹 등이 대표적이다.

8.2 말하기의 과정과 전략

의사소통 수단으로서의 말하기 또한 문제해결을 위한 중요한 수단이다. 직접 얼굴을 마주대하고, 즉각적으로 의사소통을 할 수 있는 말하기는 빠른 문제해결을 위해 매우 효과적이다. 말하기를 통해 어떻게 문제를 해결해야 하는지, 효과적인 말하기를 위해서는 어떠한 전략과 윤리가 필요한지 알아보자.

문제가 뭐야?	어떻게 해야 하지?	이렇게 해결해 봐!	더 깊게! 더 넓게!
말을 통한 의사소통으로 문제를 어떻게 해소하지?	말하기의 과정을 익히라.	말하기의 전략과 윤리를 파악하라.	말하기의 전략과 윤리를 실제에 적용하라.

문제해결 과정과 말하기 과정

말하기도 글쓰기와 마찬가지로 문제해결을 위한 커뮤니케이션의 일환으로 이루어지는 것이기 때문에 말하기의 과정 또한 커뮤니케이션의 일반적인 과정, 그리고 글쓰기의 과정과 큰 틀에서는 같다.

커뮤니케이션 과정	글쓰기 과정	말하기 과정
주제의 설정 ↓ 자료의 수집과 정리 ↓ 구성과 전개 ↓ 상호작용	주제의 설정 ↓ 자료의 수집과 정리 ↓ 구성 ↓ 전개 ↓ 퇴고 ↓ 상호작용	주제의 설정 ↓ 자료의 수집과 정리 ↓ 구성 ↓ 전개 ↓ 상호작용

말하기의 과정이 글쓰기와 차이가 나는 것은 구성과 전개, 그리고 상호작용 부분이다. 글의 종류는 다양하지만 글을 통한 소통은 모두 일방적인 소통이기 때문에 과정 면에서는 차이가 없다. 그러나 말하기는 발표, 토의/토론, 면접 등의 소통 방법이 모두 다르기 때문에 말하기의 종류에 따라 차이가 있을 수밖에 없다. 이 중에서 발표는 글쓰기와 매우 유사하기 때문에 자료의 수집과 정리, 구성, 전개, 상호작용의 일반적인 순서를 따른다. 그런데 토론과 토의, 면접 등은 상호작용이 매우 빈번하게 일어나기 때문에 이때의 과정은 글쓰기와 다소 다르다.

주제의 설정		자료의 수집과 정리		구성
말의 주제를 정한다.	▶	말하기에 필요한 자료를 수집하고 정리한다.	▶	말하는 목적과 유형에 맞도록 효과적으로 구성한다.

	전개		상호작용
▶	구성에 맞추어 체계적으로 전개한다.	▶	말하기, 듣기, 의견 모으기 등의 과정을 반복적, 순차적으로 진행한다.

글쓰기는 개인적인 작업인 경우가 많아 주제를 스스로 설정해야 하는 경우도 많지만 말하기에서는 주제가 주어지는 경우가 많다. 토의와 토론은 시작하기 전에 이미 주제가 정해진다. 따라서 이에 맞게 자료를 수집하고 정리해야 한다. 토의와 토론은 올바른 결론을 내거나 자신의 주장을 관철시키는 것이 목적이므로 자료 준비가 철저히 이루어질수록 효과적이다. 면접 또한 자신이 지원하고자 하는 곳, 업무 등에 대한 준비가 철저해야 좋은 인상을 줄 수 있다.

말하기에서 전개 및 상호작용 과정은 반복적으로 일어난다. 토의와 토론, 면접 등에서는 여러 차례 말을 해야 하므로 그때마다 구성과 전개를 달리 해야 한다. 그리고 상대의 말을 경청하고 이에 대한 자신의 의견을 말해야 하므로 듣고 말하는 과정이 반복된다. 토의나 토론에서는 결론을 내야 할 경우가 많으므로 전체의 의견을 모으는 과정도 이루어져야 한다. 따라서 이러한 역동적인 과정을 잘 파악해 대응할 수 있어야 한다.

Key Point

말하기의 과정을 효과적으로 밟으려면?
커뮤니케이션 과정 및 글쓰기 과정을 바탕으로 말하기만의 특성을 찾으라.

예제 8-3

다음에 제시되는 주제에 대해 말하기와 글쓰기를 모두 한다고 할 때 각각의 물음에 답하시오.

대증요법 [symptomatic treatment, 對症療法]

어떤 질환의 환자를 치료하는 데 있어서 원인이 아니고, 증세에 대해서만 실시하는 치료법. 예를 들어, 폐결핵으로 미열(微熱)이 계속되고 있는 환자에 대해서 해열제를 투여하는 경우를 대증요법이라 하며, 그것과 대응하여 폐결핵제(肺結核劑 : PAS · INAH 등)를 투여하여 병의 원인인 결핵을 치료하는 것을 원인요법이라 한다. 환자에게 큰 고통을 주는 통증이나 발열 등이 있을 경우에는 대증요법으로 고통을 없애준다. 그리고 현재 원인요법이 없는 질환에 대해서는 대증요법을 쓴다.

원인요법 [causal treatment, 原因療法]

원인을 직접 제거하는 방법을 말한다. 예컨대 화농균(化膿菌)이 체내에 침입하였을 때 술파민제나 항생제 등을 사용하고, 장티푸스 · 세균성 이질 · 파라티푸스 · 대장염 등에 걸렸을 때 클로로마이세틴 · 오레오마이신 등을 투여하여 병원균을 죽이는 일, 또 위궤양이 있을 때 위의 나쁜 부분을 절제하거나 충수염일 때 충양돌기(蟲樣突起)를 제거하는 방법 등을 말한다. 그 밖에 각기병에서는 비타민 B를 투여하고 기생충구제에는 산토민 등을 복용시켜 기생충을 몸 밖으로 구제(驅除)하는 등의 일도 모두 원인요법이다. 대증요법에 상대되는 말이다.

① 말하기와 글쓰기 모두에 공통되는 과정은 어떤 과정인가?

② 글쓰기에는 있지만 말하기에는 없는 과정은 어떤 과정인가?

③ 글쓰기와 비교해 볼 때 말하기에서 강조되는 과정은 어떤 과정인가?

풀이

말하기와 글쓰기의 공통점과 차이점에 대해 확인해 보는 문제이다. 말하기와 글쓰기 모두 인간의 중요한 커뮤니케이션 수단이기 때문에 대부분의 과정이 유사하다. 말하기는 현장에서 청중을 마주대하고 이루어진다는 점에서 글쓰기와 다른 과정이 있음을 확인해 본다.

답 ① 주제의 설정, 자료의 수집과 정리, 구성, 전개, 상호작용
② 퇴고
③ 상호작용

충실한 내용의 말하기와 글쓰기를 위한 과정은 거의 같다. 주제를 잘 정하고 이 주제와 관련된 자료를 충분히 수집하여 정리해야 한다. 또한 독자나 청중이 이해하기 쉽도록 구성하고 전개하는 것도 큰 차이가 없다. 그러나 글쓰기는 제한적인 방식으로만 독자와 상호작용을 할 수 있는 데 비해 말하기에서는 청중 또는 상대와 활발한 상호작용이 일어날 수 있다. 글을 쓸 때는 여러 번 퇴고할 수 있지만 말하기에서는 이러한 과정이 없다는 것도 특징이다.

연습 8-3

다음에 제시되는 녹취 체험담을 읽고 물음에 답하시오.

녹취 알바를 하면서 느낀 점. 사람들은 의외로 말을 잘 못한다.

우연찮게 녹취 알바를 처음이자 마지막으로 하게 되었습니다. 어쨌든 느낀 점은 사람들이 말을 잘 못한다는 겁니다. 뭐 저도 할 말은 없지만 말이죠. 대체로 사람들이 문장을 어디서 끝내야 할지 잘 모를 뿐더러 주어, 서술어가 일치하지 않는 경우가 절대 다수더군요. 뿐만 아니라 주어가 사라지거나 서술어가 사라진 문장을 구사하기도 부지기수고. 녹음으로 들어보면 영어가 아닌 한국말임에도 뭔 말을 한 것인지 알 수 없는 경우도 너무 많았구요. "이거 당장 영어 말하기 듣기 공부가 아니라 한국어 말하기 공부부터 해야 했구나."란 생각을 했습니다. 돌이켜보면 한국말을 유창하게 하는 사람이 영어를 해도 더 잘하더군요. 언어적 감각의 문제인 것인지 무엇인지 모르겠지만 말입니다.

녹취를 하면서 한 결심은 "말을 할 때 조금 천천히 생각하면서 말하자."였습니다. 물론 지금도 충분히 천천히 하는 편이라 더 느려지면 곤란하지만 말이죠. 말 빨리 하는 분들은 자신이 하는 말을 녹음해서 나중에 들어보면 놀랄 겁니다. 워낙 두서가 없어서요. 그런 분들 몇 분 계시는데 그런 분들은 한 2~3번씩 반복해서 들어야 무슨 말을 하고자 하는지 이해가 가더군요. 그러다 보면 괜히 짜증이......

① 말하기의 어떤 속성 때문에 이러한 지적이 나오게 되는가?

② 이 글에서 지적된 내용적인 문제를 극복하기 위해서는 말하기의 어떤 단계를 강화해야 하는가?

③ 이 글에서 지적된 형식적인 문제를 극복하기 위해서는 말하기의 어떤 단계를 강화해야 하는가?

말하기의 전략과 윤리

말은 배우기 시작한 이래 늘 하는 것이기 때문에 말하기는 글쓰기에 비해 쉽다고 생각하는 경향이 있다. 그러나 일상적인 대화는 어렵지 않게 할 수 있으나 공식적인 말하기는 글쓰기만큼 어렵다. 또한 매우 역동적인 상호작용이 일어나기 때문에 때로는 글쓰기보다 더 어렵다. 더욱이 얼굴을 맞대고 의사소통을 해야 하므로 윤리적인 면이 더 강조될 수 있다. 따라서 고도의 말하기 전략과 철저한 윤리가 필요하다.

효과적인 말하기를 위한 전략 중 가장 중요한 것은 다음과 같다.

- **내용** : 주제가 분명하게 드러나도록 말하라.
- **형식** : 말하는 내용 전체가 잘 파악되도록 입체적으로 말하라.
- **도구** : 전하고자 하는 바가 충분히 전달되도록 귀와 눈을 활용하라.

말을 할 때 말하고자 하는 바가 무엇인지 분명하게 드러내는 것은 무엇보다도 중요하다. 글을 읽을 때는 이해가 안 되는 부분은 여러 번 읽을 수 있고, 앞의 내용이 생각나지 않으면 다시 찾아서 읽어볼 수도 있다. 그러나 말은 한 번 지나가면 끝이기 때문에 글보다 이해하기가 더 어려울 수가 있다. 따라서 설명하고자 하는 바가 무엇인지, 주장과 이에 대한 근거가 무엇인지 분명히 밝혀야 한다. 이는 말투나 태도의 문제가 아닌 주제의 문제이다. 자신이 발표하고자 하는 것이 무엇인지, 회의나 토론의 주제가 무엇인지 분명히 정하거나 파악한 후 이와 관련된 핵심적인 내용을 말할 수 있어야 한다.

말을 할 때는 전체적인 맥락이 잘 드러나도록 말하고자 하는 내용을 입체적으로 구성해야 한다. 이 전략 또한 말은 일회적, 순차적으로 진행되기 때문에 한 번 지나간 말은 되돌릴 수 없고 앞으로 나올 말을 미리 들을 수 없다는 특성과 관련이 있다. 따라서 어떤 이야기를 시작할 때 이야기의 전체 구조와 흐름을 미리 제시하고, 말을 하는 중간에도 하고 있는 이야기가 전체의 흐름 속에서 어디쯤에 있는지 밝혀주는 것이 좋다.

말을 통한 의사소통은 직접적이고 상호적이기 때문에 상대의 반응을 잘 살피고 상대의 말을 잘 듣는 것이 중요하다. 발표는 보통 일방적으로 이루어지지만 청중들을 바로 볼 수 있기 때문에 이들의 반응에 따라 내용과 형식을 바꿀 수 있다. 토의와 토론은 근본적으로 여러 사람의 의견을 나누고 모으고자 하는 것이기 때문에 남의 말에 귀를 기울여야 한다. 이는 다른 사람의 말을 이해하기 위한 것일 뿐 아니라 적절히 반박한 후 자신의 주장을 강화하기 위한 것이기도 하다.

말하기는 서로 얼굴을 맞대고 직접적인 소통을 하기 때문에 글쓰기보다 더 엄격한 윤리 또는 예의가 필요하다. 발표는 일방적인 소통의 성격이 강하기 때문에 발표의 내용을 준비하는 과정까지는 글쓰기의 윤리와 유사하다. 그러나 청중 앞에서 발표하는 과정, 그리고 토의와 토론, 면접 등은 청중 및 상대를 고려해 최대한으로 윤리와 예의를 지켜야 한다. 말하기에서 필요한 윤리 및 예의는 다음과 같이 정리할 수 있다.

- **청중에 대한 배려** : 듣는 이를 배려하라.
- **토론자에 대한 배려** : 상대의 말을 끊지 마라.
- **합리적, 논리적 말하기** : 억지를 부리지 마라.

말하기는 듣는 사람을 전제로 하는 것이기 때문에 내용과 형식은 듣는 사람에 맞춰야 한다. 발표를 할 때는 듣는 사람들의 수준에 맞춰 그들이 원하는 바를 채워줄 수 있도록 해야 하며 토의와 토론, 면접 등에서도 듣는 이를 배려해 말할 수 있어야 한다. 발표 후에 질문을 받을 때, 토의와 토론, 면접 등에서 말을 주고받을 때 상대의 말을 중간에 끊어서는 안 된다. 다른 사람이 충분히 말을 할 수 있는 기회를 줘야 한다. 그래야 자신도 말을 할 자격이 생기며 서로의 의견이 충분히 개진되어 최선의 결론에 도달할 수 있다. 토의나 토론을 할 때에는 자신에게 유리하도록 진실을 왜곡하거나 상대의 말을 마음대로 해석해서는 안 된다. 특히 토론을 할 때 모든 것을 자신에게 유리한 쪽으로 끌고 나가면 토론이 제대로 진행되지 않는다.

Key Point **말하기를 원활하게 잘 하려면?**
말하기의 전략과 윤리를 이해하고 말하라.

예제 8-4

다음에 제시되는 토론의 일부를 보고 다음의 물음에 답하시오.

풍력 발전기 고장과 생태계 교란

해낼 수 : ecoN팀에서 풍력 발전기의 경제적 측면을 설명하셨어요. 경제적 측면 말고 풍력 발전기가 고장났을 때 어떻게 대비해야 하는지, 또 파손 시 어떻게 대비하는지 궁금합니다.

녹색 바가지 : 제가 발언해도 되나요? 수리비가 많이 드는 원인이 풍력 발전이 외국의 베스타스 같은 기업에서 기술을 보급하고 있기 때문에 고장이 나면 수입도 하고, 전문 인력도 데려와야 하기 때문에 수리비가 높아지는 것입니다. 우리나라 풍력 발전 기술이 보급이 되어 있지 않은데, 국내 자체 전문 인력을 길러서 보완할 수 있는 방법이 있겠습니다. 또 다른 고장 나는 이유 중 한 가지가 새가 들어와서 고장 나는 경우가 있습니다. 우리나라 기업에서 새들이 잘 볼 수 있도록 반사되는 것을 개발하여 날개에 부착했다고 합니다. 이로써 고장도 줄일 수 있을 것입니다.

해낼 수 : 새가 끼여서 죽는다고 하셨는데 생태계 훼손되는 것에 대해서는 어떻게 생각하십니까?

녹색 바가지 : 그래서 그것에 대한 방안이 날개에 반사적인 것을 붙이는 것이고, LED 방식도 있습니다. 캘리포니아에서 연구를 했는데, 새들이 풍력 발전기에 끼여 죽는 것은 실제로 1년에 1마리이고, 빌딩이나 창문에 부딪혀 5500마리 정도가 죽는다고 합니다. 그래프 통계를 봤을 때 블레이드에 끼여 죽는 사례는 적음을 알 수 있습니다.

GGT : 터번에서 20~30 헤르츠 저주파가 발생합니다. 인체에 무해한 수치지만, 작은 동물들에게는 피해가 가지 않을까요?

해낼 수 : 저주파 에너지, LED 빛, 동물들이 싫어하는 색깔, 소리 유도로 풍력 발전기 주변을 피하게 하는데 주변 자연경관에 좋지 않은 영향을 끼칩니다. 소음과 공해도 유발하지 않나 함께 질문하겠습니다.

ecoN : 덴마크에서 10년 동안 연구를 했는데, 생태계에 영향은 그렇게 미치지 않는다고 합니다.

해낼 수 : 풍력 발전기는 산간지역에 많이 짓는데 박쥐가 죽는 경우가 많습니다. 터빈의 따뜻한 열기 때문에 벌레가 많이 끼이기도 합니다. LED를 쓰면 빛이 있는 곳으로 벌레가 모이기 십상입니다. 박쥐가 죽음으로 인해 해충 수가 늘어나고 생태계 교란이 온다고 논문에서 보았습니다. 이에 대해서는 어떻게 생각하십니까?

녹색 바가지 : 굳이 풍력에 LED가 쓰여야 될 이유는 없습니다. 필요성이 있는 경우에만 사용하면 됩니다. 모든 풍력에 사용하자는 것이 아닙니다. 그렇게 문제가 생긴다면 야광 물질로 대체하는 경우도 있습니다.

해낼 수 : 빛에 대해서가 아니고, 벌레가 꼬이고 박쥐가 오고 죽고, 해충이 생기고 생태계 교란이 일어나는데 이는 빛 문제만이 아닙니다.

녹색 바가지 : 이에 대한 충분한 환경 평가도 같이 이루어지는데, 가장 좋은 조건을 가진 곳에 건설합니다.

해낼 수 : 환경 평가 이루어진 후에 발생한 사례입니다.

녹색 바가지 : 개인적인 의견입니다. 열기의 문제에 대해서는 기술 개발이 계속되어야 하는 상황입니다. 호주에서는 희귀 앵무새가 죽는다고 1500만원의 지원금을 쏟았습니다. LED도 문제를 해결하기 위한 방안 중 하나입니다. 저희가 고차원적 방안을 내놓을 수 없지만 기술 발전을 통해서 긍정적으로 해결이 가능하다고 생각합니다.

① 토론의 주제가 분명하게 부각되고 있는가?

② 말하기의 전략 면에서 가장 뛰어난 참여자와 가장 부족한 참여자는 누구인가? 그 이유는 무엇인가?

③ 말하기의 윤리 면에서 문제가 있는 참여자는 누구인가?

풀이

토론 배틀의 일부를 보고 말하기의 전략과 윤리 면에서 평가를 해 보는 문제이다. 토론의 중요성이 강조되면서 여러 기관, 기업, 단체 등에서 토론 배틀을 개최하고 있다. 이러한 토론 배틀이 토론 문화를 활성화하는 데 기여를 하고 있지만 토론을 말싸움인 것으로 인식시키는 부작용도 낳고 있다. 말하기의 전략과 윤리 면에서 평가를 해 보고 실제로 자신이 말할 때 효과적인 전략을 구사하고 윤리 면도 잘 지킬 수 있도록 해 본다.

답 ① 이 부분의 주제가 '풍력 발전기 고장과 생태계 교란'이라고 되어 있으나 토론의 과정에서는 이 주제가 선명하게 부각되지 않고 있다. 참여자 각자가 부분적으로만 얘기할 뿐 주제 전체와 관련하여 통일성, 응집성 있게 주장을 하지 못하고 있다.

② 전략 면에서 뛰어난 참여자

녹색 바가지 : 사안에 대해 자신의 지식과 사고를 충분히 펼치고 있다.

전략 면에서 부족한 참여자

ecoN : 토론에 거의 참여하지 못하고 있다. 존재감 자체가 없다.

해낼 수 : 자신의 주장을 충실히 펼치기보다는 단편적인 답과 질문만 던지고 있다.

③ 녹색 바가지가 윤리 면에서 문제가 있다. 토론에서 자신의 의견을 적극적으로 개진하는 것은 중요하지만 지나치게 많은 발언을 한다는 인상을 주는 것은 바람직하지 않다. 따라서 상황에 맞게 핵심적인 주장을 펼치는 것이 좋다. 또한 첫 번째 질문은 다른 참여자에게 대답을 요구한 것인데 자신이 나서서 답을 하는 것도 바람직하지 않다.

짤막하게 제시된 토론에서 모든 것을 종합적으로 판단하기는 어렵다. 또한 반드시 이겨야 하는 '토론 배틀'에서 전략과 윤리를 균형 있게 구사하기는 더더욱 어렵다. 예시 답안과 다른 관점에서 전략과 윤리를 평가할 수도 있다.

연습 8-4

다음에 제시되는 면접의 일부를 보고 말하기의 윤리와 전략 면에서 어떤 문제가 있는지, 이를 어떻게 극복해야 할지 이야기해 보자.

면접관 : 의약분업 문제에 대한 지원자의 생각을 말해 보시겠어요?

지원자 : 의약분업 문제에 대해 답을 하기 이전에 제 개인적인 경험부터 이야기를 하겠습니다. 얼마 전에 저희 어머니가 갑자기 배가 아프다고 하셔서 급히 약국으로 달려갔습니다. 그런데 약사는 어머니의 증세만 꼬치꼬치 캐물을 뿐 약을 주지 않았습니다. 제가 급하다고 하니까 약사는 일단 병원으로 모셔가라고 했습니다. 그런데 이미 저녁 8시가 넘은 상황이어서 동네 병원은 갈 수가 없는 상황이었습니다.

면접관 : 시간이 별로 없습니다. 핵심만 얘기하세요.

지원자 : 네. 저는 의사가 필요한 것이 아니라 약이 필요한 것이니 약만 빨리 달라고 했습니다. 약사는 약을 줄 수는 있는데 그러려면 처방전이 있어야 한다고 했습니다. 그런데 생각해 보세요. 그 시각에 처방전을 어디서 받아 옵니까?……

면접관 : 네 알겠습니다. 수고하셨습니다. 다음 지원자 들어오세요.

실습과제

예제 '녹색 성장' 대하여 발표 해보고 아래의 평가표에 따라 평가해 보시오.

녹색 성장은 환경(Green)과 성장(Growth) 두 가지 가치를 포괄하는 개념이다. 기존의 경제성장 패러다임을 환경친화적으로 전환하는 과정 중 파생되는 에너지, 환경관련 기술, 산업에서 미래유망 품목과 신기술을 발굴해내고 기존 산업과의 상호융합을 시도해 신성장 동력과 일자리를 창출하는 것이다.

평가 항목	잘함 ← → 못함	평가 항목	잘함 ← → 못함
발표 전략	5 4 3 2 1	발표 윤리	5 4 3 2 1
■발표자가 잘했다고 생각하는 점		■발표자가 개선해야 한다고 생각하는 점	

풀이

자신이 발표를 직접 해보고 다른 사람의 발표를 평가해 보는 문제이다. 자신이 발표를 할 때와 남의 발표를 듣고 평가하는 것은 많은 차이가 있다. 자신의 발표를 녹화할 수 있다면 녹화한 결과를 보고 평가하는 것도 매우 효과적이다. 발표에 대한 세분화된 평가는 이후에 발표를 본격적으로 다루는 부분에서 제시가 되니 이 문제에서는 대략적으로만 평가를 해 본다.

연습 다음에 제시되는 주제에 대하여 지정된 유형으로 말을 해보고 아래의 기준에 따라 그것을 평가해 보자.

① 인간 체세포복제를 허용해야 하는가? / 토론

체세포복제는 정자와 난자의 결합 과정이 없이 핵을 제거한 난자에 복제 원본의 정자가 아닌 몸에서 떼어 낸 세포를 집어넣어 동물을 복제하는 행위이다. 난자의 핵을 제거한 뒤 그 대신 본인 체세포의 핵을 투입하여 자신과 똑같은 복제생물을 만드는 것을 말한다. 본래 체세포는 난자와 정자가 결합하는 생식을 통해 유전정보를 다음 세대로 전달하는 생식세포와 달리, 유전정보를 전달하지 못한다. 그러나 체세포복제는 난자와 정자가 결합하는 수정 과정 없이도 생명체를 탄생시킬 수 있다. 복제양 돌리가 체세포복제 기술에 의해 지난 1972년 2월 탄생하였고, 돌리 이후 각국에서는 생쥐 · 소 등의 체세포복제가 뒤따랐다. 우리나라에서도 1999년 체세포복제로 젖소 영롱이와 한우 진이가 탄생되었으며, 세계 최초의 복제 개 스너피(Snuppy)가 2005년 4월 24일 탄생했다.

평가 항목	잘함 ← → 못함	평가 항목	잘함 ← → 못함
토의/토론 전략	5 4 3 2 1	토의/토론 윤리	5 4 3 2 1
■참여자가 잘했다고 생각하는 점		■참여자가 개선해야 한다고 생각하는 점	

② 당신이 이 회사의 최고 경영자라면 가장 먼저 하고 싶은 일은? / 면접

평가 항목	잘함 ← → 못함	평가 항목	잘함 ← → 못함
면접 전략	5 4 3 2 1	면접 윤리	5 4 3 2 1
■지원자가 잘했다고 생각하는 점		■지원자가 개선해야 한다고 생각하는 점	

9장
발표

"보여 주지 않으면 보지 못하는 세상,
들려주지 않으면 듣지 못하는 세상에서 프레젠테이션은
자신의 지식과 사고를 보여주는 최선의 방책이다."

9.1 발표 과정

흔히 프레젠테이션이란 말로 대치되어 쓰이는 발표는 현장에서 자신의 지식과 사고를 전달할 수 있는 매우 효과적인 방법이다. 발표의 중요성에 대해 수많은 언급이 있고, 그 방법에 대한 해설도 많으나 정작 그 과정에 대한 치밀한 전략은 없다. 발표의 특성을 파악해 효과적으로 프레젠테이션을 하는 방법에 대해 알아보자.

문제가 뭐야?	어떻게 해야 하지?	이렇게 해결해 봐!	더 깊게! 더 넓게!
발표를 해야 하는데 어떻게 해야 하지?	발표의 특성을 파악해 철저하게 기획하라.	준비된 내용과 형식에 따라 효과적인 퍼포먼스를 펼치라.	다양한 발표 상황에 맞게 내용과 형식을 실제로 준비하라.

목차 발표의 특성 발표 기획 발표 준비 퍼포먼스

발표의 특성

발표는 말하기의 일종이지만 발표 나름의 고유한 특성을 가지고 있다. 따라서 발표가 효과적으로 이루어지기 위해서는 발표와 관련된 주요 요소를 명확하게 파악해야 한다. 발표는 다음과 같은 세 가지 주요 요소로 구성된다.

이야기

무엇을 말하는가?

청중

누가 듣는가?

발표자

누가 말하는가?

발표에서 가장 중요한 것은 말하고자 하는 이야기이다. 무엇인가 말할 내용이 있어야 발표가 성립되는 것이기 때문에 특정한 목적에 따른 이야기가 발표의 첫 번째 요소가 된다. 두 번째 요소는 발표를 듣는 사람, 즉 청중이다. 말할 내용이 있고 말하고자 하는 사람이 있더라도 그것을 들을 사람이 없으면 발표는 성립되지 않는다. 마지막으로 말을 하는 사람, 즉 발표자가 발표의 마지막 요소를 이룬다. 발표자는 자신의 목적과 청중의 요구에 맞게 내용을 준비해 발표를 하게 된다.

발표의 내용이 구성되어 청중에게 전달되기 위해서는 발표의 목적이 무엇인가 분명하게 결정되어야 한다. 이 목적에 따라 발표의 내용과 형식이 결정되고 청중도 발표에 참여하기 때문이다. 일반적으

로 발표는 다음과 같은 목적을 달성하기 위해 행해진다.

- **설득** : 주장을 펴서 발표자의 생각에 동조하도록 하는 목적
- **이해** : 정보를 전달하고 설명하여 청중을 이해시키려는 목적
- **감동** : 다양한 사례와 감성적 표현으로 청중의 감성적 반응을 이끌어내려는 목적
- **홍보** : 다양한 정보를 제공하여 발표자와 관련된 여러 사항을 알게 하려는 목적
- **오락** : 흥미로운 요소로써 청중들이 즐거움을 느끼게 하려는 목적

발표의 목적을 위와 같이 나눌 수 있지만 이러한 목적이 독립적으로 존재하는 것은 아니다. 하나의 발표에서도 이러한 요소가 복합적으로 나타날 수 있다. 특히 기업이나 기관에서 가장 많이 이루어지는 설득을 위한 발표에서는 나머지 목적이 반영되어 있어야 발표가 훨씬 더 효율적으로 이루어질 수 있다.

발표도 말하기의 일종이므로 말하기의 일반적인 과정을 따르면 된다. 그런데 발표의 고유한 특성을 살리면 발표의 단계는 다음과 같은 세 단계로 제시할 수 있다.

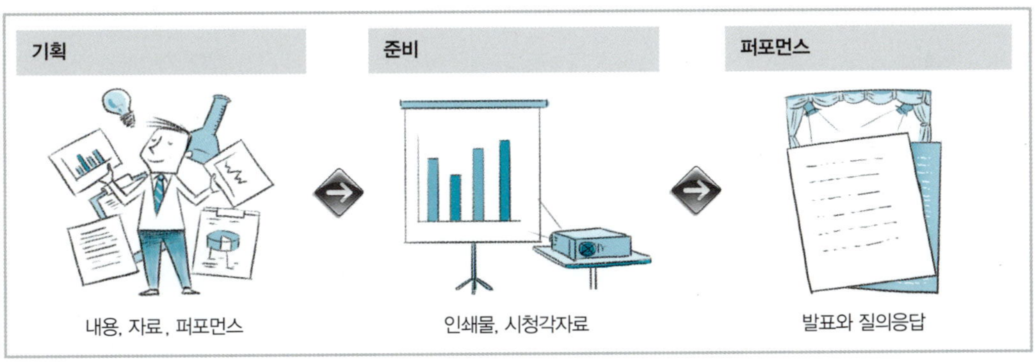

기획 단계에서는 발표의 주제에 따라 앞으로 발표의 내용, 발표에 필요한 자료, 발표시의 퍼포먼스 등에 대해 전반적인 계획을 세운다. 준비 단계에서는 발표에 필요한 각종 인쇄물 및 시청각자료를 준비한다. 발표자의 육성만으로는 효과적인 발표가 이루어질 수 없으므로 청중에게 배포될 자료, 청중 앞에서 시연될 자료 등이 충실하게 준비되어야 한다. 퍼포먼스 단계에서는 발표자의 육성, 인쇄물 및 시청각자료, 그리고 이것을 엮어내는 발표자의 행동이 조화를 이루며 실제 발표가 이루어진다.

Key Point
발표를 잘 하려면?
발표의 요소, 목적, 과정을 익히라.

예제 9-1

다음에 제시되는 발표의 일부를 보고 빈칸을 완성하거나 해당되는 것에 표시하시오.

여러분 안녕하세요. 우리가 세상을 살아가려면 결정해야 할 것이 많죠. 우선, 배우자를 어떤 사람으로 결정하느냐 하는 문제가 있고, 또 내가 살 집을 어디다 어떻게 마련할 것이냐. 또 요즘은 내 얼굴을 어떻게 고칠 것이냐, 내 머리 색깔을 어떻게 할 것이냐 고민을 하는 사람들까지 있죠. 그런데 우리가 결정해야 할 가장 중요한 것 중에

하나는 우리 진로를, 내 생애를 어떻게 설계해 나갈 것이냐 하는 문제가 되겠어요. 만약 이것을 잘하면 보람되고 만족스러운 삶을 살 수 있을 거고, 이게 잘못되면 불행하고 고통스러운 삶을 살 수가 있죠. 그래서 오늘은 어떻게 하면 자기의 생애를 잘 선택할 수 있느냐 하는 문제를 제가 대학에서 여러분과 비슷한 또래와 함께 한 경험을 통해 이야기를 나누어 보겠어요. 어떤 길이 제일 좋으냐, 어떤 쪽이 제일 유망하냐 하는 질문을 하고 싶겠죠. 그런데 나는 여러분들한테 물고기를 잡아서 주는 것보다도 물고기를 잡는 법을 얘기해 주는 것이 더 좋을 것 같아요.

자기 생애를 결정하는 것은 한 번에 끝나는 것이 아니에요. 물론 처음에 결정하는 것이 중요하지만 사실은 일생을 두고 계속해서 생각을 하고, 또 결정을 해야 하는 문제이기 때문에 그래서 어떻게 하는 것이 가장 잘 선택하는 길이냐 하는 것을 알아보는 것이 사실 더 중요하죠. 그래서 전 제가 일생 동안 살아오면서 내가 겪은 것, 또 내 주변의 사람들이 살아가는 것을 보고 느낀 것을 종합해서 진로 선택을 잘하는 세 가지 원칙을 정리해서 여러분들한테 얘기해 주는 게 머릿속에 기억하기 좋겠죠.

제일 먼저, 제 1법칙이라는 것을 말해 드리겠는데, 이건 뭐냐면 "유행을 따르지 말라."하는 것입니다. 우리가 지금 대부분의 사람들이 자기 진로를 결정할 때 어디가 유망하냐, 얼마나 많은 사람들이 그것을 하려고 하느냐 하는 것을 기준으로 하고 그것이 좋은 걸로 알고 따라가려는 경향이 있는데, 설혹 그것이 내가 마음속으로 원하던 쪽이라고 하더라도 많은 사람들이 거기에 몰리면 한 번 재고해 볼 필요가 있는 거예요. 사실은 많은 사람들이 좋다고 몰려가면 이미 조금 늦었어요. 그리고 정말 어디가 좋은 길이라는 것은 그것을 알 수 있는 사람이 극히 적어요. 그래서 정말 좋은 데에는 사람들이 몰리지 않아요. 그래서 일단 남이 좋다고 하는 데를 쫓아가는 것은 조심하라는 것이죠.

발표의 요소		발표의 목적	
무엇을 말하는가?		☐ 설득	☐ 이해
누가 듣는가?		☐ 감동	☐ 홍보
누가 말하는가?	대학교수	☐ 오락	

풀이

발표의 일종인 강연을 녹취한 것을 보고 발표의 요소와 발표의 목적을 분석해 보는 문제이다. 발표의 요소는 이야기, 청중, 발표자이다. 따라서 강연 내용을 보고 강연의 주제를 먼저 파악해 본다. 또한 말투와 용어를 보면 청중이 누구인지, 발표자는 어떤 사람인지 대략적으로 파악할 수 있다.

답

발표의 요소		발표의 목적	
무엇을 말하는가?	진로 선택의 원칙	☑ 설득	☑ 이해
누가 듣는가?	대학생	☐ 감동	☐ 홍보
누가 말하는가?	대학교수	☐ 오락	

발표의 주제는 발표 내용의 앞머리에서 직접적으로 확인할 수 있다. 또한 청중과 발표자는 '제가 대학에서 여러분과 비슷한 또래와 함께 한 경험을 통해 이야기를 나누어 보겠어요.'라는 구절에서 파악할 수 있다. 이 강연은 진로 선택의 방법을 알려주어 이를 개개인의 삶에 적용하도록 하는 것이 목표이므로 설득과 이해 모두를 목적으로 하고 있다.

연습 9-1

다음에 제시되는 발표 슬라이드의 일부를 보고 빈칸을 완성하거나 해당되는 것에 표시하시오.

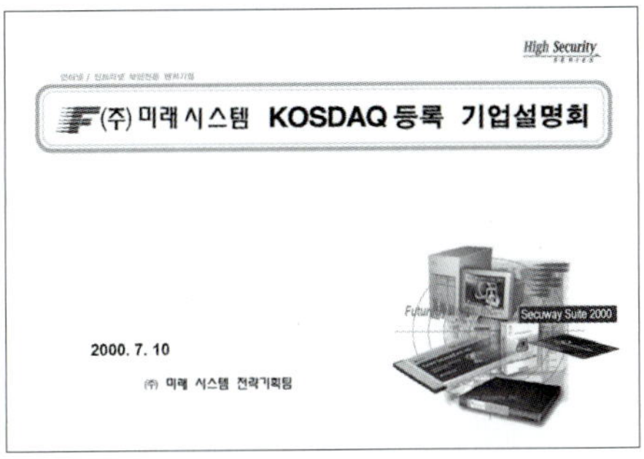

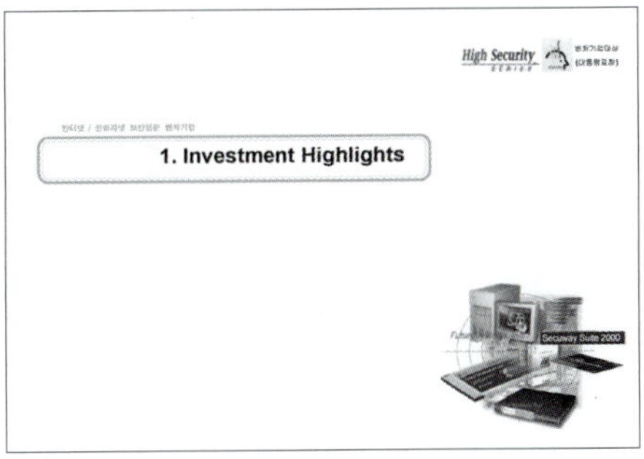

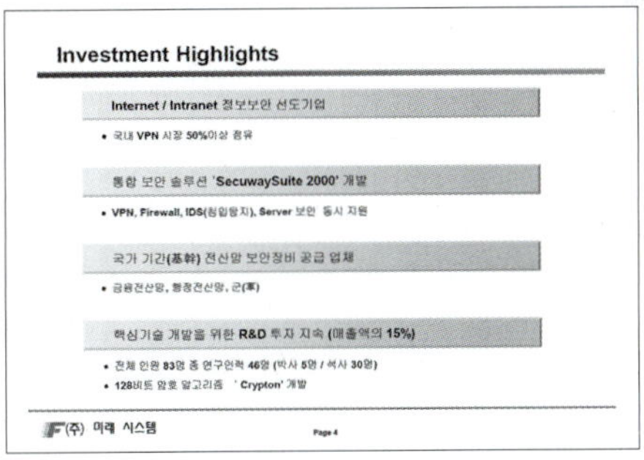

발표의 요소		발표의 목적	
무엇을 말하는가?		□ 설득	□ 이해
누가 듣는가?		□ 감동	□ 홍보
누가 말하는가?		□ 오락	

발표 기획

기획 단계는 발표의 첫 단계인 만큼 발표 전체의 성패를 결정짓는 중요한 단계이다. 이 단계에서는 다음과 같은 세 가지 요소를 기획한다.

- **내용** : 어떤 내용으로 발표할 것인가?
- **자료** : 어떤 자료를 활용해 발표할 것인가?
- **퍼포먼스** : 어떻게 퍼포먼스를 펼칠 것인가?

내용에 대한 기획은 발표의 목적, 주제, 청중 등에 대한 고려를 바탕으로 이루어진다. 발표는 발표자가 직접 기획을 해서 이루어지는 경우도 있고 요청에 의해 이루어지는 경우도 있다. 또한 경쟁을 통해 특정 안을 선정하고자 할 때 이 경쟁에 참여하기 위해 이루어지는 경우도 있다. 이러한 각각의 상황에 맞도록 어떤 내용을 어떻게 구성해서 발표할 것인가에 대해 충실히 기획한다. 이를 위해서는 주제를 분명하게 잡고 이를 효과적으로 부각시킬 수 있는 자료를 모아 적절한 구성을 해 나가는 작업이 필요하다.

자료에 대한 기획은 발표에 필요한 인쇄물과 시청각자료 등에 대한 기획을 뜻한다. 전통적인 발표는 발표자 한 사람의 육성에 의존했지만 요즘은 각종 인쇄물, 시청각자료 등이 총동원된다. 따라서 발표의 목적, 청중의 특성에 맞게 어떤 자료를 준비할 것인가에 대해 철저한 기획을 해야 한다. 특히 요즘에는 시청각자료가 중시되고 있기는 하지만 인쇄물이 필수적이기 때문에 이에 대한 준비도 잘 해야 한다. 또한 시청각자료는 디자인이 중요하므로 이와 관련된 전문적인 능력도 적절히 활용한다.

퍼포먼스에 대한 기획은 발표 장소, 청중, 시간 등을 고려해 어떠한 내용으로 어떻게 이 시간과 공간을 채워 청중의 긍정적인 반응을 이끌어낼 것인가에 대한 기획을 뜻한다. 발표가 이루어지는 상황을 굳이 퍼포먼스라고 하는 것은 오늘날의 발표가 육성을 통해 이루어지는 것이 아니라 시청각자료 및 발표자의 행동 등이 종합된 일종의 쇼처럼 이루어지기 때문이다. 따라서 장소와 청중에 맞는 퍼포먼스, 주어진 시간에 적합한 퍼포먼스 등에 대해 완벽하게 기획을 해야 한다.

> Key Point
> **발표 기획을 잘 하려면?**
> 내용, 자료, 퍼포먼스를 유기적으로 결합하라.

예제 9-2

다음 보기와 같은 상황에서 발표를 한다고 할 때 지시에 따라 기획을 하시오.

> **보기** 자동차 생산 업체의 디자인 부서에 취업을 하고자 하는 권창섭은 인사담당자 앞에서 15분 동안 자유롭게 자신을 소개하라는 요구를 받았다.

기획의 요소	기획의 내용
어떤 내용으로 발표할 것인가?	
어떤 자료를 활용해 발표할 것인가?	
어떻게 퍼포먼스를 펼칠 것인가?	

풀이

주어진 상황에 맞게 발표를 기획해 보는 문제이다. 발표를 기획할 때는 내용, 자료, 퍼포먼스 세 가지 요소를 기획해야 한다. 궁극적으로는 자기소개의 일종이므로 자기소개서에서 학습한 내용을 활용해 본다.

답

기획의 요소	기획의 내용
어떤 내용으로 발표할 것인가?	자신이 직접 디자인한 것을 중심으로 한 편의 이야기를 구성한다.
어떤 자료를 활용해 발표할 것인가?	자신이 디자인한 결과물은 물론 그 과정에 대한 사진 자료를 활용한다.
어떻게 퍼포먼스를 펼칠 것인가?	각각의 결과물을 내기까지 어떤 과정을 밟았는지 이야기로 구성하여 발표하고 결과물에도 이야기를 만들어 의미를 부여한다.

스토리텔링 방식으로 자신을 소개하되 디자인 사업부의 특성에 맞게 자신이 디자인 한 것을 중심으로 발표를 기획하였다. 디자인 사업부에 지원하는 것이므로 자신의 포트폴리오를 제시하는 것은 꼭 필요한데 이것을 이야기 방식으로 구성하면 훨씬 더 큰 관심을 끌 수 있고 설득력도 높일 수 있을 것이다. 예시 답안은 다양한 방법 중 하나이므로 다른 방법으로도 기획을 해 본다.

연습 9-2

다음과 같은 상황에서 발표를 한다고 할 때 지시에 따라 기획을 하시오.

① 고분자공학과 석사과정의 권창섭은 지도교수와 함께 진행한 실험 결과를 다른 연구자 앞에서 발표하게 되었다.

기획의 요소	기획의 내용
어떤 내용으로 발표할 것인가?	
어떤 자료를 활용해 발표할 것인가?	
어떻게 퍼포먼스를 펼칠 것인가?	

② 새로운 게임을 개발한 개발팀장 정혜린은 같은 회사의 홍보담당자 앞에서 새로 개발한 게임에 대해 발표하라는 요구를 받았다.

기획의 요소	기획의 내용
어떤 내용으로 발표할 것인가?	
어떤 자료를 활용해 발표할 것인가?	
어떻게 퍼포먼스를 펼칠 것인가?	

③ 조선회사의 인사팀장 장윤희는 직원들을 상대로 인화와 협력의 중요성에 대해 발표하라는 요구를 받았다.

기획의 요소	기획의 내용
어떤 내용으로 발표할 것인가?	
어떤 자료를 활용해 발표할 것인가?	
어떻게 퍼포먼스를 펼칠 것인가?	

발표 준비

발표는 발표자, 내용, 자료 등이 어우러지는 종합적인 퍼포먼스이다. 따라서 발표 준비 단계에서는 이 퍼포먼스를 위해 필요한 각종 자료 및 도구들을 준비한다. 이 단계에서 준비해야 할 것을 구체적으로 밝히면 다음과 같다.

인쇄물은 발표시 청중에게 배포되는 유인물 또는 책자를 뜻한다. 최근의 발표에서는 시청각자료가 중시되지만 본래 발표에서 가장 기본이 되는 것은 인쇄물이다. 특히 학술적인 발표나 사업 기획 등에 대한 발표에서는 인쇄물이 있어야만 청중들이 메모를 하고 가져가서 추후에 자료를 재확인할 수 있다. 일부 발표자는 화면상으로 제공되는 파워포인트를 유인물 형태로 만들어 배포하기도 하는데 이는 효과적이지도 않고 성의도 없어 보이므로 인쇄물을 별도로 만들어야 한다.

시청각자료는 프로젝터나 텔레비전 등을 통해 청중에게 직접 제공되는 화면과 여기에 부가되는 음성 등을 뜻한다. 화면상으로 제공되는 시각자료는 일반적으로 파워포인트 등의 툴을 이용해서 만들어지는데 여기에 애니메이션이나 동영상이 첨부될 수도 있고, 각종 음향이 연결될 수도 있다. 시청각자료는 즉각적인 반응과 이해를 불러일으키기에 매우 유용하므로 전문적인 지식을 활용해 효과적으로 구성해야 한다. 그러나 시청각자료를 만드는 것이 발표 준비의 전부인 양 오해해서는 안 된다.

발표 원고는 발표자가 할 말을 글로 미리 써 놓은 것을 뜻한다. 발표는 자연스러운 구어로 이루어져야 하지만 현장에서 즉흥적으로 말을 하게 되면 실수를 할 위험성도 있고 효과적인 전달도 제대로 되지 않을 가능성도 높다. 따라서 구어 형태의 발표 원고를 반드시 준비해야 한다. 발표 원고가 준비가 되면 발표 시간도 미리 계산할 수 있고 이를 암기한다면 더 효율적인 발표가 가능해진다.

큐시트는 본래 라디오나 텔레비전 프로그램의 제작에 있어서 연기자, 카메라맨, 기술자들이 행해야 할 동작이나 진행순서를 기입한 일람표를 뜻하는데 발표에서는 퍼포먼스의 모든 과정을 계획해 놓은 표를 뜻한다. 발표자가 어떤 말을 어떤 순서로 해야 하는지 이때 제공되는 화면과 음향은 어떤 것인지에 대해 미리 계획을 세워 놓는 것이 좋다. 또한 발표 보조자가 있다면 주 발표자와 보조 발표자 간에 어떻게 소통하며 발표를 이끌어나갈 것인지에 대한 계획도 큐시트에 담을 수 있다.

이러한 각종 자료 및 큐시트가 준비되면 본격적인 연습에 들어간다. 연습을 할 때는 단계별 연습 및 모든 과정을 종합한 리허설을 반드시 해야 한다. 발표 퍼포먼스에 활용될 자료들은 발표와 동일한 환경을 만들어 놓고 시연을 해 봐야 한다. 발표 장소가 밝은 곳인가 어두운 곳인가에 따라 시각 자료가 달리 구성될 수 있으므로 이에 대해 미리 파악을 하고 있어야 한다. 또한 파워포인트를 사용할 때 컴퓨터의 운영체제, 글꼴, 네트워크 지원 등에 차이가 있어 에러가 발생할 위험이 있으므로 이에 대해 대비해야 한다. 만약 발표 현장에서 리허설을 할 수 있다면 모든 환경과 자료를 동일하게 해 놓고 최종 연습을 해 보는 것이 좋다.

Key Point

발표 준비를 잘 하려면?

발표의 성격에 맞도록 인쇄물, 시청각자료, 발표 원고, 큐시트를 충실하게 준비하라.

예제 9-3

다음과 같은 상황에서 발표를 할 때 자료의 유형 중 꼭 필요하다고 생각되는 것에 표시를 하시오.

보기 영화를 전공하는 교수 맹혜선은 이공계열 학생들을 대상으로 '영화 속에 나타난 과학'이란 주제로 발표 의뢰를 받았다.

☐ 인쇄물	☐ 시청각자료	☐ 발표 원고	☐ 큐시트

풀이

발표의 상황에 맞는 구체적인 자료를 생각해 보는 문제이다. 발표 자료는 네 가지 유형을 모두 준비하는 것이 바람직하다. 그러나 발표의 성격, 주어진 시간 등을 고려해서 최종적으로 정해야 한다. 강연을 하는 사람의 입장이 아닌 강연을 듣는 사람의 입장이 되어 필요한 자료를 표시해 본다.

답 ☑ 인쇄물	☑ 시청각자료	☐ 발표 원고	☐ 큐시트

어떤 발표든 인쇄물은 가장 기본적인 자료이므로 반드시 준비하는 것이 좋다. 강연의 주제가 영화이므로 영상이 주를 이루는 영화의 특성상 시각자료도 반드시 준비하는 것이 좋다. 강연을 완벽하게 하려면 발표 원고나 큐시트도 필요하지만 자신이 잘 알고 있는 분야라면 발표 원고나 큐시트 없이도 할 수 있다.

연습 9-3

다음과 같은 상황에서 발표를 한다고 할 때 자료의 유형 중 꼭 필요하다고 생각되는 것에 표시를 하시오.

① 가구회사 디자이너 장고은은 신축 호텔에 쓰일 가구의 소재에 대해 호텔 관계자들에게 발표하게 되었다.

☐ 인쇄물	☐ 시청각자료	☐ 발표 원고	☐ 큐시트

② 건설회사에 근무하는 서반석 팀장은 두바이에 새로 짓게 될 세계 최고층 빌딩의 설계안을 30분 동안 발표하라는 요구를 받았다. 발표는 3명이 팀을 이뤄 진행될 예정이다.

☐ 인쇄물	☐ 시청각자료	☐ 발표 원고	☐ 큐시트

퍼포먼스

퍼포먼스 단계에서는 발표자의 음성과 몸짓, 인쇄물, 시청각자료 등이 어우러져 말하고자 하는 바를 효과적으로 전달한다. 이 단계에서는 이전에 기획하고 준비한 것을 정해진 시간 안에 다 쏟아내어 목적하는 바를 달성해야 하므로 한 편의 완성된 드라마처럼 모든 세부 단계가 기획에 따라 진행되어야 한다. 발표가 실제 이루어질 때는 다음과 같은 세부 단계를 거쳐야 한다.

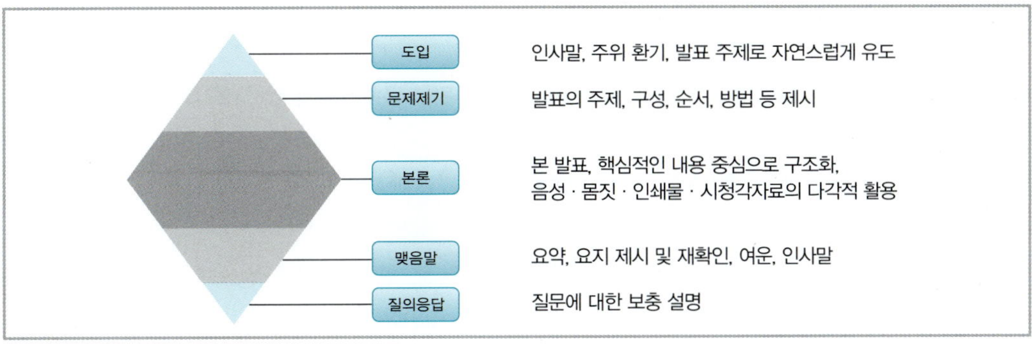

발표 퍼포먼스가 한 편의 완성된 드라마처럼 진행되어야 한다는 것은 도입부터 최종적인 질의응답이 이루어지기까지 물 흐르듯이 자연스럽게 진행되면서 발표의 핵심적인 내용이 효과적으로 전달되어야 함을 의미한다. 이 과정은 그림에서 보듯이 발표의 핵심적인 내용인 본론이 중심을 이루는 다이아몬드형의 구조에 따라 진행된다.

도입 단계에서는 발표자가 나서서 인사를 하고 청중들의 관심을 유발하여 발표 주제로 자연스럽게 몰입할 수 있도록 한다. 문제제기 단계에서는 발표의 주제를 분명하게 부각시키고 발표가 어떤 과정을 거쳐 어떤 방법으로 이루어질 것인가를 밝힌다. 이 단계에서 본론에 대한 안내가 제대로 이루어지지 않으면 청중들은 발표의 내용을 따라가지 못하거나 흥미를 잃게 될 수도 있다.

본론 단계는 말 그대로 발표의 핵심적인 내용이 제시되는 단계이다. 이 단계에서는 큐시트 및 발표 원고에 따라 다양한 방법을 활용하여 설명과 주장을 펼쳐 나간다. 이 단계에서도 본론을 몇 개의 부분으로 나누어 각각의 부분도 적절히 구조화해야 전달과 이해가 쉬워진다. 각각의 부분은 도입, 본론, 맺음말 구조가 되고 부분과 부분 사이에는 그 관계가 명확하게 드러나도록 각 부분을 엮어 주어야 한다.

핵심적인 내용이 모두 발표되면 맺음말 단계에서 내용을 적절히 요약하고 몇 개 항목의 요지로 만들어 청중들로 하여금 재확인할 수 있도록 해야 한다. 발표가 길어질수록 청중들은 앞의 내용을 기억하기 어려우므로 그 기억을 되살릴 수 있도록 하고 발표 전체의 내용을 몇 개의 단어 혹은 몇 개의 구절과 문장으로 정확하게 기억할 수 있도록 하는 것이 좋다. 또한 인상적인 여운과 인사말도 준비하여 마무리하는 것이 좋다.

질의응답 단계에서는 청중의 질문에 적절히 답을 하여 청중의 궁금증을 해소한다. 질의응답 시간은 의도에 따라서는 발표의 내용을 보충하고 심화하는 기회로 활용할 수도 있다. 즉, 본론 단계에서 핵심적인 것은 분명히 제시하되 청중의 궁금증을 유발할 요소를 포함시켜 질문을 유도하고 이에 대한 부가적인 설명을 통해 더 깊이 있는 내용을 전달할 수 있다. 또한 질문이 많다는 것은 청중이 발표의 내용에 관심을 가지고 있다는 증거일 수도 있으므로 질의응답 단계도 잘 활용할 필요가 있다.

Key Point

발표 퍼포먼스를 잘 하려면?
기획에 따라 세부 단계를 충실히 지키라.

예제 9-4

다음과 같은 상황에서 발표를 한다고 할 때 발표 퍼포먼스를 위한 큐시트를 완성하시오.

> **보기** 환경 전문가 김형섭은 고등학생들을 대상으로 갯벌의 생태적 가치에 대해 40분간 발표를 한다.

갯벌은 조수가 드나드는 바닷가나 강가의 넓고 평평하게 생긴 땅. 일반적으로 조류(潮流)로 운반되는 모래나 점토의 미세입자가 파도가 잔잔한 해역에 오랫동안 쌓여 생기는 평탄한 지형을 말한다. 이러한 지역은 만조 때에는 물 속에 잠기나 간조 때에는 공기 중에 노출되는 것이 특징이며 퇴적물질이 운반되어 점점 쌓이게 된다.

한국 서해안은 해안선의 출입이 심하고 긴 만(灣)이라는 지형적 특성에 의해 조차가 매우 크다. 총 갯벌 면적의 83%가 서해안 지역에 분포하며 캐나다 동부 해안, 미국 동부 해안과 북해 연안, 아마존 강 유역과 더불어 세계의 5대 갯벌로 꼽힌다.

갯벌은 쓸모없는 땅으로 여겨져 1980년대 후반부터 '서해안 개발'이라는 이름으로 간척 · 매립사업의 대상이 되었으나, 최근 하천과 해수의 정화, 홍수 조절, 생태적 가치 등이 밝혀지면서 보전운동이 일어나고 있다.

시간	내용	보조자료	비고
~ 1분	인사말	슬라이드 1 : 발표자 약력	발표자 1인 슬라이드 도우미 1인
~ 2분	주위 환기	슬라이드 2, 3 : 갯벌 사진	
~ 3분	발표 주제, 구성, 순서 제시	슬라이드 4 : 목차	
~ 5분			
~ 10분	갯벌의 가치 : 하천과 해수의 정화	슬라이드 6 ~ 8 : 갯벌의 정화 기능	
~ 15분			
~ 20분			
~ 25분			
~ 30분	한국의 갯벌 관련 정책	슬라이드 18 ~ 20 : 방조제, 매립 공사	
~ 35분			
~ 38분	요약	슬라이드 26 : 요약	
~ 40분	인사말		
40분 ~	질의응답		

풀이

발표 퍼포먼스를 위한 큐시트를 주제와 상황에 맞게 작성해 보는 문제이다. 방송에서 쓰이는 큐시트는 매우 복잡하고 정밀하지만 발표를 위한 큐시트는 상대적으로 단순하다. 그러나 시간 계획, 단위별 내용, 단위별 활용 자료, 역할 분담 등은 분명히 제시되어 있어야 한다. 실제로 발표를 한다고 가정한 후 발표자의 입장은 물론 청중의 입장에서 필요한 것이 무엇인지 생각해 본다.

답

시간	내용	보조자료	비고
~ 1분	인사말	슬라이드 1 : 발표자 약력	발표자 1인 슬라이드 도우미 1인
~ 2분	주위 환기	슬라이드 2, 3 : 갯벌 사진	
~ 3분	발표 주제, 구성, 순서 제시	슬라이드 4 : 목차	
~ 5분	갯벌의 정의	슬라이드 5 : 사전적 정의, 갯벌 유형별 사진	
~ 10분	갯벌의 가치 : 하천과 해수의 정화	슬라이드 6 ~ 8 : 갯벌의 정화 기능	
~ 15분	갯벌의 가치 : 홍수 조절	슬라이드 9 ~ 11 : 갯벌의 홍수 조절 기능	
~ 20분	갯벌의 가치 : 생태	슬라이드 12 ~ 14 : 갯벌의 생태	
~ 25분	갯벌의 가치 : 산업	슬라이드 15 ~ 17 : 갯벌의 산업적 가치	
~ 30분	한국의 갯벌 관련 정책	슬라이드 18 ~ 20 : 방조제, 매립 공사	
~ 35분	갯벌 활용 방안	슬라이드 21 ~ 25 : 갯벌의 친환경적 활용 방안	
~ 38분	요약	슬라이드 26 : 요약	
~ 40분	인사말		
40분 ~	질의응답		

발표에서는 본론의 앞과 뒤에 인사말이나 주위를 환기시키는 내용이 놓이는데 이 시간은 주어진 전체 시간에 따라 탄력적으로 조절이 가능하다. 본론은 주제를 전개하기에 가장 적합한 구성을 한 후 이에 맞게 시간을 배분한다. 보조 자료는 각 부분의 내용에 맞는 것을 준비한다. 예시된 답안 이외에 다른 방안을 모색할 수도 있다.

연습 9-4

다음과 같은 상황에서 발표를 한다고 할 때 발표 퍼포먼스를 위한 큐시트를 완성하시오.

① 물리학과 석사과정에 재학 중인 박형달은 자신의 석사논문을 교수와 동료 대학원생들 앞에서 발표한다.

시간	내용	보조자료	비고

② 자동차 부품 생산 회사의 김민영 홍보팀장은 새로이 개발한 제동장치를 자동차 생산업체 관계자들 앞에서 발표한다. 발표에는 엔지니어, 디자이너도 함께 참여한다.

시간	내용	보조자료	비고

예제 9-5

다음과 같은 상황에서 발표를 한다고 할 때 지정된 부분의 발표를 위한 원고를 써 보시오.

보기 대중문화 전문가 김영식 교수는 일부 언론사에 의해서 행해지는 대학평가의 문제점에 대해 전국에서 모인 대학 교수들 앞에서 발표를 하고자 한다.

도입부 원고 :

문제제기부 원고 :

풀이

원활한 발표를 위해서 주어진 주제와 관련하여 원고를 미리 작성해 보는 문제이다. 많은 발표가 발표 원고 없이 이루어지지만 발표를 완벽하게 준비하고자 한다면 발표 원고가 꼭 필요하다. 도입부는 청중을 주제로 자연스럽게 유도하는 부분이고 문제제기부는 발표의 주제 및 구성에 대해 소개하는 부분이다. 글쓰기에서 학습한 방법을 그대로 활용하되 문체는 구어체로 바꾸어서 쓴다.

답 도입부 원고 :

여러분 안녕하십니까? 방금 사회자로부터 소개받은 ○○대학교의 기획처장 김영식입니다. 이 자리에 계신 모든 분들은 대학의 존재 이유, 대학의 가치에 대해 이제까지 많은 고민을 해 오신 분들이라 알고 있습니다. 저 또한 여러분과 마찬가지로 이 문제에 대해 여러 해 동안 생각해 왔습니다. 특히 몇몇 언론사에 의해서 행해지는 대학평가의 문제점에 대해서는 여러 차례 비판을 해 오기도 했습니다. 이러한 저의 경험을 바탕으로 부족하지만 여러분 앞에서 대학평가의 문제점에 대해 다시 한 번 생각해 보고자 합니다.

문제제기부 원고 :

제 전공은 화학이니 화학과 관련된 얘기부터 시작하는 것이 좋겠습니다. 질량보존의 법칙 잘 아시죠? 이 법칙은 틀렸습니다. 화학을 전공하는 사람이 이런 말씀을 드리면 의아하게 생각하는 분들이 많으실 겁니다. 하지만 틀렸습니다. 이러한 기초적인 상식을 오해할 뿐만 아니라 이러한 오해를 현실의 잣대로 활용해 자신들의 마음대로 대학을 평가하는 이들이 틀렸다는 것입니다.

질량보존의 법칙은 물론 화학반응의 전후에서 반응물질의 전체 질량과 생성물질의 전체 질량은 같다고 하는 법칙입니다. 그런데 일부 무지한 이들은 이 법칙을 마치 '질'이 '양'으로 보존된다는, 반대로 '양'이 '질'로 보존된다는 법칙으로 오해하고 있습니다. 누구일까요? 바로 자신들 마음대로 설정한 양적 잣대로 대학을 재서 순위를 매기는 몇몇 언론사, 그리고 이 순위에 일희일비하는 이들 모두가 바로 그들입니다.

오늘 제가 여러분들과 함께 나누고 싶은 것은 바로 이러한 무지, 즉 양으로써 질을 측정하는 것의 문제점입니다. 이들의 평가가 어떤 문제가 있는지 세 가지로 나누어 살펴볼 것입니다. 그리고 이들의 평가에 놀아나서는 안 되는 이유도 말씀드릴 것입니다. 나아가 대학에 대한 평가가 이루어진다면 어떤 주체에 의해서, 어떤 방법으로 이루어져야 할 것인지에 대해서 말씀을 드리도록 하겠습니다.

예시답안은 4.3절에서 살펴본 글을 바탕으로 작성한 것이다. 같은 주제라도, 혹은 같은 글을 바탕으로 하더라도 발표 원고는 여러 가지로 쓸 수 있다. 예시 답안에서는 발표자의 전공을 살려 화학의 가장 근본적인 법칙에 대한 부정으로 시작하여 청중의 관심을 끌고 있다. 이를 바탕으로 자연스럽게 자신이 발표하고자 하는 주제로 유도하고 있다. 이와 같이 여러 가지 방법을 활용하여 발표를 원활하게 진행할 수 있도록 발표 원고를 미리 작성해 본다.

연습 9-5

다음과 같은 상황에서 발표를 한다고 할 때 지정된 부분의 발표를 위한 원고를 써 보시오.

① 발명동아리 회장 김상우는 신입생들 앞에서 발명동아리 가입을 호소하는 발표를 5분 동안 진행한다.

발표 원고 전체 :

② 공대 학생 대표 김기열은 학교 본부 관계자들 앞에서 대학등록금 인하의 정당성에 대해 10분 동안 발표를 진행한다.

문제제기부 원고 :

③ 가구회사 디자인팀 고은애 대리는 자신이 개발한 인간공학적 디자인이 향후 제품 생산에 적용될 수 있도록 회사 관계자들 앞에서 발표를 한다.

도입부 원고 :

문제제기부 원고 :

맺음말 원고 :

참고 인간공학 [human engineering , 人間工學]
인간과 기계와의 관계를 연구하는 학문으로서 에르고노믹스(ergonomics)라고도 한다. 인간의 신체의 운동특성을 살리는 것이 목표이며, 이런 것을 생각하는 것이 인간공학의 역할이다. 생산한다는 것은 주로 기계가 관계하는 데 인간도 또한 관여하고 있고, 이러한 인간과 기계와의 관계를 일체(一體)라고 생각하여 인간-기계계라고 하고, 이 계(系) 속에서 인간과 기계와의 조화 · 합리성을 발견해 가는 학문이다.

실습과제

예제 다음에 제시되는 상황과 주제에 따라 기획, 준비, 퍼포먼스의 단계를 거쳐 발표를 하시오.

> **상황 : 대학생을 상대로 50분 발표**
>
> **주제 : 특허분쟁**
>
> 특허분쟁은 법적으로 특허를 지키고 확고히 다지기 위한 기업이나 개인 간에 일어나는 다툼이다. 특히 규모가 큰 특허분쟁은 특허전쟁(Patent war)이라고도 한다. 현대 시대의 특허분쟁은 여러 다국적 기업들이 치르는 전 세계적인 현상으로 다양한 기술 분야에서 일어난다. 특허분쟁을 하고 있는 회사의 종류는 다양하며, 전자통신 계열 회사에는 삼성, 애플, 페이스북, 야후, 모토로라, 오라클, LG, IBM, 마이크로소프트, 노키아, 팬택, 에릭슨 등을 들 수 있다.

풀이

발표의 기획과 준비, 그리고 퍼포먼스까지 실제로 해 보는 문제이다. 각 단계에 대해 학습한 내용을 잘 활용해 반영해 본다. 자료 준비 및 퍼포먼스의 구체적인 방법은 이후에 학습을 하게 된다. 따라서 제시된 주제와 상황에 맞게 일련의 과정을 수행해 보고 문제점이나 보완점을 찾아 이후의 학습에 활용할 수도 있다.

답 생략

연습 **다음에 제시되는 상황과 주제에 따라 기획, 준비, 퍼포먼스의 단계를 거쳐 발표를 하시오.**

① 상황 : 면접관을 상대로 10분 발표

주제 : 입사 후 포부

② 상황 : 대학생을 상대로 30분 발표

주제 : 지식재산권

> **참고** 지식재산권[intellectual property , 知識財産權]
> 발명 · 상표 · 디자인 등의 산업재산권과 문학 · 음악 · 미술 작품 등에 관한 저작권의 총칭으로서 지적재산권, 지적소유권이라고도 한다. 지적소유권에 관한 문제를 담당하는 국제연합의 전문기구인 세계지적재산권기구(WIPO)는 이를 구체적으로 '문학 · 예술 및 과학작품, 연출, 예술가의 공연 · 음반 및 방송, 발명, 과학적 발견, 공업의장 · 등록상표 · 상호 등에 대한 보호권리와 공업 · 과학 · 문학 또는 예술분야의 지적 활동에서 발생하는 기타 모든 권리를 포함한다.'고 정의하고 있다.

③ 상황 : 휴대폰 문자 입력 방식에 익숙하지 않은 노년층을 대상으로 교육

주제 : 스마트폰 자판 유형별 한글 입력 방식

참고

9.2 발표 전략

눈앞에서 보고 들을 수 있으며, 즉각적으로 반응할 수 있는 발표는 그 성패가 쉽게 판가름이 나기 때문에 발표를 위한 철저한 전략이 필요하다. 발표의 내용을 어떻게 구성해야 하는가, 발표에 효과적으로 활용될 수 있는 시청각 자료는 어떻게 만들어야 하는가, 발표 현장에서는 어떤 퍼포먼스 전략을 펼쳐야 하는가에 대해 구체적으로 알아보자.

문제가 뭐야?	어떻게 해야 하지?	이렇게 해결해 봐!	더 깊게! 더 넓게!
어떻게 해야 발표를 효과적으로 할 수 있지?	발표의 내용과 시청각 자료를 철저하게 준비하라.	청중을 사로잡을 수 있는 퍼포먼스 전략을 수립하라.	다양한 발표 상황에 맞는 실제 발표 전략을 작성하라.

내용 구성 전략

성공적인 발표를 위해서는 발표의 내용, 시청각자료, 퍼포먼스 모두가 조화를 이루어야 하지만 이 중에서 핵심이 되는 것은 발표의 내용이다. 왜냐하면 발표의 내용에 따라 적절한 시청각자료가 선택되고, 발표 퍼포먼스가 이루어지기 때문이다. 따라서 성공적인 발표를 위한 내용 구성 전략이 필요하다. 발표의 내용을 구성할 때는 다음과 같은 요건을 반드시 갖춰야 한다.

- **체계적으로** : 발표의 내용 전체가 체계적으로 짜여 있어야 한다.
- **간결하게** : 발표의 내용을 압축 요약하여 간결한 표현으로 나타낼 수 있어야 한다.
- **반복적으로** : 핵심적인 내용은 반복적으로 제시해 청중에게 확실한 인상을 남겨야 한다.
- **논리적으로** : 청중을 설득할 수 있는 합당한 논리체계를 갖춰야 한다.
- **감성적으로** : 청중의 마음을 움직일 수 있는 감성적인 요소가 포함되어 있어야 한다.

체계적인 구성은 발표뿐 아니라 모든 글에서 반드시 갖추어야 할 요소이다. 발표의 내용이 체계적으로 구성되어야 청중들이 발표의 내용에 몰입할 수 있고 그 내용을 정확하게 이해할 수 있다. 간결한 구성은 'KISS(Keep it simple and short)'라는 약어로 강조되는 전략으로서 발표의 핵심적인 내용은 몇 개의 단어 혹은 구로 압축해 제시해야 한다. 발표가 끝난 후 청중들이 발표 내용의 세세한 부분은 기억하지 못하더라도 핵심적인 내용 몇 가지는 기억할 수 있도록 간결하게 요약하는 것이 필요하다. 이를 위해서 반복적인 구성도 필요하다. 핵심적인 내용은 적절한 위치에 반복적으로 포함시켜 강한 인상을 남기도록 내용을 구성하는 것이 좋다.

발표는 청중의 이성과 감성을 자극하여 청중에게 내용을 전달하고 청중을 설득하는 것도 필요하다. 학술적인 발표, 공식적인 발표 등에서는 합리적인 주장을 펼치고 이를 효과적으로 논증하는 것이 필요하다. 그러나 이러한 발표에서도 감성적인 요소는 빼놓을 수 없다. 최종적으로는 논리적 주장으로 귀결되더라도 청중의 감성을 자극할 수 있는 적절한 정적 요소를 포함시키면 발표가 훨씬 효과적으로 진행될 수 있다. 발표의 내용은 이러한 요소와 함께 적절한 구성을 갖추어야 효과적으로 전달될 수 있다. 발표의 내용은 다음과 같은 세 가지 유형으로 구성할 수 있다.

삼단 구성

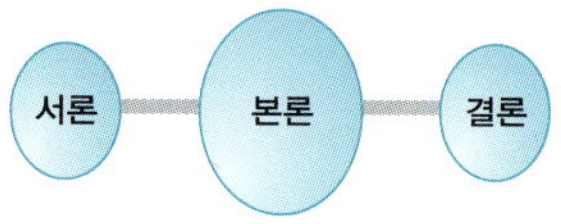

스토리 구성

벌거벗은 임금님

모자이크 구성

삼단 구성은 글쓰기에서와 마찬가지로 가장 일반적인 구성으로서 발표의 핵심적인 내용 앞과 뒤에 각각 도입과 마무리를 배치시키는 구성이다. 스토리 구성은 스토리텔링 방식으로 발표를 전개할 때 유용한 구성 방식으로서 청중에게 알리고자 하는 바를 재미있고 생생한 이야기로 설득력 있게 전달할 수 있는 장점이 있다. 모자이크 구성은 발표의 핵심적인 내용을 몇 개의 부분으로 나누어 각각의 부분별로 발표를 하되 이것이 발표 전체의 내용으로 귀결되도록 하는 방식이다.

그런데 이러한 세 가지 구성 유형은 복합적으로 활용할 수 있다. 논리적인 내용의 발표를 서론 – 본론 – 결론의 삼단 구성으로 할 수도 있지만 이것을 스토리로 만들어 발단 – 전개 – 위기 – 절정 – 결말로 다시 엮을 수도 있다. 또한 삼단 구성에서 본론을 몇 개의 중요한 요소로 나누어 모자이크처럼 구성할 수도 있다. 따라서 발표의 내용에 따라 적절한 구성 유형을 선택하는 것이 필요하다.

Key Point

발표 내용을 잘 구성하려면?

내용 요건을 잘 갖추되 주제와 상황에 맞게 내용을 구성하라.

예제 9-6

다음에 제시되는 상황에 적합한 구성을 선정한 후 내용 요건을 잘 갖추어 발표의 내용을 구성해 보시오.

보기 대학 졸업을 앞 둔, 항공공학을 전공한 김정은 학생은 자신의 대학생활 경험을 살려 후배들에게 '대학에서의 교양과 전공'이라는 주제로 발표를 하고자 한다.

풀이

주제에 적합한 발표의 내용 구성을 실제로 해 본다. 발표의 내용을 구성할 때는 체계적으로 간결하게 구성하되 중요한 것은 반복적으로 제시할 수 있어야 하고 논리적인 면과 감성적인 면도 조화를 이루도록 해야 한다.

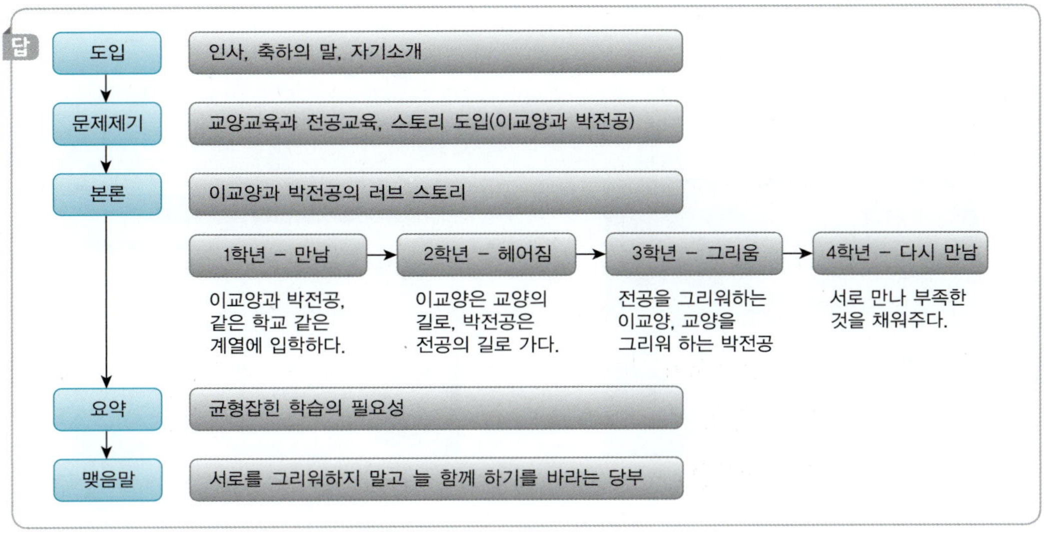

예시 답안은 스토리텔링 방식으로 내용을 구성한 것이다. 대학교육은 교양교육과 전공교육이 큰 축을 이루고 있으며 두 부문 간의 균형 잡힌 교육 및 학습이 필요하다. 그럼에도 불구하고 어느 한 쪽에 치우치는 경향, 특히 전공 쪽에 치우치는 경향이 많다. 따라서 졸업생의 입장에서 이러한 문제를 지적하고 바람직한 교육 및 학습의 방향을 제시하고자 위와 같은 이야기로 구성하였다. 예시 답안 이외의 다른 유형으로도 내용을 구성해 본다.

연습 9-6

다음에 제시되는 기획서 개요를 완성하시오.

① 서론 – 본론 – 결론의 삼단 구성

오랫동안 인터넷 게임에 중독되어 살다가 헤어난 이승준은 자신의 경험을 살려 고등학생들을 대상으로 '정도를 지키는 인터넷 게임'이라는 주제로 발표를 하고자 한다.

② 부문별 SWOT 분석의 비교를 바탕으로 한 모자이크 구성

그룹 전략기획실의 강지영 실장은 그룹의 연간 중점 목표를 관계자들 앞에서 발표를 해야 한다. 이 그룹 내의 컴퓨터, 모바일, 가전 세 부문이 모두 각 부문의 사업이 중점사업이 되어야 한다고 주장하고 있다.

시청각자료의 활용 전략

예전의 발표는 인쇄물을 바탕으로 발표자가 일방적으로 말을 하는 단순한 방식으로 행해졌지만 오늘날의 발표는 다양한 도구들을 적극적으로 활용하여 입체적인 방식으로 행해지고 있다. 이러한 발표를 가능하게 한 것은 각종 시청각자료인데 흔히 프로젝터나 텔레비전을 이용한 파워포인트 화면에 텍스트, 그래픽, 동영상과 애니메이션, 음향 등을 직접 보이거나 연결하여 사용한다. 이처럼 파워포인트 하나에 모든 시청각자료를 담아낼 수 있기 때문에 파워포인트를 활용한 프레젠테이션 자료를 만드는

것이 발표 자료 준비의 최종 단계가 된다.

파워포인트를 활용한 프레젠테이션 양식은 크게 두 가지로 분류된다.

그래픽 중심

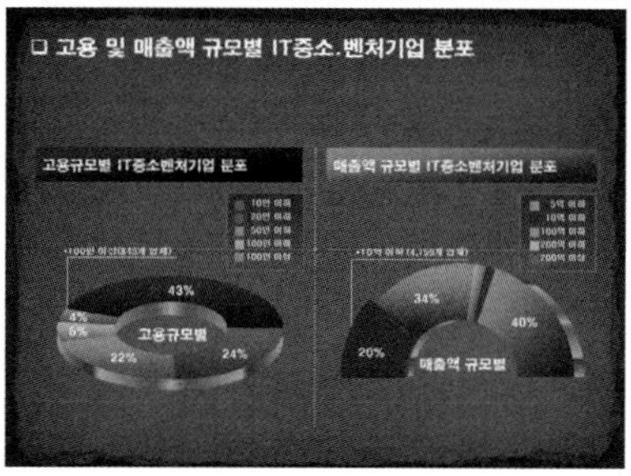

텍스트 중심

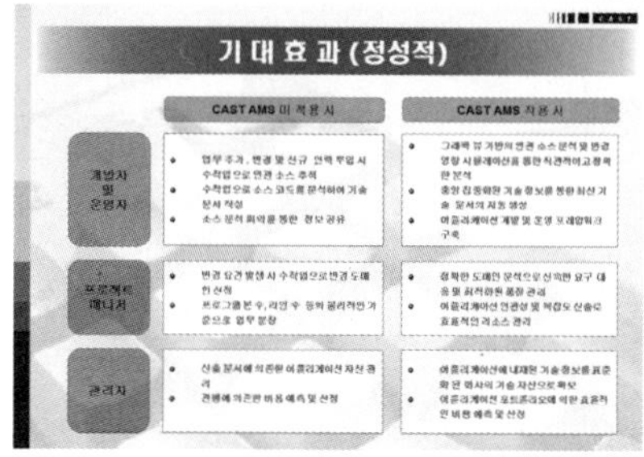

그래픽 중심의 양식은 다소 규모가 큰 곳에서 많은 수의 청중을 대상으로 발표를 할 때 자주 사용된다. 이러한 발표는 조명이 조정되는 공간에서 이루어지므로 배경 화면을 어둡게 하고 텍스트의 양을 줄여 글자 크기를 크게 한다. 세세한 텍스트 대신 직관적으로 내용을 파악할 수 있는 사진, 그림, 그래프, 도표 등을 적절히 활용할 수 있다. 또한 각종 애니메이션 도구나 동영상, 음성도 함께 활용할 수 있다.

텍스트 중심의 양식은 기관이나 기업의 소규모 회의에서 다소 상세한 정보를 주고받으며 대화를 할 때나 보고용으로 자주 사용된다. 주로 밝은 장소에서 활용되고 화면 그대로 인쇄하여 배포하는 경우가 많으므로 배경화면을 밝게 한다. 또한 세세한 정보를 주고받아야 하기 때문에 텍스트의 양이 많아 글자가 다소 작다. 그러나 필요에 따라서는 약간의 그림, 도표, 그래프 등이 포함되기도 한다. 회의용 자료이기 때문에 다른 멀티미디어 기능의 사용은 최소화한다.

이러한 두 가지 유형은 상황에 따라 적절히 구분해서 사용해야 하지만 필요에 따라서는 최소한의 혼용도 가능하다. 학술적인 발표에서는 주로 텍스트 중심의 양식이 사용되지만 기업이나 기관의 프레젠테이션에서는 그래픽 중심의 양식이 많이 사용된다. 어떤 유형의 양식을 사용하든 공통적으로 지켜야 할 요건이 있고 각각의 유형에 따라 지켜야할 요건도 있다.

공통 요건	
화면 수	발표 시간에 맞춰 적정한 수의 화면을 준비하라.
화면 구성	주요소(제목, 텍스트, 그래픽, 사진 등)와 보조요소(페이지, 캡션 등)가 통일성, 긴밀성을 이루도록 하라.
콘텐츠의 크기	폰트와 그래픽의 크기는 발표 환경을 고려해 모든 청중이 볼 수 있도록 하라.

	그래픽 중심	텍스트 중심
배경	개성이 드러나도록 특징적으로 구성하라.	배경을 최소화하여 텍스트가 잘 드러나도록 하라.
화면 구성	화려하되 현란하지 않게 구성하라.	단순하되 요점이 잘 드러나도록 구성하라.
콘텐츠의 종류	발표에 필요한 콘텐츠를 다양하게 활용하라.	최소한도의 콘텐츠만 활용하라.

발표의 성격에 따라 필요한 화면의 숫자는 다르지만 적절한 수의 화면 구성은 반드시 필요하다. 화면의 수가 너무 적으면 있으나 마나한 것이 되고 너무 많으면 오히려 청중의 집중력을 흐트러뜨릴 위험이 있다. 매 화면마다 달라지는 텍스트 및 그래픽과 페이지마다 고정되어 있는 보조요소들을 적절히 조화시키는 것도 필요하다. 본론 부분에서는 보통 3~4가지 유형의 디자인 서식을 쓰는데 디자인 서식을 만드는 단계부터 이러한 특성을 고려하는 것이 좋다. 시각 자료는 청중이 눈으로 봐서 확인이 가능하도록 해야 한다. 텍스트의 크기가 너무 작으면 내용을 요약해 충분한 크기로 만들어야 한다. 그래픽 또한 너무 작거나 복잡하면 몇 개로 나누어 크기를 키우거나 부분적으로 확대해서 보여주는 것이 좋다.

그래픽 중심의 양식과 텍스트 중심의 양식은 본래 추구하는 방향이 다르므로 배경, 화면 구성, 사용하는 콘텐츠의 종류 등이 모두 다르다. 전반적으로 그래픽 중심의 양식은 보다 자유롭게 꾸밀 수 있으므로 발표자의 개성이 드러나도록 적정한 선에서 화려하고도 다양하게 만드는 것이 좋다. 반면에 텍스트 중심의 양식은 핵심적인 정보가 정확히 전달될 수 있도록 단순하면서도 간결하게 작성하는 것이 좋다.

Key Point

발표를 위한 시각자료를 잘 작성하려면?
발표 내용 및 시간에 맞도록 화면을 구성하라.

예제 9-7

다음에 제시되는 발표용 슬라이드 일부를 보고 제시된 기준에 따라 평가하시오.

보기 사업 계획서 중 회사소개 : 발표 시간 30분

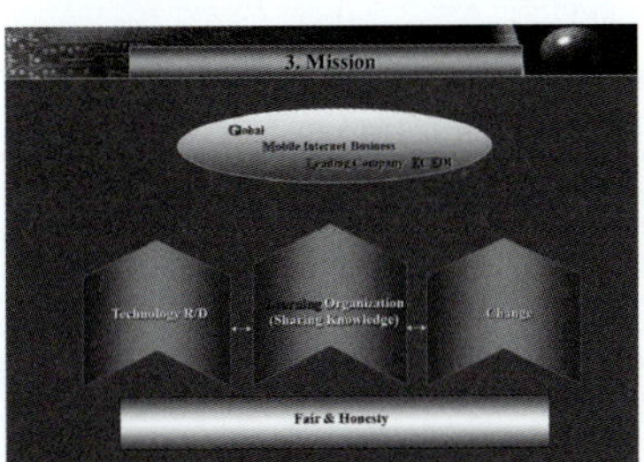

4 / 17면

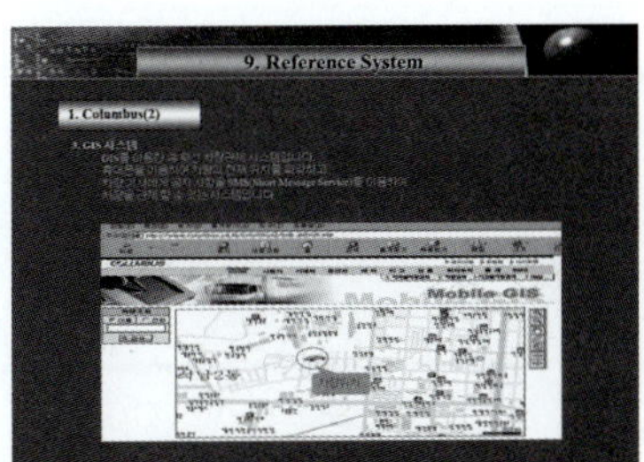

12 / 17면

평가기준		잘함 ←				→ 못함
화면 수	발표 시간에 맞춰 적정한 수의 화면을 준비했는가?	5	4	3	2	1
화면 구성	주요소와 보조요소가 통일성, 긴밀성이 있는가?	5	4	3	2	1
콘텐츠의 크기	폰트와 그래픽의 크기가 적절한가?	5	4	3	2	1
배경	개성이 드러나도록 특징적으로 구성하였는가?	5	4	3	2	1
화면 구성(그래픽)	화려하되 현란하지 않게 구성하였는가?	5	4	3	2	1
콘텐츠의 종류	발표에 필요한 콘텐츠를 다양하게 활용하였는가?	5	4	3	2	1

풀이

작성된 슬라이드 화면을 보고 주어진 평가요소에 따라 평가를 해 보는 문제이다. 슬라이드 구성에 대한 절대적인 기준은 없지만 일반적인 기준에 따라 평가할 수 있다. 따라서 청중의 입장에서 제시된 슬라이드를 평가해 본다. 또한 슬라이드 구성에 대한 안내서가 많이 있으므로 보다 자세한 것은 안내서를 참조한다. 스티브 잡스나 빌게이츠 같은 유명인의 프레젠테이션에 활용된 슬라이드도 참고할 수 있다.

답

평가기준		잘함 ←				→ 못함
화면 수	발표 시간에 맞춰 적정한 수의 화면을 준비했는가?	5	4	3	2 ✓	1
화면 구성	주요소와 보조요소가 통일성, 긴밀성이 있는가?	5	4	3	2 ✓	1
콘텐츠의 크기	폰트와 그래픽의 크기가 적절한가?	5	4	3	2	1 ✓
배경	개성이 드러나도록 특징적으로 구성하였는가?	5	4	3	2 ✓	1
화면 구성(그래픽)	화려하되 현란하지 않게 구성하였는가?	5	4	3	2 ✓	1
콘텐츠의 종류	발표에 필요한 콘텐츠를 다양하게 활용하였는가?	5	4	3 ✓	2	1

제시된 슬라이드는 어느 정도의 요건을 갖추었으나 부족한 점이 많다. 발표 시간이 30분인 점을 감안하면 슬라이드 17개는 너무 적다. 단조로운 화면에 숫자까지 적으면 지루한 느낌을 줄 수 있다. 전체적으로 글씨 크기가 작아 내용을 파악하기 어려우며 각 요소들의 배치나 디자인도 문제가 많다. 문제점에 대한 지적보다 실제로 작성하는 것이 중요하므로 발표 주제에 맞게 직접 작성해 본다.

연습 9-7

다음과 제시되는 발표용 슬라이드 일부를 보고 제시된 기준에 따라 평가하시오.

대학 주변 인문학 카페 사업 계획서, 발표 시간 15분, 슬라이드 숫자 : 30면

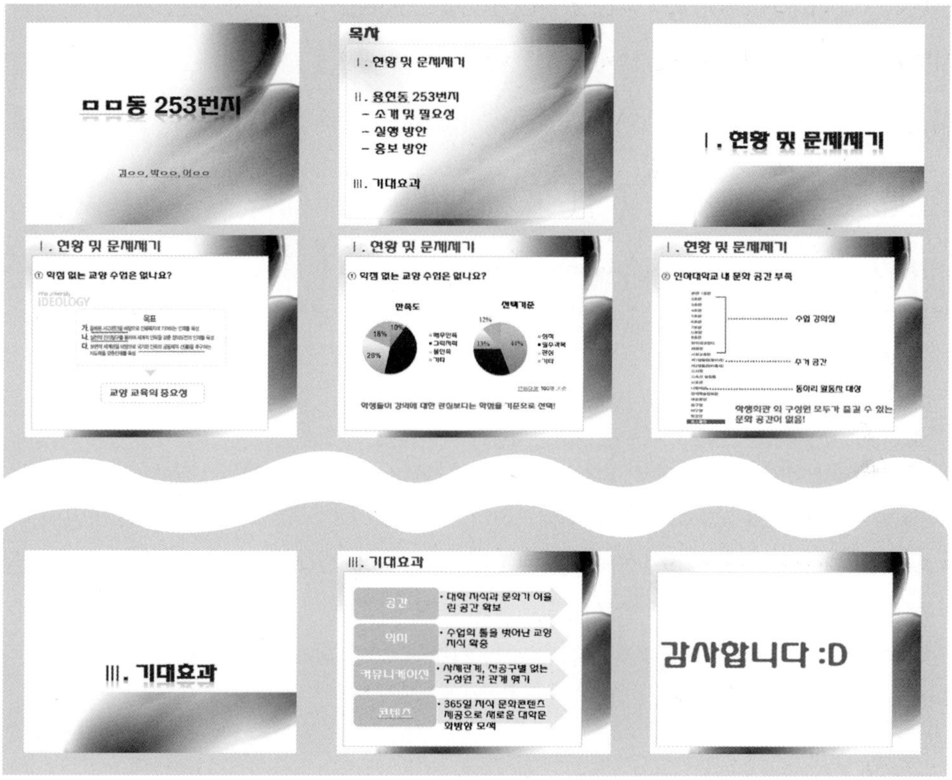

평가기준		잘함 ← → 못함
화면 수	발표 시간에 맞춰 적정한 수의 화면을 준비했는가?	5 4 3 2 1
화면 구성	주요소와 보조요소가 통일성, 긴밀성이 있는가?	5 4 3 2 1
콘텐츠의 크기	폰트와 그래픽의 크기가 적절한가?	5 4 3 2 1
배경	개성이 드러나도록 특징적으로 구성하였는가?	5 4 3 2 1
화면 구성(그래픽)	화려하되 현란하지 않게 구성하였는가?	5 4 3 2 1
콘텐츠의 종류	발표에 필요한 콘텐츠를 다양하게 활용하였는가?	5 4 3 2 1

퍼포먼스 전략

발표 퍼포먼스는 청중 앞에서 시각적인 정보와 청각적인 정보를 동시에 제공하면서 이루어진다. 따라서 이러한 두 가지 정보를 어떻게 하면 효과적으로 제어, 또는 활용하는가에 따라 발표의 성패가 결정된다. 발표 퍼포먼스를 효과적으로 진행하기 위해서는 외적 요소와 내적 요소를 적절히 조정할 수 있어야 한다.

외적 요소

환경, 청중, 자료

내적 요소

말, 몸짓, 교감

외적 요소에서 먼저 문제가 되는 것은 발표장의 환경이다. 발표장의 크기, 조명, 음향 등의 여건에 따라서 발표 퍼포먼스의 전략이 달라지기 때문이다. 따라서 이 환경을 미리 확인하여 만반의 준비를 하고 가능하다면 동일한 장소에서 리허설을 해 보는 것이 좋다. 그 다음으로 중요한 요소는 청중으로서 청중의 구성, 인원 등을 고려해 발표를 진행해야 한다. 그리고 발표를 위해 준비한 자료도 외적 요소를 이룬다. 발표자는 준비한 발표 자료를 환경과 청중에 맞게 활용하면서 발표를 진행하게 된다. 이러한 외적인 요소는 발표 자료를 제외하고는 직접적으로 제어할 수 없는 것이므로 이 요소에 맞게 발표자가 능동적으로 대처해야 한다.

이에 비해 **내적 요소**는 발표자가 스스로 제어하여 활용할 수 있는 것들이다. 발표는 발표자의 음성을 통해 이루어지므로 목소리, 말투, 빠르기 등을 적절하게 조정할 필요가 있다. 또한 발표자의 몸짓, 위치, 동선 등도 매우 중요한 요소이므로 이에 대한 계획을 미리 세우거나 환경에 맞게 조정해 나가야 한다. 그런데 무엇보다도 중요한 것은 청중과의 교감이다. 발표는 내용을 효과적으로 전달하여 청중들이 수용하도록 하는 목적 하에 이루어지는 것이므로 목소리와 몸짓 모두 청중들과 적절한 교감을 이룰 수 있도록 조정해 나가야 한다. 이를 위해서 목소리 면에서는 다음과 같은 점에 유의해야 한다.

목소리	
음성	정확한 발음으로 크고 또렷하게 말하되 음량에 변화를 주어 단조로움을 피하고 강조를 한다.
속도	전체적으로 천천히 말하되 속도에 변화를 준다.
어투	확신에 찬 어투로 신뢰감을 주고 감성적인 요소를 가미해 공감을 얻어낸다.
어휘	쉽고도 적확한 어휘, 바른 표현을 사용하고 의미 없이 반복하는 말을 삼간다.

발표의 가장 기본적인 목적이 말하고자 하는 바가 청중에게 분명하게 전달되도록 하는 것이기 때문에 크고 정확한 음성은 필수적이다. 육성으로 할 때는 공간에 목소리가 가득 찰 정도로 하고 마이크를 쓸 경우에는 음량을 적절히 조정하여 청중이 정확하게 들을 수 있도록 해야 한다. 또한 청중들이 발표의 내용에 대해 확신을 가져야 하므로 발표자 또한 확신에 찬 어투로 말을 해야 하고 누구나 알아들을 수 있는 쉬운 어휘를 사용해야 한다. 덧붙여 목소리의 변화는 청중들의 관심을 집중시키고 강조점을 부각시키는 효과가 있으므로 적절하게 목소리를 변화시키는 것도 필요하다.

몸짓 면에서는 다음과 같은 점에 유의해야 한다.

몸짓	
자세	팔짱, 호주머니 손, 뒷짐, 기대기 등을 삼가고 자연스러운 차렷 자세를 주로 하되 약간의 변화를 준다.
시선	청중의 시선을 인쇄물, 시각자료, 발표자 등으로 자연스럽게 유도하고 발표자는 청중 전체와 골고루 눈을 맞춘다.
표정	밝고 명랑한 표정을 주로 짓되 내용과 상황에 맞춰 변화를 준다.
손짓	손을 적당히 활용해 지시하거나 청중의 시선을 유도한다.

발표에서 중요한 것은 발표의 내용이기 때문에 발표자의 몸짓은 청중이 발표의 내용에 집중하도록 하는 것이어야 한다. 팔짱을 끼거나 호주머니에 손을 넣는 것은 거만한 자세로 보이기 쉽다. 또한 뒷짐을 지거나 무엇인가에 기대는 동작 또한 청중의 시선을 엉뚱한 곳으로 유도하거나 발표자를 신뢰하지 못하게 할 수 있다. 따라서 발표자의 존재가 느껴지지 않도록 자세를 취하되 필요할 때 적절한 몸짓으로 청중의 시선을 유도하고 발표의 내용에 집중하도록 하는 것이 필요하다.

Key Point

발표 퍼포먼스를 잘 하려면?

발표의 내적, 외적 요소를 고려해 목소리와 몸짓을 적절하게 조정하라.

예제 9-8

'디지로그 디자인'이라는 주제에 따라 발표를 한 후 평가요소에 따라 평가하시오.

디지로그(Digilog)는 디지털(digital)과 아날로그(analog)의 합성어로 아날로그 사회에서 디지털로 이행하는 과도기, 혹은 디지털 기반과 아날로그 정서가 융합하는 첨단기술을 의미하는 말이다. 디지털 기술의 제품이나 서비스를 아날로그로 보완함으로써 새로운 '틈새'의 영역을 장악하면서 사회, 문화, 산업 전반에 큰 흐름을 형성하고 있다. 디지털 기술의 발전만으로는 21세기를 지배할 수 없다는 시장의 깨달음이 반영된 것이다. 이제 시장에서도 디지털이 제대로 굴러가기 위해서는 아날로그가 존중되고 풍부해져야 하며, 가장 좋은 디지털이란 감성적이고 따뜻하며 인간적인 것이어야 한다는 인식이 중심에 있다.

발표 태도	평가 잘함 ← → 못함	발표 태도	평가 잘함 ← → 못함
태도가 자연스러웠는가?	5 4 3 2 1	청중과 교감을 잘 했는가?	5 4 3 2 1
말소리는 크고 또렷했는가?	5 4 3 2 1	발표시간은 잘 지켰는가?	5 4 3 2 1
시청각자료가 적절히 활용되었는가?	5 4 3 2 1	합계	
■ 발표자가 잘했다고 생각하는 점		■ 발표자가 개선해야 한다고 생각하는 점	

풀이

발표를 보고 발표 퍼포먼스를 평가하는 기준에 따라 평가해 보는 문제이다. 다른 사람의 발표를 보고 하는 평가하는 것도 좋지만 자신의 발표를 녹화한 후 평가해 보는 것도 좋다. 자신의 발표에서 반복적으로 발견되는 문제는 고쳐 보도록 노력한다.

답 생략

연습 9-8

다음에 제시되는 주제에 따라 발표를 한 후 평가요소에 따라 평가하시오.

① 주제 : 나를 말하라

자신의 성격, 가치관, 포부를 중심으로 다른 사람들 앞에서 15분 정도 발표

발표 태도	평가 잘함 ← → 못함	발표 태도	평가 잘함 ← → 못함
태도가 자연스러웠는가?	5 4 3 2 1	청중과 교감을 잘 했는가?	5 4 3 2 1
말소리는 크고 또렷했는가?	5 4 3 2 1	발표시간은 잘 지켰는가?	5 4 3 2 1
시청각자료가 적절히 활용되었는가?	5 4 3 2 1	합계	
■ 발표자가 잘했다고 생각하는 점		■ 발표자가 개선해야 한다고 생각하는 점	

② 주제 : 디지털 노마드 족을 겨냥한 제품의 개발

정보기술의 발달로 등장한 21세기형 신인류를 뜻하는 용어로서 노마드(nomad)는 '유목민, 정착하지 않고 떠돌아다니는 사람'을 뜻하는 말이다. 이에 비해 자동차와 최첨단 정보통신기기를 가지고 시공간을 넘나드는 21세기형 신인류를 '디지털 노마드(Digital Nomad)'라고 한다. 예전의 유목민은 먹고 살기 위해 떠돌아다니는 생활을 했지만 21세기의 유목민은 자신의 삶의 질을 극대화시키기 위해 떠돌이 생활을 한다.

발표 태도	평가 잘함 ← → 못함	발표 태도	평가 잘함 ← → 못함
태도가 자연스러웠는가?	5 4 3 2 1	청중과 교감을 잘 했는가?	5 4 3 2 1
말소리는 크고 또렷했는가?	5 4 3 2 1	발표시간은 잘 지켰는가?	5 4 3 2 1
시청각자료가 적절히 활용되었는가?	5 4 3 2 1	합계	
■ 발표자가 잘했다고 생각하는 점		■ 발표자가 개선해야 한다고 생각하는 점	

실습과제

예제 '대체에너지'라는 주제에 따라 발표를 한 후 평가 요소에 따라 평가하시오.

대체에너지란 1970년대에는 석탄, 석유 등 화석연료를 대체한다는 의미에서 사용되었으나, 1980년 이후 천연가스, 원자력 등의 사용이 증가되고, 환경오염의 문제가 심각해짐에 따라 최근에는 청정에너지(Clean Energy)로서의 재생에너지, 신에너지, 미래에너지 등을 의미한다. 현재 선진각국에서 활발히 기술개발이 진행되어 실용화 단계에 접어든 대체에너지로는 태양에너지, 풍력에너지가 주종을 이루며, 바이오매스, 지열, 파도력, 조력 등을 이용한 대체에너지 개발이 활발히 진행되고 있다. 국내에서는 '대체에너지개발 및 이용 · 보급촉진법'에 의해 석유, 석탄, 원자력, 천연가스가 아닌 에너지로 다음과 같은 분야를 '대체에너지'로 지정하고 있다.

발표 내용	평가 잘함 ← → 못함	발표 태도	평가 잘함 ← → 못함
주제는 적합한가?	5 4 3 2 1	태도가 자연스러웠는가?	5 4 3 2 1
내용이 충실하게 준비되었는가?	5 4 3 2 1	말소리는 크고 또렷했는가?	5 4 3 2 1
내용이 적절하게 구성되었는가?	5 4 3 2 1	시청각자료가 적절히 활용되었는가?	5 4 3 2 1
설명과 논증이 충실하게 이루어졌는가?	5 4 3 2 1	청중과 교감을 잘 했는가?	5 4 3 2 1
내용이 흥미로웠는가?	5 4 3 2 1	발표시간은 잘 지켰는가?	5 4 3 2 1
합계		합계	
▪발표자가 잘했다고 생각하는 점		▪발표자가 개선해야 한다고 생각하는 점	

풀이

남의 발표나 자신의 발표를 보고 종합적인 기준에 따라 발표에 대해 평가해 보는 문제이다. 다른 사람의 발표를 보고 하는 평가하는 것도 좋지만 자신의 발표를 녹화한 후 평가해 보는 것도 좋다. 다른 사람의 발표를 보고 청중의 입장에서 좋다고 판단되는 것은 적절히 수용한다. 자신의 발표 녹화에서 나타난 문제점은 고치도록 노력한다.

답 생략

연습 '다이어트'라는 주제에 따라 발표를 한 후 평가 요소에 따라 평가하시오.

미용이나 건강을 위해 살이 찌지 않도록 먹는 것을 제한하는 일을 말한다. 체중을 줄이려면 열량섭취를 줄이거나 열량소비를 늘리면 된다. 총열량 소비량이 섭취하는 양보다 많으면 체중은 감소한다. 체지방의 손실은 열량부족과 정비례한다. 열량부족은 단기간에는 체중 감소효과가 뚜렷이 나타나지 않기도 한다. 몸의 지방을 제거하려면 저열량 식이뿐 아니라 운동이 필요하다. 사람에 따라 필요한 에너지 요구량은 다르며 체격과 하루 운동량에 따라 달라진다.

발표 내용	평가 잘함 ← → 못함	발표 태도	평가 잘함 ← → 못함
주제는 적합한가?	5 4 3 2 1	태도가 자연스러웠는가?	5 4 3 2 1
내용이 충실하게 준비되었는가?	5 4 3 2 1	말소리는 크고 또렷했는가?	5 4 3 2 1
내용이 적절하게 구성되었는가?	5 4 3 2 1	시청각자료가 적절히 활용되었는가?	5 4 3 2 1
설명과 논증이 충실하게 이루어졌는가?	5 4 3 2 1	청중과 교감을 잘 했는가?	5 4 3 2 1
내용이 흥미로웠는가?	5 4 3 2 1	발표시간은 잘 지켰는가?	5 4 3 2 1
합계		합계	
■ 발표자가 잘했다고 생각하는 점		■ 발표자가 개선해야 한다고 생각하는 점	

9.3 면접

면접은 상대와 얼굴을 맞대고 자신에 대해 알릴 수 있는 좋은 기회이다. 그러나 대부분의 사람들이 주눅이 들어 이 기회를 활용하지 못한다. 면접 또한 문제해결을 위한 커뮤니케이션의 과정이다. 새로운 세계로 나아가기 위해 자신을 알릴 수 있는 효과적인 커뮤니케이션 전략에 대해 구체적으로 알아보자.

문제가 뭐야?	어떻게 해야 하지?	이렇게 해결해 봐!	더 깊게! 더 넓게!
어떻게 해야 면접을 잘 치를 수 있지?	면접의 성격에 맞는 말하기 전략을 수립하라.	면접관을 매혹시킬 자세와 태도를 취하라.	실제 면접 상황을 가상해 모의면접을 실시하라.

면접의 필요성

진학, 취업 등의 선발 과정에서 마지막에 놓이는 것이 면접인데 면접은 말 그대로 지원자와 면접관이 얼굴을 마주 대하는 직접적인 커뮤니케이션이다. 면접 이전에 이력서, 자기소개서 및 각종 증빙 서류를 바탕으로 선발 주체는 면접 대상자를 정한 후 직접 대면하여 최종적인 선발을 하게 된다. 면접은 일반적으로 면접관이 중심이 되어 지원자를 평가하는 과정이라고 생각하기 쉬우나 일종의 커뮤니케이션 과정이란 점을 감안하면 다음과 같은 면에서 그 필요성을 찾을 수 있다.

지원자의 입장에서 면접은 자신을 직접적으로 알리는 기회가 된다. 이력서나 자기소개서를 통해 어느 정도 자신에 대해 알릴 수는 있지만 문서를 통한 간접적인 소통은 한계가 있으므로 얼굴을 마주 대하고 직접적으로 자신에 대한 상세한 정보를 제공할 수 있는 기회가 바로 면접이다. 또한 말과 태도를 통해 자신의 내면을 드러낼 수 있는 기회이기도 하다. 선발 주체의 입장에서는 직접적인 커뮤니케이션을 통해 지원자를 보다 상세하게 관찰하고 물음을 통해 궁금한 것을 해소할 수 있는 기회이기도 하다. 문서를 통해 얻을 수 있는 정보는 일방적인 정보이지만 면접에서는 즉석에서 묻고 답을 들을 수 있으므로 지원자의 내면적인 모습까지 직접 확인할 수 있다.

그러나 무엇보다 중요한 것은 면접을 통해 지원자와 선발 주체가 서로 공통분모를 찾아내는 과정이다. 지원자가 아무리 뛰어난 능력과 훌륭한 인품을 갖추었다고 하더라도 그것이 선발 주체의 요구와 맞지 않으면 선발할 수 없다. 반대로 선발 주체가 좋은 조건을 갖추었다고 하더라도 그것이 지원자의 지향과 맞지 않으면 지원자는 중도에 포기할 수 있다. 따라서 면접 과정을 통해 지원자와 선발 주체는 서로가 서로에게 부합되는 존재임을 확인하는 과정이 바로 면접이라 할 수 있다.

면접의 마지막 목적이 지원자와 선발 주체가 서로 맞춰보는 과정임을 감안하면 지원자는 다음과 같은 과정을 거쳐 면접을 준비하여 치르는 것이 좋다.

정보 수집
지원하는 곳에 대한 정보를 충실히 모은다.

▸ **서류 작성**
지원하는 곳에 맞춰 이력서 및 자기소개서를 작성한다.

▸ **예상 질문 준비**
면접 대상자로 선정되면 예상되는 질문을 뽑고 이와 관련된 자료를 추가로 수집한다.

▸ **가상 면접**
예상 질문을 중심으로 가상으로 면접 연습을 한다.

▸ **질문과 대답**
면접장에서 면접관의 질문에 충실히 답변을 한다.

▸ **부연**
질문 외에 자신이 하고자 하는 이야기를 덧붙인다.

면접에 대한 준비는 자기소개서를 작성할 때부터 시작된다. 효과적인 자기소개서를 작성하기 위해서는 지원하는 곳에 대한 정보를 충분히 수집한 후 자신이 그곳에 적합한 인재임을 밝혀야 한다. 따라서 이러한 자기소개서를 작성하는 데 필요한 자료를 잘 정리하여 자기소개서를 작성하고 면접에 대비한다. 그리고 서류 심사를 거쳐 면접 대상자로 선정이 되면 예상되는 질문을 준비하고 이와 관련된 자료를 추가로 수집하고 정리한다.

면접에 임하기 전에는 가상 면접이 반드시 필요하다. 주변 사람들의 도움을 받아 실제 면접장과 같은 환경을 만든 뒤 예상되는 질문에 차분하게 답을 해 본다. 실제 면접에서는 면접관의 질문에 따라 충실히 답변을 하되 자신이 준비한 것도 차분히 말하는 것이 필요하다. 특히 지원자의 입장에서 면접이 자신을 알리는 기회임을 감안하면 면접관이 미처 질문하지 않은 것도 선발에 도움이 된다면 적절히 부연하여 말할 수 있다.

Key Point

면접에 잘 대비하려면?
면접이 왜 필요한지 파악하고 이에 따라 준비하라.

예제 9-9

신문에 제시된 '합격률을 높이는 면접 비법' 기사를 보고 지시에 따라 면접 준비를 하시오.

보기
1. 자기소개서를 바탕으로 예상 질문을 뽑아라. 최소한 20개의 질문과 답변을 준비한다.
2. 그 다음은 정치 · 경제 · 사회 · 문화 · 연예 등 각 분야별 이슈에 대한 질문과 답변을 준비한다.
3. 준비된 질문과 답변에 따라 반복해서 연습한다.
4. 잘 어울리는 복장과 바른 자세, 자신감 있는 목소리, 환한 표정도 미리 준비하거나 연습한다.
5. 면접관이 묻는 질문만 명료하게 답한다.

① 20개의 예상 질문을 뽑고 답변을 준비하시오.

② 최근의 분야별 이슈를 정리하고 이에 대한 답을 준비하시오.

③ 준비된 질문과 답에 따라 그룹을 지어 연습하고 모의 면접도 하시오.

④ 복장을 미리 준비하고, 목소리와 표정 연습도 하시오.

⑤ 묻는 말에 정확한 답을 할 수 있도록 준비된 질문을 조금씩 바꾸어 보면서 그에 맞게 답을 하시오.

풀이

잘 알려진 면접 비법에 따라 미리 면접 준비를 해 보는 문제이다. 면접 비법은 여러 가지가 있으나 궁극적으로는 인사 담당자가 원하는 인재상에 맞춰 지원자가 충실히 준비하는 것이 비법의 원천이다. 답은 생략한다.

연습 9-9

인사담당자가 싫어하는 지원자의 태도를 참조해 자신에게 해당되는 항목이 있는지 생각해 보시오.

항목	비율
억지로 끼워 맞춘 대답	40.6%
튀는 복장, 메이크업 등	19.3%
실현이 어려워 보이는 약속	15.7%
예의 없는 기본 태도	8.1%
정도를 지나친 유머	6.6%
노래, 춤 등 시키지 않은 장기자랑	6.1%
기타	3.6%

언어외적 커뮤니케이션 전략

면접은 일종의 커뮤니케이션 과정이므로 면접을 위한 커뮤니케이션 전략이 필요하다. 커뮤니케이션은 일반적으로 말과 글을 통해 이루어지지만 면접은 주로 말을 통해서 이루어진다. 그러나 이러한 언어를 매개로 한 커뮤니케이션뿐만 아니라 언어외적인 커뮤니케이션도 중요하다. 면접관은 지원자가 하는 말 이외에 외적으로 드러나는 요소, 즉 첫인상, 태도, 가치관과 성품 등을 종합해 지원자에 대한 평가를 하게 된다.

첫인상은 처음 만나는 사람에 대해 갖게 되는 최초의 느낌과 판단이기도 하지만 오래도록 유지되는 가장 중요한 인상이기도 하다. 첫인상은 먼저 생김새, 몸가짐, 옷차림 등 외적인 요소에 의해 먼저 형성이 된다. 따라서 면접이라는 일반적인 상황에도 적합하고 선발 주체의 성향에도 맞는 외적인 요소를 미리 갖추어 좋은 첫인상을 주기 위해 노력하는 것이 필요하다. 그러나 면접이 진행될수록 외적인 면보다 내적인 면이 더 중요하기 때문에 내적인 요소까지 긍정적인 첫인상을 줄 수 있도록 노력해야 한다.

태도는 자세, 말투 등을 통해서 드러나는데 면접관의 판단에 중요한 영향을 미친다. 자세가 불안하거나 눈에 거슬린다면 좋은 평가를 받기 어렵다. 가능하면 안정된 자세를 취한 후 면접관과 시선을 맞추고 편안하게 대화를 진행해야 한다. 또한 사람에 대한 평가에서 말투는 매우 중요한 요소이므로 공손하고도 정확한 말투를 사용해야 한다. 특히 부적절한 표현을 사용하거나 말꼬리를 흐리는 것은 좋은 평가를 받기 어려우므로 삼가야 한다.

그런데 첫인상과 태도는 궁극적으로 지원자의 가치관과 성품을 드러내는 데 집중되어야 한다. 첫인상과 태도는 겉으로 드러나는 것이긴 하지만 면접관이 진정으로 보고자 하는 것은 인상과 태도의 저변에 있는 지원자의 가치관과 성품이다. 따라서 늘 긍정적이고 적극적인 가치관, 포용적이고 융화적인 성품을 잘 드러낼 수 있도록 노력해야 한다.

이를 위해서는 다음과 같은 점에 특히 유의하는 것이 좋다.

- **준비성** : 지원 전에 준비한 자료를 충실히 소화한 후 말하여 준비된 인재임을 밝힌다.
- **적극성** : 옳고 필요한 일에는 적극적으로 뛰어들 수 있음을 밝힌다.
- **긍정성** : 어떤 일이든 긍정적인 자세로 임함을 보인다.
- **책임감** : 맡겨진 일은 끝까지 완수할 수 있는 자세와 능력이 있음을 보인다.
- **진취성** : 미래지향적인 사고로 새로운 영역을 개척해 나갈 수 있는 인재임을 보인다.
- **인화력** : 동료, 선후배, 상사 등과 친밀한 인간관계를 유지할 수 있음을 보인다.
- **리더십** : 조직을 이끌어나갈 수 있는 능력을 소유하고 있음을 보인다.

이상의 능력과 조건은 모든 지원자에게 필요한 일반적인 것이다. 그런데 선발 주체의 성격에 따라 강조점이 다를 수 있다. 따라서 지원하는 곳의 성격에 따라 특정한 부분을 더 부각시키려는 노력도 필요하다.

Key Point

면접에서 언어 외적인 면에서 좋은 평가를 받으려면?
좋은 첫인상을 주고 올바른 태도로써 자신의 가치관과 성품을 잘 드러내라.

예제 9-10

다음에 제시되는 자료를 바탕으로 각각의 항목에 대해 어떻게 준비하는 것이 좋은지 써 보시오.

보기 인사담당자가 채용하도록 하는 지원자의 면모

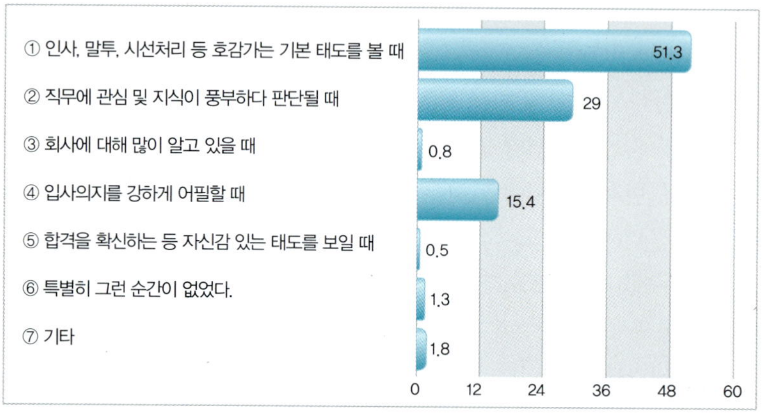

풀이

인사 담당자들의 의견을 참조해 구체적인 면접 준비를 해 보는 문제이다. 인사 담당자들은 면접 지원자들의 합격 여부를 결정하는 위치에 있기 때문에 이들의 의견을 잘 파악해 준비할 필요가 있다. 특히 태도, 성격 등과 관련된 것들은 미리 연습을 해 둘 필요가 있다.

답
① 긍정성, 진취성 등의 태도를 보일 수 있도록 노력한다.
② 하고자 하는 업무에 대해 충분히 파악하여 준비성을 보일 수 있도록 노력한다.
③ 지원할 곳에 대한 충분한 정보를 수집하고 정리하여 준비성을 보일 수 있도록 노력한다.
④ 선발과 선발 이후의 업무에 대한 적극적인 의지를 보일 수 있도록 노력한다.
⑤ 적극성과 긍정성 등의 태도를 보일 수 있도록 노력한다.

인사담당자들이 선호하는 지원자의 면모는 결국 위에서 제시한 다섯 가지 요소와 관련이 된다. 모두가 평소에 준비하고 연습해야 할 것들이다. 모의 면접을 통해 미리 연습하고 자신의 태도에 대해서 다른 사람의 평가를 받거나 녹화한 것을 분석하여 연습한다.

연습 9-10

다음에 제시되는 자료를 보고 어떻게 준비해야 할지 써 보시오.

보기 인사담당자가 전하는 불합격 기준

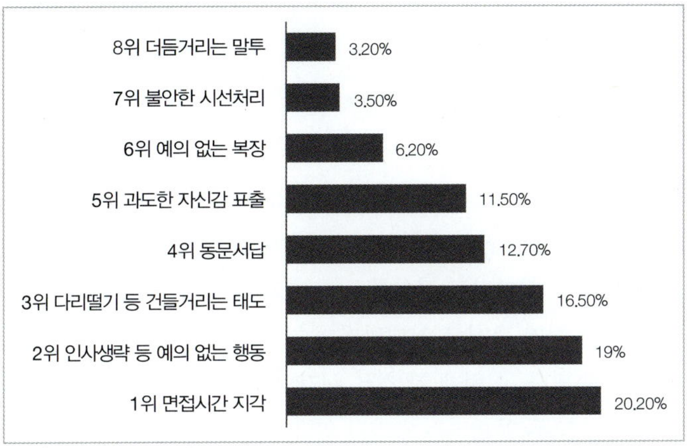

언어적 커뮤니케이션 전략

면접이 말을 통해 이루어진다는 점에서 언어적 커뮤니케이션 전략은 매우 중요하다. 면접에서의 언어적 커뮤니케이션 전략이란 어떤 내용을 어떻게 말할 것인가에 대한 전략을 뜻한다. 면접에서의 커뮤니케이션 또한 일반적인 커뮤니케이션의 내용과 방법이 그대로 적용되기도 하지만 면접의 특성에 맞게 적절하게 조정할 필요가 있다. 이를 위해서는 면접에서의 커뮤니케이션이 가지고 있는 특성을 파악할 필요가 있는데 그 특성으로는 다음과 같은 것이 있다.

- **제한된 시간** : 면접은 제한된 짧은 시간 안에 이루어진다.
- **정해진 질문** : 면접에서는 모든 지원자에게 동일한 질문을 한다.
- **대등한 경쟁자** : 서류 심사를 거친 후이기 때문에 대부분의 면접 대상자들의 능력은 거의 대등하다.

면접이 짧은 시간 안에 이루어진다는 특성은 지원자가 가장 유념해야 할 특성이다. 지원자는 짧은 시간 안에 자신이 가지고 있는 능력과 성품 등을 모두 드러낼 수 있는 전략을 활용해야 한다. 면접에서의 질문은 모든 대상자에게 동일하게 주어지는 경우가 많다. 따라서 동일한 질문에 대해 경쟁자보다 더 나은 답을 해야 선발이 될 수 있다. 그러나 대부분의 경쟁자들은 대등한 능력을 가지고 있다. 따라서 대등한 능력을 가진 지원자 중에 자신을 선발하도록 유도할 여러 전략이 필요하다.

이러한 특성을 감안하여 면접에서는 특별한 언어적 커뮤니케이션 전략을 활용해야 하는데 그 전략으로는 다음과 같은 것이 있다.

입체화	피라미드 구조화	스토리텔링
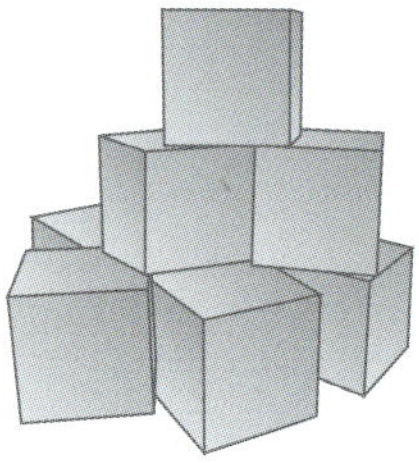		 벌거벗은 임금님

모든 말이 그렇듯이 면접에서의 말 또한 순차적으로 진행될 수밖에 없다. 따라서 제한된 시간 안에 자신이 말하고자 하는 바를 모두 말하기는 쉽지가 않다. 이때 주어진 질문 또는 자신이 하고자 하는 말을 입체화해서 말하면 시간의 제약이 있더라도 전부를 말한 효과가 있다. 즉 앞으로 말할 내용이 전체적으로 어떤 구조를 가지고 있으며 어떤 순서로 진행될지를 첫머리에서 말하면 면접관은 이야기 전체의 얼개를 파악하며 이야기를 듣게 된다. 이렇게 할 경우 시간의 제약 때문에 모든 이야기를 하지 못했을지라도 지원자는 그 사안에 대해 모두 알게되는 효과가 있다.

각각의 이야기를 할 때는 항상 피라미드 구조를 유지하는 것이 좋다. 즉 주어진 시간이 짧으면 피라미드의 상부에 해당되는 일반적, 추상적인 이야기를 하고 시간이 어느 정도 주어지면 이를 구체화해서 말하면 된다. 이는 입체적으로 말하는 것과 결부될 수도 있다. 즉 이야기를 시작할 때 이야기 전체의 구조를 미리 밝힌 후 각각의 부분을 피라미드 구조로 이야기하면 효과적으로 자신이 가진 능력과 가치관을 보일 수 있다.

스토리텔링 기법은 자신이 하고자 하는 말의 흥미를 높이고 면접관을 자신의 말에 몰입시키는 효과가 있다. 비록 남들과 유사한 이야기를 할지라도 이것을 적절한 이야기로 엮어 내면 효과적이다. 특히 지원자의 신상, 경험, 배경 등을 이야기할 때 일정한 틀의 이야기로 답변을 구성하면 효과적이다.

> **Key Point**
> **면접에서 언어적인 면에서 좋은 평가를 받으려면?**
> 제한된 시간에 맞춰 이야기를 입체적으로 구조화하라.

예제 9-11

다음에 제시되는 두 유형의 면접 상황을 비교한 후 이 방법을 응용해 제시된 질문에 대한 답을 해 보시오.

면접관 : 의약분업 문제에 대한 지원자의 생각을 말해 보시겠어요?

지원자 : 의약분업 문제에 대해 답을 하기 이전에 제 개인적인 경험부터 이야기를 하겠습니다. 얼마 전에 저희 어머니가 갑자기 배가 아프다고 하셔서 급히 약국으로 달려갔습니다. 그런데 약사는 어머니의 증세만 꼬치꼬치 캐물을 뿐 약을 주지 않았습니다. 제가 급하다고 하니까 약사는 일단 병원으로 모셔가라고 했습니다. 그런데 이미 저녁 8시가 넘은 상황이어서 동네 병원은 갈 수가 없는 상황이었습니다.

면접관 : 시간이 별로 없습니다. 핵심만 얘기하세요.

지원자 : 네. 저는 의사가 필요한 것이 아니라 약이 필요한 것이니 약만 빨리 달라고 했습니다. 약사는 약을 줄 수는 있는데 그러려면 처방전이 있어야 한다고 했습니다. 그런데 생각해 보세요. 그 시각에 처방전을 어디서 받아 옵니까?……

면접관 : 네 알겠습니다. 수고하셨습니다. 다음 지원자 들어오세요.

지원자 : 의약분업에 대한 저의 견해를 말씀드리기 전에 의약분업을 둘러싼 이해관계자, 즉 의사, 약사, 관계기관, 그리고 환자의 입장을 두루 살펴본 후 이를 종합해 제 견해를 말씀드리겠습니다. 의사들과 약사들은 각각 ~~~~~라는 이유로 서로 다른 주장을 하고 있습니다. 이에 대해 행정기관은 일단 제도를 정해 놓고 나머지는 자율에 맡기겠다며 팔짱만 끼고 있습니다. 그러나 이 문제는 의약의 최후 수혜자인 환자의 건강이 최우선시 되어야 하기 때문에 저는 ~~~~~라고 생각합니다.

질문 조직이 원활하게 유지되고 발전되기 위해서는 어떻게 해야 할지 자신의 견해를 밝혀보세요.

풀이

면접 상황에서 주어진 질문에 대해 적절한 구조를 짜서 답을 해 보는 문제이다. 면접은 짧은 시간 안에 이루어지기 때문에 시간 배분을 잘 해야 한다. 설사 시간배분을 잘 하더라도 자신의 지식과 생각을 주어진 시간 안에 모두 드러내는 것은 쉽지 않다. 그러나 예시처럼 자신이 하고자 하는 말 전체의 구조를 미리 밝힌 후 답을 하게 되면 시간의 제약 때문에 모든 얘기를 하지 못했다 하더라도 면접관은 지원자가 그에 대해서 충분한 지식과 사고를 가지고 있다고 생각한다. 따라서 어떤 문제를 둘러싼 다양한 관계를 생각해 자신의 대답을 구조화하면 매우 효과적이다.

답 수십 미터 높이의 나무가 왕성한 생명력을 유지하기 위해서는 뿌리와 줄기, 그리고 잎이 모두 건강하게 주어진 역할을 해야 하듯이 조직 또한 조직을 이끌어가는 리더, 조직의 실질적인 일꾼인 말단 구성원, 그리고 양자를 이어주는 중간관리자 모두가 충실하게 자신의 역할을 해야 한다고 생각합니다. 따라서 각각의 구성원들이 어떤 역할을 하며 서로 협력해야 하는지 차례로 말씀을 드리도록 하겠습니다. 큰 나무의 뿌리에 해당되는 조직의 리더들은 ~~~~(이하 생략)

예시 답안은 조직을 건강한 나무에 비유해 자신이 하고자 하는 이야기의 구성을 먼저 밝히고 순차적으로 이야기를 이끌어 나가고 있다. 자신이 지원하는 곳을 건강한 나무에 비유한 것은 면접관에게 매우 좋은 인상을 줄 수 있다. 또한 조직을 어느 한 단면만 본 것이 아니라 전체를 아울러 볼 수 있다는 시각을 미리 보여준 것도 효과적이다. 이렇게 입체적인 구성에 따라 자신의 이야기를 전개하는 훈련을 해 본다.

연습 9-11

다음에 제시되는 질문에 대해 지정된 이야기 전개 방법을 활용해 답을 해 보시오.

① **입체화**

우리와 같이 첨단 반도체를 만드는 회사는 희토류의 안정적인 확보가 매우 중요합니다. 희토류의 안정적인 확보 방안에 대해 자신의 견해를 밝혀 보시오.

② **피라미드 구조화**

최근 뉴스를 보면서 관심을 가졌던 것은 무엇인가요?

③ **스토리텔링**

대학생활 중 학업 외에 어떤 일에 몰두했습니까?

실습과제

예제 다음에 제시되는 질문에 대해 모의면접을 실시한 후 주어진 평가표에 따라 평가를 하시오.

평가 항목	평가 요소	평가등급별 배점					
		배점	A	B+	B	B−	C
표현력	• 음성이 밝은가? • 말이 유창한가? • 용어는 적절한가? • 간결, 정확하게 말하는가? • 생각을 충분히 전달하는가?	20점	20점	17점	15점	13점	10점
적응능력 (사고력) (판단력)	• 사고방식이 합리적인가? • 적절한 판단을 내리는가? • 판단이 빠른가? • 바르게 이해하는가? • 즉시 이해하는가?	20점	20점	17점	15점	13점	10점
적극성	• 청년다운 기백이 있는가? • 업무추진을 위한 실천적 성격인가? • 남이 싫어하는 일을 추진하여 실행할 성격인가? • 어려운 일을 극복할 수 있는 성격인가?	20점	20점	17점	15점	13점	10점
용모 및 태도	• 복장은 단정한가? • 자세는 좋은가? (균형잡힌 체격, 입퇴장시 자세 등) • 표정 및 인상은 좋은가? • 침착한가? • 태도는 진지한가?	15점	15점	12점	10점	7점	5점
인생관 사회관 직업관	• 사회와 사물을 보는 눈이 원만한가? • 장래에 대한 비전이 있는가? • 생활태도가 건실한가? • 시류에 휩쓸리지 않을 신념을 지녔는가?	15점	15점	12점	10점	7점	5점
지적수준	• 일반상식이 있는가? • 시사상식이 있는가? • 올바른 판단을 지녔는가?	10점	10점	8점	6점	4점	2점
합계		100	90점 이상	80점 이상	70점 이상	60점 이상	50점 이상

① 자신이 살아오면서 가장 기억에 남는 순간에 대해 말해보시오.

② 회사에 입사하게 되면 꼭 하고 싶은 일에 대해 말해보시오.

③ 지적재산권 보호가 첨예한 문제로 대두되는 상황에서 우리 회사가 어떻게 대처해야 하는지 말해보시오.

풀이

실제와 비슷하게 면접을 하면서 평가표에 따라 평가를 해 보는 문제이다. 면접에서 좋은 평가를 받기 위해서는 많은 연습이 필요하다. 따라서 동료들과 그룹을 지어 모의면접을 실시하고 면접관과 지원자의 입장이 되어 본다. 또한 자신의 면접을 녹화한 것을 보고 평가를 할 수도 있다.

답 생략

연습 다음에 제시되는 질문에 대해 모의면접을 실시한 후 주어진 평가표에 따라 평가를 하시오.

평가 항목	착안점	5	4	3	2	1
1. 복장 태도 옷차림이나 동작이 어떠한가?	옷차림이 단정한가?					
	침착한가?					
	호감을 주는 인상인가?					
	자세가 바른가?					
	동작에 절도가 있는가?					
	대답하는 태도가 착실한가?					
2. 표현력 자신의 생각을 정확하고 알기쉽게 남에게 설명할 수 있는가?	용어가 적절한가?					
	간결하고 정확하게 표현하는가?					
	말하는 내용에 통일성이 있는가?					
	유창하게 말하는가?					
	목소리가 명료한가?					
	자기생각을 충분히 전달하는가?					
3. 판단력 정확, 신속한 이해로 적절한 판단을 내릴 수 있는가?	정확하게 이해하는가?					
	판단이 빠른가?					
	결단력이 있는가?					
	즉시 이해하는가?					
4. 적극성 자진해서 일을 맡고 보다 효과적으로 수행할 의지가 있는가?	남이 싫어하는 일도 자진하여 수행하는 성격인가?					
	곤란한 상황을 극복할 수 있는 성격인가?					
	젊은이다운 활기가 있는가?					
	옳다고 생각되는 일을 행동으로 옮길 수 있는가?					
5. 견실성 책임감이 강하고 성실하며 신뢰할 수 있는 사람인가?	의지가 굳은가?					
	성실한가?					
	줏대가 있는가?					
	신뢰할 수 있는 사람인가?					
	젊은이다운 순진성이 있는가?					
종합의견(특별히 기술할 필요가 있는 사항에 대해서는 구체적으로 기입할 것)	종합평가					
	면접관 설명					

① 색에 비유한다면 당신은 무슨 색입니까?

② 희망직종에 가지 못하게 된다면 당신은 어떻게 하시겠습니까?

③ 최근 우리 경제에 가장 큰 영향을 미친 사건이 무엇이라 생각합니까?

10장
토론과 토의

10.1 집단적 문제해결

10.2 집단적 문제해결의 윤리와 전략

"여러 사람의 입은 쇠라도 녹인다.
문제를 해결하고자 모인 사람들의 한 마디가 한 마디가 모이면
문제는 저절로 해결된다."

10.1 집단적 문제해결

문제는 개인에게 주어지기도 하지만 집단 전체에게 주어지기도 한다. 집단의 문제를 해결하기 위해서는 집단 구성원들의 지식과 사고가 종합되어야 한다. 집단의 지식과 사고를 적절히 결집하여 주어진 문제를 해결하기 위한 구체적인 방법에 대해 알아보자.

문제가 뭐야?	어떻게 해야 하지?	이렇게 해결해 봐!	더 깊게! 더 넓게!
내가 속한 집단에 문제가 생겼는데 어떻게 하지?	해결의 의지를 가진 구성원을 모으라.	함께 모여 지식과 사고를 나누라.	집단의 문제 상황에 맞게 해결과정을 실제로 밟으라.

목차 함께 하는 문제해결 집단적 문제해결의 유형 집단적 문제해결의 과정

함께 하는 문제해결

우리 속담에 '백지장도 맞들면 낫다.'라는 속담이 있다. 이 속담은 사람은 남과 더불어 살아가는 존재이고 머리를 맞대면 문제를 더 잘 해결할 수 있다는 것을 전제로 하고 있다. 이는 한 개인의 문제뿐만 아니라 집단 전체의 문제에도 적용될 수 있다. 어떤 문제가 개인에게만 주어질 수도 있지만 더불어 살아가는 삶 속에서는 집단 전체에게 문제가 나타날 수도 있기 때문이다. 이와 관련하여 다음과 같은 상황을 생각해 보자.

대학 졸업 후의 진로를 어떻게 정할 것인지는 개인에게 매우 중요한 문제이다. 진로에 대한 계획이 아예 없을 수도 있고, 대학원 진학을 원하거나 취업을 종용하는 부모와 갈등이 있을 수도 있다. 졸업 후 진로는 개인의 문제이지만 집단 전체의 문제일 수도 있다. 또한 대학교내 동아리에서 MT를 어디로 갈 것인지, 회사에서 새로운 사업 아이템으로 무엇을 정할 것인지의 문제는 동아리원과 회사 구성원 모두가 고민해야 할 문제이다.

이러한 상황에서 누군가가 개인의 의지나 판단에 따라 결정을 내린다면 그 결정이 최선의 결정이라 하기 어렵다. 진로 문제에 대해서는 인생의 경험이 많고 사회에 대해서도 잘 아는 부모, 지도교수,

선배의 조언을 들으면 훨씬 더 현명한 결정을 내릴 수 있다. MT 장소에 대해서도 여러 구성원의 논의를 거치면 최적의 장소를 정할 수 있고, 회사의 새로운 사업 아이템을 결정할 때 여러 부서의 다양한 의견을 모으면 최선의 아이템을 결정할 수 있다. 이렇듯 여러 사람이 의견을 모으면 문제가 훨씬 쉽게 해결될 수 있기 때문에 함께 하는 문제해결이 필요한 것이다.

여럿이 모여 함께 문제를 해결해 나가기 위해서는 몇 가지 전제가 필요하다.

- **공통의 문제** : 관련된 사람이 공유하는 문제여야 한다.
- **문제에 대한 관심과 의지** : 문제에 대해 관심을 가지고 문제를 해결하고자 하는 의지가 있어야 한다.
- **문제해결에 대한 지식과 사고** : 주어진 공통의 문제를 해결하기 위한 방법을 찾아낼 수 있는 지식과 사고력을 가지고 있어야 한다.
- **결론의 수용** : 함께 논의한 결과를 수용할 준비가 되어 있어야 한다.

여러 사람이 모여 문제를 해결하기 위해서는 그 문제가 공통의 문제여야 한다. 비록 졸업 후 진로는 개인의 문제일 수 있지만 이 개인의 성공을 바라는 주변 사람들은 이 문제를 공유하고 있다고 볼 수 있다. 공통의 문제에 대해서는 모두가 관심을 가지고 해결하고자 노력할 때 비로소 집단적인 문제해결이 가능하다. 그런데 집단적인 문제해결을 위해서는 문제해결을 위한 지식을 갖추고 있어야 하고 이 지식을 활용하여 합리적으로 사고할 수 있는 능력이 있어야 한다. 또한 여러 사람의 의견을 모아 어떤 결론이 내려졌을 경우 이 결론이 수용될 것이라는 믿음, 수용하려는 자세가 갖추어져 있어야 한다.

Key Point

집단의 문제를 잘 해결하려면?
공통의 문제에 대해 관심과 의지를 가지고 함께 해결하라.

예제 10-1

다음 보기의 문제를 해결하기 위해 필요한 것의 빈칸을 채우시오.

보기 중고등학생들의 교복 값이 천정부지로 치솟아 학부모들이 큰 부담을 느끼고 있다.

해결의 주체	누가 해결해야 하는가?	학부모, ..., ..., ...
해결의 방법	어떻게 해결해야 하는가?	학부모 : 학부모와 다른 주체 :
해결의 도구	무엇으로 해결해야 하는가?	지식 : 사고 :
해결의 결과	결과를 어떻게 활용해야 하는가?	수용 : 적용 :

풀이

집단의 문제를 해결하기 위한 방안을 구체적으로 생각해 보는 문제이다. 오늘날같이 복잡한 사회에서는 개인의 힘만으로는 문제를 해결하기 어려울 때가 많다. 이럴 때는 관련된 사람들이 모여 서로의 의견을 조정해나가야 문제를 해결할 수 있다. 이와 유사한 상황의 문제를 해결했던 경험을 되살려 본다.

답

해결의 주체	누가 해결해야 하는가?	학부모, 학교, 업체, 정부
해결의 방법	어떻게 해결해야 하는가?	학부모 : 학부모들이 모여 의견을 모은다. 학부모와 다른 주체 : 서로의 옳고 그름을 가린다.
해결의 도구	무엇으로 해결해야 하는가?	지식 : 생산 원가 및 유통 이윤에 대한 지식 사고 : 이해와 양보, 타협의 사고
해결의 결과	결과를 어떻게 활용해야 하는가?	수용 : 결과를 수용한다. 적용 : 결과를 생산, 유통 등에 적용한다.

교복 값의 문제를 가장 첨예하게 느끼는 것은 학부모인데 학부모 개개인으로는 이 문제를 해결할 수 없으므로 공통의 관심사를 가진 학부모들이 뜻을 모아야 한다. 그리고 교복 값을 둘러싼 여러 주체, 즉 학부모, 학교, 업체, 정부의 의견을 조정해야 바람직한 결과를 낼 수 있다. 이때 학부모들끼리는 토의의 방식으로 합의를 이끌어내고, 학부모와 다른 주체들은 자신들의 주장이 옳다고 입증하는 토론의 방식으로 결론을 이끌어내야 한다. 이러한 과정으로 내린 결론을 모든 주체들이 수용하고 적용해야 집단의 문제를 해결할 수 있다. 이러한 해결과정을 다른 유형의 문제에도 적용할 수 있다.

연습 10-1

다음에 제시되는 문제를 해결하기 위해 필요한 것의 빈칸을 채우시오.

① 화학과 김성식은 실험 수업에서 모둠으로 실험을 한 후 결론을 어떻게 내려야 할지 고민하고 있다.

해결의 주체	누가 해결해야 하는가?	
해결의 방법	어떻게 해결해야 하는가?	
해결의 도구	무엇으로 해결해야 하는가?	
해결의 결과	결과를 어떻게 활용해야 하는가?	

② 스마트폰을 생산하는 회사가 타사의 디자인을 도용했다는 소송에 직면해 있다.

해결의 주체	누가 해결해야 하는가?	
해결의 방법	어떻게 해결해야 하는가?	
해결의 도구	무엇으로 해결해야 하는가?	
해결의 결과	결과를 어떻게 활용해야 하는가?	

집단적 문제해결의 유형

여럿이 모여 문제를 해결하고자 할 때 해결의 과정이 항상 동일한 것은 아니다. 공통의 문제가 있고 이것을 해결하고자 하는 관심과 의지, 지식과 사고를 갖추고 있을지라도 주어진 문제에 대한 분명한 해결책을 미리 가지고 있는 경우와 논의를 하는 과정에서 해결책을 결정하고자 하는 경우가 있기 때문이다. 따라서 집단적 문제해결의 유형은 다음과 같이 크게 두 유형으로 나눌 수 있다.

첫 번째 유형은 집단적 문제해결에 참여하는 각각의 주체가 자신의 분명한 의견을 가지고 참여하여 자신의 의견을 관철시키려는 유형이다. 즉, 어떤 사안에 대해 찬성과 반대의 의견을 가진 주체가 참여하거나, 서로 다른 안을 가지고 참여하는 경우이다. 이 경우에는 자신의 의견이 옳고 다른 의견이 옳지 않다는 것을 입증하며 논의가 이루어진다. 그리고 최종적으로는 의견 중 하나를 안으로 채택하고 논의를 끝내게 된다. 이러한 집단적 문제해결 방식을 토론이라고 한다.

두 번째 유형은 집단적 문제해결에 참여하는 주체가 자신의 분명한 의견을 관철시키기보다는 여러 사람의 의견을 모아 최선의 안을 도출해 내는 유형이다. 각각의 참여자는 해결해야 할 문제에 대해 나름대로의 해결책을 가지고 있지만 반드시 그것을 채택해야 한다고 생각하기보다는 다른 사람의 의견을 충분히 듣고 더 나은 결론을 내고자 한다. 이 과정에서 조정, 절충이 이루어진다. 이러한 집단적 문제해결 방식을 토의라고 한다.

이처럼 토론과 토의는 본래 목적과 방법이 다른 집단적 문제해결 방식이지만 현실에서는 두 용어가 혼용되거나 유사한 의미로 사용되는 경우가 많다. 즉 토의 형식으로 진행하면서 토론이라는 이름을 붙이기도 하고 반대로 하기도 한다. 또한 정해진 서로의 의견을 가지고 토론을 진행하다가 절충점을 찾아나가는 토의의 방식으로 전환되기도 한다. 따라서 두 가지 유형을 명확하게 구별하는 것은 큰 의미가 없고 현실 속에서 토론과 토의가 어떤 양상으로 나타나는지에 대해 더 정확하게 알 필요가 있다. 우리가 일상에서 많이 경험하게 되는 토론 및 토의의 예로는 다음과 같은 것들이 있다.

- **회의** : 소규모 집단, 기관, 기업 등에서 의사결정을 위해 여러 사람이 모여 논의를 하는 것으로서 토론과 토의 모두가 적용된다.
- **공개 토론** : 정치, 경제, 사회, 문화 등 전 분야의 첨예한 문제에 대해 관련자들이 모여 논의를 하는 것으로서 주로 토론 형식으로 진행된다.
- **학술회의** : 학술적인 문제에 대해 전문 연구자들이 모여서 어떤 사안에 대해 옳고 그름을 논하거나 연구 결과에 대해 논의를 진행하는 것으로서 토론과 토의 모두가 적용된다.

이상의 집단적인 문제해결 유형은 개인과 집단의 문제를 해결하기 위해 반드시 익혀 두어야 하는 능력이다. 여기에는 말하기와 글쓰기의 일반적인 능력도 적용되지만 여럿이 모여 함께 의견을 나눈다는 점에서 의사소통의 새로운 방법을 익히고 적용할 수 있어야 한다.

Key Point

집단의 문제를 잘 해결하려면?

문제 특성에 맞게 집단적 문제해결 유형을 활용하라.

예제 10-2

자동차를 생산하는 회사에서 설계, 생산, 마케팅 모든 면에서 혁신을 시도하고 있다. 이 문제를 해결하기 위해서는 어떤 유형의 문제해결 방법이 필요한지 표시하시오.

① 혁신을 위한 사내 공모전에 참여하기 위해 각 분야의 신참들이 모여 핵심적인 아이디어를 도출하려 한다.

☐ 토의	☐ 토론

② 공모전 결과 2차 심사까지 마친 3개의 안에 대해 경영진이 모여 당선작을 결정하려 한다.

☐ 토의	☐ 토론

③ 혁신을 위한 학문적 기초를 전문가들로부터 얻고자 한다.

☐ 회의	☐ 공개 토론	☐ 학술회의

풀이

상황에 맞는 집단적 문제해결 방안을 찾아보는 문제이다. 여러 사람이 모여 공동의 안을 도출해 낼 때는 토의의 방식이 적합하고, 상반된 의견의 옳고 그름을 가릴 때는 토론의 방식이 적합하다. 토의와 토론은 회의, 공개 토론, 학술회의에서도 활용되는데 가장 작은 규모의 회의로부터 시작해 공적인 사안에 대한 공개 토론, 학문적인 논의를 하는 학술회의가 그것이다. 사안에 따라서 이 세 가지에서 하나의 방안을 선택할 수도 있다.

답

①	☑ 토의	□ 토론	
②	□ 토의	☑ 토론	
③	□ 회의	□ 공개 토론	☑ 학술회의

① 여러 사람이 모여 공동의 안을 도출해 내야 하므로 토의가 적절하다.
② 상반된 의견에 대해 옳고 그름을 가려 결론을 내야 하므로 토론이 적절하다.
③ 학술적인 성과를 수용하고자 하는 것이므로 학술회의가 적절하다.

연습 10-2

다음에 제시되는 상황의 문제를 해결하기 위해서는 어떤 유형의 문제해결 방법이 필요한지 표시하시오.

① 휴대폰의 한글입력 방식을 통일하기 위해 생산자, 국어학자, 관계당국자, 사용자가 모였다.

□ 토의	□ 토론

② 타사의 제휴 요청에 대해 결론을 내리기 위해 회사의 중역들이 모였다.

□ 토의	□ 토론

③ 컴퓨터에서 세계 각국의 언어를 통일된 방법으로 표현할 수 있게 제안된 유니코드를 수정보완해야 한다.

□ 회의	□ 공개 토론	□ 학술회의

④ 지역 내의 핵폐기장 유치 문제를 둘러싸고 첨예한 대립을 보이는 각각의 주체들이 모였다.

□ 회의	□ 공개 토론	□ 학술회의

⑤ 팀장의 지시로 부서의 업무 분장을 협의하기 위해 팀원들이 모였다.

□ 회의	□ 공개 토론	□ 학술회의

집단적 문제해결의 과정

토론과 토의를 통한 집단적 문제해결의 과정도 궁극적으로는 문제해결의 과정이자 의사소통의 과정이기 때문에 앞에서 다룬 문제해결 및 의사소통 과정과 크게 다르지 않다. 그러나 여럿이 모여 의견을 나눈 후 어떤 결론을 도출해야 한다는 점에서 토론 및 토의에만 나타나는 단계가 추가된다. 토론 및 토의의 일반적인 과정은 다음과 같다.

단계		내용
주제의 설정		토론과 토의의 주제를 정한다.
자료의 수집과 정리		토론과 토의에 필요한 자료를 수집하고 정리한다.
	주장	자신의 주장을 펼친다.
	청취	다른 참여자의 주장을 듣는다.
	반박	다른 참여자의 주장을 반박하고 자신의 주장을 다시 펼친다.
결론 도출		주어진 문제를 해결하기 위한 방법의 결론을 도출한다.

주제의 설정 및 자료의 수집과 정리는 일반적인 커뮤니케이션 과정과 다름없이 토론과 토의의 주제를 정하고 이에 맞는 자료를 수집한다. 토론과 토의의 과정에서 가장 특징적인 것은 주장, 청취, 반박의 단계로서 각각의 단계가 여러 차례에 걸쳐 순환적으로 일어난다. 참여자들은 자신의 주장을 펼치고 이를 입증한다. 이에 대해서 다른 의견을 가진 사람들이 반박을 할 때 이를 잘 듣고 그 의견을 반박하거나 자신의 주장을 더 강화한다. 이러한 과정이 순환적으로 진행되어 의견이 모아지면 결론을 도출해 낸다.

토론과 토의에서는 주장 – 청취 – 반박이 순환적으로 일어나는데, 이 과정에서는 다음과 같은 점에 유의할 필요가 있다.

- **주장** : 선명한 주장, 충실한 논증
- **청취** : 충분한 청취, 정확한 이해
- **반박** : 논리적 반박, 강화된 주장

토론과 토의가 원활하게 진행되기 위해서는 참여자의 주장이 분명해야 한다. 그리고 주장만으로는 다른 참여자를 설득할 수 없으므로 이에 대한 충실한 논증이 필요하다. 선명한 주장과 충실한 논증은 논의의 출발점이기도 하지만 토의와 토론 과정에서도 늘 유지되어야 하는 원칙이기도 하다. 다른 사람의 의견에 대해서는 끝까지 충분히 듣고 정확히 이해해야 한다. 상대의 의견을 잘 듣지 않고 자신의 주장만 강조하면 토의와 토론이 원활하게 진행될 수 없다. 따라서 상대의 주장을 충분히 듣고 정확하게 이해한 뒤 수용해야 할 것은 수용하고 반박해야 할 것은 반박하는 것이 좋다.

주장과 반박, 그리고 이에 대한 재주장과 재반박은 순환적으로 이루어지는 과정이므로 이 과정에서도 논리적 반박과 강화된 주장이 필요하다. 상대의 주장에 대해 충분히 이해한 후 사실관계나 논리적 문제를 따져 논리적으로 반박해야 한다. 또한 상대의 주장에 대해 수용할 것이 있다면 수용한 후 문제점을 보완한 보다 강화된 주장을 펼쳐 나가야 한다.

토의와 토론에서는 일정한 결론을 도출해야 본래의 목적을 완전히 달성한 것이 되는데 결론을 도출해 내는 방법에는 합의와 표결이 있다. 토의에서는 일반적으로 합의의 방식으로 결론을 도출할 수 있다. 토의는 누군가가 특정한 주장을 고수하기보다는 전체의 지혜를 모아 공동의 결론을 내는 방식이므로 여러 단계를 거쳐 의견이 모아지면 자연스럽게 결론을 내릴 수 있다. 토론에서는 합의의 방식으로 결론을 내릴 수도 있지만 표결을 통해 결론을 내리기도 한다. 주장과 반박을 거듭하는 과정에서 어느 한쪽의 주장에 논리적 허점이 발견되면 다른 쪽의 주장을 자연스럽게 결론으로 도출할 수 있다. 그러나 양쪽의 주장이 팽팽하게 맞서고 각각의 주장이 나름대로의 타당성을 갖추고 있을 때는 참여자나 청중의 표결로써 어느 한쪽의 주장을 채택할 수 있다. 물론 토의에서도 여러 의견이 맞설 경우에는 표결을 할 수도 있다.

Key Point

토론과 토의를 통해 문제를 잘 하려면?
주장, 청취 반박의 과정을 잘 거친 후 합의나 표결을 하라.

예제 10-3

다음에 제시되는 주제와 자료를 바탕으로 '주장 – 청취 – 반박'의 순환적 과정을 구성해 보시오.

주제 : SNS는 인간의 삶을 풍요롭게 하는가?

특정한 관심이나 활동을 공유하는 사람들 사이의 관계망을 구축해 주는 온라인 서비스인 SNS는 최근 페이스북(Facebook)과 트위터(Twitter) 등의 폭발적 성장에 따라 사회적 · 학문적인 관심의 대상으로 부상했다. SNS는 컴퓨터 네트워크의 역사와 같이 할 만큼 역사가 오래되었지만, 현대적인 SNS는 1990년대 이후 월드와이드웹 발전의 산물이다. 신상 정보의 공개, 관계망의 구축과 공개, 의견이나 정보의 게시, 모바일 지원 등의 기능을 갖는 SNS는 서비스마다 독특한 특징을 가지고 있으며, 따라서 관점에 따라 각기 다른 측면에 주목한다. SNS는 사회적 파급력만큼 많은 문제를 제기하며 논란의 중심에 서 있다.

나의 주장	SNS를 통해 쌍방향 소통이 가능해져 인간관계가 풍요로워진다.
상대방의 주장	
나의 반박	
상대방의 주장	
나의 반박	
	……

풀이

토론의 과정에서 일어나는 상호작용을 직접 구성해 보는 문제이다. 토론이나 토의의 가장 큰 특징 중 하나는 참여자가 얼굴을 마주대하고 서로의 의견을 자유롭게 주고받을 수 있다는 것이다. 이 과정에서 주장, 청취, 반박이 순환적으로 일어난다. 주어진 자료와 평소의 경험을 통해서 이러한 순환과정을 구성해 본다.

답

나의 주장	SNS를 통해 쌍방향 소통이 가능해져 인간관계가 풍요로워진다.
상대방의 주장	원하지 않는 관계마저도 형성되어 오히려 인간관계가 척박해진다.
나의 반박	교제 범위를 조정할 수 있기 때문에 원하지 않는 관계는 차단할 수 있다.
상대방의 주장	이러한 차단 기능 때문에 사이버공간 상에서의 왕따 문제가 발생해 인간소외를 부추긴다.
나의 반박	SNS는 현실에서 소외된 사람이 세상에 나올 수 있는 통로이다.
……	

같은 사안에 대해 상반된 주장이 있을 경우에는 그것의 옳고 그름을 가리는 과정에서 수없이 많은 주장과 반박, 그리고 재반박이 이루어진다. 합리적인 근거에 입각해 자신의 주장을 펼치고 열린 자세로 상대의 주장을 수용하면 토론이 원활하게 진행될 수 있다. 옳다고 생각하는 것에 대해서는 충분한 근거를 대서 입증해야 하고 상대의 논리적 허점도 공격할 수 있어야 한다. 예시와 다른 방향으로의 순환적 구조도 다양하게 생각해 본다.

연습 10-3

다음에 제시되는 주제와 자료를 바탕으로 '주장 – 청취 – 반박'의 순환적 과정을 구성해 보시오.

① 주제 : 기업의 성장이 우선인가, 복지가 우선인가?

나의 주장	
상대방의 주장	
나의 반박	
상대방의 주장	
나의 반박	
……	

② 주제 : 봉사 동아리의 여름캠프, 어디로 갈 것인가?

나의 주장	
상대방의 주장	
나의 반박	
상대방의 주장	
나의 반박	
……	

③ 주제 : 동일한 환경에서의 서로 다른 실험 결과, 어떻게 해결할 것인가?

나의 주장	
상대방의 주장	
나의 반박	
상대방의 주장	
나의 반박	
……	

실습과제

예제 **다음과 같은 상황에 적합한 집단적 문제해결 방식을 선택해 적절한 과정을 거쳐 문제를 해결하시오.**

> 공대생을 대상으로 한 대학의 교양수업에서 '공대생, 시대의 물음에 답하라!'라는 주제가 부여되었다. 이 주제에 따라 조별활동을 한 뒤 보고서를 작성해야 한다.

① 조를 어떤 방법으로 편성할 것인가?

② 조를 편성한 후 구체적 주제를 어떻게 정할 것인가?

③ 역할 분담은 어떻게 할 것인가?

④ 수집된 자료를 바탕으로 어떤 결론을 도출할 것인가?

⑤ 보고서는 어떤 방식으로 작성할 것인가?

풀이

주어진 문제에 대해 적절한 문제해결 방식을 택한 후 집단적인 문제해결 과정을 실제로 진행해 보는 문제이다. 글쓰기 및 말하기에서 학습한 내용을 종합해 실제로 토의와 토론을 해 보고 보고서를 작성한다.

답 생략

연습 **다음과 같은 상황에 적합한 집단적 문제해결 방식을 선택해 적절한 과정을 거쳐 문제를 해결하시오.**

① 집단적 문제해결 과정을 거쳐 자신이 속한 동아리 또는 소모임 등의 명칭을 새로 짓거나 개선하시오.

② 주제를 정한 후 토론 배틀 팀을 구성해 실제 토론을 한 후 결과에 대한 보고서를 작성하시오.

③ 사회적으로 가장 큰 이슈가 된다고 생각되는 문제 하나를 선정해 집단적 문제해결 과정을 거쳐 해결책을 제시하시오.

10.2 집단적 문제해결의 윤리와 전략

집단의 문제를 해결하기 위해서는 여러 사람의 뜻을 모아 최선의 방책을 모색해야 할 때도 있고, 특정 의견이 옳다는 것을 입증해야 할 때도 있다. 집단의 문제를 해결하는 이러한 방식을 각각 토의와 토론이라고 하는데 이에 대한 구체적인 방법에 대하 알아보자.

문제가 뭐야?
집단의 문제를 해결하기 위한 방책이 필요한데 어떻게 하지?

어떻게 해야 하지?
토의를 통해 구성원의 의견을 결집하라.

이렇게 해결해 봐!
토론을 통해 최선의 답을 찾으라.

더 깊게! 더 넓게!
해결할 문제에 적합한 토의와 토론 과정을 실제로 경험하라.

목차 토론과 토의의 윤리 토론과 토의의 전략

토론과 토의의 윤리

개인과 집단의 문제해결을 위해 토론과 토의가 꼭 필요하다는 것은 우리 모두가 잘 알고 있지만 우리 사회에서는 토론과 토의가 제대로 이루어지지 않는 편이다. 토론과 토의를 문제해결의 장으로 생각하기보다는 말싸움의 장으로 생각하는 사람이 많다. 또한 토론과 토의에서 이기기 위해서는 합리적인 주장과 논증보다는 큰 목소리로 우기는 것이 더 필요하다고 생각하는 경우가 많다. 이는 토론과 토의의 방법에 대해서 모르기 때문일 수도 있지만 더 근본적으로는 토론과 토의의 윤리를 모르기 때문이기도 하다. 따라서 토론과 토의의 윤리를 먼저 확립할 필요가 있는데 토론과 토의 윤리의 기본적인 출발점은 다음과 같다.

공동체 의식

동료 의식

책임 의식

토론과 토의는 '나'를 위한 것이 아닌 '우리'를 위한 것임을 명심해야 한다. 집단적 문제해결 과정에서 자신의 의견이 관철되지 않은 것을 패배라 생각하는 경우가 많은데 여러 사람의 논의 끝에 자신을 포함한 전체를 위해 더 좋은 결론이 내려졌다는 것을 알고 결론을 수용할 수 있어야 한다. 이러한 공동체 의식이 없으면 자신의 이익을 위해 토의와 토론을 망치거나 자신의 주장을 관철시키기 위해 억지 주장을 펴게 된다.

토론과 토의 참여자 모두에 대해서는 동료라는 의식이 필요하다. 옳고 그름을 따지는 토론에서 자신과 다른 견해를 가지고 있는 사람들을 모두 적으로 간주하는 태도는 문제가 있다. 자신과 다른 의견을 가지고 있는 사람들 또한 나의 적이 아닌 나와 함께 공동의 문제를 해결해 나가는 동료임을 깨달을 때 합리적인 토론이 이루어질 수 있다. 개인은 물론 기관이나 기업의 커다란 이권이 달려 있는 토론에서도 상대를 적이 아닌 동료로 대해야만 궁극적인 승리를 이끌어 낼 수 있다.

토론과 토의에서의 모든 발언에 대해서는 책임을 질 수 있어야 한다. 객관적인 사실만을 말해야 하며 합리적인 논증이 가능한 주장만 펼쳐야 한다. 상대에 대해서도 무책임하게 매도하거나 상대의 발언을 마음대로 해석해서는 안 된다. 특히 정치적인 토론에서는 상대에 대한 무책임한 폭로가 많이 나타나는데 이는 집단적인 문제의 해결이라는 토론의 본래 목적에서 벗어난 행위이다.

Key Point

토론과 토의의 윤리를 지키려면?
공동체 의식, 동료 의식, 책임 의식을 가지고 참여하라.

예제 10-4

다음에 제시되는 '대학 토론 배틀'의 주제를 보고 물음에 답하시오.

- 32강, 16강 : 6개월 어학연수, 사치인가? / 생계형 혼전동거, 찬성 vs. 반대 / 사랑하지 않는 20대, 유죄인가? 무죄인가? / 한국판 셜록홈즈, 탐정법이 필요한가? / SNS, 인간관계를 풍요롭게 하는가? / 카이스트의 비극! 대학 성적의 상대평가 vs. 절대평가 / 홍대 클럽데이 부활, 문화 아이콘 vs. 탈선 아이콘 / 무상등록금, 보편적 복지인가? 포퓰리즘인가? / 결혼은 미친 짓인가? / 여자대학은 남학생의 입학을 허하라!
- 8강 : 조총련의 참정권, 당신의 생각은? / 스무 살의 절망, 20대의 책임인가? 사회의 책임인가? / 닷컴은 언론을 병들게 하는가? / 술 권하는 대학, 음주 허용 연령을 높여야 할까?
- 4강 : '타이거 맘' '매니저 맘' 한국산 스파르타 교육 필요한가? / 청년실업, 눈높이를 낮추면 해결할 수 있다.
- 결승 : 대한민국, 개천에서 용 나는 사회인가?

① 토론은 집단의 문제를 해결하기 위해 이 문제에 관련이 있거나 관심이 있는 사람들이 문제를 해결하기 위해 자발적으로 참여하는 문제해결의 방법이라는 점을 고려할 때, 대학생에게 적절하지 않다고 판단되는 주제를 고르시오.

② 자신과 직접적으로 관련이 없는 문제의 토론에 참여한 대학생들의 궁극적인 목적이 무엇일지 써 보시오.

③ 문제와 직접적인 관련이 없는 사람들이 참여한 토론은 어떻게 전개될지 써 보시오.

풀이

토론의 궁극적인 의미를 고려해 현재 우리 사회의 토론에 대한 잘못된 인식을 짚어보는 문제이다. 토론은 상반된 의견을 가진 사람들이 참여해 자신의 주장을 관철시키기 위한 것이지만 이때의 참여자는 그 문제를 자신의 문제로 여기고 모두의 행복을 추구해야 한다. 그러나 현실에서는 토론이 말싸움으로 인식되어 자신의 뜻과는 상관없이 무조건 이기면 되는 것으로 인식되고 있다. 이러한 현실의 문제를 토론 및 토의의 윤리와 관련지어 생각해 본다.

답 ① 생계형 혼전동거, 찬성 vs. 반대 / 사랑하지 않는 20대, 유죄인가? 무죄인가? / 한국판 셜록홈즈, 탐정법이 필요한가? / 홍대 클럽데이 부활, 문화 아이콘 vs. 탈선 아이콘 / 무상등록금, 보편적 복지인가? 포퓰리즘인가? / 여자대학은 남학생의 입학을 허하라! / 조총련의 참정권, 당신의 생각은? / 술 권하는 대학, 음주 허용 연령을 높여야 할까?

② 토론에서 상대를 이기고 '우승'하는 것이 목적이다.

③ 공동체 의식, 동료 의식, 책임 의식은 기대할 수 없고 오로지 이기기 위해서 수단과 방법을 가리지 않는다.

① 주어진 토론 주제들은 모두 토론의 주제가 될 수 있는 것들이다. 그러나 일부 주제들은 우리의 삶, 특히 대학생들의 삶과 심각한 관련을 맺고 있는 주제가 아니다. 예를 들어 '생계형 혼전동거'는 많은 학생들이 겪고 있는 심각한 문제도 아니고, 결국은 개인의 선택에 맡겨야 하는 문제이다. 각각의 주제에 대한 판단은 다를 수 있으므로 자신만의 판단을 내려본다.

② 이러한 방식의 토론에 참여하게 되면 자신의 의지와 관계없이 어느 한 편의 주장만 옹호할 수밖에 없으며 자신의 생각과 배치되는 주장을 펼쳐서라도 상대를 이기기 위해 노력하게 된다.

③ 토론에서의 승리가 목적이기 때문에 상대는 적으로 간주되며, 설사 이기더라도 자신의 의견에 대한 책임은 지지 않는다.

연습 10-4

참여자들이 공동체 의식, 동료 의식, 책임 의식을 가지고 참여할 수 있도록 다음의 상황에 가장 적절한 토론 주제를 써 보시오.

① 대학 입학을 준비하는 수험생들

② 상사와 부하직원 간의 갈등이 심한 부서

③ 대학 내의 봉사 동아리

토론과 토의의 전략

토론과 토의의 궁극적인 목적이 반드시 승리를 얻는 것이 아닐지라도 자신의 의견이 옳아서 문제 해결에 도움이 된다면 자신의 주장을 관철시키기 위한 효과적인 전략이 필요하다. 그런데 토론과 토의의 본래 의미와 목적이 다르기 때문에 전략도 다르게 설정해야 한다.

토론은 상반된 의견을 가진 사람들이 참여해 각 주장의 옳고 그름을 가리는 것이 목적이기 때문에 배구 경기처럼 치고받는 방식으로 논의가 진행된다. 즉, 어느 한 쪽에서 주장을 펼치고 이에 대해 논증을 하면 다른 한 쪽에서는 상대편 주장의 문제점을 공략하고 자신의 주장이 더 옳음을 입증한다. 이 과정은 한 번에 끝나는 것이 아니라 여러 차례 순환된다. 이렇듯 토론이 치고받는 방식으로 이루어지기 때문에 토론의 전략 또한 이에 맞게 짜야 한다.

- **준비 전략** : 토론을 준비하는 단계부터 주장 – 입증 논거, 예상되는 반론 – 방어 논거를 같이 준비한다.
- **주장 전략** : 준비된 내용에 따라 선명하게 주장하고 이를 치밀하게 논증한다.

- **반박 전략** : 준비된 방어 논거에 따라 상대의 주장을 반박한다.
- **수정 전략** : 상대의 비판 중 수용할 것은 수용하여 새롭게 주장을 펼치고 치밀하게 논증한다.

토론 전략에서 가장 중요한 것은 준비 단계의 전략이다. 토론에서는 상반된 주장을 펼치는 경우가 많기 때문에 자신의 주장에 대한 준비는 물론 상대방의 비판에 대한 방어 논리, 상대방을 비판할 공격 논리 등을 미리 준비할 수 있다. 자신의 주장에 대한 논거는 물론 예상되는 모든 반론에 대해 준비가 되어 있어야 토론을 승리로 이끌 수 있다. 주장과 반박 단계에서는 준비된 자료에 따라 토론을 진행하면 된다. 그리고 예상하지 못한 비판을 받거나 자신의 논리적 주장에 허점이 발견되면 자신의 주장을 적절히 수정해 다시 논증해야 한다.

토의는 여러 사람이 모여 최선의 결론을 도출하는 것이 목적이기 때문에 해결책을 향해 나선형으로 논의가 진행된다. 즉 다소 추상적인 단계에서 출발하여 점차 구체적인 해결책을 찾아 나가고 이것을 완벽하게 가다듬어 나가는 과정을 거친다. 따라서 이러한 과정을 이끌어갈 수 있는 토의 전략이 필요하다.

- **준비 전략** : 문제의 해결을 위해 필요한 관련 자료를 충실하게 검토하고 정리한다.
- **주장 전략** : 준비된 내용에 따라 열린 자세로 자신의 주장을 펼친다.
- **수용 전략** : 자신의 의견보다 더 좋은 의견이 나오면 즉시 수용한다.
- **수정 제안 전략** : 수용한 의견을 수정 보완하여 더 좋은 의견을 제시한다.

토의의 준비단계에서는 토론에서와 마찬가지로 필요한 자료를 충실하게 모아 정리해야 한다. 비록 문제의 해결책이 분명하게 보이지는 않을지라도 관련된 자료, 연구결과 등을 미리 준비한다. 토의의 과정에서는 주장 – 수용 – 수정 제안이 순환적으로 이루어진다. 이를 위해서는 자신의 주장이 너무 강해서는 안 되고, 다른 의견을 받아들일 준비가 되어 있어야 한다. 또한 다른 사람의 의견일지라도 수정 보완이 필요하면 적절한 의견을 내어 최선의 결론을 낼 수 있어야 한다.

Key Point
토론과 토의에서 원하는 결과를 얻으려면?
의견을 주고받는 과정을 원활하게 진행하라.

예제 10-5

다음에 제시되는 주제에 대해 토론팀을 구성해 토론을 한 뒤 평가표에 따라 평가하시오.

주제 : 한 대학 안에서 등록금을 영역별로 차등화 할 것인가? 영역과 관계없이 균등하게 할 것인가?

<table>
<tr><th colspan="2">평가요소</th><th>평가기준</th><th>점수</th></tr>
<tr><td rowspan="2">입론
(40점)</td><td>긍정측</td><td>• 논제의 배경을 설명하였으며, 논제에 등장하는 주요용어를 적절히 정의하고, 논제를 지지해주는 핵심 주장을 제시하였는가?
• 말하기의 원칙에 입각한 입론의 형식을 잘 갖추었는가?(개관 제시 순서를 제시하고 주장을 전개하기, 각 주장을 한 문장으로 제시하기, 전체 내용의 요약 및 자기 측 주장의 강조)
• 각 주장의 근거가 제시되었으며 제시된 근거가 적절한가?</td><td></td></tr>
<tr><td>부정측</td><td>• 긍정측 토론자의 주장에 대해 최소한 한 개의 반박적 주장을 포함하여 입론을 펼치고 있는가?
• 말하기의 원칙에 입각한 입론의 형식을 잘 갖추었는가?(개관 제시 순서를 제시하고 주장을 전개하기, 각 주장을 문장으로 제시하기, 전체 내용의 요약 및 자기 측 주장의 강조)
• 각 주장의 근거가 제시되었으며 제시된 근거가 적절한가?</td><td></td></tr>
<tr><td colspan="2">질의 및 답변
(20점)</td><td>• 소통을 극대화하기 위해 상대의 주장을 요약 제시한 후 질문하였는가?
• 상대측의 주장을 주의 깊게 듣고 근거가 부족한 주장, 논리적 오류 혹은 불분명하거나 부정확한 부분을 지적하여 효과적인 질문을 하였는가?
• 상대의 질문에 대해 효과적으로 답변을 했는가?</td><td></td></tr>
<tr><td colspan="2">반박(24점)</td><td>• 입론에서 제시된 주장들 중 근거나 증거가 없거나 부족한 점을 들어 상대의 주장을 효과적으로 반박하거나 질의를 통해 드러난 문제점을 이용하여 효과적으로 반박하였는가?
• 말하기의 원칙에 입각한 반박의 형식을 잘 갖추었는가?(개관 제시 순서를 제시하고 반박을 전개하기, 각 주장을 문장으로 제시하기, 전체 내용의 요약 및 자기 측 주장의 강조)</td><td></td></tr>
<tr><td rowspan="3">표현능력
(12점)</td><td>토론예절
(4점)</td><td>• 바른 언어(속어, 비어, 문어체 등을 사용하지 않음)를 사용하고 상대를 배려하며 토론하였는가?</td><td></td></tr>
<tr><td>음성요소
(4점)</td><td>• 발음이 정확하고 말의 속도나 목소리의 크기, 높낮이를 적정하게 구사하였는가?</td><td></td></tr>
<tr><td>시각요소
(4점)</td><td>• 토론의 내용을 충분히 내면화하여 시각적 요소(눈 맞춤, 자세, 표정 및 제스처 등)를 적절하게 구사하였는가?</td><td></td></tr>
<tr><td colspan="2">시간(4점)</td><td>• 주어진 시간을 적절하게 사용하였는가?</td><td></td></tr>
<tr><td colspan="3">총점</td><td></td></tr>
</table>

풀이

주어진 주제에 대해 토론팀을 조직해 보고 실제로 토론을 벌인 후 주어진 평가표에 따라 평가해 보는 문제이다. 상황에 따라 적절하게 팀을 구성하고 사회자도 정한다. 토론 평가표는 여러 유형이 있으므로 제시된 유형 이외의 다른 유형도 적용해 본다. 대학생의 경우 이 주제는 자신들과 밀접한 관련이 있으므로 개인과 전체의 관계 속에서 진지하게 고민해 보고 토론을 해 본다.

답 생략

연습 10-5

다음에 제시되는 상황에 맞게 토론팀을 구성해 토론을 한 후 평가표에 따라 평가하시오.

① 자신이 속한 소그룹에서 가장 시급히 해결해야 할 문제는 무엇인가?

② 복지, 일자리, 세금 등의 문제에 대해 자신과 상반된 정치적 입장을 가진 사람들과 토론하라.

③ 자신의 분야에서 학문적으로 논쟁이 되고 있는 것을 찾아 상반된 입장을 가진 사람들과 토론하라.

평가요소		평가기준	점수
입론 (40점)	긍정측	• 논제의 배경을 설명하였으며, 논제에 등장하는 주요용어를 적절히 정의하고, 논제를 지지해주는 핵심 주장을 제시하였는가? • 말하기의 원칙에 입각한 입론의 형식을 잘 갖추었는가?(개관 제시 순서를 제시하고 주장을 전개하기, 각 주장을 한 문장으로 제시하기, 전체 내용의 요약 및 자기 측 주장의 강조) • 각 주장의 근거가 제시되었으며 제시된 근거가 적절한가?	
	부정측	• 긍정측 토론자의 주장에 대해 최소한 한 개의 반박적 주장을 포함하여 입론을 펼치고 있는가? • 말하기의 원칙에 입각한 입론의 형식을 잘 갖추었는가?(개관 제시 순서를 제시하고 주장을 전개하기, 각 주장을 문장으로 제시하기, 전체 내용의 요약 및 자기 측 주장의 강조) • 각 주장의 근거가 제시되었으며 제시된 근거가 적절한가?	
질의 및 답변 (20점)		• 소통을 극대화하기 위해 상대의 주장을 요약 제시한 후 질문하였는가? • 상대측의 주장을 주의 깊게 듣고 근거가 부족한 주장, 논리적 오류 혹은 불분명하거나 부정확한 부분을 지적하여 효과적인 질문을 하였는가? • 상대의 질문에 대해 효과적으로 답변을 했는가?	
반박(24점)		• 입론에서 제시된 주장들 중 근거나 증거가 없거나 부족한 점을 들어 상대의 주장을 효과적으로 반박하거나 질의를 통해 드러난 문제점을 이용하여 효과적으로 반박하였는가? • 말하기의 원칙에 입각한 반박의 형식을 잘 갖추었는가?(개관 제시 순서를 제시하고 반박을 전개하기, 각 주장을 문장으로 제시하기, 전체 내용의 요약 및 자기 측 주장의 강조)	
표현능력 (12점)	토론예절 (4점)	• 바른 언어(속어, 비어, 문어체 등을 사용하지 않음)를 사용하고 상대를 배려하며 토론하였는가?	
	음성요소 (4점)	• 발음이 정확하고 말의 속도나 목소리의 크기, 높낮이를 적정하게 구사하였는가?	
	시각요소 (4점)	• 토론의 내용을 충분히 내면화하여 시각적 요소(눈 맞춤, 자세, 표정 및 제스처 등)를 적절하게 구사하였는가?	
시간(4점)		• 주어진 시간을 적절하게 사용하였는가?	
총점			

예제 **다음에 제시되는 그룹토론 형식의 모의면접을 실시한 후 평가표에 따라 평가하시오.**

> 질문 : 취업 후 자신이 근무하게 될 조직 내에서 직급이 높은 그룹과 낮은 그룹 사이에 갈등이 발생했다. 이를 어떻게 해결하겠는가?

<table>
<tr><th colspan="2">평가요소</th><th>착안내용</th><th colspan="2">평가점수</th></tr>
<tr><td rowspan="9">주도성</td><td rowspan="4">(+)</td><td rowspan="4">1. 토론에 영향을 끼친 발언을 하였는가?
2. 논점사항에 대한 적절한 의견을 제시하였는가?
3. 적절한 단계에서 다음 단계로 토론을 진행하였는가?
4. 선두에 나서서 발언을 하였는가?</td><td rowspan="2">주도적</td><td>+4</td></tr>
<tr><td>+3</td></tr>
<tr><td rowspan="2">비교적
주도적</td><td>+2</td></tr>
<tr><td>+1</td></tr>
<tr><td rowspan="5">(−)</td><td rowspan="5">1. 뒤를 쫓아 의사를 발표하였는가?
2. 의견개진이 주목을 받지 못했는가?
3. 묻기 전에는 발표를 하지 않았는가?
4. 상대의 의견을 묻지 않고 자기만 말했는가?</td><td>보통</td><td>0</td></tr>
<tr><td rowspan="2">비주도적</td><td>−1</td></tr>
<tr><td>−2</td></tr>
<tr><td rowspan="2">주도성 결여</td><td>−3</td></tr>
<tr><td>−4</td></tr>
<tr><td rowspan="9">협동성</td><td rowspan="4">(+)</td><td rowspan="4">1. 토론이 단절되지 않도록 노력했는가?
2. 상대에게 좋은 의견을 끌어냈는가?
3. 감정대립 또는 공격 없이 잘 설득하였는가?
4. 집단의 목표를 우선하였는가?</td><td rowspan="2">협동적</td><td>+4</td></tr>
<tr><td>+3</td></tr>
<tr><td rowspan="2">비교적
협동적</td><td>+2</td></tr>
<tr><td>+1</td></tr>
<tr><td rowspan="5">(−)</td><td rowspan="5">1. 자기 주장만 앞세웠는가?
2. 상대의 의견이나 기분은 무시했는가?
3. 목표에 어긋나는 방향으로 비판하였는가?
4. 자기 논조에 의거하여 토론의 목표를 잃었는가?</td><td>보통</td><td>0</td></tr>
<tr><td rowspan="2">협동적이지
못함</td><td>−1</td></tr>
<tr><td>−2</td></tr>
<tr><td rowspan="2">협동성 결여</td><td>−3</td></tr>
<tr><td>−4</td></tr>
<tr><td rowspan="9">공헌도</td><td rowspan="4">(+)</td><td rowspan="4">1. 적절한 논점을 제시했는가?
2. 핵심사항에 핵심의견을 제시했는가?
3. 논점해결에 도움이 되는 지식을 제공했는가?
4. 난잡한 토론을 풀고 의견을 한데 모았는가?</td><td rowspan="2">공헌적</td><td>+4</td></tr>
<tr><td>+3</td></tr>
<tr><td rowspan="2">비교적
공헌적</td><td>+2</td></tr>
<tr><td>+1</td></tr>
<tr><td rowspan="5">(−)</td><td rowspan="5">1. 논점에서 벗어나는 의견을 제시했는가?
2. 주제와 다른 의견이 나왔는가?
3. 나왔던 논조를 반복하지 않았는가?
4. 핵심을 벗어나 엉뚱한 방향으로 토론을 이끌지 않았는가?</td><td>보통</td><td>0</td></tr>
<tr><td rowspan="2">공헌하지
못함</td><td>−1</td></tr>
<tr><td>−2</td></tr>
<tr><td rowspan="2">공헌도 결여</td><td>−3</td></tr>
<tr><td>−4</td></tr>
<tr><td colspan="4">총점</td><td></td></tr>
</table>

풀이

첨예한 문제에 대해 면접토론을 해 보고 이에 대해 평가를 해 보는 문제이다. 최근에는 일대일 면접보다는 지원자의 역량을 보다 입체적으로 파악하기 위해 집단 토론을 통해 면접을 실시하는 기업이나 기관도 많다. 말하기와 관련된 모든 내용을 종합적으로 활용해 토론을 원활히 진행하고 평가를 하거나 받아보도록 한다.

답 생략

연습 다음에 제시되는 그룹토론 형식의 모의면접을 실시한 후 평가표에 따라 평가하시오.

> 질문 : 당신이 속한 조직에서 가장 큰 문제라고 생각되는 것을 선정한 후 그 문제를 토론을 통해 해결하시오.

<table>
<tr><th colspan="2">평가요소</th><th>착안내용</th><th colspan="2">평가점수</th></tr>
<tr><td rowspan="9">주
도
성</td><td rowspan="4">(+)</td><td rowspan="4">1. 토론에 영향을 끼친 발언을 하였는가?
2. 논점사항에 대한 적절한 의견을 제시하였는가?
3. 적절한 단계에서 다음 단계로 토론을 진행하였는가?
4. 선두에 나서서 발언을 하였는가?</td><td rowspan="2">주도적</td><td>+4</td></tr>
<tr><td>+3</td></tr>
<tr><td rowspan="2">비교적
주도적</td><td>+2</td></tr>
<tr><td>+1</td></tr>
<tr><td rowspan="5">(–)</td><td rowspan="5">1. 뒤를 쫓아 의사를 발표하였는가?
2. 의견개진이 주목을 받지 못했는가?
3. 묻기 전에는 발표를 하지 않았는가?
4. 상대의 의견을 묻지 않고 자기만 말했는가?</td><td>보통</td><td>0</td></tr>
<tr><td rowspan="2">비주도적</td><td>–1</td></tr>
<tr><td>–2</td></tr>
<tr><td rowspan="2">주도성 결여</td><td>–3</td></tr>
<tr><td>–4</td></tr>
<tr><td rowspan="9">협
동
성</td><td rowspan="4">(+)</td><td rowspan="4">1. 토론이 단절되지 않도록 노력했는가?
2. 상대에게 좋은 의견을 끌어냈는가?
3. 감정대립 또는 공격 없이 잘 설득하였는가?
4. 집단의 목표를 우선하였는가?</td><td rowspan="2">협동적</td><td>+4</td></tr>
<tr><td>+3</td></tr>
<tr><td rowspan="2">비교적
협동적</td><td>+2</td></tr>
<tr><td>+1</td></tr>
<tr><td rowspan="5">(–)</td><td rowspan="5">1. 자기 주장만 앞세웠는가?
2. 상대의 의견이나 기분은 무시했는가?
3. 목표에 어긋나는 방향으로 비판하였는가?
4. 자기 논조에 의거하여 토론의 목표를 잃었는가?</td><td>보통</td><td>0</td></tr>
<tr><td rowspan="2">협동적이지
못함</td><td>–1</td></tr>
<tr><td>–2</td></tr>
<tr><td rowspan="2">협동성 결여</td><td>–3</td></tr>
<tr><td>–4</td></tr>
<tr><td rowspan="9">공
헌
도</td><td rowspan="4">(+)</td><td rowspan="4">1. 적절한 논점을 제시했는가?
2. 핵심사항에 핵심의견을 제시했는가?
3. 논점해결에 도움이 되는 지식을 제공했는가?
4. 난잡한 토론을 풀고 의견을 한데 모았는가?</td><td rowspan="2">공헌적</td><td>+4</td></tr>
<tr><td>+3</td></tr>
<tr><td rowspan="2">비교적
공헌적</td><td>+2</td></tr>
<tr><td>+1</td></tr>
<tr><td rowspan="5">(–)</td><td rowspan="5">1. 논점에서 벗어나는 의견을 제시했는가?
2. 주제와 다른 의견이 나왔는가?
3. 나왔던 논조를 반복하지 않았는가?
4. 핵심을 벗어나 엉뚱한 방향으로 토론을 이끌지 않았는가?</td><td>보통</td><td>0</td></tr>
<tr><td rowspan="2">공헌하지
못함</td><td>–1</td></tr>
<tr><td>–2</td></tr>
<tr><td rowspan="2">공헌도 결여</td><td>–3</td></tr>
<tr><td>–4</td></tr>
<tr><td colspan="4">총점</td><td></td></tr>
</table>

찾아보기

찾아보기

찾아보기